Walter Krämer und Götz Trenkler

Lexikon der populären Irrtümer

500 kapitale Mißverständnisse, Vorurteile und Denkfehler von Abendrot bis Zeppelin

Eichborn.

»It ain't the things we don't know that get us into trouble. It is the things we know that ain't so.«

Josh Billings (alias Henry Wheeler Shaw, 1815-1885, amerikanischer Literat und Humorist)

1. Auflage März 1996
2. Auflage April 1996
3. Auflage Mai 1996
4. Auflage Mai 1996
5. Auflage Juni 1996
6. Auflage Juni 1996
7. Auflage Juli 1996
8. Auflage August 1996
9. Auflage September 1996
10. Auflage September 1996

Umschlaggestaltung: Rüdiger Morgenweck
Lektorat: Matthias Bischoff
Satz: Fuldaer Verlagsanstalt GmbH, 36003 Fulda
Druck und Bindung: Werner Söderström Osakeyhtiö, Finnland
ISBN 3-8218-0479-3

Verlagsverzeichnis schickt gern:
Eichborn Verlag, Kaiserstraße 66, D-60329 Frankfurt

»Die Erlösung von der eigenen Irrtumsschwerkraft wird am mühelosesten mit dem Gelächter erreicht, durch das man vom fremden Irrtum behaglich Abstand nimmt.«
Karl Haensel, Über den Irrtum

Vorwort

Die Idee zu diesem Lexikon entstand, als einer von uns (W. Krämer) mit einer ebenso offensichtlichen wie gern verdrängten Wahrheit auf großes Unverständnis stieß, nämlich daß das Rauchen und die Raucher unsere Gesundheitskosten nicht erhöhen, wie fast alle glauben, sondern eher reduzieren. Von der Warte der reinen Kosten her gesehen bewirken Raucher und Raucherinnen für die soziale Sicherung eine beträchtliche Entlastung (weil sie früher sterben), ohne Raucher und Raucherinnen würde unser Sozialsystem pro Jahr um mehrere Milliarden DM teurer.

Diese Wahrheit, die weiter unten unter »R« noch näher ausgebreitet werden wird, liegt so klar zutage wie das Matterhorn. Trotzdem wird sie immer wieder gern verdrängt, und so haben wir gedacht: »Wenn hier schon ein klarer Irrtum offenbar nicht auszurotten ist, vielleicht gibt es noch andere? Laßt uns doch mal sehen!«

Das Ergebnis ist dieses Lexikon. Es enthält Irrtümer aller Art aus Politik, Geschichte, Technik, Medizin und Wirtschaft, populäre Mythen, die sich hartnäckig weigern zu verschwinden, logische Kurzschlüsse, Denkfehler, Zeitungsenten, gern geglaubte Wunschbilder, ohne Ansicht der Bedeutung, allein nach dem Gesichtspunkt ausgesucht: »Ist die betreffende Aussage falsch, und wird sie heute immer noch geglaubt?«

Bei der Auswahl der Irrtümer haben wir uns also nicht gefragt, ob eine Behauptung wichtig, sondern ob sie richtig ist, und deshalb enthält unsere Sammlung neben kapitalen Böcken, um einmal diesen Jägerausdruck zu gebrauchen, auch manche Trivialitäten, die uns beim Zeitungslesen aufgefallen sind, neben historischen Falschmeldungen mit weltgeschichtlichen Konsequenzen auch viele kleine Alltagsfehler, die uns nur am Rande interessieren. Neben Irrtümern zu AIDS, Gesundheit und Sozialprodukt, die uns Milliarden kosten oder kosten können, beleuchten wir auch billige Mißverständnisse zur Herkunft von Wörtern oder zur Echtheit von Zitaten, neben lebensgefährlichen Illusionen zu Strahlenbelastung und Umweltschäden auch harmlose Pannen bei Glücksspielen und Wahrscheinlichkeiten, so daß wir uns durchaus nicht ohne gewisse Skrupel entschlossen haben, alle diese Irrtümer zwischen den Einbanddeckeln ein- und desselben Buches auszubreiten.

Letztendlich haben wir es aber doch getan. Denn Wahrheiten, auch wenn sie folgenschwer und wichtig sind, müssen durchaus nicht immer bierernst und schwarz dahergeschritten kommen; sie leben aus sich selbst heraus und vertragen auch leichtere Gesellschaft, so daß unsere Mischung aus Lappalien und dicken Brocken die Verdaulichkeit der dicken Brocken, »die Erlösung von der eigenen Irrtumsschwerkraft«, vielleicht sogar noch fördert statt sie zu behindern.

Dabei sind wir uns durchaus bewußt, daß manche unserer »Irrtümer« die jeweiligen Experten nur ein müdes Lächeln kosten. Kein Ökonom z. B. würde denken, daß die auf einem Markt verkauften und gekauften Mengen eines Gutes differieren könnten (jeder Verkauf ist zugleich auch ein Kauf und umgekehrt), kein Jurist behaupten, daß ein rechtsgültiger Vertrag immer Schriftform haben müsse, kein Biologe, daß Bakterien grundsätzlich schädlich seien. Aber auf der anderen Seite haben wir schon zu oft in den Abendnachrichten als Erklärung eines Kursrückgangs an der Börse gehört: »Die Aktien sind gefallen, es wurden mehr Aktien verkauft als gekauft«, um Irrtümer von dieser Sorte ganz zu unterschlagen – auch was Experten lange schon als Fehler kennen, wird von Nicht-Experten häufig noch geglaubt.

Und außerdem können auch Experten selber irren. Noch zu Beginn dieses Jahrhunderts etwa haben Physiker bezweifelt, daß Moleküle und Atome existieren, haben Nobelpreisträger Stein und Bein geschworen, daß Atome, wenn sie schon existieren, so doch niemals spaltbar wären, haben Biologen, Zoologen, Psychologen, Astrologen, haben Wissenschaftler aller Sparten einen Unfug nach dem anderen verkündet. Aristoteles, einer der größten Gelehrten seiner Zeit und aller Zeiten, lehrte, daß Insekten spontan aus Schlamm heraus entstehen oder daß die Welt aus nur vier Elementen – Feuer, Wasser, Luft und Erde – bestehe, plus dem sogenannten »Äther«, der den Himmel füllt. Schwere Gegenstände fallen nach seiner Naturlehre schneller als leichte, Wein in einem großen Faß mit Wasser wird selbst zu Wasser, ein Rebhuhnweibchen wird befruchtet, wenn der Wind vom Männchen her weht, und Leute mit großen Köpfen schlafen viel, um nur einige der Wahrheiten aufzuführen, an die man früher Hunderte von Jahren glaubte. Der Astronom Edmond Halley – nach dem auch der Halleysche Komet benannt ist – hielt die Erde für eine hohle Kugel, in die wie in einer russischen Mamutschka weitere Welten eingeschachtelt sind, und der große Immanuel Kant glaubte entdeckt zu haben, daß die Wanzen, die ihm seine Ruhe störten, durch Sonnenlicht entstehen. Worauf er bis zu seinem Tod – dieser Theorie die Treue haltend – sein Schlafzimmer verdunkelte. »Ich ließ ihn bei seiner Meinung«, berichtet sein Schüler und Faktotum Wasianski, »sorgte für die Reinigung seines Schlafzimmers und Bettes, wodurch die Wanzen sich verminderten, obgleich die Läden und Fenster, um frische Luft zu schaffen, fast täglich – freilich ohne sein Mitwissen – geöffnet wurden.«

Unsere Anfälligkeit für Irrtümer hängt also nicht vom Intelligenzquotienten ab, falls das den einen oder anderen Leser trösten sollte. Der einzige Schutz gegen das Irren besteht darin, überhaupt nicht nachzudenken, und deshalb ist auch nicht die Existenz von Irrtümern das eigentlich verblüffende, sondern daß sie häufig wie Falschgeld so erstaunlich lang im Umlauf bleiben; manche scheinen niemals auszusterben. Einige überleben, weil sie nützlich sind – zum Durchsetzen oder Kaschieren von Interessen, oder weil es bequem ist, oder weil der Pfarrer oder die Gewerkschaft es so sagt, oder weil man seine Ruhe haben will. Andere, wie die bekannte Großstadtsage von der Ratte in der Pizza, dienen dem unbewußten Ausleben von Ängsten und Aggressionen, die sich in solchen Mythen ungestraft entladen dürfen, wieder andere, wie das Märchen von der grundsätzlichen Gefährlichkeit des Alkohols, werden von wohlmeinenden Paternalisten vor allem zum Schutz des dummen Volkes ausgebreitet, das ja bekanntlich die Wahrheit nicht verträgt, und wieder andere schließlich sind glatte Lügen oder simple Denkfehler, die nur noch nicht entschleiert worden sind.

Am leichtesten sind dabei diejenigen Irrtümer zu entlarven, die reine Fakten betreffen. Hier reicht ein Blick in den Brockhaus oder in das Statistische Jahrbuch, und der Irrtum ist erkannt. Schwieriger war bei der Vorbereitung dieses Lexikons die Entscheidung bei Irrtümern der Definition und Interpretation, wie etwa bei der Frage, ob Armut, Krebsgefahr und Wohnungsnot in Deutschland zunehmen; hier hängt die Wahrheit oft entscheidend davon ab, was man mit Armut, Krebsgefahr und Wohnungsknappheit meint. Und am schwersten zu entlarven sind falsche Theorien, zum einen, weil auch die beste Theorie die Wirklichkeit immer nur annäherungsweise beschreiben kann und deshalb angreifbar bleibt, zum anderen, weil viele Theorien sich gegen Widersprüche quasi imprägnieren, so wie die folgende Kurzfassung der marxistischen Verelendungstheorie: Definition: »Der Kapitalismus ist ein System, das den Arbeiter ausbeutet.« Satz: »Arbeiter werden im Kapitalismus ausgebeutet.« Einer solchen Theorie ist offensichtlich weder mit Logik noch mit Fakten beizukommen.

In dieser letzten Irrtums-Klasse haben wir uns daher sehr zurückgehalten und nur solche gern geglaubten Theorien aufgenommen, die entgegen der Folklore von den meisten Fachleuten als irrig angesehen werden (wie etwa der populäre Irrglaube, daß man durch Handelsschranken Arbeitsplätze retten könnte, oder daß Exporte unseren Wohlstand sichern), und erheben nicht den Anspruch, der Weisheit letzten Schluß zu kennen.

Glaubensfragen und verwandte irrtumsschwangere Gebiete – Ist der Papst unfehlbar? Gibt es Gott? Lebt Elvis Presley? – haben wir dagegen vollständig gemieden, obwohl auch hier viele unserer Leser und Leserinnen einem Irrtum unterliegen (entweder die eine Hälfte, die daran glaubt, oder die andere Hälfte, die nicht daran glaubt), genauso wie Irrtümer der Art: die Titanic kann nicht sinken, das Dritte Reich wird 1000 Jahre dauern, ein Computer wird niemals einen Schachgroßmeister schlagen, die sich regelmäßig selbst enttarnen, auch wenn viele davon heute noch als Wahrheit gelten.

Manche der weiter unten aufgeführten Irrtümer sind auch in der großen Grauzone zwischen wahr und falsch zuhause, wie »Ehemänner leben länger« oder »Elefanten haben Angst vor Mäusen«. Solche Aussagen haben wir immer dann als Irrtum in die Sammlung aufgenommen, wenn auch noch andere, von der Folklore abweichende Erklärungen für die jeweiligen Phänomene existieren (wie für die Häufung von gleichlautenden Anfangsbuchstaben in den Sonetten Shakespeares, die anders, als viele glauben, auch durch Zufall zu erklären sind).

Bei Themen außerhalb unserer eigenen beruflichen Kompetenz haben wir uns in der Regel auf die etablierte Wissenschaft verlassen, wohl wissend, daß auch diese durchaus irren kann. Aber vor die Wahl gestellt, entweder einer Zeitgeistmode oder der Mehrheit aller Universitätsgelehrten zu vertrauen, haben wir uns für das kleinere Risiko, d. h. für die Universität entschieden. Denn auch wenn die meisten wissenschaftlichen Durchbrüche von den Universitätsgelehrten zunächst belächelt worden sind, der populäre Umkehrschluß, jeder Spinner wäre allein schon deshalb ein Genie, ist genauso falsch. Wie etwa Martin Gardner in *Frauds and fallacies in the name of science* so überzeugend wie unterhaltsam vorführt, tragen die allermeisten von der Schulwissenschaft als Quacksalber ignorierten Zeitgenossen diesen Titel durchaus zu recht, von Ufo-Jägern über Parapsychologen bis hin zum großen Heer der modernen Diät- und Ernährungsgurus, die uns als die großen Rattenfänger des ausgehenden 20. Jahrhunderts in zahlreichen Stichwörtern noch oft in diesem Buch begegnen werden. (Nicht umsonst halten aufmerksame Beobachter unser Verhältnis zu Essen und Ernährung für die letzte große Bastion von Dummheit und Aberglauben auf der Welt, und gibt es zwischen den aufgeklärten »Du-bist-was-du-ißt« Klienten moderner Bioläden und den Kannibalen Neu-Guineas, die ihre Nachbarn essen, um deren Verstand zu erben, nur graduelle Unterschiede.)

Zu den meisten Stichwörtern dieser Sammlung geben wir Hinweise auf weiterführende Literatur, wo Zweifler, wenn sie wollen, tiefer graben können (immer nur als erster Einstieg zu verstehen; in aller Regel haben wir mehr Quellen konsultiert als explizit zitiert). Als Faustregel für das Zuweisen von Verantwortung kann dabei gelten, daß wir für Irrtümer, die durch eigene, in dieser Literaturliste dokumentierte Recherchen abgesichert sind, auch persönlich wissenschaftlich haften; für die übrigen Irrtümer stehen wir nur insofern gerade, als sie nach unserer persönlichen Interpretation der einschlägigen wissenschaftlichen Mehrheitsmeinung bzw. nach dem aktuellen Stand von Lexika wie Brockhaus oder Meyer als Irrtümer betrachtet werden müssen; hier geben wir vor allem Schulbuchweisheit, so wie wir sie sehen, nach bestem Wissen und Gewissen wieder.

Als Testleser und Schiedsrichter in Zweifelsfragen, ob ein Irrtum wirklich noch Anhänger bei potentiellen Lesern und Leserinnen haben könnte, haben Dennis und Doris Krämer, Birgit Trenkler, Uwe Gruhle und Matthias Bischoff an dieser Sammlung mitgewirkt. Bei unseren Exkursen in fachfremde Regionen, speziell in Medizin, Geschichte und Ernährung, haben uns geholfen (nicht immer wissend, wobei sie uns geholfen haben), in alphabetischer Reihenfolge: Benedikt Burkard, William Farebrother, Ekkehard Frauendorf, Konrad Fuchs, Karl Grammer, Ulrike Guba, Carsten Heuer, Axel Klein-Klute, Günter Krämer, Rolf von Lüde, Antje Martin, Gert von Paczensky, Michael Schmidt, Tamara Schröter, Natalie und Achim Strutz, Jens Sylvester und Rainold Tute. Wir danken allen diesen Helfern herzlich und weisen deutlich darauf hin, daß sie für weltanschaulich anstößige Schlußfolgerungen aus den Materialien, die sie uns zugetragen haben, keiner Haftung unterliegen; vermutlich stimmen nicht wenige unserer Freunde verschiedenen Passagen weiter unten überhaupt nicht zu.

Diesen und anderen vielleicht mißgestimmten Lesern zum Trost sei deshalb gleich zu Anfang darauf hingewiesen, daß unsere Irrtümer keine ideologischen Grenzen kennen und daß wir vermutlich vielen Parteien, Professionen, Religionen gleichermaßen auf die Füße treten werden: Die einen werden uns die Bemerkung verübeln, daß unser deutscher Mieterschutz den Mietern netto eher schadet, die anderen werden uns die unter Experten altbekannte Wahrheit ankreiden, daß weiche Drogen wie Marihuana oder Haschisch nicht gefährlicher als Rotwein sind; die einen werden uns Reaktionäre schimpfen, weil wir glauben, daß die westlichen Kolonialmächte durch ihre Kolonien nicht reicher, sondern ärmer wurden, die anderen uns für linke

Spinner halten, weil wir die unter Ökonomen altbekannte These wiederholen, daß eine hohe Staatsverschuldung keinesfalls per se von Übel ist, oder daß der sogenannte Arbeitgeberbeitrag zur Sozialversicherung, den die deutsche Wirtschaft gern als ihren Beitrag zum sozialen Frieden feiert, in Wahrheit aus der Tasche der Arbeitnehmer fließt und genauso zum Bruttogehalt der Arbeitnehmer zählt wie die Lohnsteuer und andere Abzüge von unserem Einkommen auch. Und so weiter durch das ganze Spektrum der modernen Meinungen hindurch. Wir nehmen es niemandem übel, wenn er oder sie seine oder ihre Lieblingsillusion nicht ohne Kampf begraben will, und sind im übrigen gerne bereit, getreu der Devise des großen Georg Christoph Lichtenberg, daß »es fast unmöglich ist, die Fackel der Wahrheit durch ein Gedränge zu tragen, ohne jemand den Bart zu sengen«, den Zorn der Andersgläubigen mit Würde zu ertragen.

Dortmund *Walter Krämer und Götz Trenkler*

»Die gemeinsten Meinungen und was jeder für ausgemacht hält, verdient oft am meisten untersucht zu werden.«
Georg Christoph Lichtenberg

A

Abendessen (s.a. »Frühstück«)
Das Essen abends schlägt mehr an als mittags oder morgens

Für das Dicker-werden ist es unerheblich, wann am Tag wir eine Mahlzeit zu uns nehmen. »Es gibt keine Beweise dafür, daß wenn die Nahrung bei Nacht aufgenommen wird, wesentlich mehr Kalorien als Fett gespeichert werden, als wenn die gleichen Nahrungsmittel während des Tages verzehrt werden« (Gesundheitsreport Intern der Universität Berkeley in Kalifornien). »Die Kalorien, die Sie in der Nacht zu sich nehmen, werden einfach dann verbraucht, wenn sie benötigt werden.«

Lit.: Gesundheitsreport »Intern«, Band 9, Heft 12, Dez. 1993.

Abendrot
Abendrot verheißt schönes Wetter

»Des Abends sprecht ihr: es wird ein schöner Tag werden, denn der Himmel ist rot«, sagt Jesus in der Bibel (Matthäus 16,2; in manchen Übersetzungen fehlt die Stelle). Aber das stimmt nur bedingt. Richtig ist, daß ein schwaches, pinkfarbenes Abendrot durch eine besonders trockene Luft entsteht und daß deshalb die Wahrscheinlichkeit für Regen sinkt. Ein knallroter Abendhimmel dagegen entsteht oft durch feuchte Staubpartikel in der Atmosphäre; er kündet eher Regen an.

Lit.: Die Bibel oder die ganze Heilige Schrift, Stuttgart 1929.

Ablaß
Die Reformation ist aus Luthers Kampf gegen den Ablaßhandel entstanden (s.a. »Luther«)

Es ist eine weitverbreitete, aber falsche Ansicht, Martin Luther wäre vor allem wegen seiner grundsätzlichen Ablehnung des Ablaßhandels zu dem großen Reformator geworden, als den wir ihn heute kennen.

In Wahrheit hatte Luther nur eine bestimmte Form des Ablaßhandels, den zur Finanzierung des Petersdoms in Rom ausgeschriebenen sogenannten »Peterskirchen-Ablaß« angegriffen, den man anders als andere auch post mortem, nach dem Tod, erwerben konnte (d. h. auch Tote waren aus dem Fegefeuer freizukaufen). Außerdem mußten die Sünder ihre Taten noch nicht einmal bereuen – schon das Geld allein sollte den Erlaß der Sündenstrafen garantieren. Hier sah Luther einen Mißbrauch, den griff er in seinen berühmten 95 Thesen an.

Daß dann aus dieser Meinungsverschiedenheit unter Theologen die evangelische Kirche entstehen sollte, hat er vermutlich weder geahnt noch damals so geplant.

Lit.: Gerhard Ritter: Luther, Frankfurt 1985; Gerhard Prause: Niemand hat Kolumbus ausgelacht, Düsseldorf 1986 (besonders das Kapitel »Luthers Thesenanschlag ist eine Legende«).

Affen
Affen lausen sich

Anders als viele Zoobesucher glauben, suchen Affen in den Fellen ihrer Artgenossen nicht nach Läusen. Dieses häufige gegenseitige »Lausen« (»ich glaub', mich laust der Affe«) dient vor allem dem Entfernen von abgestorbenen Hautresten und Salzkrusten, die durch den Schweiß entstehen, sowie quasi als Nebenprodukt auch dem Einüben eines solidarischen Sozialverhaltens – man »laust« sich, um die »Affenbande« aneinander zu gewöhnen. Besonders die Schimpansen haben dieses »groomen« (vom englischen »to groom« = pflegen) zu einer großen Perfektion getrieben.

Affen sind im allgemeinen, wenn sie nicht in extrem schmutzigen Käfigen leben, völlig frei von allen Körperparasiten.

Lit.: Deutsches Institut für Fernstudien: Evolution des Menschen, Tübingen 1990.

Affenschande

Das Wort »Affenschande« hat mit Affen nichts zu tun; es kommt aus dem Plattdeutschen: »Dat ist eine apenbare (offenbare) Schande.«

Lit.: Walter Zerlett-Olfenius: Aus dem Stegreif, Berlin 1943.

Aggression
Der Aggressionstrieb ist grundsätzlich schädlich

Wenn man Nobelpreisträger Konrad Lorenz glauben darf, ist Aggression durchaus nicht immer etwas Schlechtes. Vielmehr kann Aggression, im Sinn eines »auf den Artgenossen gerichteten Kampftriebs«, für das Überleben einer Spezies geradezu notwendig sein: Nur wenn ein Tier sein Territorium wenn nötig auch gegen Artgenossen verteidigt, verbreitet sich die Art wie Fettaugen auf einer Suppe so schnell wie möglich über den verfügbaren Lebensraum; so nützt sie die natürlichen Ressourcen optimal zum Überleben aus (wohlgemerkt der Spezies, nicht des individuellen Tieres).

Wäre Aggression nicht für das Überleben wichtig, so das Argument von Zoologen, wären aggressive Arten lange ausgestorben. Und da wir bei fast allen Tieren Aggression gegen Artgenossen in der einen oder anderen Form beobachten, muß Aggression per Umkehrschluß der Arterhaltung dienen.

Wie auch immer wir daher die aktuellen Auswirkungen des Aggressionstriebes bei der Species Homo sapiens bewerten, eins scheint sicher: Ohne diesen Aggressionstrieb wären wir wahrscheinlich schon viel früher ausgestorben.

Lit.: Konrad Lorenz: Das sogenannte Böse: Zur Naturgeschichte der Aggression, Wien 1963; Desmond Morris: The naked ape, London 1967; Arno Plack (Hrsg.): Der Mythos vom Aggressionstrieb, München 1973.

Agrarsubventionen
Die Europäische Union ist der größte Agrarsubventionierer der Welt

Das stimmt nur in absoluten Zahlen – legt man die Hilfen für die Bauern auf die Bevölkerung um, entpuppen sich ganz andere Länder als die größten »Sünder«, etwa Norwegen und die Schweiz: Sie unterstützen ihre Bauern mit fast 900 Dollar (Schweiz) oder sogar 1000 Dollar (Norwegen) pro Kopf und Jahr, verglichen mit 500 Dollar in der Europäischen Union.

Lit.: »Guilty on all counts«, The Economist 21. 8. 1993; Peter Sutherland: Trade, the Uruguay round and the consumer, Broschüre des GATT, 1993.

AIDS

Ein AIDS-Test für alle wäre medizinisch sinnvoll

Ein Zwangs-Aids-Test für alle Bundesbürger, so wie zuweilen öffentlich gefordert, wäre medizinisch wie menschlich eine reine Katastrophe. Denn selbst bei einem sehr zuverlässigen Test hätten dann rund 9 von 10 AIDS-Positiven in Wahrheit überhaupt kein AIDS!

Dieses paradoxe Resultat hängt mit der Fehlerquote bei medizinischen Tests zusammen. Diese ist bei einem guten Test sehr klein: Wer AIDS hat, wird mit großer Wahrscheinlichkeit als infiziert erkannt. Diese Wahrscheinlichkeit, die sogenannte »Sensitivität« des Tests, wird bei den aktuellen Verfahren auf 99,8% geschätzt. Und auch wer kein AIDS hat, wird mit großer Wahrscheinlichkeit als nicht infiziert erkannt. Diese Wahrscheinlichkeit, die sogenannte »Spezifität« des Tests, beträgt bei den aktuellen Verfahren rund 99%. Aber trotzdem wären dann bei einer die ganze Bevölkerung erfassenden Reihenuntersuchung noch nicht einmal ein Zehntel der positiv getesteten auch wirklich infiziert!

Angenommen, rund 1 Promille der sexuell aktiven deutschen Bevölkerung, d. h. 50 000 von rund 50 Millionen, sind tatsächlich infiziert. Das ist die heute von Experten meistgenannte Zahl. Von diesen 50 000 würden dann 99,8%, = 49 900, also fast alle, richtig diagnostiziert; nur ganze 100 der 50 000 Infizierten würden, wenn wir diesen Wahrscheinlichkeiten einmal glauben dürfen, nicht erkannt. Und genauso sicher wäre der Test auch für die Bundesbürger ohne AIDS, denn auch von den 49 950 000 nicht Infizierten würden 99% = 49 450 500 korrekt als nicht infiziert erfaßt.

Was dabei aber häufig übersehen wird, ist die prozentual zwar kleine, absolut aber immer noch recht große Zahl von 499 500 nicht infizierten Menschen, die dennoch und damit zu Unrecht als infiziert gemeldet würden. Diese Zahl ist mehr als zehnmal so groß wie die Zahl der korrekt als infiziert Erkannten, oder anders ausgedrückt: von den als infiziert Erkannten sind mehr als neun Zehntel überhaupt nicht infiziert.

Lit.: Heinz Boer: »AIDS – Welche Aussagekraft hat ein ›positives‹ Test-Ergebnis?« Stochastik in der Schule 13, 1993, S. 2-12.

Akropolis
Nur in Athen gibt es eine Akropolis

»Akropolis« heißt auf griechisch »höchste Stadt«; damit war eine besonders befestigte Burg innerhalb der Stadtmauer gemeint. In den Städten des alten Griechenland gab es davon mehrere Dutzend; die Akropolis in Athen ist nur die bekannteste.

Aktien 1
Aktienkurse sind vorhersagbar (s.a. »Börsenprofis« und »Chartanalyse«)

Aktienkurse sind genauso vorherzusagen bzw. nicht vorherzusagen wie die Lottozahlen – ob die Kurse steigen oder fallen, kann man erst nach Schluß der Börse wissen.

Diese Unsicherheit ist aber kein Mangel, sondern ganz im Gegenteil ein Zeichen für Gesundheit: Je weniger die Auf- und Abschwünge vorhergesehen werden können, desto besser für den Markt.

In einem gut funktionierenden Kapitalmarkt ist der aktuelle Preis eines Wertpapiers immer auch der im Licht der aktuellen Informationen gerechte Preis, alias der »innere Wert«. Dieser innere Wert hängt davon ab, was künftig an Erträgen für die Eigentümer anfällt; der innere Wert am Abend ist am Morgen nicht bekannt, denn am Morgen wissen wir noch nicht, welche der Ereignisse dieses Tages uns die Renditesuppe versüßen oder versalzen werden, je nachdem.

Um den inneren Wert am Morgen zu bestimmen, benützen clevere Börsianer alle Informationen, die dafür wichtig werden könnten: Rohstoffpreise, Wechselkurse, Steuern, Inflation, alles was die zu bewertende Aktie betreffen könnte. Wenn aber der Kurs am Morgen schon alle wertbestimmenden Faktoren enthält – der Idealfall – wird er sich tagsüber nur durch neue, zuvor unbekannte Daten oder Fakten ändern (denn wären diese Daten oder Fakten vorher schon bekannt gewesen, wären sie auch schon im Kurs vorweggenommen). Mit anderen Worten, nur bei *nicht* vorhergesehenen Ereignissen verändern sich die Kurse – ihre Schwankungen *müssen* in einem idealen Kapitalmarkt ein Produkt des Zufalls sein.

Lit.: C. Granger und O. Morgenstern: Predictability of stock market prices, Lexington 1970; W. Krämer: Stichwortartikel »Kapitalmarkteffizienz« in: Handwörterbuch des Finanz- und Börsenwesens, 2. Aufl., Stuttgart 1994.

Aktien 2
Aktienkurse sind freitags in der Regel niedriger als montags

Diese Theorie – immer wieder in populären Börsensendungen des deutschen Fernsehens zu hören – besagt, daß Börsenhändler sich gerne freitags »glattstellen«, also über das Wochenende lieber nicht auf großen Wertpapierbeständen sitzen. Dadurch sollen dann die Kurse freitags häufig sinken.

Betrachtet man aber die durchschnittlichen Tages-Renditen deutscher Aktien genauer, kommt exakt das Gegenteil heraus: Von Donnerstag auf Freitag ändern sich die Kurse im langfristigen Durchschnitt positiv, von Freitag auf Montag aber negativ. Das folgende Schaubild zeigt für jeden Wochentag getrennt die durchschnittlichen prozentualen Änderungen des deutschen Aktienindex DAX verglichen mit dem Vortag an. Es basiert auf mehr als 7500 täglichen Renditen vom Januar 1960 bis Dezember 1989 und zeigt klar, daß Freitag unter allen Wochentagen im Durchschnitt den höchsten Kursanstieg vermelden kann.

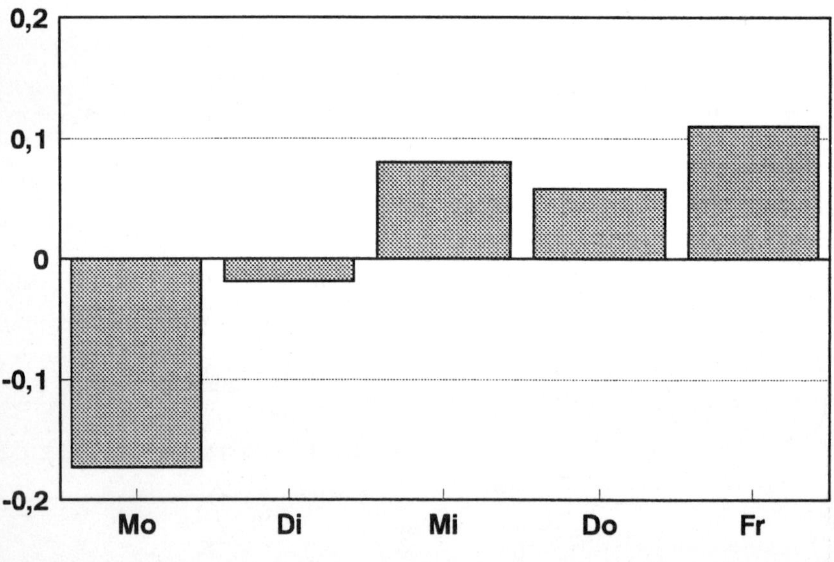

Die durchschnittliche tägliche Rendite des deutschen Aktienindex DAX (in Prozent) von 1960 bis 1990, nach Wochentagen aufgeteilt: Von Freitag auf Montag fallen deutsche Aktienkurse öfter als daß sie steigen

Die eigentliche Anomalität in diesem Diagramm ist aber nicht der Kursanstieg am Freitag, sondern der Kurs*abstieg* am Montag. Denn nach der üblichen Kapitalmarkttheorie müßten die Kurse im Mittel immer steigen – sonst würde niemand Aktien kaufen. Zwar ist dieser mittlere Kursverfall von Freitag auf Montag – der sogenannte »Montagseffekt« – nicht sehr dramatisch, weniger als 0,2 Prozent, verglichen mit den sonst üblichen Schwankungen von Tag zu Tag kaum wahrnehmbar, aber dennoch viel zu groß, um allein durch Zufall zu entstehen. Seine Quelle ist zur Zeit noch ungeklärt.

Lit.: Walter Krämer und Ralf Runde: »Wochentagseffekte am deutschen Aktienmarkt«, Allgemeines Statistisches Archiv 1992; dieselben: »Kalendereffekte auf Kapitalmärkten: eine empirische Untersuchung für deutsche Aktien und den DAX«, Zeitschrift für betriebswirtschaftliche Forschung, Sonderheft 31, 1993.

Alkohol 1
Alkohol ist ungesund

Damit wir uns nicht mißverstehen: Natürlich ist Alkohol in großen Mengen ungesund. Aber das gilt für viele andere Dinge auch (man kann sich auch an Mineralwasser vergiften). Oder um mit dem großen Paracelsus zu sprechen:

»Was das nit gifft ist?
Alle ding sind gifft und nichts ist ohn gifft.
Allein die dosis macht das ein ding kein gifft ist.
Als ein Exempel: ein jetliche speiß und ein jetlich getranck
so es über sein dosis eingenommen wirdt,
so ist es gifft.«

Wenn wir dagegen fragen: Ist Alkohol *grundsätzlich* ungesund, so heißt die Antwort: Ganz im Gegenteil. »Ein Gläschen Wein stützt das Gedächtnis im Alter«, können wir in einer deutschen Illustrierten lesen: »Ein, zwei Glas Wein (oder ein Bier) täglich halten das Gedächtnis im Alter jung«, sagt Dr. Joe C. Christian (Universität Indiana). »Bei mäßigem Alkoholgenuß verbessert sich das Kurzzeit-Gedächtnis um 17 Prozent. Eindrücke werden schneller gespeichert, man denkt logischer. Grund: Alkohol in Maßen regt den Stoffwechsel an und fördert die Durchblutung.«

Andere Forscher finden andere Effekte: »Alkohol stärkt die Substanz des Knochengewebes« (aus einer deutschen Tageszeitung). »Mäßiger Genuß von Alkohol erhöht offensichtlich die Knochendichte und senkt möglicherweise das Risiko der Osteoporose (Knochenschwund). Das ergab die Auswertung einer Studie in Kalifornien, bei der Trinkgewohnheiten und Knochensubstanz untersucht worden waren.«

Die gleichen Stimmen auch in wissenschaftlichen Journalen. Eine Studie der Harvard-Universität an über 50 000 Männern hat ergeben, daß das Risiko für koronare Herzkrankheit für Abstinenzler höher ist als für Männer, die regelmäßig Alkohol konsumieren, und nicht nur das: Das Risiko einer koronaren Herzkrankheit wird umso kleiner, je mehr Alkohol man trinkt (und zwar auch dann, wenn man andere Faktoren wie Ernährung, Blutdruck, Alter usw. ausschaltet bzw. nur Männer vergleicht, die sich bezüglich dieser Variablen nicht unterscheiden).

Die folgende Tabelle (aus Rimm et al., 1991, S. 466) gibt an, um wieviel das Risiko für verschiedene koronare Herzbeschwerden mit wachsendem Genuß von Alkohol sinkt (jeweils verglichen mit ansonsten vergleichbaren Männern, die überhaupt nicht trinken):

Risikoreduktion beim täglichen Genuß der folgenden Mengen Alkohol

	5 – 30 Gramm	mehr als 30 Gramm
nicht-tödlicher Infarkt:	36 %	45 %
tödlicher Infarkt:	41 %	37 %
Bypass-Operation	10 %	65 %
alle kor. Herzkrankh. zus.:	28 %	48 %

Wie wir sehen, wird das Risiko einer koronaren Herzkrankheit bei regelmäßigem Alkoholgenuß nicht größer, sondern kleiner (die Risikoreduktion ist durchweg positiv). Und nicht nur das: Von tödlichen Herzinfarkten einmal abgesehen, nimmt das Risiko umso mehr ab, je mehr wir trinken.

In einer anderen Studie haben allerdings Mediziner aus Dänemark herausgefunden, daß nicht ein Promille so gut ist wie das andere, sondern daß auch die Art des Alkohols – Wein, Bier oder Schnaps – von Bedeutung ist: Bei über 6 000 untersuchten Männern und über 7 000 untersuchten Frauen haben sie ermittelt, daß vor allem *Wein* das lange Leben fördert – Männer und Frauen mit einem Konsum von täglich drei bis fünf Glas Wein reduzieren ihr Todesrisiko verglichen mit Abstinenzlern auf die Hälfte (das sogenannte »altersadjustierte Risiko«; irgendwann müssen natürlich auch Weintrinker und -trinkerinnen sterben). Bier und Schnaps dagegen bewirken, was die reinen Sterberaten angeht, keine großen Unterschiede.

Nun wäre zu diesen Ergebnissen natürlich noch einiges zu sagen. (Wie kam die Stichprobe zustande? Wahrheitsliebe der Probanden? Geht die Abnahme des Risikos mit wachsendem Alkoholgenuß immer weiter, oder kehrt sich die

Kurve irgendwann wieder um? etc.) Aber diese Ergebnisse werden von zu vielen anderen Untersuchungen bestätigt, um sie einfach als Produkt des Zufalls abzutun.

Lit.: Eric B. Rimm et al.: »Prospective study of alcohol consumption and risk of coronary disease in men«, The Lancet 338, Aug. 1991, 464-468; Morten Gronbeck et al.: »Mortality associated with moderate intakes of wine, beer, or spirits«, British Medical Journal 310, Mai 1995, 1165-1169.

Alkohol 2
Alkohol wärmt

Nachdem wir einige unvermutete gute Seiten des Alkohols betrachtet haben, müssen wir aber auch vor einer gern geglaubten positiven Wirkung warnen, die er in Wahrheit gar nicht hat. Denn auch wenn wir nach einem heißen Grog an einem kalten Winterabend anders denken: Alkohol erwärmt den Körper nicht. Zwar fühlen wir subjektiv eine Wärme, die sich so schön vom Magen über den ganzen Körper ausbreitet, aber objektiv gesehen macht Alkohol die Blutgefäße an der Körperoberfläche weiter; das Blut strömt an die Außenseite und wird kühler, die Temperatur des Körpers sinkt. Auf diese Weise kann Alkohol bei großer Kälte sogar zum Erfrieren führen.

Alkohol 3
Alkohol läßt sich durch Kaffeetrinken vertreiben

Es nützt nichts, nach einigen Bier noch schnell einen Kaffee vor der Heimfahrt mit dem Auto zu bestellen – weder senkt Kaffee den Alkoholspiegel, noch läßt er uns schneller reagieren. Er vertreibt vielleicht die Müdigkeit, die sich oft nach dem Trinken einstellt, aber das nachfolgende Gefühl der Nüchternheit ist trügerisch; die Reflexe sind weiter gebremst, und die Fähigkeit zum Autofahren wird kein bißchen besser.

Lit.: B. Kissin: »Interactions of ethyl alcohol and other drugs«, in B. Kissin und H. Begleiter: The biology of alcoholism, New York 1974.

Alliterationen
Alliterationen entstehen aus Absicht

Alliterationen alias Stabreime, also gleiche Anfangsklänge mehrerer Wörter hintereinander, gelten vielen als Stilmittel, das große oder nicht so große

Künstler absichtlich benutzen: »Komm Kühle, komm küsse den Kummer / süß säuselnd von sinnender Stirn« (Clemens von Brentano).

Nach Meinung des amerikanischen Statistikers und Psychologen B. F. Skinner müssen solche Gleichklänge durchaus nicht immer Absicht sein – sie können genausogut auch zufällig entstehen, wie Skinner für die insgesamt 1400 Zeilen sämtlicher Sonette Shakespeares einmal nachgerechnet hat. Hätte Shakespeare die Anfangslaute aller Wörter zufällig aus einem Hut gezogen, müßten sich darunter z. B. 161 Zeilen mit zweimal S als Anfangsbuchstabe und 29 Zeilen mit dreimal S als Anfangsbuchstaben finden (um nur zwei der von Skinner errechneten Erwartungswerte aufzuführen). Und tatsächlich gibt es in Shakespeares Sonetten genau 161 Zeilen mit zweimal S und 26 Zeilen mit dreimal S an erster Stelle – mit anderen Worten, die für Leser und Hörer oft so verblüffende Häufung identischer Anfangslaute kann neben der dichterischen Genialität genauso auch den Zufall als Erzeuger haben.

Eine ähnlich gute Übereinstimmung von Theorie und Praxis beobachtete Skinner auch bei anderen Buchstaben des Alphabets.

Lit.: B. F. Skinner: »The alliteration in Shakespeare's sonnets: A study in literary behaviour«, The Psychological Record 1939.

Altar
Der Altar ist eine christliche Erfindung

Die ersten Christen kannten keine besonderen Plätze in ihren Versammlungsorten, so wie in modernen Kirchen die Altäre. Ja sie wurden sogar, weil sie keine Altäre hatten, von den anderen Religionen als Barbaren angegriffen.

Der Altar als der besondere Platz, wo man den Göttern opfert, existierte lange vor Jesus Christus in fast allen Religionen dieser Erde.

Lit.: Stichwort »Altar« in Encyclopaedia Britannica, 11. Auflage, Chicago 1910.

Amateure
Bei den antiken olympischen Spielen waren nur Amateure zugelassen

Antike Sportler waren keine Amateure. Neben den notorischen Palmenzweigen, die griechische Olympiasieger als Belohnung mit nach Hause brachten, kannten und erwarteten diese durchaus auch noch andere Belohnung; Amateure, die »eine Tätigkeit aus Liebe an der Sache ausüben, ohne einen Beruf daraus zu machen« (Meyers Enzyklopädisches Lexikon), waren diese Sportler sicher nicht.

Der Siegespreis eines Palmzweigs oder auch eines Olivenkranzes darf nicht über die indirekten, zum Teil beträchtlichen Preisgelder hinwegtäuschen, die mit einem Olympiasieg verbunden waren: Steuerfreiheit, lebenslange Renten, Denkmäler, auch Bargeld (der Athener Staatsmann Solon etwa ließ jedem Olympiasieger seiner Stadt 500 Drachmen, den Zwei-Jahres-Sold eines Soldaten zahlen). Denn da ein Olympiasieger auch den Ruhm der Heimatstadt des Siegers mehrte, ließen sich die griechischen Städte ihre Sportler einiges kosten, vor den Spielen und erst recht danach: Stadien, Masseure, Trainer, Köche, Ärzte, und die Sportler selbst natürlich auch; sie wollten bezahlt und unterhalten werden, und da es außer den olympischen Spielen auch noch die pythischen Spiele (alle vier Jahre), die nemäischen Spiele (alle zwei Jahre) und die isthmischen Spiele gab, von mehreren hundert Provinzsportfesten jährlich völlig abgesehen, konnten die Athleten von diesen Preisgeldern und Spesen prächtig leben (so soll einmal ein Olympiasieger nur für seine Teilnahme an einem dieser kleineren Spektakel 30 000 Drachmen gefordert und bekommen haben).

Nach den Regeln, wie sie etwa bei den ersten Spielen der Neuzeit Ende des letzten und Anfang des aktuellen Jahrhunderts üblich waren, müßten wir also den meisten antiken Olympiasiegern ihre Palmenzweige posthum aberkennen.

Lit.: Stichwortartikel »Olympic Games« in Colliers Encyclopedia, Band 18, 1975.

Amerika

Daß Amerika nicht von Kolumbus, sondern schon Jahrhunderte vorher von den Wikingern entdeckt wurde, ist keine große Sensation. Aber daß auch schon die Wikinger vielleicht zu spät gekommen sind, ist weniger bekannt.

Manche Forscher glauben, daß schon 500 v.Chr. Seefahrer aus dem Mittelmeer bis nach Amerika gekommen sind. Technisch möglich wäre es gewesen, wenn man die zerbrechlichen Boote betrachtet, in denen Menschen heute den Atlantik überqueren . . .

Aber wenn griechische oder römische Segler tatsächlich Amerika erreicht haben sollten, sie haben kein großes Aufhebens davon gemacht. Und vielleicht hat auch nur ein Witzbold ein paar antike Münzen in Mexiko vergraben . . .

Die Vorfahren der heutigen Indianer, und damit die ersten Amerikaner überhaupt, waren Mongolvölker, die vor mehreren tausend Jahren von Asien über die damals noch intakte Landbrücke nach Alaska und von dort nach Süden eingewandert sind. Insofern ist es also reichlich chauvinistisch, das erstmalige Sichten des Kontinents durch Menschen aus Europa mit dessen Entdeckung gleichzusetzen.

Lit.: T.P. Christensen: Discovery and rediscovery of America, Cedar Rapids 1934; Hjamar R. Holand: Explorations in America before Columbus, New York 1956; Cyrus H. Gordon: Before Columbus: Links between the old world and ancient America, New York 1971.

Amtsschimmel
Der Amtsschimmel hat etwas mit Pferden zu tun

Der bekannte Amtsschimmel wurde vermutlich aus dem Wort »Simile« geboren; damit meinte man in den Kanzleien des alten Österreich ein vorgedrucktes Musterformular. Deshalb nannte man einen nach vorgeschriebenem Muster arbeitenden Kanzlisten spöttisch »Similereiter«, und daraus wurde dann unser Schimmelreiter.

Lit.: Etymologisches Wörterbuch des Deutschen, 2. Auflage, durchgesehen und ergänzt von Wolfgang Pfeifer, Berlin 1993.

Apfel
Eva hat im Paradies von einem Apfelbaum gepflückt

Eine verbotene Frucht namens Apfel kommt in der Bibel nirgends vor. In der deutschen Einheitsübersetzung heißt es nur: »Die Frau entgegnete der Schlange: Von den Früchten der Bäume im Garten dürfen wir essen; nur von den Früchten des Baumes, der in der Mitte des Gartens steht, hat Gott gesagt: Davon dürft ihr nicht essen, und daran dürft ihr nicht rühren, sonst werdet ihr sterben.«

Wie aus diesem Baum, »der in der Mitte des Gartens steht«, ein Apfelbaum geworden ist, weiß niemand so genau. Der Autor dieser Bibelstelle hat sicher kaum an einen Apfelbaum gedacht – die gab es nämlich im Nahen Osten damals nicht. Viel wahrscheinlicher wäre ein Feigenbaum, denn Adam und Eva haben sich nach dem Genuß der Frucht mit Feigenblättern zugedeckt.

Der Apfel geriet vermutlich über die Mythen der Griechen und Kelten in die Bibel. Er galt bei diesen Völkern als ein Symbol der Liebesgöttin, und da Sex für gute Christen etwas Böses ist, kann der verbotene Baum ja nur ein Apfelbaum gewesen sein.

Aphrodisiaka

Aphrodisiaka (von griechisch »zum Liebesgenuß gehörend«), d. h. Mittel zur Steigerung des Geschlechtstriebs und der Potenz, wirken nur in unserer Phantasie.

Den folgenden Substanzen wurden in verschiedenen Kulturen und zu verschiedene Zeiten sexuelle Kräfte zugeschrieben: Alkohol, Austern, Bananen, Bilsenkraut, rohe Eier, Ginsengwurzeln, Kantharidin (enthalten in bestimmten Sorten von Käfern wie der berühmten spanischen Fliege), Kaviar, kleingeriebene Nashorn-Hörner, Salbei, Sellerie, Spargel, Tollkirschen, Trüffel, ganz normales Wasser, Yohimbin (ein Extrakt aus der Rinde des afrikanischen Yohimbebaumes). Bei einigen dieser Mittel (Bananen, Ginsengwurzel, Nashorn-Hörner) beruht die vermutete Wirkung wohl auf der gleichen Illusion, wegen der manche Sportler gerne Fleisch und Kannibalen ihre Nachbarn essen: weil man glaubt, die Eigenschaften des Essens gingen auf den Esser über (s.a. »Du bist was du ißt« und »Fleisch«); andere, wie etwa Alkohol, wirken enthemmend und können so vielleicht indirekt ein sexuelles Abenteuer fördern, und wieder andere, wie Austern, Kaviar und rohe Eier, beziehen ihre vermeintliche Wirkung aus den sexuellen Heldentaten von Personen wie dem Grafen Casanova, die gerne solche Dinge aßen, ohne daß hier aber ein Zusammenhang besteht. (Genauso könnte man behaupten, daß, um Bundeskanzler zu werden, der häufige Verzehr von Pfälzer Saumagen sehr hilfreich sei.)

Allenfalls die Extrakte des Yohimbebaumes und der spanischen Fliege können durch örtliche Gefäßerweiterungen auf den Fortgang der Dinge einen gewissen unmittelbaren Einfluß nehmen. Jedoch ist insbesondere die spanische Fliege so giftig, schmerzhaft und wegen der Entzündung der Harnwege auch gefährlich, daß ein so erzwungener Liebesgenuß dann doch wieder keine reine Freude, und oft auch der letzte auf dieser schönen Erde ist.

Lit.: Friedrich Robert Lehmann: Rezepte der Liebesmittel. Eine Kulturgeschichte der Liebe, Heidenheim 1966.

Äquator
Auf der Erde ist es an den Polen am kältesten und am Äquator am wärmsten

Die höchsten Temperaturen für »normale« Luft im Schatten wurden bisher im Death Valley in Kalifornien und in der Stadt Azizia in Libyen gemessen: 56,7 bzw. 58 Grad Celsius. Beide Orte sind mehrere tausend Kilometer vom Äquator entfernt. Die tiefsten Temperaturen wurden bisher an der russischen Antarktisstation Vostok gemessen: -88 Grad Celsius. Diese Station liegt mehr als tausend Kilometer nördlich des Südpols. (Die tiefsten Temperaturen auf der Nordhalbkugel mit -71 Grad Celsius gab es bisher im Ort Oimakon in Ostsibirien, 320 Kilometer südlich des Polarkreises und 3000 km vom Nordpol entfernt.)

Auch sonstwo kümmern sich die Temperaturen nur wenig um die Breitengrade: In der isländischen Hauptstadt Reykjavík, die fast am nördlichen Polarkreis liegt, ist es im Jahresdurchschnitt wärmer als in New York, und im amerikanischen Bundesstaat Virginia fällt mehr Schnee als in vielen Gegenden der Arktis.

Lit.: The Guinness Book of Records; Isaac Asimov: Buch der Tatsachen, Bergisch-Gladbach 1981.

Arabische Ziffern
Die arabischen Ziffern stammen von den Arabern

Die arabischen Ziffern 1, 2, 3, 4, 5 ... sind keine Erfindung der Araber – ursprünglich stammen sie aus Indien. Von dort kamen sie dann mit den Arabern über Nordafrika und Spanien nach Europa.

Der eigentliche Vorteil der »arabischen« verglichen mit den römischen Ziffern sind nicht die Symbole 1, 2 ... 9; der eigentliche Vorteil ist die geniale Übereinkunft, daß diese Symbole je nach Standort etwas anderes bedeuten: die 5 in 15 steht für 5, aber die 5 in 2523 steht für 5 mal 100 (denn 2523 = 2 x 1000 + 5 x 100 + 2 x 10 + 3).

Dieser Gedanke steht auf einer Stufe mit der Zähmung des Feuers und der Erfindung des Rades – ohne ihn würden wir noch heute 27 mal 115 als XXIIIX mal CXV berechnen müssen, ohne diese so simple wie geniale Idee hätte es keine moderne Physik und keine moderne Chemie, keine Raumfahrt und auch keine Atombomben gegeben.

Lit.: John A. Paulos: Von Algebra bis Zufall, Frankfurt 1992.

Arbeit
»Arbeit ist köstlich«

Diese Kurzfassung einer oft zitierten Bibelstelle kommt in Wahrheit in der Bibel nirgends vor. Zwar heißt es in Luthers Übersetzung des 90. Psalms: »Unser Leben währet siebenzig Jahre, und wenn's hoch kommt, so sind's achtzig Jahre, und wenn's köstlich gewesen ist, so ist's Mühe und Arbeit gewesen«, aber in Wahrheit meinte der Originalautor damit genau das Gegenteil: Wir müssen uns das ganze Leben plagen, selbst dann noch, wenn wir es für köstlich halten.

Neuere Bibelübersetzer sind hier weit exakter: »Die Zahl unserer Jahre ist siebenzig Jahr, und wenn es hochkommt, achtzig Jahr. Und ihr Gepräge ist Mühsal und Trug.« (H.-J. Kraus, 1960); »... und selbst das Köstliche daran ist nur Elend und Trug« (P. Schulz, 1978); »das Beste daran ist nur Mühsal und Beschwer, rasch geht es vorbei, wie fliegen dahin« (Katholische Bibelanstalt, 1980), auch die seit 1965 vorliegende korrigierte Luther-Bibel läßt an der wahren Bedeutung dieser Bibelstelle keinen Zweifel: »Unser Leben währet siebenzig Jahr, und wenn es hochkommt sind es achtzig Jahre, und was daran köstlich scheint, ist doch nur vergebliche Mühe ...«

Trotzdem ist Luthers Irrtum offenbar nicht auszurotten, vermutlich aus dem gleichen Grund, warum auch viele andere Irrtümer die Jahrhunderte so unbeschadet überleben: weil er so gut ins Weltbild – hier das der protestantischen Arbeitsethik – paßt.

Lit.: Katholische Bibelanstalt: Die Bibel – Altes und Neues Testament – Einheitsübersetzung, Freiburg 1980; Gerhard Prause: Tratschkes Lexikon für Besserwisser, München 1986.

Arbeitgeberbeitrag
Den Arbeitgeberbeitrag zahlt der Arbeitgeber
(s.a. »Selbstbeteiligung«)

Keinen Pfennig des Arbeitgeberbeitrags zahlt der Arbeitgeber. Den Arbeitgeberbeitrag zahlt der Arbeitnehmer, genauso wie der Arbeitnehmer seine Steuern, Mieten, Zinsen, Hypotheken zahlt; die nach deutschem Sozialrecht zur Hälfte von den Arbeitgebern zu tragenden Renten-, Arbeitslosen- und Pflegeversicherungsbeiträge ihrer Beschäftigten sind ein reiner Taschenspielertrick.

Rein wirtschaftlich gesehen gehören alle Aufwendungen des Arbeitgebers für einen Beschäftigten zu dessen Bruttolohn, unabhängig davon wie sie heißen, ob Urlaubs- oder Weihnachtsgeld, ob Werkswohnung oder Dienstwagen, ob Zuschüsse zum Mittagessen oder Beiträge zu Versicherungen aller Art: Alle Auslagen, die dem Arbeitgeber für einen Beschäftigten entstehen, zählen zu dessen Lohn oder Gehalt. Punkt. Diese Arbeitskosten betrugen etwa 1993 durchschnittlich 4900 Mark im Monat (verglichen mit 1350 Mark im Monat noch 1970).

Aber von diesen 4900 Mark im Monat kamen nur 54% oder DM 2646 bei den Arbeitnehmern und Arbeitnehmerinnen wirklich an. Der Rest ging an das Finanzamt (15%) oder an die Sozialversicherung (31%), und damit haben wir auch schon einen der Gründe für die Popularität des Arbeitgeberbeitrag-Mythos gefunden: Wir merken nicht, wie man uns schröpft. Je mehr von unseren Gehalt und Lohn als sogenannter »Arbeitgeberanteil« nicht von uns, sondern von anderen getragen wird, desto unbelasteter gehen wir scheinbar durchs Leben, desto mehr scheinen wir von unserem Verdienst für uns selbst zu behalten.

Das ist aber eine Illusion. Dem Arbeitgeber ist es nämlich im Prinzip gleichgültig, wo die 4900 Mark für seinen Arbeitnehmer letztlich landen; ob 10, 20 oder 30 Prozent an das Finanzamt fließen, ist für ihn oder sie genauso unerheblich wie der Anteil für die Sozialversicherung oder wie man diesen Anteil nennt. Ob davon die Hälfte oder alles oder gar nichts »Arbeitgeberanteil« heißt, spielt für den Arbeitgeber keine Rolle. Für ihn gilt Kosten = Bruttolohn, diese Gleichung ist das einzige was ökonomisch zählt, wie man diese Kosten nennt spielt keine Rolle.

Die ganze Absurdität des sogenannten »Arbeitgeberbeitrags« wird vielleicht am besten deutlich, wenn wir einmal unterstellen, daß *alle* Sozialversicherungsabgaben »Arbeitgeberanteil« hießen. Dann wäre – hokus-pokus-fidibus – die Sozialversicherung umsonst! Denn nach herkömmlicher Sicht hätten wir jetzt einen Arbeitnehmeranteil von Null Prozent!

Aber in Wahrheit bleibt natürlich alles wie es vorher war. Alles, was von unserem Lohn oder unserem Gehalt abfließt, ist und bleibt zu 100% unser eigener Arbeitnehmeranteil, ganz egal wie man ihn nennt.

Lit.: Walter Krämer: »Babylonische Sprachverwirrung«, Arbeit- und Sozialpolitik 42, 9/1988, 290-292; »Bald nur noch die Hälfte«, Informationsdienst des Instituts der Deutschen Wirtschaft, 22. 7. 1993.

Arbeitslosenstatistiken, internationale

Wenn wir in der Presse lesen, die Arbeitslosenquoten in Japan und Amerika wären kleiner als in Deutschland oder Österreich, so ist das zum Teil eine statistische Illusion. Denn die Arbeitslosenquote ist in verschiedenen Ländern verschieden definiert.

Im Prinzip ist diese Quote immer gleich: ein Bruch mit den Arbeitslosen im Zähler und mit den Erwerbspersonen im Nenner. Aber weder der Zähler noch der Nenner werden überall auf die gleiche Weise gemessen. Am augenfälligsten sind die Unterschiede beim Zähler, also bei den Arbeitslosen selbst. Nach deutscher Praxis gehört in diesen Zähler, wer offiziell beim Arbeitsamt als arbeitsuchend gemeldet ist und außerdem (i) mehr als 18 Stunden in der Woche arbeiten will, (ii) nicht nur vorübergehend Arbeit sucht, (iii) älter als 15 und jünger als 65 Jahre ist, und (iv) dem Arbeitsmarkt sofort zur Verfügung steht. Studierende auf der erfolglosen Suche nach einem Ferienjob oder Teilnehmer von Umschulungskursen etwa sind damit niemals arbeitslos. Ebenfalls ausgeklammert sind die Entmutigten, die die Suche über das Arbeitsamt aufgegeben haben (die sog. »stille Reserve«), aber auch alle über 65-jährigen, die gerne noch einen kleinen Nebenverdienst hätten, und alle, die weniger als 18 Stunden in der Woche gegen Entgelt arbeiten wollen.

Anderswo ist man sowohl restriktiver wie auch liberaler. In Japan etwa muß, wer Arbeitsloser werden will, vorher gearbeitet haben – Schulabgänger und frischgebackene Akademiker werden in Japan niemals arbeitslos. In den USA dagegen ist weder das Alter noch die wöchentliche Dauer der gesuchten Arbeit eine Grenze – wer arbeiten will und keine Arbeit findet, ist unabhängig von seinem Alter automatisch arbeitslos.

Aber auch der Nenner der Arbeitslosenquote macht Probleme. In Deutschland ist das die sogenannte »Erwerbsbevölkerung«, minus Selbständige, Beamte, Bauern und Soldaten, also die Summe aller Personen, die dem Risiko der Arbeitslosigkeit auch wirklich unterliegen. Anderswo dagegen, etwa in England, steht die komplette Erwerbsbevölkerung inklusive Selbständige, Bauern und Soldaten im Nenner der Arbeitslosenquote, und auch so entstehen künstliche Unterschiede: Da ein Bruch umso größer ist, je kleiner der Nenner, und umso kleiner ist, je größer der Nenner, ist die deutsche Quote größer als sie bei englischer Berechnungsweise wäre.

Keine dieser Definitionen ist von sich aus besser oder schlechter als die anderen, und solange man nur die Arbeitslosigkeit in einem einzigen Land betrachtet, kann man auch mit diesen Differenzen leben. Denn ob die Arbeitslosenquote steigt oder fällt, also die in aller Regel einzig wirklich interessante Information, hängt kaum von der gewählten Begriffsbestimmung ab (vorausgesetzt natürlich, diese bleibt im Zeitverlauf konstant).

Aber für einen Vergleich der Arbeitslosigkeit über verschiedene Volkswirtschaften hinweg sind die jeweiligen nationalen Quoten völlig ungeeignet.

Nach einer Studie der OECD machen diese statistisch und nicht sachlich induzierten Unterschiede zuweilen mehrere Prozentpunkte aus. In Belgien etwa stieg die Quote nach OECD-Definition von 12,2% auf 15,9%, während sie in Deutschland etwas sank, und das amerikanische Bureau of Labor Statistics kam sogar zu noch drastischeren Ergebnissen: Bei gleicher, vom Bureau of Labor Statistics neu konstruierter Meßlatte stieg die Quote in den USA von 6,4% auf 9,3%, und in Japan sogar um mehr als das Dreifache, von 2,9% auf 9,6%!

Lit.: Ulrich Cramer: »Konzeptionelle Probleme der Arbeitsmarktstatistik aus der Sicht der Arbeitsmarktforschung«, Allgemeines Statistisches Archiv 1990; Walter Krämer: So lügt man mit Statistik, Frankfurt 1995.

Archimedes

Unter den großen Taten des großen Archimedes sind auch einige, die man ihm nur angedichtet hat. So lernt man oft noch in der Schule, Archimedes hätte die römische Belagerungsflotte vor Syrakus mit Brennspiegeln in Brand gesetzt.

Diese Tat ist aber nachweisbar unmöglich, wie moderne Ingenieure bei dem Versuch herausgefunden haben, sie zu wiederholen. Zwar waren Brennspiegel im Jahr 212 v. Chr., als die Römer im Lauf des zweiten punischen Krieges die Stadt Syrakus in Sizilien belagerten, durchaus schon bekannt – die Römer selbst etwa benutzten sie, um erloschene Tempelfeuer wieder zu entzünden –, und man kann auch nicht ausschließen, daß der große Tüftler und Erfinder Archimedes tatsächlich daran dachte, solche Spiegel auch auf feindliche Schiffe zu richten. Aber wenn, hat er den Gedanken sicher bald begraben, denn ein fahrendes Schiff aus größerer Entfernung so in Brand zu setzen, ging über die damaligen technischen Möglichkeiten weit hinaus.

Der römische Historiker Plutarch, der die sonstigen Verteidigungsmaschinen des Archimedes ausführlich schilderte – Wurfmaschinen oder Kräne etwa, um die römischen Galeeren auf Klippen zu ziehen –, erwähnt die Spiegel nicht. Sie tauchen zum ersten Mal rund 700 Jahre später in einer Abhandlung über Hohl- und Brennspiegel des Anathemios von Tralles auf, einem der Konstrukteure der Hagia Sophia in Istanbul, und dann nochmals weitere 600 Jahre später in der Weltchronik des Mönches Johannes Zonaras. Und seitdem sind die Brennspiegel des Archimedes aus den kulturellen Erbe des Abendlandes nicht mehr wegzudenken.

Lit.: Gerhard Prause: Tratschkes Lexikon für Besserwisser, München 1986; Stichwort »Archimedes« in Brockhaus Enzyklopädie, 19. Auflage, Mannheim 1987.

Armada
Der Untergang der Armada hat das Ende des spanischen Weltreiches eingeleitet

Mit dem Untergang der spanischen Armada im Sommer 1588 begann der Abstieg Spaniens und der Aufstieg Englands, liest man immer wieder.

In Wahrheit war dieses Desaster für die Spanier genauso wichtig wie der Untergang der Bismarck für Hitler: ziemlich unbedeutend. Genausowenig wie das Schicksal der Nazis durch den Untergang der Bismarck, war das Schicksal des spanischen Weltreiches durch den Untergang der Armada vorgezeichnet. Zwar wurden so die Invasionspläne Philipps des Zweiten vereitelt, aber nur 24 unter den rund 120 spanischen Schiffen waren Kriegsgaleonen; die Seemacht Spaniens hatte durch die Niederlage kaum gelitten. Binnen weniger Jahre hatte Spanien die verlorenen Schiffe ersetzt, und in den 15 Jahren nach 1588 erreichten mehr Gold und Silber aus Amerika die spanischen Küsten als jemals in einer Spanne von 15 Jahren zuvor oder danach.

Der Aufstieg Englands und der Abstieg Spaniens müssen also andere Gründe haben als den Untergang der Armada. (Nach Meinung mancher Historiker nahm nach 1588 die bis dahin unbestrittene Übermacht der Engländer im Atlantik sogar eher ab.) Wie oft wird hier in ein singuläres Ereignis mehr Bedeutung hineingelegt als es verdient.

Lit.: Garrett Mattingly: The Armada, Boston 1959.

Armut
Die Armut in der Bundesrepublik nimmt zu

Anders als manche Medien uns glauben machen wollen, werden wir Deutschen keinesfalls im Lauf der Jahre immer ärmer. Die folgende Meldung, mit dem Titel »Immer mehr Armut in reicher Republik«, steht stellvertretend für diesen weit verbreiteten Irrtum über Armut und Reichtum in unserem Land (erschienen Anfang der 90er Jahre in mehreren deutschen Tageszeitungen):

> »Die Armut wird in der reichen Bundesrepublik ein immer größeres Problem. Nach einer gestern vom Deutschen Gewerkschaftsbund (DGB) und dem Paritätischen Wohlfahrtsverband veröffentlichten Studie lebt jeder zehnte Westdeutsche an oder unter der Armutsschwelle ... ›Noch nie lebten in der reichen Bundesrepublik so viele

Arme wie zur Zeit‹, so faßte die stellvertretende DGB-Vorsitzende ... gestern in Düsseldorf das Ergebnis einer Studie ›Armut in Wohlstand‹ zusammen.«

Diese Hiobsbotschaft kommt durch einen statistischen Trick zustande – man setzt eine Zahl, die für sich allein genommen durchaus stimmt, nämlich den Anteil der Haushalte mit einem Einkommen unter der Hälfte des Durchschnittseinkommens, als Maßstab für die Armut ein – zu Unrecht, wie man sehr leicht sieht. Verdoppelt man nämlich alle Einkommen, bleiben alle Armen weiter arm. Selbst ein Verzehn- oder Verhundertfachen ändert an der Armut nichts – der Anteil der Haushalte unter der Hälfte des Durchschnittseinkommens rührt sich keinen Millimeter von der Stelle. So wie der Tiefgang eines Schiffs in einer Schleuse unabhängig vom Wasserstand der Schleusenkammer sich nie ändern kann, bleibt nach obiger Definition auch die »Armutsquote« bei noch so hohen Einkommen immer gleich.

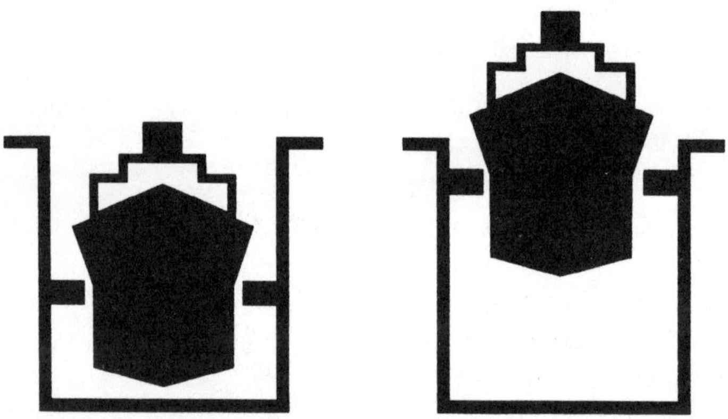

Wie hoch auch immer das Wasser in der Schleuse steigt, es bleibt stets der gleiche Teil des Schiffes unterhalb der Wasserlinie

Anders als Meldungen wie oben vermuten lassen, werden die Deutschen in Wahrheit immer reicher (rein materiell und im Durchschnitt, wohlgemerkt). Das reale Einkommen aller Einkommensschichten hat in den letzten 10, 20, 30, 40 Jahren ständig zugenommen. Zwar mag der eine oder andere heute schlechter leben, aber das sind Ausnahmen. Der typische Bundesbürger und die typische Bundesbürgerin verfügt heute über ein rund doppelt so hohes Realeinkommen wie vor 30 Jahren, und selbst ein Arbeitsloser hat heute mehr reale Mittel zur Verfügung als ein in vollem Lohn stehender Facharbeiter des Jahres 1960. Von einer Verarmung unserer Republik kann also trotz des einen oder anderen kurzfristigen Konjunktureinbruchs beim besten Willen keine Rede sein.

Ein Vergleich von »Armut« über Raum und Zeit hinweg ist sinnlos, wenn dabei der Wasserspiegel in der Schleuse alias die Armutsgrenze schwankt. In der obigen Meldung war sie bei 2000 Mark im Monat für eine vierköpfige Familie angesetzt. Hätte man stattdessen die Grenze von 1970 verwendet (damals weniger als 1000 DM pro Haushalt und Monat), hätte man einen dramatischen Rückgang der Armut konstatiert. Hätte man dagegen die heute noch unbekannte Armutsgrenze von 1999 angelegt, wären selbst viele heute Reiche plötzlich arm.

Genau die gleichen Probleme haben wir auch bei internationalen Vergleichen. Legen wir etwa in Deutschland die gleiche Armutsgrenze wie in Indien an, sind alle Deutschen reich. Legen wir dagegen in Indien die gleiche Armutsgrenze wie in Deutschland an, sind bis auf ein paar Maharadschas alle Inder arm (obwohl sehr viele dieser »Armen« sich selbst als durchaus reich bezeichnen würden).

Lit.: W. Krämer: So lügt man mit Statistik, Frankfurt 1995.

Ärzte 1
Es gibt zu viele Ärzte in der Bundesrepublik

Das ist ein sogenanntes Werturteil und als solches weder zu beweisen noch zu widerlegen. Wären wir heute mit der Ärztedichte aus Kaiser Wilhelms Zeiten zufrieden, hätten wir mehr als 100 000 Ärzte zuviel. Würden wir dagegen wie das englische Königshaus oder der Sultan von Brunei auf einem eigenen Arzt für jede Familie bestehen (die Finanzierung einmal ausgeklammert), dann hätten wir mehrere Millionen Ärzte zuwenig. Wie viele Ärzte wir wirklich »brauchen«, weiß niemand auf dieser Welt – so etwas wie einen eindeutig feststellbaren »Bedarf« an Ärzten gibt es nicht.

Noch viel mehr Ärzte als in Deutschland gibt es im fernen Island, wo sich, wenn wir einem Artikel in der Stuttgarter Zeitung glauben dürfen, »viele Ärzte ... mit nichts anderem als Daumendrehen« beschäftigen. Rund 700 Ärzte haben auf der Insel eine Praxis aufgemacht, für je 350 Isländer und Isländerinnen einer. Das ist absoluter Weltrekord. »In den meisten Praxen wird jeder angehende Patient mit freudiger Erwartung begrüßt. Die Ärzteschwemme und die geringe Nachfrage nach medizinischer Heilkunst bedeutet für tatsächlich krankwerdende Isländer eine optimale Versorgung: Die Wartezimmer sind leer, der Doktor hat viel Zeit.«

Diese leeren Wartezimmer sind wohl auch der Grund, warum vor allem die Ärzte selber immer meinen, es gäbe ihrer viel zu viele. »Die 700 praktizierenden Ärzte freuen sich weniger«, schreibt die Stuttgarter Zeitung. »Zehn Prozent von ihnen können nach amtlicher Schätzung nur mit öffentlicher Wohlfahrtsunterstützung leben. Einige Praktiker füllen ihre Zeit mit einem Nebenberuf aus. Einer verkauft beispielsweise Zeitungen, und ein anderer betreibt einen noch zusätzlich berufsschädigenden Bio-Laden. Ein halbes Hundert zusätzlicher Ärzte macht sich gar nicht erst die Mühe einer Praxiseröffnung und geht vollberuflich einer anderen Beschäftigung nach: sie fahren als Fischer zur See, helfen in landwirtschaftlichen Betrieben der Eltern oder verdingen sich im mittleren Staatsdienst.«

Lit.: H. Thorgrimson: »Zu viele Ärzte auf Island«, Stuttgarter Zeitung, 13. 4. 1987.

Ärzte 2
Die Ärzteschwemme muß die Kosten im Gesundheitswesen in die Höhe treiben

Viele Sozialpolitiker in der Bundesrepublik befürchten, unsere gesetzliche Krankenversicherung könnte im Kielwasser der Ärzteschwemme durch die von Ärzten induzierten Folgekosten quasi leckgeschlagen werden. Denn im geltenden System verursachen mehr Ärzte auch dann mehr Kosten, wenn ihr eigenes Gesamthonorar gedeckelt bleibt: Sie schreiben krank und überweisen ins Krankenhaus, sie vorordnen Kuren, Medikamente, Brillen, Hörgeräte, Rollstühle, und diese von niedergelassenen Ärzten veranlaßte Sekundärwelle von Drittleistungen mitsamt den induzierten Kosten, die inzwischen die unmittelbaren Kosten der ambulanten Versorgung um das Drei- bis Vierfache übersteigen, macht vielen Verantwortlichen im Gesundheitswesen große Angst.

Diese Angst ist aber unbegründet. Wie die Erfahrungen mit dem Arzneibudget sehr deutlich zeigen, können Ärzte durchaus beim Verordnen sparen, wenn sie die Konsequenzen selber tragen müssen. Und wo steht geschrieben, daß jeder niedergelassene Arzt mit der Zulassung quasi automatisch auch einen Schlüssel zum Tresor der gesetzlichen Krankenversicherung erhalten muß? Genauso können wir ihm oder ihr dieses Privileg auch wieder aberkennen. Nicht jeder Rechtsanwalt ist gleichzeitig auch Notar, und so könnte man auch im Gesundheitswesen die »Notarfunktion« des Kassenarztes auf besonders zuverlässige Ärzte beschränken, die eben nicht jeden Simulanten auf Wunsch krankschreiben oder die Ressourcen der Kassen durch wildes Verordnen von Drittleistungen plündern. Der befürchtete »kontraproduktive Wettbewerb mit Gefälligkeitsleistungen« muß also durchaus nicht ewig zu Lasten der Krankenkassen gehen.

Lit.: W. Krämer: Wir kurieren uns zu Tode, Frankfurt 1993.

Ärztliche Leistungen
Das Leistungsgeschehen in den Praxen der niedergelassenen Ärzte richtet sich nach dem Befinden und der Anzahl der Patienten

Das ist eine der teuersten Illusionen der deutschen Sozialpolitik. Sie beruht auf der Fiktion, daß zu jeder Krankheit und zu jedem Symptombild eine mehr oder weniger fest bestimmte medizinische Antwort existiere: 40 Grad Fieber mit periodischem Schüttelfrost und Durchfall bedingt Therapie X, und diffuse Kopfschmerzen mit morgendlicher Übelkeit erzwingen Diagnosemethode Y. Das weiß der Arzt, und genau das tut er auch.

Die Wahrheit sieht aber ganz anders aus, wie jeder AOK-Geschäftsführer gerne bestätigen wird, in dessen Bezirk ein neuer Arzt gezogen ist: Gibt es auf einmal zwei Ärzte statt nur einen Arzt am Ort, sinkt der Aufwand pro Arzt nicht etwa auf die Hälfte – der Aufwand pro Patient steigt vielmehr auf das Doppelte.

Das heißt unter Ärzten »Ausweichen in die Menge«: Je weniger Patienten, desto umfangreicher die Behandlung pro Patient. Dieser Effekt ist in vielen Studien empirisch nachgewiesen.

Lit.: Walter Krämer: »Der Markt für ambulante kassenärztliche Leistungen«, Zeitschrift für die gesamte Staatswissenschaft 137, 1981, S. 47-61.

Die echten Gallier waren anders angezogen

Asterix 1
Asterix und Obelix haben ihre Hosen mit Gürteln hochgehalten

Die bekannten Bilder von Asterix und Obelix in ihren Gürtelhosen sind historisch nicht korrekt: Die alten Gallier trugen keine Gürtel, sondern Hosenträger.

Lit.: »Asterix trug keinen Gürtel«, Westdeutsche Allgemeine Zeitung, 2. 9. 1995.

Asterix 2
Asterix und Obelix trugen Zöpfe

Die Gallier zur Zeit der römischen Besatzung schmierten ihr Haar »mit einer Art Naßgel aus Kalkwasser ein, von dem es blonder und fettiger wurde, und kämmten es dann nach hinten. Also keine Zöpfe.

Lit.: »Asterix vermittelt Studenten die Historie«, Mainzer Allgemeine Zeitung, 16. 9. 1995.

Atlantis
Atlantis hat wirklich existiert

Ein Kontinent oder eine Insel namens Atlantis hat niemals existiert. Die Sage von Atlantis ist eine reine Erfindung des griechischen Philosophen Plato, der in seiner Schrift Kritias von einem mächtigen Imperium namens Atlantis berichtet, jenseits der Säulen des Herkules (=Straße von Gibraltar), mitten im Meer und größer als Kleinasien und Nordafrika zusammen. Dessen Bewohner hätten dort lange glücklich und zufrieden gelebt, bis ein moralischer Verfall sie überkam und sie beschlossen hätten, die ganze Erde zu beherrschen. Zur Strafe, so Plato, ließ der mächtige Zeus den Kontinent von einem Erdbeben erschüttern; das Land versank mit Mann und Maus im Meer.

Obwohl Plato mehrfach beteuerte, dies sei eine wahre Geschichte, die er selbst von dem großen Staatsmann Solon und dieser von Priestern in Ägypten wüßte (siehe dazu auch den Stichwortartikel »New York 3« über Alligatoren im Kanalsystem), kann sie so wie von Plato berichtet, nämlich 9000 Jahre vor seiner Zeit, und vom Wirken des Gottes Zeus ganz abgesehen, niemals stattgefunden haben. Denn Plato berichtet auch von Plänen der Atlanter, Athen und Griechenland zu unterjochen, und 9000 Jahre vor Plato war Athen noch eine unbewohnte Wiese. Und auch näher gegen Platos eigene Zeit gibt es für verschwundene Riesenreiche nicht die geringsten Anhaltspunkte.

Natürlich gab es so wie heute große Katastrophen: Erdbeben, Überschwemmungen, Vulkanausbrüche, denen blühende Gemeinwesen, wie in Kreta oder auf der Insel Santorin, zum Opfer fielen, aber hier kann man beim besten Willen nicht von Riesenreichen sprechen; außerdem fanden diese Katastrophen außerhalb des Atlantiks statt.

Die Anhänger von Plato, die ihn dennoch wörtlich nehmen, verweisen darauf, daß Kontinente zuweilen in der Tat im Meer verschwanden und daß an der Stelle des heutigen Atlantik tatsächlich einstmals Land gewesen ist. Aber das war vor 200 Millionen Jahren, als Afrika, Europa und Amerika noch eine zusammenhängende Landmasse bildeten und lange bevor der erste Mensch auf unserem Globus aufgetreten ist. Und seit rund 70 Millionen Jahren, also immer noch 69 Millionen Jahre länger als die Zeit des Homo sapiens, sind die Kontinente und der Atlantik in etwa an der heutigen Stelle.

Lit.(Auswahl): Otto Mueck: The secret of atlantis, New York 1978; Edwin Ramage: Atlantis, fact or fiction?, Bloomington 1978; Charles Berlitz: Atlantis, the lost continent, New York 1984; Edgar Cayce: Das Atlantis-Geheimnis, München 1992.

Aufpreis

»Entweder wir packen auf ihren neuen Mazda 323 noch zwei Airbags drauf«, verspricht die Werbung eines japanischen Automobilkonzerns, »oder wir geben ihnen 1500 Mark zurück«

Die Botschaft ist: Bei uns kosten Airbags keinen Pfennig extra. Aber wer keinen will, kriegt 1500 Mark.

Das ist aber ein Irrtum. Das Auto kostet mit Airbags 33 000 Mark, ohne Airbags 31 500. Damit kosten die Airbags einen Aufpreis von 1500 Mark.

Auf solche Tricks fallen nicht nur dumme deutsche Autokäufer herein. Wenn man Ärzte fragt: »Wollen Sie operieren, wenn der Patient mit 10% Wahrscheinlichkeit dabei stirbt?«, so sagen viele nein. Wenn man aber fragt: »Wollen Sie operieren, wenn der Patient mit 90% Wahrscheinlichkeit überlebt?«, so sagen die gleichen Ärzte ja.

Lit.: Daniel Kahnemann und Amos Tverski: »Rational choice and the framing of decisions», Journal of Business 1986, 251-278.

Ausbeutung
Der reiche Norden beutet den armen Süden diese Erde aus
(s.a. »Außenhandel«, »Dritte Welt« und »Kolonien«)

Zwar reklamieren die reichsten anderthalb Milliarden Menschen im Norden unseres Planeten ungefähr drei Viertel, die restlichen viereinhalb Milliarden Menschen im Süden nur ein Viertel der insgesamt pro Jahr auf der Erde erzeugten Güter und Dienstleistungen, aber das alleine heißt noch nicht, daß der Norden den Süden ausbeuten muß. Denn man kann doch offenbar nur dann von Ausbeutung sprechen, wenn der Ausbeuter mehr fordert als er gibt, und davon kann im gegenwärtigen Nord-Süd Konflikt keine Rede sein.

Die Länder der ersten Welt konsumieren nämlich nicht nur drei Viertel der Weltproduktion, sie produzieren auch drei Viertel, und zwar Industrie- wie Agrarprodukte gleichermaßen. Allein die EU könnte, wenn sie wollte, heute fast die ganze Welt ernähren; sie produziert mehr Autos und Maschinen als sie braucht, sie fördert auch die nötigen Rohstoffe wie Kohle, Düngemittel, Erdöl, Erz allein, und sie könnte – rein ökonomisch – sehr gut ohne Indien, Bangladesh und Indonesien existieren.

Die Entwicklungsländer mit drei Vierteln der Weltbevölkerung dagegen produzieren nur ein Viertel des Welt-Sozialprodukts: Asien 12 Prozent, Südamerika 7 Prozent, Afrika 4 Prozent. Die besonders armen Länder Südostasiens wie Indien, Pakistan oder Bangladesh erzeugen mit mehr als einer Milliarde Menschen, fast einem Fünftel der Weltbevölkerung, sogar nur ganze 2 Prozent des Weltprodukts. Wenn diese Länder also vom großen Kuchen weniger abbekommen, dann nicht, weil man sie um ihren Beitrag beraubt, sondern weil sie weniger zu diesem Kuchen beitragen als andere. Würde man heute die Entwicklungsländer des Südens und die Industrienationen des Nordens jeweils mit einem großen Zaun umgeben und jede Gruppe mit ihren Rohstoffen, ihren Menschen, ihrem Kapital, ihrem Wissen und ihrer Kultur alleine lassen – es wäre für den reichen Norden rein wirtschaftlich gesehen kein Verlust. Der arme Süden dagegen wäre und würde dann erst richtig arm und wäre wirtschaftlich fast völlig ruiniert.

Lit.: Peter F. Drucker: The new realities, London 1990; Siegfried Kohlhammer: »Leben wir auf Kosten der Dritten Welt? Über moralische Erpressung und edle Seelen«, Merkur 1992, S. 876-898.

Außenhandel 1
Die reichen Industrienationen schöpfen ihren Wohlstand aus dem Handel mit der Dritten Welt (s.a. »Ausbeutung«, »Dritte Welt« und »Kolonien«)

Die reichen Industrienationen handeln vor allem untereinander, und nicht mit der Dritten Welt, wie die folgende Tabelle des Außenhandels der Bundesrepublik Deutschland zeigt 1994 (nach Ursprungs- und Bestimmungsländern aufgespalten und in Millionen DM):

	EU	sonst. Europa	sonst. Industriel.	Entwicklungsländer
Einfuhr aus	331 866	131 834	88 568	71 116
Ausfuhr nach	364 619	151 834	70 078	77 228

Lit.: Statistisches Bundesamt: Statistisches Jahrbuch für das Ausland, verschiedene Jahre; Fachserie Außenhandel.

Außenhandel 2
Eine positive Leistungsbilanz zeugt für die wirtschaftliche Leistung einer Volkswirtschaft (s.a. »Export« und »Wettbewerbsfähigkeit«)

Eine positive Leistungsbilanz kann, aber muß kein Zeuge für die Leistung einer Wirtschaft sein. Diese Leistungsbilanz stellt alle in einem Rechnungsjahr an das Ausland gelieferten Güter und Dienstleistungen den aus dem Ausland importierten Gütern und Dienstleistungen gegenüber; ist die erste

Summe größer als die zweite, sprechen wir von einem Leistungsüberschuß, ist die erste Summe kleiner als die zweite, sprechen wir von einem Leistungsdefizit.

Die Bundesrepublik Deutschland erwirtschaftet in der Regel einen Leistungsüberschuß und ist darauf nicht wenig stolz. Dabei vergessen wir aber gern, daß dieser Leistungsüberschuß notwendigerweise mit einem Netto*export* von Kapital zusammengehen muß. Denn dieser Leistungsüberschuß bedeutet: Wir bekommen vom Ausland mehr Geld für Güter und Dienstleistungen als wir diesem unsererseits für Güter und Dienstleistungen zahlen (das muß so sein, so ist ein Leistungsüberschuß gerade definiert). Und dieses Geld muß irgendwo herkommen. Die Ausländer können die DM-Bestände ihrer Zentralbanken plündern, sie können den Deutschen ausländische Aktien, Immobilien oder Firmen oder auch ihnen gehörige deutsche Firmen oder Wertpapiere verkaufen, sie können ihre DM-Konten in Deutschland auflösen – wo auch immer sie die Gelder hernehmen, in jedem Fall werden die deutschen Forderungen an das Ausland netto größer.

Umgekehrt bei einem Leistungsdefizit. Bei einem Leistungsdefizit bekommen wir vom Ausland für unsere Güter und Dienstleistungen weniger Geld, als wir diesem für seine Güter und Dienstleistungen zahlen, und diese Differenz muß durch Kapitalimporte ausgeglichen werden: Wir können deutsche Wertpapiere, Immobilien, Firmen, welche Kapitalgüter auch immer an Ausländer verkaufen, ersatzweise auch unsere eigenen Investitionen im Ausland auflösen – in jedem Fall werden unsere Verbindlichkeiten gegenüber dem Ausland netto größer.

So gesehen trägt ein Leistungsdefizit also auch eine gute Botschaft: Das Ausland investiert bei uns, wir sind als Standort attraktiv. Je nachdem, aus welchen Quellen diese Kapitalimporte fließen, ob aus ausländischen Direktinvestitionen in inländische Wirtschaftsunternehmen, ob aus Käufen inländischer Wertpapiere oder ob aus der Rückführung eigener Auslandsinvestitionen in die Heimat, können sie ein Zeichen ökonomischer Gesundheit sein.

Und umgekehrt kann ein Leistungsüberschuß genausogut auf Krankheit deuten: Das Ausland traut uns nicht, das Kapital fließt ab. So meldete etwa Mexiko über lange Jahre einen Leistungsüberschuß, aber nicht wegen der Attraktivität mexikanischer Güter und Dienstleistungen auf den Weltmärkten, sondern wegen eines tiefen Mißtrauens gegenüber der mexikanischen Wirtschaftspolitik. Die Ausländer zogen ihre Investitionen ab, das Kapital verließ das Land, und da die Ausländer die mexikanischen Pesos nicht essen können, blieb ihnen nur übrig, davon nolens volens mexikanisch einzukaufen. Hier war der Leistungsüberschuß also nur das Abfallprodukt eines gleichzeitigen massiven Kapitalexports.

So wie es in einer Gesellschaft immer genausoviele Ehemänner wie Ehefrauen gibt, gibt es in einer Volkswirtschaft immer genauso hohe Überschüsse in der Leistungs- wie Defizite in der Kapitalbilanz (oder auch umgekehrt). Das eine ist das Spiegelbild des anderen, und deshalb sollten alle, die sich über Überschüsse in der einen Sparte freuen, erst einmal bedenken, durch welche Defizite in der anderen Sparte diese Überschüsse ausgeglichen werden.

Lit.: Peter von der Lippe: Wirtschaftsstatistik, 4. Aufl., Stuttgart 1990 (besonders Abschnitt X.7: Messung der internationalen Wettbewerbsfähigkeit); Paul Krugmann: »Competitiveness: A dangerous obsession«, Foreign Affairs, März/April 1994, 28-44.

Autobahn
Die deutschen Autobahnen entstanden auf Befehl von Hitler

Nach offizieller Nazi-Propaganda hatte Hitler während seiner Haft in Landsberg 1924 die Vision, ein Netz kreuzungsfreier Straßen nur für Autos quer durchs deutsche Land zu spannen – also Autobahnen einzuführen.

In Wahrheit gibt es Autobahnen schon seit 1921; damals wurde in Berlin die AVUS eingeweiht, die erste Autobahn der Welt. In Italien gibt es Autobahnen seit 1923 (die Autostrada von Mailand Richtung Schweiz), 1926 wurde die Autobahn Köln-Düsseldorf geplant, im gleichen Jahr konstituierte sich der »Verein zur Vorbereitung der Autostraße Hansestädte-Frankfurt-Basel« (HAFRABA), und als Hitler Reichskanzler wurde, waren quer über die ganze Republik und ohne sein Zutun zahlreiche Autobahnen geplant oder im Bau. Daß die meisten erst unter seiner Herrschaft fertig wurden, ist nicht sein Verdienst gewesen.

Lit.: H.-J. Winkler: Legenden um Hitler, Berlin 1963.

»Die Menschheit läßt sich keinen Irrtum nehmen, der ihr nützt. Sie würde an Unsterblichkeit glauben, und wenn sie das Gegenteil wüßte.«
Christian Friedrich Hebbel, Tagebücher

B

Bakterien
Bakterien sind ungesund

Anders als in der Waschmittelreklame sind durchaus nicht alle Bakterien kleine Teufel. Die meisten Bakterien sind harmlos, viele sogar äußerst nützlich: Bakterien helfen bei der Produktion von Wein und Bier (Hefe), von Buttermilch und Sauerkraut, von Yoghurt, Käse, Sauerteig, sie erzeugen in unseren Gedärmen Vitamine (etwa die Vitamine B2 und K), in unserem Garten Humus, sie reinigen Abwässer, dienen als Katalysator für komplizierte Synthesen in der Chemie, »veredeln« Erdöl, Erdgas oder Zellulose, und lassen aus Gras und Blättern im Magen von Kühen Zucker werden. (Nur weil wir Menschen diese nützlichen Bakterien nicht in unseren Gedärmen tragen, können wir, anders als viele Pflanzenfresser, nur von Gras nicht überleben.) Würden heute alle Bakterien auf der Erde ausgerottet, würde das meiste andere Leben mit ihnen zugrunde gehen.

Nur wenige Bakterienarten, wie die bekannten Erreger des Typhus oder der Cholera, sind wirklich schädlich.

Lit.: D. G. Mackean: Einführung in die Biologie, Reinbek 1970; Hans G. Schlegel: Allgemeine Mikrobiologie, 7. Aufl., Stuttgart 1992.

Barras

Dieser Ausdruck für das Militär wird oft, aber falsch, von dem französischen Grafen Barras (1755-1829) abgeleitet. Während der französischen Besetzung Anfang des 19. Jahrhunderts, so diese Erklärung, hätten die Truppen Napoleons mit Plakaten um Freiwillige geworben, und diese Aufrufe wären mit dem Namen des Chefintendanten des Heeres, Barras, unterzeichnet gewesen. Ergo der Spruch: Ich gehe zum Barras.

In Wahrheit hatte sich der Graf von Barras schon 1799, also einige Jahre vor den fraglichen Ereignissen, aus dem politischen Leben Frankreichs zurückgezogen. Er war zwar zu seiner aktiven Zeit auch mit der Aushebung von Truppen befaßt gewesen, aber nur in Frankreich selbst, und die oben zitierten Aufrufe in Deutschland hat er niemals unterschrieben.

Vermutlich kommt der Ausdruck »beim Barras« aber dennoch aus Frankreich, wenn auch anders: durch das Wort »embaras« (Verlegenheit, mißliche Sache). Nach dem Ersten Weltkrieg bezeichneten viele im Rheinland stationierte französische Soldaten das Militär als »embaras«, und dieser Ausdruck könnte dann unter Weglassen der ersten Silbe von dort auch in die deutsche Umgangssprache eingegangen sein.

Lit.: Fritz C. Müller: Wer steckt dahinter? Namen, die Begriffe wurden, Eltville 1964.

Bastille
Die Bastille wurde von der Pariser Bevölkerung erstürmt

Anders als wir in der Schule lernen, wurde die Bastille nie erstürmt; sie wurde friedlich übergeben. Streng genommen müßte also der französische National-

Eigentlich war alles anders ...

feiertag am 14. Juli nicht den Sturm auf die Bastille, sondern die Übergabe der Bastille feiern. Aber derart unspektakuläre Taten taugen schlecht für nationale Feiertage, und so wird es wohl auf ewig beim Sturm auf die Bastille bleiben ...

Die offizielle Geschichtsbuchfassung der Ereignisse ist so: Am 14. Juli 1789 ziehen einige tausend Pariser demonstrierend zur Bastille, jene berüchtigte Zwingburg des Königs mitten in Paris, um gegen einen befürchteten Staatsstreich ihres Königs Ludwig und gegen die Entlassung des beliebten Finanzministers Necker zu protestieren; aus der Festung werden sie mit Kanonen und Musketen unter Feuer genommen, deshalb erstürmen sie heldenmutig dieses verhaßte Symbol des Feudalismus, unter großen Opfern – in einschlägigen Berichten ist von hundert Toten und ebensovielen Verwundeten die Rede – und gegen den erbitterten Widerstand der Verteidiger; sie befreien die in den Kerkern der Bastille schmachtenden Gefangenen und läuten so das Ende des Despotismus und eine bessere Zukunft für die Menschheit ein.

In Wahrheit hat sich aber alles anders zugetragen. Erstens war die Bastille keine finstere Zwingburg, eher ein Luxusgefängnis für noble Scheckbetrüger und andere zwielichtige Blaublüter wie den Marquis de Sade, die dort ihre Diener und nicht selten sogar freien Ausgang hatten. Die wenigen Gefangenen – am 14. Juli 1789 keine zehn Personen – lebten innerhalb ihrer Mauern vermutlich besser als die meisten Pariser außerhalb; es soll sogar vorgekommen sein, wenn wir Gerhard Prause glauben dürfen, dem wir mit dieser Darstellung folgen, daß Häftlinge darum baten, noch etwas länger bleiben zu dürfen. Die »Wachmannschaft« bestand aus ein paar Dutzend Invaliden.

Zweitens wollte der Pariser Mob, der sich am 14. Juli 1789 gegen die Bastille wälzte, nicht für oder gegen irgend etwas demonstrieren, geschweige denn diese obsolete Halbruine mit Gewalt erstürmen; man will ein paar Kanonen konfiszieren, die in einem Schuppen neben der Bastille lagern. Jedoch hatte Bastille-Kommandant de Launey diese Kanonen einen Tag zuvor in die Bastille selber überführen lassen, und so sendet man eine Delegation zu de Launey, um zu erkunden, was dieser denn zu tun gedenke.

»Nichts,« sagt de Launey in etwa sinngemäß. Er könne den Parisern zwar keine Waffen geben, werde aber auch nicht auf sie schießen, wenn er nicht angegriffen würde. Diese Antwort übermitteln die Delegierten in das Rathaus von Paris.

Währenddessen tun ihre vor der Bastille zurückgebliebenen Genossen aber genau das: Sie fangen an zu schießen. Ob aus Langeweile oder Übermut – sie dringen in einen Vorhof der Bastille ein und schießen auf die Invaliden der

Besatzung. Die Invaliden schießen zurück, die Angreifer weichen, überrascht ob dieses Widerstandes, und da sie diese Schüsse als Bruch der Abmachung betrachten, marschieren sie voller Zorn zum Rathaus, die Stadtregierung zum Erstürmen aufzufordern.

Diese versucht erst einmal zu verhandeln: Eine neue Delegation wird losgeschickt, von der Bastille-Besatzung auch freundlich aufgenommen, die über diesen Ausweg mehr als glücklich ist: Man werde die Festung übergeben, vorausgesetzt, die Deputierten seien wirklich Abgesandte der Stadtregierung von Paris.

Diese Frage bleibt aber ohne Antwort; aus bis heute ungeklärten Gründen bleiben die Deputierten im Vorhof der Bastille stehen und weichen dann sogar zurück. Sie selber sagten später, man habe auf sie geschossen, aber vermutlich hatten sie nur Angst gehabt. Denn die Schießerei ging erst nach ihrem Rückzug los, als die zahlreichen Begleiter der Delegierten weiter vordringen und sich nicht um die Warnungen der Besatzung scheren. Die Besatzung warnt nochmals, die Menge dringt nochmals weiter vor, die Besatzung schießt, die Menge, minus einige Tote und Verwundete, weicht zum zweiten Mal zurück, dabei die Küchen, Ställe und Wagenschuppen außerhalb der eigentlichen Festung plündernd.

Um diese Verwüstung aufzuhalten, gibt die Besatzung einen ersten und einzigen Schuß mit einer Kanone auf die Marodeure ab.

Dafür wird sie nun selber mit Kanonen beschossen. Denn inzwischen hat der Wäschereibesitzer Hulin zwei vor dem Rathaus stationierte Garde-Kompanien überredet, mit ihm vor die Bastille zu ziehen und diese sturmreif zu schießen. Aber dazu kommt es nicht – vorher hißt Kommandant de Launey die weiße Fahne, zunächst als Signal seiner Verhandlungsbereitschaft, dann aber, als Hulin ihm freien Abzug zusichert, zum Zeichen der endgültigen Kapitulation.

Die Invaliden erklären sich bereit, die Bastille zu übergeben – dieses Faktum ist historisch, daran ist nicht zu rütteln. Die Tore werden geöffnet, die Besatzung versammelt sich ohne Waffen zur Übergabe auf dem Hof, die Bastille ist kampflos aufgegeben.

Das war nachmittags gegen 5 Uhr. Bis dahin hatte es kaum ein Dutzend Tote gegeben – für die damalige Zeit ein eher ruhiger Nachmittag. Hulin und der Kommandant der Gardekompanien, die als erste die Bastille betreten, nehmen die Kapitulation entgegen, bzw. wollen sie entgegennehmen, denn hinter ihnen dringt ein auf Plündern und Lynchen versessener Mob in die Bastille ein, von den regulären Gardekompanien nur unzulänglich aufgehalten: de Launey und mehrere Invaliden werden umgebracht, und nachdem alles nicht

Niet-und Nagelfeste demoliert bzw. weggetragen ist, zieht die Menge triumphierend durch Paris, de Launeys Kopf auf einer Stange vorneweg.

So endete der 14. Juli 1789, kein Tag, auf den man unbedingt besonders stolz sein müßte.

Lit.: Friedrich Kircheisen: Die Bastille, Berlin 1927; Georges Pernoud und Sabine Flaissier (Hrsg.): Die Französische Revolution in Augenzeugenberichten, Düsseldorf 1962; Gerhard Prause: Niemand hat Kolumbus ausgelacht, Düsseldorf 1986 (besonders das Kapitel »Der Sturm auf die Bastille fand nicht statt«).

Bauchredner
Ein Bauchredner redet mit dem Bauch

Ein Bauchredner redet eigentlich ganz normal. Durch das Zusammenziehen der Gaumenbögen, das Zurückziehen der Zunge und durch das Verengen des Kehlkopfeinganges kann er aber so die Resonanz der Stimme mindern, daß der Mund sich nicht bewegt und seine Stimme aus dem Bauch zu kommen scheint. Solche Bauchredner gab es schon im alten Griechenland (Engastrimanten = Bauchwahrsager).

Lit.: Stichwortartikel »Bauchreden« in Meyers Großes Taschenlexikon, Mannheim 1992.

Beleidigen
Man darf seine Mitmenschen nicht ungestraft beleidigen

Doch, man darf. Die Frage ist nur wen und wie, und ab und zu auch wo.

Teuer und strafbar ist auf jeden Fall das Beleidigen von Amtspersonen. Rund 200 Mark kostet eine »dienstgeile Politesse«, rund 2000 Mark eine »blöde Sau«, sofern die »blöde Sau« beamtet ist. Auch gegen Gerichtsvollzieher, Richter, Staatsanwälte oder den Bundespräsidenten sollte man sich solche Kraftausdrücke besser nicht erlauben.

Anders dagegen im nichtamtlichen Sprachverkehr – hier führen Klagen selten zum Erfolg. Den meisten Klägern geht es wie der Dame aus dem Hannoveraner Kaffeekränzchen, die aufgrund einer »vertrockneten Zimtziege« den Staatsanwalt bemühte. »Denn bei der Staatsanwaltschaft war man der Meinung«, so lesen wir in der Hannoverschen Allgemeinen Zeitung, »daß ›vertrocknete Zimtziege‹, im privaten Kreis von sich gegeben, keine öffentliches Interesse berühre und nicht als Beleidigung im Sinne des Gesetzes angesehen werden könne.«

Wenn der Staatsanwalt ein Delikt nicht von Amts wegen verfolgt, bleibt nur noch eine Privatklage, und die kostet Geld. Außerdem landen die Kontrahenten, um einen kostspieligen Prozeß zu vermeiden, erst einmal vor einer Sühnestelle (je nach Bundesland ein Schiedsgericht, eine öffentliche Rechtsauskunftstelle oder die Gemeindeverwaltung), und kommt es wirklich zu einem Prozeß, endet dieser oft in einem Vergleich, bei dem der Kläger selbst noch einen Teil der Kosten zahlen muß.

Lit.: Michael Scheele und Reinhard Wetter: Ratgeber Recht, München 1990.

Bevölkerungsexplosion
Die Bevölkerungsexplosion ist nur durch freien Zugang zu Verhütungsmitteln abzubremsen (s.a. »Geburten«)

Es ist nicht wahr, wie viele heute glauben, daß man nur den Menschen Pillen und Kondome geben müßte, um das Gespenst der Übervölkerung zu bannen. Denn die Menschen sind längst nicht so dumm und ungeschickt, wie manche Demographen denken; sie haben schon immer und lange vor der Pille Mittel und Wege gefunden, die Zahl der Kinder ihren Wünschen anzupassen.

Deshalb bremsen wir die Bevölkerungsexplosion auch nicht mit UN-Bürokraten, die wie im Karneval Pillen und Kondome werfend durch Entwicklungsländer ziehen; die beste Bremse ist eine andere Einstellung in den Köpfen der Menschen, eine Abkehr von der vor allem in der Dritten Welt noch sehr verbreiteten Vorstellung, daß ein sicheres und menschenwürdiges Leben nur mit vielen Kindern möglich sei.

Lit.: »Population misconceptions«, The Economist, 28. 5. 1994, S. 93-94.

Big Ben

Dieses Wahrzeichen der englischen Hauptstadt London ist weder der Turm noch die Uhr in diesem Turm – es ist die Glocke. Sie wiegt dreizehn Tonnen und hat ihren Namen von Sir Benjamin Hall, dem Verantwortlichen für öffentliche Bauten zu der Zeit ihrer Entstehung.

Bio-Nahrung

Bio-Nahrungsmittel sind gesünder als normale Kost

(s.a. »Du bist was du ißt« und »Fremdstoffe«)

Nach verbreiteter Meinung sind biologisch bzw. natürlich angebaute, hergestellte oder gelagerte Nahrungsmittel gleich zweifach besser als »normale« Kost: Erstens enthalten sie mehr von den Dingen, die wir brauchen, wie Vitamine oder Nährstoffe, und zweitens enthalten sie weniger von den Dingen, die wir nicht brauchen, wie Rückstände und Gifte aller Art.

Diese Thesen sind nach wissenschaftlicher Mehrheitsmeinung beide nicht zu halten. »Der Lebensmittelchemiker ist bisher nicht in der Lage, Ökomehl von herkömmlichem und einen Bioblumenkohl von einem vergleichbaren aus dem Supermarkt zu unterscheiden« (Stiftung Warentest); »Die Empfehlung, vorwiegend Lebensmittel aus ›alternativem‹ Anbau zu bevorzugen, ist abzulehnen, weil Lebensmittel aus ›alternativem‹ Anbau keine nachweisbaren Vorteile hinsichtlich des Nährstoffgehalts aufweisen« (Deutsche Gesellschaft für Ernährung); »Die Unterschiede zwischen konventionellen und alternativen Nahrungsmitteln sind, wenn überhaupt vorhanden, so gering, daß es sich nicht lohnt, ihnen noch weitere Forschungen zu widmen« (Prof. J. F. Diehl von der Bundesforschungsanstalt für Ernährung in Karlsruhe).

Nach W. Schuphan, ehemaliger Direktor der Bundesanstalt für Qualitätsforschung pflanzlicher Erzeugnisse in Geisenheim und viel zitierter Kronzeuge des alternativen Landbaus (wenn es dessen Anhängern in den Kram paßt), sind Qualitätsvergleiche zwischen herkömmlichem und alternativem Anbau sinnlos, weil ganz andere Faktoren als die Art des Anbaus den Nährwert des Produkts bestimmen: die Wahl der Sorte, der Standort, ja sogar der Ast des Baumes, an dem die Frucht gewachsen ist. Denn je nach der Bestrahlung durch die Sonne, und je nachdem wie oft ein Apfel naß geworden ist, ob häufig oder selten, bilden sich die Vitamine einmal so und einmal anders, und gegen diese natürlichen Schwankungen sind die durch unterschiedliche Düngung bewirkten Unterschiede minimal.

Aber auch die zweite These, »natürlich« produzierte Lebensmittel wären allein schon deshalb freier von Schadstoffen als »unnatürlich« produzierte, ist in dieser Verallgemeinerung sicher falsch. Denn Schadstoffe und Gifte kommen auch natürlich vor, und das nicht zu knapp. (Wer sich gerne einmal gründlich selbst mit Blausäure vergiften will, muß nur genug »natürliche« Mandeln oder die Samen anderer Steinfrüchte essen.)

Viele künstliche Konservierungsmittel und -methoden sind nur dazu da, schädliche Bakterien und natürliche Gifte, die in vielen Pflanzen ganz ohne das Zutun des Menschen von selber vorkommen, von unserem Körper fernzuhalten. Anders als das von den Freunden der Vollwertnahrung so geliebte kaltgepreßte enthält z. B. raffiniertes Olivenöl keine krebserzeugenden Lösungsmittel wie etwa Perchlorethylen. (Ganz allgemein werden durch das Raffinieren von Speiseölen, besonders durch die Behandlung mit sog. »Bleicherde«, viele Gifte wie die sogenannten Myotoxine fast völlig eliminiert, während sie in kaltgepreßten Ölen mehrheitlich erhalten bleiben.) Durch das oft als unnatürlich gebrandmarkte Erhitzen oder Kochen von Nahrungsmitteln werden Tuberkelbazillen oder Pflanzengifte ausgeschaltet oder nützliche Stoffe wie bestimmte Vitamine überhaupt erst freigesetzt.

Rohmilch von Bio-Bauernhöfen dagegen ist ein idealer Brutplatz für Bakterien, welche die Infektionskrankheit Listerose übertragen, vorzugsweise auf Kinder von Müttern, die versuchen, während der Schwangerschaft besonders gesund zu leben. Die Säuglinge »litten unter starken Atembeschwerden. Die Lungen waren sehr angegriffen, das Fruchtwasser der Mutter merkwürdig grün«, berichten Ärzte eines Schleswig-Holsteinischen Krankenhauses über eine lokale, durch die Biokost der Eltern ausgelöste Listerose-Epidemie. Rund die Hälfte aller mit Listerose geborenen Säuglinge sterben, bei den übrigen muß man mit Spätfolgen, wie etwa Hirnschäden, rechnen. In der Schweiz war deshalb der Direktverkauf von Milch sogar verboten.

Lit.: Werner Thumshirn: Keine Angst vor dem Essen, Düsseldorf 1984; Arnold E. Bender: Health or hoax? The truth about health food and diets, Goring-on-Thames 1985; Karlheinz Gierschner und A. Kohler (Hrsg.): Lebensmittel – Gesunde Ernährung, Weikersheim 1990; Stiftung Warentest: Test Spezial Ernährung, 1993; »Ärzte warnen vor Rohmilch«, Hannoversche Allgemeine Zeitung, 6. 6. 1995.

Bisam
Die Bisamratte ist eine Ratte

Die aus Nordamerika stammende und dort wegen ihres Pelzes intensiv gejagte Bisamratte ist eine sogenannte Wühlmaus (Microtina), keine Ratte (Rattus). Anfang des 20. Jahrhunderts auch in Böhmen ausgesetzt, gibt es sie heute auch häufig in Europa.

Lit.: Stichwortartikel »Bisamratte« in Meyers Großes Taschenlexikon, Mannheim 1992.

Bleistift
Bleistifte enthalten Blei

Anders als der Name vermuten läßt, enthalten Bleistifte keine Spur von Blei, und haben niemals Blei enthalten.

Der Name »Bleistift« geht vermutlich auf die runden Scheibchen Blei zurück, die man im Mittelalter und in der Antike zum Zeichnen benutzte. So beschreibt etwa der Schweizer Conrad Gesner 1565 ein Schreibwerkzeug, das aus einem Stück Blei in einer Holzhülle bestand. Oder aber der »Bleistift« hat seinen Namen von den im 12. Jahrhundert gerne von Künstlern verwendeten Silberstiften, die aus einer Legierung von Blei und Zinn bestanden.

Die »Bleistifte«, so wie sie etwa ab dem 17. Jahrhundert in Nürnberg von Friedrich Städler hergestellt wurden (der deshalb mit der Schreinerzunft in Schwierigkeiten kam, die das Monopol für Holzverarbeitung beanspruchte), enthielten aber niemals Blei, sondern von Anfang an Graphit, rund 100 Jahre früher im englischen Cumberland entdeckt und schon bald als Schreibstift in ganz Europa sehr beliebt. Im 18. Jahrhundert gelang es Caspar Faber aus Stein bei Nürnberg, das gemahlene Graphit mit Schwefel, Antimon und Harzen derart zu vermischen, daß die Stifte weder bröckelten noch brachen, und im Jahr 1795 erhielt der französische Mechaniker Conté ein Patent auf einen Stift aus Graphit und Ton. Nach diesen Prinzipien entstehen »Bleistifte« auch heute noch.

Lit.: Roland Michel: Wie, was, warum? Augsburg 1990.

Blindschleiche 1
Blindschleichen sind Schlangen

Blindschleichen sind Eidechsen mit verkümmerten Füßen, keine Schlangen.

Blindschleiche 2
Blindschleichen sind blind

Eine Blindschleiche ist genausowenig blind wie die anderen Eidechsen, zu deren Familie der Anguiden sie gehört. Ihren Namen hat sie von dem althochdeutschen »plintslicke« = »blendende Schleiche«; so nannten sie unsere Vorfahren wegen ihres oft blendend hellen Körpers.

Blitz 1
Der Blitz schlägt nirgends zweimal ein

Dieser verbreitete Irrglaube entspringt der gleichen Logik, wegen der ein Mathematiker in Frankfurt einmal seinen Führerschein verlor: »Verrechnet hatte sich in der Nacht zum Donnerstag ein 44jähriger Systemanalytiker und Mathematiker, der von Beamten einer Polizeistreife gebeten worden war, wegen starken Alkoholgenusses sein Fahrzeug stehen zu lassen«, lesen wir in einer deutschen Tageszeitung. Der Wissenschaftler versicherte, er würde sich von seiner Frau abholen lassen, schloß sein Auto ab und ging. Als aber die Beamten kurz darauf an der gleichen Stelle vorbeikamen, sahen sie ihren Freund am Steuer seines Autos davonfahren. »Mit einer solchen Kontrolle hatte ich nicht gerechnet«, entschuldigte sich der Delinquent. »Vorhin wurde ich zum allerersten mal überhaupt kontrolliert, und nach der Wahrscheinlichkeitsrechnung findet die nächste Kontrolle erst in hundert Jahren statt ... «

In Wahrheit ist die sog. bedingte Wahrscheinlichkeit, in der nächsten Stunde kontrolliert zu werden, genau die gleiche wie die »normale« Wahrscheinlichkeit: die Wahrscheinlichkeit für zwei Kontrollen in einer einzigen Nacht ist zwar sehr klein, aber wenn man schon einmal angehalten worden ist, steigt sie ganz gewaltig an; sie ist jetzt so groß wie die Wahrscheinlichkeit für nur eine einzige Kontrolle.

Daher hat es auch keine Zweck, beim Fliegen eine Bombe mitzunehmen: »Was haben Sie mit der Bombe vor?« fragt streng die Polizei. »Ich dachte nur, zwei Bomben in einem Flieger sind doch extrem unwahrscheinlich«, entgegnet der bekannte Witzbold, »und deshalb habe ich schon mal eine mitgebracht ... «

Genauso ist auch die Wahrscheinlichkeit für zwei Blitze am gleichen Ort zwar klein, aber die bedingte Wahrscheinlichkeit eines weiteren Einschlages gegeben, der Blitz hat schon einmal eingeschlagen, ist die gleiche wie die unbedingte, normale Wahrscheinlichkeit. (Das Empire-State Building in New York wurde in den ersten 10 Jahren seiner Existenz 68 mal vom Blitz getroffen.) Wer also bei Gewitter unter einen gerade vom Blitz getroffenen Baum flüchtet, wird nur unnütz naß – die Wahrscheinlichkeit, daß der Blitz dort nochmals einschlägt, ist die gleiche wie den Baum zu treffen, unter dem man gerade steht.

Lit.: Stichwort »Lightning« in Microsoft CD-ROM Encyclopädie Encarta, 1994; W. Krämer: Denkste! Trugschlüsse aus der Welt des Zufalls und der Zahlen, Frankfurt 1995.

Blitz 2
»Vor Eichen sollst du weichen, Buchen sollst du suchen«

Dieser Rat ist Unsinn. Die Wahrscheinlichkeit für einen Blitzeinschlag hängt vor allem von der Höhe, nicht von der Art des Baumes ab. Unter einer tiefen Eiche ist man unter sonst gleichen Umständen sicherer als unter einer hohen Buche.

Daß Eichen dennoch als gefährlicher gelten, liegt an ihrer zerklüfteten und durch Blitze immer augenfällig demolierten Rinde. An der glatten Rinde einer Buche dagegen gleiten die Blitze ohne großen Schaden einfach ab. Aber für einen Menschen, der daneben steht, ist die Gefahr deshalb kein bißchen kleiner.

Lit.: W. R. Newcott: »Lightning, nature's high-voltage spectacle«, National Geographic 7/1993, 83-103.

Blitz 3
Zu jedem Blitz gehört ein Donner

Nicht immer, wenn es blitzt, muß es auch donnern; rund 40% aller Blitze gehen lautlos über die Weltenbühne.

Lit.: Stichwort »Lightning« in Microsoft CD-ROM Encyclopädie Encarta, 1994.

Blitz 4
Blitze schlagen vom Himmel auf die Erde

Nicht alle Blitze schlagen aus den Wolken auf die Erde; manchmal schlägt die Erde auch zurück. Rund ein Zehntel aller Blitze gehen von der Erde aus, besonders von Wolkenkratzern oder Fernsehtürmen.

Lit.: Stichwort »Lightning« in Microsoft CD-ROM Encyclopädie Encarta, 1994.

Blitzkrieg 1
Der Begriff »Blitzkrieg« ist eine Wortschöpfung Adolf Hitlers

»Ich habe noch nie das Wort Blitzkrieg verwendet, weil es ein ganz blödsinniges Wort ist«, sagte Hitler am 8. November 1941. Damals war die deutsche

Rußlandoffensive gerade vor Moskau steckengeblieben, und offensichtlich waren Hitler die Vergleiche mit den leichten Siegen gegen Polen und Frankreich peinlich.

Lit.: Max Domarus: Hitler: Reden und Proklamationen 1932-1945, Würzburg 1962.

Blitzkrieg 2
Der Begriff »Blitzkrieg« wurde nach den Feldzügen der deutschen Wehrmacht in Polen und Frankreich eingeführt

»This was not a war of occupation, but a war of quick penetration and obliteration – Blitzkrieg, lightning war«, schreibt das Time-Magazine nach dem Polen-Feldzug am 25. September 1939.

Anders als viele glauben, ist das aber nicht die erste Belegstelle für »Blitzkrieg«, die es gibt. Schon 1935 z. B. ist in der Militärzeitschrift »Deutsche Wehr« von Blitzkriegen die Rede. Danach sollen rohstoffarme Länder danach streben, »einen Krieg schlagartig zu beenden, indem sie gleich zu Anfang durch den rücksichtslosen Einsatz ihrer totalen Kampfkraft versuchen, eine Entscheidung zu erzwingen.«

Lit.: Fritz Sternberg: Germany and a lightning war, London 1938.

Blitzkrieg 3
Der Frankreichfeldzug der deutschen Wehrmacht 1940 war als Blitzkrieg vorbereitet und geplant

Anders als die deutsche Heeresleitung später glauben machen wollte, war sie selbst vom schnellen Ende des Frankreichfeldzugs 1940 am meisten überrascht. Als die deutschen Truppen im Mai 1940 ihre Offensive starteten, waren Hitler und seine Generäle, die alle noch das vierjährige Massenschlachten in den Schützengräben des I. Weltkriegs in Erinnerung hatten, auf eine lange, zähe Auseinandersetzung eingestellt; an ein frühes Ende dieses Feldzugs glaubte niemand.

Daß es dann doch anders kam, lag an der Dummheit der Franzosen, dem unbeschreiblichen Glück der Deutschen und an der Insubordination verschiedener deutscher Truppenführer, die die Haltebefehle ihrer Vorgesetzten einfach ignorierten. Als die deutschen Panzer bei Sedan durchgebrochen waren, rief Hitler: »Es ist ein Wunder, ein ausgesprochenes Wunder«, und auch den nachfolgenden sogenannten »Sichelschnitt« zur Kanalküste versuchte er aus Angst vor einer Falle zu bremsen wo er konnte (und hat ja auch die Engländer bei Dünkirchen entweichen lassen).

Erst nach dem Feldzug machte dann die Nazi-Propaganda daraus die genial geplante Superoffensive, als die sie noch heute in den Köpfen vieler Menschen weiterlebt.

Lit.: Karl-Heinz Frieser: Die Blitzkrieg Legende: Der Westfeldzug 1940, München 1995.

Blut
Es ist nützlich, seine Blutgruppe zu kennen

Wenn ein Arzt die Blutgruppe eines Patienten wissen muß, bestimmt er diese selbst (bzw. läßt sie von einem Labor bestimmen); kein Arzt würde sich hier auf die Auskunft des Patienten verlassen. Deshalb lohnt es sich auch nicht, viel Mühe auf das Auswendiglernen seiner Blutgruppe zu verwenden; die Schreiber dieser Zeilen haben die ihre längst vergessen.

Blut und Eisen

Die Redensart von »Blut und Eisen« ist keine Erfindung Bismarcks, wie gemeinhin angenommen. Sie findet sich schon in den »Declamationes« des Römers Quintilian (»caedes videtur significare sanguinem et ferrum«), in den Gedichten »Lehre an den Menschen« von Ernst Moritz Arndt (»Zwar der Tapfere nennt sich Herr der Länder/ durch sein Eisen, durch sein Blut«) oder in »Das Eiserne Kreuz« von Max v. Schenkendorf (»Denn nur Eisen kann uns retten, und erlösen kann nur Blut«), auch in dem Aufsatz »Über Deutschland und die europäische Kriegsfrage 1840« von Erhard Schneckenburger.

Als daher Bismarck im preußischen Abgeordnetenhaus 1862 sagte: »Nicht durch Reden und Majoritätsbeschlüsse werden die großen Fragen der Zeit entschieden ... sondern durch Eisen und Blut«, war diese Wendung schon recht abgegriffen.

Lit.: Georg Büchmann: Geflügelte Worte, Ausgabe Ex Libris, 6. Auflage, Frankfurt 1991.

Bockbier
Bockbier hat etwas mit Ziegenbock zu tun

Auch wenn auf fast jeder Bockbierflasche und in jeder Bockbierwerbung ein Ziegenbock zu sehen ist – Bockbier hat mit Böcken nichts zu tun.

Der Name »Bockbier« kommt von der Stadt Einbeck, wo diese Sorte Bier erfunden wurde (»Ainpöckhisch Bier«). Von Einbeck brachte es der Braumeister Elias Pichler 1614 nach München (»Oabockbier«), und ab da geriet die Herkunft des Namens in Vergessenheit.

Lit.: Roland Michael: Wie, Was, Warum? Augsburg 1990.

Börse
Börsenprofis wissen mehr
(s.a. »Aktien« und »Chartanalyse«)

»Der erfolgreiche Aktienbesitzer verläßt sich niemals ausschließlich auf sein eigenes Urteil; er sucht den Rat von kompetenten, unabhängigen Börsenexperten«, heißt es in einer Annonce der Frankfurter Börsenbriefe.

Das ist in aller Regel falsch. Schon Anfang der dreißiger Jahre hat der amerikanische Industrielle und Hobby-Wirtschaftsforscher Alfred Cowles (der nachmalige Begründer der unter Ökonomen wohlbekannten Cowles-Kommission) herausgefunden, daß Zeitgenossen, die mit Börsentips ihr Geld verdienen, auch nicht mehr wissen als andere, eher weniger. Cowles hatte die Prognosen von 16 Börsendiensten, 24 Finanzzeitschriften und des Herausgebers des Wall Street Journal untersucht und dabei festgestellt, daß der Kaiser keine Kleider hat: Die Börsenbriefe hatten ihren Kunden über fünf Jahre ein jährliches Minus von durchschnittlich 1,4% gebracht (verglichen mit dem Aktienmarkt im allgemeinen; da dieser ebenfalls gefallen war, war der tatsächliche Verlust der Kunden weitaus größer). Die Finanzblätter erwirtschafteten ein relatives Minus von jährlich 4% (absolut ein vielfach größeres), und selbst der Herausgeber des Wall Street Journal schaffte es, über 26 Jahre um mehrere Punkte jährlich hinter seinem eigenen Dow-Jones Index zurückzubleiben.

Und so ist es bis heute geblieben: Professionelle Anlageberater und Börsenprofis gewinnen nicht mehr als der Markt im allgemeinen, eher weniger, und der Sparer, der sein Geld, statt es nach Gutdünken selber anzulegen, Spezialisten in die Hände gibt, legt im allgemeinen dabei drauf, und das sogar zweifach (weil nämlich von den ohnehin schon mageren Renditen auch noch die Gebühren der Berater abzuziehen sind). Natürlich werden einige Ratschläge und Börsendienste auch Gewinne produzieren, aber in der Kategorie, die allein langfristig zählt, nämlich im Durchschnitt, ist außer Spesen nichts gewesen.

»Affe erfolgreicher als fünf Börsenmakler – Eine Affenschande für fünf Börsenmakler hat jetzt die schwedische Zeitung Expressen enthüllt. Sie hatte dem Quintett und dem Schimpansen Ola je 10000 Schwedenkronen zur Verfügung gestellt, um damit an der Börse den größtmöglichen Gewinn herauszuschlagen. Ola gewann . . . Er warf Dart-Pfeile auf den Kurszettel«, schreibt Associated Press.

Die gleiche Affenschande meldet die Zeitschrift Finanztest auch für Börsendienste auf dem deutschen Aktienmarkt. »Kein einziger der zwölf getesteten Börsendienste schaffte es, den Deutschen Aktienindex (DAX) im Untersuchungszeitraum zu schlagen. Vielmehr waren die Anlageergebnisse der Börsengurus etwa zwei bis elf Prozent schlechter als der Marktdurchschnitt.«

Dito Banken. »Wer auf die Aktienempfehlungen der deutschen Banken setzt, muß höllisch aufpassen«, schreibt das Manager-Magazin. Die folgende Tabelle dokumentiert das Schicksal einiger dieser Ratschläge (gegeben zwischen Juli 1991 und Juni 1992, auf Jahresrenditen umgerechnet, nach Manager-Magazin 4/1993):

Bank	empfohlene Aktie	Kursverlust
LB Schleswig-Holstein	Markt & Technik	54,1%
Sal. Oppenheim	BUS	54,8%
Sal. Oppenheim	Villeroy & Boch	56,0%
Volks-und Raiffeisenb.	AML	60,4%
Sal. Oppenheim	Oberland Glas	62,5%
LB Schleswig-Holstein	Hermle	64,7%
Trinkhaus & Burkart	Hertel	70,1%
B. Metzler	Pittler	72,5%
Sal. Oppenheim	Escada	74,5%
Bethman Bank	MVG	79,7%

Wie wir sehen, kann man mühelos auf Empfehlung seiner Bank binnen eines Jahres drei Viertel seines Vermögens verlieren.

Selbst wenn solche isolierten Betrachtungen natürlich unfair sind (denn Banken empfehlen nicht nur Tiefflieger; das in obiger Tabelle mehrfach negativ erwähnte Bankhaus Salomon Oppenheim hatte etwa neben manchen Enttäuschungen auch die zwei besten Tips des Jahres, die Deutsche Pfandbriefanstalt in Wiesbaden und die Firma Kampa-Haus, deren Kurse beide um rund 50 Prozent gestiegen waren, im Programm gehabt): bei den Renditen der Gesamt-Portfolios steht bis heute der Beweis noch aus, daß professionelle Anlageberater mehr verdienen als ein Schimpanse, der Pfeile auf den Kurszettel des Handelsblattes wirft.

Der Grund für diesen Mangel an systematischen Erfolgen ist natürlich, daß das Steigen und Fallen von Aktien sich prinzipiell jeder Vorhersage entzieht (siehe Stichwort »Aktien«). Die optimale Prognose für den Kurs eines Papiers nach einem Jahr (oder auch nach einem Monat oder einem Tag) ist immer der aktuelle Kurs plus ein gewisser Zuschlag, der u.a. von der Länge des Zeitraums und dem Risiko des Papiers abhängt und für dessen Erklärung mittlerweile schon Nobelpreise vergeben worden sind. Mehr weiß weder der freundliche Berater in der Bank um die Ecke noch der wichtigtuende Finanzbrief-Verfasser in der Telebörse, und deshalb ist der eine so überflüssig wie der andere.

Lit.: Alfred Cowles: »Can stock market forecasters forecast?« Econometrica 1933, S. 309-324; »Strategiedefizit«, Manager-Magazin 4/1993; »Leere Versprechen«, Finanztest 2/1993; W. Krämer: »Kapitalmarkteffizienz«, Stichwortartikel in »Handwörterbuch des Bank- und Börsenwesens«, 2. Auflage 1994.

Boxen
Boxhandschuhe sollen den Gegner vor den Schlägen schützen

Boxhandschuhe schützen vor allem den Schläger, nicht den Geschlagenen – sie verhindern, daß der Schläger sich die Hände bricht. Die auf Kopf oder Körper des Getroffenen aufprallende kinetische Energie und damit die Gefahr einer Verletzung wird durch die 200 bis 400 Gramm schweren Handschuhe nicht kleiner, sondern größer.

Bis gegen Ende des letzten Jahrhunderts wurde daher grundsätzlich ohne Handschuhe geboxt. Der letzte Boxweltmeister, der seinen Titel mit bloßen Fäusten verteidigte, war John Sullivan im Jahr 1889.

Lit.: Stichwort »Boxing« in Microsoft CD-ROM Encyclopädie Encarta, 1994.

Bratwurst
Die Bratwurst heißt so, weil sie gebraten ist bzw. wird

Das Wort »Bratwurst« leitet sich vom altdeutschen Wort »brat« ab, das heißt »weiches, kleingehacktes Fleisch«.

Lit.: Walter Zerlett-Olfenius: Aus dem Stegreif, Berlin 1943.

Brosamen
Brosamen kommt von Brotsamen

Das Wort Brosamen hat weder etwas mit Brot noch mit Samen zu tun; es leitet sich vielmehr von dem mittelhochdeutschen »brosem« oder »brosme« = kleines Bröckchen her. Auch die Wörter Brösel und bröseln stammen aus dieser gleichen Quelle.

Lit.: Etymologisches Wörterbuch des Deutschen, 2. Auflage, durchgesehen und ergänzt von Wolfgang Pfeifer, Berlin 1993.

Brücken
Venedig hat die meisten Brücken

In Venedig gibt es 398 Brücken, in Amsterdam 1281 und in Berlin 1662. Den europäischen Rekord hält aber Hamburg mit 2123 Brücken.

Lit.: Guiness Buch der Rekorde.

Brustkrebs
Brustkrebs ist erblich

Nach einer Studie der Harvard Universität ist Brustkrebs weit weniger durch Erbfaktoren bedingt als bisher angenommen. Stattdessen kommen zunehmend Auslöser wie Vitaminmangel und Alkohol in Verdacht.

Bisher war man davon ausgegangen, daß Frauen, deren Mutter und Schwester schon an Brustkrebs erkrankt waren, verglichen mit anderen Frauen ein vierzehnfach größeres Risiko hätten, ebenfalls an Brustkrebs zu erkranken. In der besagten Harvard-Studie, die seit 1976 insgesamt 121 000 Krankenschwestern über mehr als 15 Jahre beobachtete, betrug diese Quote aber nur

2,5 Prozent. Nach Meinung der Autoren kommt damit Vererbung in 97,5 Prozent aller Brustkrebsfälle nicht als Ursache in Frage.

Stattdessen werden ein Mangel an Vitamin A oder zuviel Alkohol als Auslöser vermutet. Denn die Krankenschwestern mit einer an Vitamin A armen Ernährung hatten ein um 20 Prozent höheres Brustkrebsrisiko als diejenigen mit einer an Vitamin A reichen Ernährung. Und bei Frauen, die regelmäßig täglich ein Glas Wein tranken, stieg das Risiko sogar auf das Doppelte.

Natürlich darf man aus solchen Korrelationen noch nicht auf Kausalitäten schließen (siehe auch das Stichwort »Korrelation«). Denn Menschen, die gerne ein Glas Wein trinken, unterscheiden sich auch in anderer Hinsicht von strikten Anti-Alkoholikern, so daß die eigentliche Ursache vielleicht ganz woanders liegt. Aber wer oder was auch immer den Brustkrebs letztendlich verursacht, die Gene scheinen es wohl nicht zu sein.

Lit.: D.L. Weed: »Alcohol, breast cancer and causal inference: where ethics meets epidemiology«, Contemporary drug problems 21, 1994, 185-204; »Brustkrebs durch Vitaminmangel und Alkohol?« Welt am Sonntag Nr. 30/1995, S. 11.

Bruttosozialprodukt 1
Das Bruttosozialprodukt sagt uns, wie reich wir sind

Das sogenannte Bruttosozialprodukt gilt als bester Maßstab für Erfolg, Reichtum und Wirtschaftskraft einer Nation. Es betrug 1990 in der Bundesrepublik Deutschland (alte Bundesländer) rund 2400 Milliarden oder 2,4 Billionen Mark; pro Kopf der Bevölkerung damit rund 39 000 Mark, mehr als in den meisten anderen Staaten dieser Welt. Nur in der Schweiz, in Japan und in den USA sowie in einigen kleineren Ländern wie Norwegen, Kuwait oder Luxemburg, war das Pro-Kopf-Einkommen größer. In England, Frankreich oder Italien, und in den restlichen 160 Ländern dieser Welt erst recht, war es dagegen kleiner.

Daher sind nicht wenige Bundesbürger und Bundesbürgerinnen auf diese Leistung und auf diesen Wohlstand ganz schön stolz – nicht ganz zu Recht, zumindest was den Wohlstand anbetrifft. Denn auch wenn wir das Bruttosozialprodukt als Maßstab für die reine Produktion und Leistung einer Wirtschaft gelten lassen – als Anzeiger für den Nutzen und den Wohlstand, der uns aus dieser Produktion erwächst, ist es nur mit großer Vorsicht zu gebrauchen.

Der erste Grund ist sehr einfach: Das Sozialprodukt mißt die Produktion und damit indirekt auch das Einkommen, nicht aber das Vermögen. Oder anders ausgedrückt: Es sagt, was jedes Jahr an Gütern neu hinzukommt, nicht jedoch, was man schon hat. Und wie jeder aus dem Alltagsleben weiß, sind Einkommen und Vermögen zwei verschiedene Paar Schuhe. Die meisten Bauern in der Bundesrepublik z. B. haben ein großes Vermögen, aber ein kleines Einkommen, während viele »normale« Arbeitnehmer ein großes Einkommen, aber kein Vermögen haben.

Und genauso auch auf internationaler Ebene: Vermutlich ist ein typischer Einwohner unseres schönen Nachbarlandes Frankreich trotz eines niedrigeren Sozialprodukts pro Kopf doch reicher als ein Bürger unseres eigenen Landes, weil er oder sie im Mittel ein größeres, durch keine Inflation und Kriegsverwüstung gemindertes Vermögen hat.

Lit.: Alfred Stobbe: Volkswirtschaftslehre 1: Volkswirtschaftliches Rechnungswesen, Berlin 1966; W. Krämer: Statistik verstehen, Frankfurt 1992.

Bruttosozialprodukt 2
Das Bruttosozialprodukt sagt uns, wieviel wir arbeiten

Das Bruttosozialprodukt sagt weder, wie reich wir sind, noch wieviel wir arbeiten. Denn es erfaßt nur einen *Teil* der in einer Volkswirtschaft produzierten Güter und Dienstleistungen – im wesentlichen solche, die gegen Geld gehandelt werden: Autos, Straßen, Waschmaschinen, Lebensmittel, Heizöl, Taxifahrten, Dienstleistungen von Ärzten, Krankenhäusern, Banken, Post. Das hat den großen Vorteil, daß man so im wahrsten Sinn des Wortes Äpfel und Birnen aufaddieren kann: 1000 kg Äpfel à 4 Mark und 2000 kg Birnen à 3 Mark ergibt ein Sozialprodukt von 1000 x 4 + 2000 x 3 = 10 000 Mark, hat aber den großen Nachteil, daß alle Produkte ausgeschlossen bleiben, die nicht gegen Geld gehandelt werden: Die statt in der Werkstatt selbst aufgezogenen Winterreifen, das selbst tapezierte Wohnzimmer, das selbst getippte Manuskript, die selbst reparierte Armbanduhr: Was man selber macht statt von anderen gegen Entgelt machen läßt, fällt systematisch durch den Rost. Wenn wir vom Sohn des Nachbarn für 20 Mark den Rasen mähen lassen, steigt das Sozialprodukt um 20 Mark. Mähen wir den Rasen selbst, bleibt das Sozialprodukt konstant. Der frisch gemähte Rasen ist in beiden Fällen gleich, aber einmal zählt er zum Sozialprodukt und einmal nicht.

Ein weiterer Teil der Wirtschaftsleistung, der auf dem Weg in das Statistische Jahrbuch spurenlos verschwindet, ist die sogenannte »Schattenwirtschaft«: Wenn in Land A ein Maurer für tausend Mark eine Grube gräbt und diesen Lohn versteuert, steigt das Sozialprodukt um tausend Mark. Wenn in

Land B eine anderer Maurer die gleiche Arbeit schwarz erledigt, so steigt das »eigentliche« Sozialprodukt dort ebenfalls um tausend Mark. Jedoch bleibt diese Summe statistisch unsichtbar, und deshalb ist das amtliche Sozialprodukt um tausend Mark zu klein.

Diese Schattenwirtschaft wird heute in westlichen Industrienationen auf rund 10 Prozent des amtlichen Sozialprodukts geschätzt. Die höchste Quote (13 Prozent) vermutet man für Schweden und Italien, die kleinsten Quoten von 4,1 und 4,3 Prozent für Japan und die Schweiz. Die Bundesrepublik Deutschland (West) belegt mit geschätzten 8,6 Prozent einen Mittelplatz – bei einem Sozialprodukt von 2,4 Billionen Mark immerhin mehr als 200 Milliarden Mark. Um diese Summe ist also die offizielle deutsche Zahl zu klein.

Auch die durchaus legale, aber in aller Regel unbezahlte Arbeit unserer Hausfrauen und Hausmänner bleibt so außerhalb des offiziellen Sozialprodukts: Spülen, Waschen, Kochen, Treppenputzen, Kinder erziehen, Kranke pflegen. Inklusive dieser sozusagen »gratis« erbrachten Dienstleistungen wäre unser Sozialprodukt im Handumdrehen um fast die Hälfte größer. Oder anders ausgedrückt: Je mehr Güter und Dienstleistungen im Familien- oder Freundeskreis quasi informell produziert, getauscht und gehandelt werden, desto kleiner ist das amtliche Sozialprodukt. Je mehr Güter und Dienstleistungen dagegen gegen Rechnung den Besitzer wechseln, desto größer ist das amtliche Sozialprodukt, desto reicher scheinen wir zu sein.

Lit.: Hannelore Weck u. a.: Schattenwirtschaft, München 1984; M. Hilzenbecher »Die schattenwirtschaftliche Wertschöpfung der Hausarbeit«, Jahrbücher für Nationalökonomie und Statistik 1986.

Bruttosozialprodukt 3
Das Bruttosozialprodukt sagt uns, wie gut wir leben

Das Bruttosozialprodukt sagt uns weder, wie reich wir sind, noch wieviel wir arbeiten, noch wie gut wir leben. Vermutlich leben in nicht wenigen Ländern der Welt die Menschen trotz eines kleineren Sozialprodukts pro Kopf rein materiell weit besser als in Deutschland (immaterielles Glück und Wohlbefinden kann man ohnehin in Geld nicht messen), und sind andererseits die Menschen hierzulande trotz eines kleineren Sozialprodukts pro Kopf mit irdischen Gütern besser versorgt als anderswo, etwa in Japan oder in den USA, wo das Sozialprodukt pro Kopf noch höher ist.

Neben der statistischen Erfassung wirft das Sozialprodukt nämlich noch zwei weitere Probleme auf. Erstens zählt es nur die Güter, für die wir arbeiten müssen, nicht aber die, die wir umsonst bekommen. Wo die Menschen in der Sonne dösen und kein Gas und keine Kohle zum Heizen brauchen, ist das Sozialprodukt daher unter sonst gleichen Umständen kleiner als in einem Land mit rauhem Klima, wo die Menschen hart dafür arbeiten müssen, im Winter nicht zu frieren. Und im Schlaraffenland oder im Garten Eden sinkt das Bruttosozialprodukt sogar auf Null.

Zweitens unterscheidet das Sozialprodukt nur unvollkommen zwischen Gütern, die uns letztendlich wirklich zur Verfügung stehen, und den sogenannten »Vorleistungen«, die zum Produzieren dieser Güter nötig sind. Denn was wir wissen wollen, ist doch, was zum Konsumieren und zum Investieren übrig bleibt – die dabei eingesetzten Rohstoffe und Vorprodukte interessieren nicht. Wenn Robinson Crusoe auf seiner Insel 3 Zentner Getreide erntet, dafür aber einen Zentner Saatgut braucht, beträgt sein Sozialprodukt nicht drei Zentner, sondern zwei; die Vorleistungen sind von der Gesamtproduktion natürlich abzuziehen.

Leider geschieht das aber in der aktuellen Praxis nur sehr unvollkommen. So schätzen wir etwa die Dienste von Polizei, Justiz und Feuerwehr wohl kaum um ihrer selbst; wir wären im Gegenteil wahrscheinlich mehr als froh, wenn es keine Brände gäbe und alle Menschen Engel wären, wir Polizei und Feuerwehr also überhaupt nicht bräuchten. Deren Dienste und unsere Ausgaben dafür wären also besser als Vorleistung des Staates für das Funktionieren der Sozial-Gemeinschaft anzusehen; zu unserem Wohlstand tragen sie per se nichts bei. Die Leistungen von Polizei, Justiz, Feuer- und Bundeswehr an sich will keiner haben – sie sind nur Inputs für das eigentlich Gewünschte – Friede, Ordnung, Sicherheit – und daher streng genommen als Vorleistung vom Produktionswert abzuziehen. Aber nach aktueller Praxis zählen sie dennoch zum Sozialprodukt.

So kommt es, daß Erdbeben, kleine Kriege, Wirbelstürme, Überschwemmungen oder Tankerkatastrophen mit Riesenumweltschäden das Sozialprodukt *erhöhen*: Die Schäden werden, falls überhaupt, nur unzureichend abgezogen, die Arbeiten der Retter und Helfer dagegen voll dem Produktionswert zugeschlagen. Wenn in den Städten der USA Tausende von Polizeibeamten die Straßen patrouillieren müssen, um die Bürger des Landes vom gegenseitigen Umbringen abzuhalten, sind die Kosten dafür (als Maß der Dienstleistungen der Polizei) Teil des amerikanischen Sozialprodukts, und je mehr Polizisten patrouillieren, desto größer das Sozialprodukt. Anderswo dagegen, in Schweden oder Finnland etwa, wo die Menschen seit jeher friedlicher miteinander verkehren und deshalb auch nicht so viele Polizisten brauchen, ist das amtliche Sozialprodukt pro Kopf vielleicht kleiner – aber der Wohlstand der Menschen vermutlich trotzdem größer.

Lit.: Christian Leipert: Die heimlichen Kosten des Fortschritts, Frankfurt 1989; Peter von der Lippe: Wirtschaftsstatistik, Stuttgart 1990; W. Krämer: Statistik verstehen, Frankfurt 1992. Weltbank: Monitoring environmental progress. Washington 1995.

Buchweizen
Buchweizen ist eine Weizenart

Der Buchweizen (Fagopyrum esculentum) ist ein Knöterichgewächs, kein Getreide. Obwohl man seine Früchte oft zu Mehl oder Grütze, besonders für Brei (Polenta), seltener für Brot verarbeitet, hat der Buchweizen mit den »normalen« Getreidesorten, die alle der Familie der Gräser angehören, nichts zu tun.

Lit.: Stichwort »Buchweizen« in Brockhaus Enzyklopädie, 19. Aufl., Wiesbaden 1990.

Büffel

Der amerikanische Westernheld Buffalo Bill müßte eigentlich »Bison Bill« heißen; er hat in seinem ganzen Leben vermutlich keinen einzigen Büffel zu Gesicht bekommen.

In Nordamerika gibt es nur Bisons, keine Büffel. Bisons sind mit den Büffeln zoologisch nicht verwandt.

Lit.: Wilhelm Eigener: Großes Farbiges Tierlexikon, Herrsching 1982.

Schon die alten Ägypter warfen Bumerangs

Bumerang 1
Der Bumerang ist eine Exklusiv-Erfindung der Aborigines in Australien

Bumerangs gab es schon im alten Ägypten und gibt es noch heute als Jagdwaffe bei gewissen Indianerstämmen Nordamerikas. Und da diese Kulturen wohl kaum mit den australischen Aborigines in Verbindung standen, haben sie dieses Krummholz wohl auch unabhängig voneinander erfunden.

Lit.: Stichwortartikel »Boomerang« in Microsoft CD-ROM Encyclopädie Encarta, 1994.

Bumerang 2
Ein guter Bumerang kommt zum Abwurfpunkt zurück

Der Hauptvorteil des Bumerangs ist nicht, daß er zum Werfer zurückkehrt, sondern daß er weiter fliegt als ein gerades Holz. Der Rückkehr-Bumerang wird von den Aborigines vor allem zum Üben oder zum Aufscheuchen von Vögeln verwendet; die »richtigen« Jagd-Bumerangs kehren nicht zurück.

Würden Bumerangs den Werfer suchen, hätte die australische Armee im I. Weltkrieg wohl kaum einen Handgranaten-Bumerang gebaut:

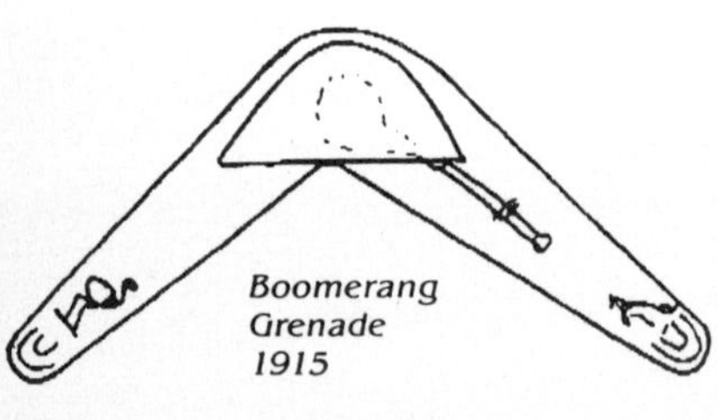

Mit diesem Bumerang warfen australische Soldaten im Ersten Weltkrieg auf deutsche Schützengräben; er ist im australischen Infanteriemuseum in Singleton zu sehen

»Der Irrtum ist viel leichter zu erkennen, als die Wahrheit zu finden; jener liegt auf der Oberfläche, damit läßt sich wohl fertig werden; diese ruht in der Tiefe, danach zu forschen ist nicht jedermannes Sache.«
Goethe

C

Chamäleon
Das Chamäleon paßt seine Farbe der Umgebung an

Das Chamäleon kann in der Tat die Farbe wechseln. Aber wenn, dann wegen Hitze, Kälte, Hunger oder Angst, nicht, um seine Farbe der Umgebung anzupassen (nachts z. B. wird die Farbe des Chamäleons heller).

Lit.: Stichwort »Chameleon« in Encyclopaedia Britannica, 15. Auflage, Chicago 1976.

Chartanalyse
Mit »Charts« läßt sich an der Börse Geld verdienen
(s.a. »Aktien« und »Börsenprofis«)

Die sogenannte »Börsensoftware«, die den Aktienkäufern und -verkäufern anhand von gleitenden Durchschnitten, Trendgeraden, Dreiecksformationen und Kopf-Schulter-Kursverläufen sagt, wann sie zu kaufen und zu verkaufen haben, macht nur die Softwarehäuser reich; von »Aktia Online«, »Brokis« oder »Chartheft« über »Option Machine« und »Prognos« bis zu »Tai-Pan« oder »Winchart« nützen sie nur die Dummheit ihrer Käufer aus. Wie ein empirischer Test nach dem anderen beweist, kann man aus vergangenen Kursen keine Schlüsse auf die künftige Entwicklung eines Wertpapieres ziehen, und sind alle derartigen Versuche nichts als Kaffeesatzleserei.

Die wahren Börsenprofis wissen das sehr wohl; ihre Kursprognosen sind meistens von der Sorte: »Wenn der Hahn kräht auf dem Mist / ändert sich das Wetter / oder es bleibt, wie es ist«. So ist man hinterher immer auf der richtigen Seite.

Aktienmärkte scheren sich nicht um die Vergangenheit; sie rollen das Weltgeschehen quasi aus der Zukunft auf: Ein Investor, der ein Wertpapier zu einem »korrekten« alias »fundamental gerechten« Preis erwerben will, fragt nicht danach, was das Papier vor einem Jahr gekostet hat; er will wissen, was das Papier ein Jahr später kosten *wird*. Der Börse zählt allein die Zukunft; sie schaut wie ein Steuermann im Nebel nur nach vorne, nie nach hinten, sie ändert ihren Kurs in aller Regel nur dann, wenn aus diesem Nebel neue, bis dato nicht bekannte Fakten sichtbar werden.

Diese Fakten sind vorher nicht bekannt, sonst wären sie nicht neu. Mit anderen Worten, sie erscheinen zufällig, und damit sind auch Auf und Ab der Kurse zufällig: Aktuell kann niemand sagen, ob die nächste Nachricht Gutes oder Böses bringen wird, ob der für das nächste Jahr erwartete Kurs und damit per Umweg über die geforderte Rendite auch der aktuelle Kurs nach oben oder unten anzupassen ist. Die einzige Konstante ist die erwartete Rendite, die diese beiden Kurse verbindet (in Deutschland inflationsbereinigt etwa 5%), und deshalb muß die beste Prognose des künftigen Kurses immer der aktuelle Kurs plus diese geforderte Rendite sein.

Diese Theorie wird durch die Wirklichkeit bemerkenswert bestätigt, besser jedenfalls als die meisten anderen ökonomischen Theorien, und daher ist es auch sinnlos, in dem Heuhaufen vergangener Kurse nach Informationen über die künftige Entwicklung herumzustochern. Von kleinen Kalendereffekten und anderen Anomalien abgesehen läßt sich auf Aktienmärkten durch Kurvenanalyse langfristig keine müde Mark verdienen. Auch wenn der eine oder andere Chartist so wie im Lotto einmal einen Treffer landet, das Gewerbe der Kurvenleser insgesamt kann seine Meister nicht ernähren, und systematische Treffer bei Kursprognosen sind so häufig wie systematische Hauptgewinne in einer Lotterie.

Die einzige Möglichkeit zur Verbesserung der Prognose »aktueller Kurs plus erwartete alias geforderte Rendite« sind Insiderinformationen, wie auf einem Schiff im Nebel, das anders als die anderen ein Radargerät besitzt. Aber selbst solche Insider schöpfen ihren Vorsprung nicht aus der Vergangenheit, sondern daraus, daß sie weiter als andere in die Zukunft sehen; außerdem tragen sie gerade *durch* ihre Aktivitäten selber dazu bei, den aktuellen Kurs auf das Niveau zu heben oder auch zu drücken, das mit der Zukunft kompatibel ist.

Lit.: Clive Granger und Oskar Morgenstern: Predictability of stock market prices, Lexington 1970; S. J. Taylor: Modelling financial time series, New York 1986; W. Krämer: Stichwortartikel »Kapitalmarkteffizienz« in: Handwörterbuch des Finanz- und Börsenwesens, 2. Aufl., Stuttgart 1994; »Börsensoftware«, mehrteilige Serie im Handelsblatt, 1994/1995.

China
Chinesen haben gelbe Haut (s.a. »Indianer«)

Ein typischer Chinese ist nicht gelber als ein typischer Franzose – an der Haut allein sind Europäer und Chinesen nicht zu unterscheiden.

Bei der ersten Begegnung des Fernen Ostens mit Europa ist auch von einer »gelben« Rasse keine Rede. »Di nostra qualità« – »von unserer Art« seien die Chinesen, berichtet der italienische China-Reisende Andrea Corsali 1515, und einige Jahre später hält der kaiserliche Geheimschreiber Transsylvanus aufgrund von Aussagen heimkehrender portugiesischer Seeleute fest, die Chinesen seien »ein weißhäutiges Volk mit recht hochstehendem Gemeinwesen, ... das unserem Deutschen ähnelt«.

Zum ersten Mal taucht die Farbe gelb im 18. Jahrhundert auf, als man begann, die Menschen in Rassen aufzuteilen; weil man dazu eine »Zwischenrasse« zwischen den Weißen im Norden und den Schwarzen im Süden brauchte, erfand man die Gelben – zunächst die Inder, dann auch die Chinesen wurden per Dekret für gelb erklärt. Nach einem damals sehr beliebten Handbuch des Göttinger Medizinprofessors Johann Friedrich Blumenbach ist die sog. »kaukasische Rasse« von weißer Farbe, die mongolische Rasse dagegen »meist waizengelb (theils wie gekochte Quitten, oder wie getrocknete Citronschaalen)«, die amerikanische Rasse »kupferroth« und die afrikanische Rasse schwarz.

Diese Urteile wurden meist zu Hause am Schreibtisch aufgrund von heute eher lächerlich anmutenden theoretischen Überlegungen getroffen (Beispiel: Asiaten erkranken oft an Gelbsucht; deshalb bleiben sie für den Rest des Lebens gelb), in der Regel ohne die Objekte dieser Eingruppierung je von Angesicht zu Angesicht zu sehen, nur unterstützt von einer Vorliebe der Chinesen selber für die Farbe gelb: »Sooft ich an meine Kindheit zurückdenke«, schreibt der letzte Kaiser Pu Yi in seinen Erinnerungen, »legt sich ein Schleier von Gelb über meine Erinnerungen: Die glasierten Dachziegel waren gelb, die Sänfte war gelb, das Futter meiner Kleider und Hüte, die Schalen und Teller, aus denen ich aß und trank, waren gelb ... Es gab nichts um mich, was nicht gelb war.«

Mit dieser Vorliebe für gelb (der »gelbe Fluß«, der mythologische »gelbe Kaiser«, alles Große, Göttliche war gelb) kamen die Chinesen den klassifizierungswütigen europäischen Naturforschern quasi auf halbem Weg entgegen, auch wenn ihre Haut dadurch kein bißchen gelber wurde.

Lit.: Walter Demel: »Wie die Chinesen gelb wurden«, Historische Zeitschrift 255, 1992, S. 625–666.

Cholesterin
Hohe Cholesterinwerte im Blut sind zu bekämpfen

Ein Übermaß an Cholesterin alias Blutfett soll unsere Arterien verkalken und so alle möglichen Herz-Kreislaufkrankheiten bewirken, aber wenn man verschiedenen neuen Studien dazu glauben darf, ist das Reduzieren eines tatsächlich oder vermeintlich zu hohen Blutfettspiegels oft gefährlicher als dieser Blutfettspiegel selbst. Denn auch wenn es stimmt, daß dann das Risiko von gewissen Krankheiten abnimmt, das Risiko von anderen Krankheiten nimmt dadurch zu, und das, worauf es letztlich ankommt, die Lebenserwartung nämlich, bleibt genauso wie sie vorher war.

So hat eine amerikanische Forschergruppe von der Universität Pittsburg herausgefunden, daß Patienten, deren Blutfettwerte mit welchen Mitteln auch immer gesenkt worden waren, öfter als andere tödlich verunglückten, Selbstmord begingen oder Opfer von Gewaltverbrechen wurden (Muldoon et al., 1990); wie die Forscher meinen, fördert Blutfettsenkung unsere Aggression. Deshalb wird der Netto-Nutzen der Cholesterinsenkung von vielen Medizinern immer mehr bezweifelt.

Daß diese und ähnliche Wahrheiten über die Nebenwirkungen von Blutfettsenkung sich nur schwer verbreiten, liegt vor allem an den Interessen derer, die an der Cholesterinhysterie so gut verdienen, und die vor allem solche Studien zitieren, die günstige Effekte bei Blutfettsenkung finden: Wie eine Auswertung der einschlägigen Literatur ergab (Ravnskov 1992), werden Studien, die Blutfettsenkung unterstützen, im Durchschnitt fünf- bis achtmal häufiger zitiert als Studien mit widersprüchlichen oder ungünstigen Ergebnissen.

Lit.: Matthew F. Muldoon et al.: »Lowering cholesterol concentrations and mortality: a quantitative review of clinical prevention trials«, British Medical Journal 301, 1990, 309-314; U. Ravnskov: »Cholesterol lowering trials in coronary heart disease: frequency of citation and outcome«, British Medical Journal 305, 1992, 15-19; Dieter Borges: Cholesterin: Das Scheitern eines Dogmas. Berlin 1993.

Chop Suey
Chop Suey ist ein typisch chinesisches Gericht
(s.a. »Ketchup«)

Chop Suey ist in China unbekannt. Es wurde im 19. Jahrhundert als »Gericht nach chinesischer Art« in den USA erfunden; von dort hat es seinen Siegeszug durch viele China-Lokale auf der Erde angetreten, nur nicht in China selbst.

Lit.: H. Haenchen (Hrsg.): Menü, Hamburg 1976.

Colosseum
Im römischen Colosseum wurden Christen abgeschlachtet

Auch wenn verschiedene Romane und Theaterstücke uns anderes erzählen (siehe etwa »Androkles und der Löwe« von George Bernard Shaw): Im Colosseum wurden niemals Christen den Löwen oder irgendwelchen anderen Tieren vorgeworfen, noch wurden sie hier ganz »normal« getötet. Die Christen, die im alten Rom als Märtyrer gestorben sind, haben ihren Tod woanders gefunden, nicht im Colosseum.

Lit.: Stichwortartikel »Coliseum« in Catholic Encyclopaedia, Chicago 1963.

»Der Mensch ist bereit, für jede Idee zu sterben, vorausgesetzt, daß ihm die Idee nicht ganz klar ist.«
G.K. Chesterton

D

Dampfmaschine
Die Dampfmaschine ist eine Erfindung von James Watt

Die erste Dampfmaschine wurde 1655 von Edward Somerset, Marquis und Earl von Worcester entworfen. Im Jahr 1685 produzierte Denis Papin ein erstes funktionierendes Modell, und 1712 installierte Thomas Newcomen in Tipton, England, die erste echte Dampfmaschine – zwei Dutzend Jahre vor James Watts Geburt.

Das Verdienst von James Watt – kein geringes, aber eben nicht die Erfindung der Maschine selbst – bestand vor allem in einer drastischen Steigerung der Effizienz. Die Maschinen seiner Vorgänger z. B. erhitzten und kühlten den Dampf im gleichen Zylinder – in James Watts Maschine dagegen bleibt der Arbeitszylinder immer heiß; der verbrauchte Dampf kondensiert woanders, die Wärmeenergie wird besser ausgenutzt. Durch diese und verschiedene andere Verbesserungen war es möglich, Dampfmaschinen nicht nur wie bis dato zum Betreiben langsamer Pumpen in Bergwerken, sondern auch in Fabriken und später dann in Eisenbahnen einzusetzen.

Lit.: L.T.C. Holt: »Steam engine«, in E. de Bono (Hrsg.): Eureka!, London 1947; Stichwortartikel »Steam engine« in Microsoft CD-ROM Enzyclopädie Encarta, 1994.

Dampfschiff

Viele Lexika wie Brockhaus oder Meyer bezeichnen den 1807 gebauten Dampfer »Clermont« des Amerikaners Robert Fuller als das erste brauchbare Dampfschiff der Welt. In Wahrheit hieß Fullers Dampfer aber »North River Steam Boat«, und er war auch nicht der erste seiner Art. Schon 1783 hatte ein Dampfboot des Marquis d'Abbans die französische Saone befahren, und auch die amerikanischen Ingenieure James Ramsey und John Fitch hatten schon vor Fuller erfolgreich Dampfschiffe betrieben und gebaut. Jedoch war Fuller der erste, der das Ganze auch wirtschaftlich erfolgreich tat, und so trug er allein die Lorbeeren davon.

Der falsche Name seines Schiffes stammt vermutlich von einem Ort namens Clermont, wo Fullers Boot öfters anlegte.

Lit.: Ashley Montagu und Edward Darling: The prevalence of nonsense, New York 1967.

Davidstern
Der Davidstern ist ein altes jüdisches Symbol

Der sechszackige Davidstern, den die Juden unter der Naziherrschaft auf den Kleidern tragen mußten, ist erst sehr spät, im 19. Jahrhundert, zu dem Symbol des Judentums geworden, als das wir ihn heute kennen. Damals begannen die Juden, diesen Stern als Kennzeichen ihres Glaubens auf ihren Synagogen anzubringen, so wie die Christen auf ihren Gotteshäusern ihre Kreuze.

Bis dato hatte man dem Stern keine besondere Bedeutung beigemessen; er war als eines von vielen magischen Symbolen auch in anderen Kulturen weit verbreitet.

Lit.: Encyclopedia Judaica, Philadelphia 1971.

Demokratie
Demokratie bedeutet Herrschaft durch das Volk

Als man ihnen sagte, sie seien jetzt in einer Demokratie, sollen zwei blinde Passagiere aus Kuba im Hafen von Antwerpen voller Panik über Bord gesprungen und ertrunken sein.

Daran sehen wir zumindest schon einmal das eine: Demokratie bedeutet verschiedenen Menschen Verschiedenes. Die hierzulande am weitesten verbreitete Bedeutung ist »Herrschaft durch das Volk«: »Demokratie, Form des polit. Lebens, die die Willensbildung der Gemeinschaft oder des Staates vom Willen des gesamten Volkes ableitet« (*Brockhaus Kompakt*).

Mit dieser Begriffsbestimmung sind viele Denker aber nicht ganz einverstanden. »Für uns gibt es nur zwei Regierungsformen«, schreibt etwa der große Philosoph Karl Popper, »solche, die es den Regierten möglich machen, ihre Machthaber ohne Blutvergießen loszuwerden, und solche, die es ihnen nicht möglich machen oder nur durch Blutvergießen. Die erste dieser Regierungsformen nennen wir gewöhnlich Demokratie, die zweite Tyrannei oder Diktatur.«

In diesem Sinn war etwa die Schweiz auch ohne Frauen-Wahlrecht eine gute

Demokratie, das Rußland Stalins mit seinem allgemeinen Wahlrecht aber nicht. Denn die Schweiz ließ auch ohne Frauenwahlrecht einen Wechsel der Regierung ohne Blutvergießen zu, Rußland trotz Frauenwahlrecht aber nicht. Nach dieser Sicht der Dinge ist das A und O einer demokratischen Verfassung allein die Leichtigkeit, mit der die Regierten, wenn sie wollen, ihre Regierer loswerden können; ob alle oder nur wenige der Bürger an diesem Hinauswerfen teilhaben, ist erst in zweiter Linie wichtig.

Lit.: Karl Popper: Auf der Suche nach einer besseren Welt, München 1984.

Deutsche Sprache
Deutsch wäre um ein Haar die Amtssprache der USA geworden

Richtig ist, daß Englisch als die Sprache der verhaßten Kolonialmacht England im Nordamerika des späten 18. Jahrhunderts nicht von allen Menschen gern gesprochen wurde. Und wenn wir den Berichten des Deputierten Johan Jakob Mühlenberg vertrauen dürfen, hat das Englische sogar in einer einschlägigen regionalen Abstimmung nur mit einer einzigen Stimme gegenüber dem Deutschen die Oberhand behalten.

Aber daraus darf man keine übereilten Schlüsse ziehen; die Mehrheit der Menschen in den damaligen englischen Kolonien konnte kein Deutsch, und diese Abstimmung war wohl eher als Beleidigung der Engländer gedacht.

Lit.: P. G. Crean: Believe it or not, Toronto 1982.

Diamanten
Diamanten können nicht verbrennen

Anders als ihre Fassungen aus Gold und Platin können Diamanten sehr wohl brennen. Da sie aus reinem Kohlenstoff bestehen, verbrennen sie bei Temperaturen über 900° ohne eine Spur zu hinterlassen. Und solche Temperaturen werden, wenn auch nicht in »normalen« Bränden, bei ausgedehnten Feuersbrünsten wie nach dem Erdbeben von San Francisco oder in den Bombennächten des Zweiten Weltkrieges durchaus auch erreicht. Wer also nach einem solchen Feuer den Familienschmuck vergeblich suchen sollte, braucht sich nicht zu wundern: die Diamanten haben sich im wahrsten Sinn des Wortes in Luft aufgelöst.

Lit.: Isaac Asimov: Buch der Tatsachen, Bergisch-Gladbach 1981.

Diät
Diät macht dünn (s.a. »Essen«)

Wir Deutschen essen immer weniger. Trotzdem werden wir immer dicker. Und nicht nur wir: »Throughout the western world, an obsession with diet and dieting seems to be coupled with an increase in obesity« (*New Scientist*). Trotz einer fast hysterischen Besessenheit mit Abnehm-Prozeduren aller Art nimmt das mittlere Körpergewicht der Erwachsenen in fast allen reichen Industrienationen dieser Erde ständig zu. Die Deutsche Gesellschaft für Ernährung meldet einen Anteil von übergewichtigen bis fetten (»adipösen«) Männern und Frauen von 18% (18- bis 24jährige) bis 75% (55- bis 64jährige), und ähnliche Zahlen kommen auch aus anderen reichen Industrienationen wie den USA; dort sind 43% aller erwachsenen Männer und 40% aller erwachsenen Frauen übergewichtig bzw. adipös, in Kanada sogar 49% der Männer und 40% der Frauen, in England 40% und 32%, in Australien 41% und 31%, und in den Niederlanden 38% und 30%. Und was das sonderbare ist: Diese Zahlen sind nicht nur absolut gesehen hoch, sondern trotz rückläufigen Kalorienverbrauchs auch noch höher als sie vor zehn bis zwanzig Jahren waren, soweit die einschlägigen Statistiken einen Vergleich erlauben.

Es ist also ein Irrtum, daß Diäten dünner machen. Diäten machen dicker. Wenn man der aktuellen Experten-Mehrheitsmeinung glauben darf, dann sind die meisten Diäten nicht nur nutzlos, sondern sogar kontraproduktiv, dann haben ganze Generationen von Nachkriegs-Europäern und Europäerinnen umsonst gehungert, dann werden wir immer dicker, nicht obwohl, sondern *weil* wir immer weniger an Kalorien zu uns nehmen.

Die meisten Diäten vergessen oder ignorieren nämlich, daß unser Körpergewicht nicht nur von den Kalorien abhängt, die wir essen, sonderen langfristig noch viel entscheidender von den Kalorien, die wir verbrauchen. Unsere Körpermasse ist wie Wasser in der Badewanne: oben fließt Wasser in die Wanne hinein, unten fließt es heraus. Fließt mehr Wasser zu als ab, wird die Badewanne voller. Fließt mehr Wasser ab als zu, wird die Badewanne leerer. Und die meisten Diäten kümmern sich vor allem um den Zufluß; den Abfluß nehmen sie als gottgegeben hin (verständlicherweise, denn sonst würde keiner diese Bücher kaufen).

In Wahrheit ist jedoch der Abfluß durchaus wichtig und vor allem variabel. Schon eine simple Überschlagsrechnung zeigt, daß die Abflußrate mit der Menge der Nahrung, die wir aufnehmen, variieren *muß*; schon nach den reinen Gesetzen der Logik kann das gar nicht anders sein. Wäre nämlich diese

Abflußrate unabhängig von der Nahrungsaufnahme immer gleich, müßte z. B. eine tägliche Extraflasche Bier mit sagen wir 300 Kalorien alle vier bis fünf Wochen ein Extrakilo Körperfett erzeugen (ein Kilogramm Fett = 9100 [Kilo-]Kalorien = 30,3 Flaschen Bier = Konsum von vier bis fünf Wochen). Mit anderen Worten, wer solange statt Wasser Bier zum Essen trinkt, ist hinterher – wenn diese Rechnung stimmt – ein Kilo schwerer als er oder sie sonst gewesen wäre. Nach 8 Wochen ist er oder sie dann zwei Kilo schwerer, nach 80 Wochen 20 Kilo, nach 800 Wochen 200 Kilo, und nach einem erfüllten Biertrinkerleben von 4000 Wochen oder 77 Jahren genau 1000 Kilo oder eine Tonne.

Das kann jedoch nicht stimmen. Ein Gegenbeweis sitzt vor der Schreibmaschine, auf der diese Zeilen gerade entstehen. Der Autor trinkt seit 25 Jahren pro Tag rund zwei bis vier Glas Bier bzw. Wein mehr als für das Überleben nötig wäre, und müßte nach dieser Logik heute 300 bis 400 Kilo wiegen (verglichen mit den bescheidenen 88, die er wirklich auf die Waage bringt).

Diese aus der Alltagserfahrung abgeleitete Widerlegung der »9100 Kalorien = ein Kilo Fett« – Theorie wird durch verschiedene Experimente bestätigt. Anfang des Jahrhunderts hat der deutsche Mediziner R. O. Neumann per Selbstversuch über mehrere Monate täglich 800 Kalorien mehr konsumiert als sonst – und wurde nach anfänglicher Gewichtszunahme trotz 800 Extrakalorien kaum noch dicker. In den 60er Jahren wurde dieses Experiment in den USA mit mehreren Dutzend Freiwilligen und mit 1000 Extrakalorien täglich wiederholt, mit dem gleichen Resultat: »Es ereignete sich eine deutliche Anpassung an die Kalorienzufuhr, dergestalt daß die Gewichtszunahme im Lauf des Experiments stetig weniger wurde. Jedoch gab es bemerkenswerte Schwankungen von Individuum zu Individuum, und es ist schon bemerkenswert [quite remarkable], wie einige Personen mehr als 10 000 Extrakalorien in der Woche konsumieren und dabei abnehmen.« (Eigene Übersetzung; zitiert nach Cannon und Einzig) Ganz offensichtlich paßt sich also unser Körper an die Extrakalorien an, und etabliert nach einiger Zeit ein neues, wenn auch erhöhtes Gleichgewicht.

Der zweifelhafte Wahrheitsgehalt der »9100 Kalorien = ein Kilo« – Theorie wird sogar noch deutlicher, wenn wir den umgekehrten Fall betrachten, daß jemand, der bisher zu Mittag immer ein Glas Bier getrunken hat, fortan stattdessen Wasser trinkt; sonst soll die Nahrung unverändert bleiben. Nach vier Wochen hätte diese Person dann ein Kilo Körperfett verloren, nach 40 Wochen 10 Kilo, und nach 400 Wochen oder etwas mehr als sieben Jahren 100 Kilo – bei einem Ausgangsgewicht von 88 Kilo würde sie dann minus 12 Kilo wiegen.

Da dies aber auf dieser Erde nur schwer möglich ist, bleibt nur die Konsequenz, daß die Abflußrate, daß das Loch in unserer Kalorienbadewanne variabel ist. Und vor allem: daß es durch dauerndes Diäten in der Regel kleiner wird! Denn dieses Loch in der Wanne, d. h. die Kalorien, die der Körper, weil zur Gewichtserhaltung nötig, rückstandslos verbraucht, hängt, wie die einschlägigen Experimente zeigen, von unseren Eßgewohnheiten ab: Nicht alle Kalorien, die wir essen, landen auch in unseren Körperzellen. Mehr oder weniger, bei manchen Menschen fast die Hälfte, werden bei der Produktion von Energie verschwendet, so wie ein Automotor fast 70 Prozent der Benzinenergie verschwendet; sie laufen quasi durch.

Wenn nun die Kalorien knapper werden, versucht der Körper, diese Verschwendung zu vermeiden: Er führt einen größeren Prozentsatz der zugeführten Kalorien dem Stoffwechsel wirklich zu, die Verschwendung geht zurück, und zwar im Extremfall soweit zurück, daß wir zwar weniger Kalorien zu uns nehmen, aber trotzdem mehr davon als vorher in den Stoffwechsel gelangen.

Zusätzlich und von dieser Verschwendung völlig abgesehen kommt der Körper aber auch noch mit weniger Kalorien aus: Langes Fasten, so fast übereinstimmend zahlreiche internationale Ernährungsforscher, reduziert sogar den unmittelbaren Kalorienbedarf der Körperzellen selbst, so als würde unser Auto bei gleicher Geschwindigkeit und gleicher Energieausnutzung nur 6 statt 8 Liter Benzin auf 100 Kilometer brauchen: »Jemand, der mit 3000 Kalorien pro Tag sein Gewicht gut hält, kann nach einer 1000-Kalorien-3-Wochen-Kur einiges abnehmen. Aber mit der anschließenden 2500-Kalorien-Alltagsdiät alles wieder zunehmen« (Ludwig).

Hartnäckige Diäter manipulieren ihren Stoffwechsel also gleich auf zweifache Weise: Erstens kommt ein größerer Teil der aufgenommenen Kalorien auch tatsächlich bei den Endverbraucher-Zellen an, und zweitens brauchen diese auch noch weniger – eine klassische Links-Rechts-Kombination, wie die Boxer sagen, gegen unseren Energiehaushalt.

Das ist der Hintergrund des Phänomens, daß typische Westeuropäer und Nordamerikaner (und Europäerinnen und Amerikanerinnen noch weit mehr) heute nach allen einschlägigen Statistiken weniger essen als vor dreißig, vierzig Jahren, aber im Durchschnitt trotzdem dicker sind: nicht obwohl, sondern weil sie allzuviel gehungert haben, nicht obwohl, sondern *weil* sie so auf ihre Pfunde achten. Neben die dicken Menschen, die es schon immer gab, die dick sind, weil sie fressen, hat die moderne Diät-Industrie eine Armee von dicken Leichtessern gestellt, deren Sisyphus-Kampf gegen das eigene Körpergewicht mit jedem Teilerfolg nur immer aussichtsloser wird.

Lit.: Geoffrey Cannon und Hetty Einzig: Dieting makes you fat, London 1983; »Schrei aus der

Tiefe des Bauches« Spiegel Nr. 15/1985; George A. Bray: »Obesity«, in: M. L. Brown (Hrsg.): Present knowledge in nutrition, Washington 1990; Bernhard Ludwig: Anleitung zum Dickwerden, München 1990; »Schlankheitskuren I & II«, Test März und April 1993 (S. 282-285 und S. 389-401); P. S. Shetty: »Chronic undernutrition and metabolic adaptation«, Proceedings of the Nutrition Society 52, 1993, S. 267-284.

Diskriminierung
Ein unterproportionaler Frauenanteil bei Studienanfängern deutet auf Diskriminierung hin

Im Wintersemester 1973 hatte die Universität Berkeley in Kalifornien 12763 Bewerber, 8442 Männer und 4321 Frauen. Von den Männern wurden 44%, von den Frauen 35% aufgenommen. Darauf wurde Berkeley von vielen abgewiesenen Frauen der Diskriminierung des weiblichen Geschlechts bezichtigt – zu Unrecht, wie man sehr leicht sieht.

Nehmen wir der Einfachheit halber einmal an, es bewerben sich 1000 Kandidaten, 500 Männer und 500 Frauen, und es gäbe nur zwei Fächer, Mathematik und Soziologie. Der Fachbereich Soziologie sei reichlich überlaufen und akzeptiere nur einen kleinen Prozentsatz der Bewerber, konkret 12,5 Prozent der Frauen und 10 Prozent der Männer. Der weniger überlaufene Fachbereich Mathematik dagegen akzeptiere 50 Prozent der Frauen und 40 Prozent der Männer. Mit anderen Worten, beide Fächer lassen lieber Frauen zu; in beiden Fächern haben Frauen, wenn sie sich bewerben, bessere Aussichten als Männer. Trotzdem kann es vorkommen, daß insgesamt gesehen mehr Frauen als Männer abgewiesen werden.

Angenommen etwa, Frauen entscheiden sich eher für die gerade modische Soziologie, Männer mehr für die harte Mathematik, entsprechend der folgenden Aufteilung:

	Soziologie	Mathematik	zusammen
Männer	320	180	500
Frauen	480	20	500
zusammen	800	200	1000

Bei dieser Aufteilung der Bewerber werden insgesamt 70 Frauen (60 für Soziologie und 10 für Mathematik) und 104 Männer zugelassen (32 für

Soziologie und 72 für Mathematik), obwohl in beiden Fächern Frauen Vorzugsrecht genießen, und genauso ist es damals auch in Berkeley gewesen: Frauen drängten bevorzugt in die gerade sehr begehrten Studiengänge und blieben deshalb öfter in den Maschen des Auswahlverfahrens hängen.

Um bei diesen Maschen zu bleiben: in gewisser Weise entsprechen die hoffnungsvollen Studienplatzbewerber durchaus einem Schwarm gleich großer (alias gleich intelligenter) Fische, die einem Netz entgegenschwimmen. Das Netz hat zwei Arten von Maschen, enge und weite, und alle Weibchen wollen durch die engen Maschen. Wenn dann auf der anderen Seite des Netzes nur noch Männchen übrigbleiben, ist das Netz dann frauenfeindlich?

Lit.: P. Bickel et al.: »Sex bias in graduate admissions: data from Berkeley«, Science 187, 1975, 398-404; Erhard Künzel: »Über Simpson's Paradoxon«, Stochastik in der Schule 1/1991, 54-62; W. Krämer: Denkste! Trugschlüsse aus der Welt des Zufalls und der Zahlen, Frankfurt 1995.

Dolchstoß
Die Deutsche Armee des Ersten Weltkriegs war im Felde ungeschlagen und wurde von der Heimat hinterrücks »erdolcht«

Dieser Irrtum war einmal sehr populär; heute glaubt vermutlich keiner mehr daran, und wir führen ihn auch nur aus Pietät hier mit den anderen zusammen auf. (Immerhin kann man mit gewissem Recht behaupten, daß ohne diesen Irrtum das 20. Jahrhundert anders abgelaufen wäre.)

Am 14. August 1918 hatte die Oberste Deutsche Heeresleitung den Kaiser wissen lassen, daß man nicht mehr hoffen dürfe, »den Kriegswillen unserer Feinde durch kriegerische Handlungen zu brechen« (aus einem Brief von General Ludendorff an Kaiser Wilhelm II.). Nach mehreren erfolglosen Offensiven der Deutschen, zuletzt im Juli an der Marne, hatten die Alliierten die deutsche Front bei Amiens und St. Quentin durchbrochen, auch anderswo mit Hilfe der frischen amerikanischen Divisionen zunehmend die Oberhand gewonnen, ein Verbündeter nach dem anderen fiel von den Deutschen ab, der Krieg war militärisch aussichtslos geworden.

Um wenigstens einen geordneten Rückzug zu ermöglichen, bedrängte General Ludendorff den Kaiser mit großem Nachdruck, einen Waffenstillstand anzubieten, und erst danach, als an der Front nichts mehr zu gewinnen war, begann auch in der Heimat das große Chaos auszubrechen.

Lit.: Golo Mann: Deutsche Geschichte des 19. und 20. Jahrhunderts, Frankfurt 1958.

Don Carlos
Don Carlos war ein Held und Freiheitskämpfer

Don Carlos, Thronfolger von Spanien und Held des nach ihm benannten Trauerspiels von Friedrich Schiller und vieler anderer Trauerspiele, war im wahren Leben überhaupt kein Held – heute würde man ihn wohl als Psychopath bezeichnen: Klein und schwächlich, mit viel zu großem Kopf, von krummer Statur und ungesunder Gesichtsfarbe, ohne Talente, aber mit viel Ehrgeiz und mit einem großen Haß auf seinen Vater, König Philipp II., der ihm überall im Wege stand.

Don Carlos benahm sich zeit seines kurzen Lebens »so wunderlich, daß selbst unerschütterliche Anhänger des Königshauses bei dem Gedanken erschauerten, ihn eines Tages als ihren Herren ansehen zu müssen«, schreibt ein Biograph. »Als er einmal neue Schuhe erhielt, die ihn drückten, hielt er es für einen guten Scherz, sie kochen zu lassen und den Schuhmacher zu zwingen, sie aufzuessen. Manchmal verschlang er irgend etwas Ekelerregendes – und befahl sodann den Dienern und Höflingen in Reichweite, ein Gleiches zu tun. Einen Diener, den er nicht leiden konnte, warf er fast aus einem hohen Fenster; einem anderen drohte er damit, ihn zu entmannen.«

Der Botschafter des deutschen Kaisers schrieb nach Hause, der Thronfolger sei »so kindisch wie ein Kind von sieben Jahren«. Der Botschafter Venedigs berichtete, daß Don Carlos »an ehrsamen und lobenswerten Dingen niemals Gefallen finde, sondern nur am Übeltun«, und der englische Botschafter berichtete, er habe »niemals mit einem liederlicheren, rasenderen und uneinsichtigeren Menschen zu tun gehabt«.

Wie ein solches Ekel posthum zum Helden großer Dramen werden konnte, wird wohl ewig ein Geheimnis bleiben. Vermutlich wollten Schiller und die vielen anderen, die den debilen Thronfolger schon im 16. Jahrhundert zur Lichtgestalt erhoben, damit vor allem den verhaßten König Philipp treffen, nach dem Motto: Die Feinde unseres Feindes sind automatisch unsere Freunde. Vor allem in den spanischen Niederlanden hatte man den Propagandawert dieser Ereignisse schnell erkannt; man ließ das später auch von Schiller übernommene Gerücht verbreiten, Don Carlos habe sich auf die Seite der Rebellen schlagen wollen, deshalb habe Philipp ihn ermorden lassen.

In Wahrheit wollte umgekehrt Don Carlos seinen Vater töten (nicht um den holländischen Rebellen zu helfen, sondern um selbst schneller König zu werden), was von diesem aber mit bemerkenswerter Nachsicht aufgenommen wurde. Z.B. hat Philipp die Mordabsichten seines Sohnes immer abgestritten und ihn erst verhaften lassen, als die Staatsraison dies unumgänglich machte. Aber auch dann hat er Don Carlos nicht, wie viele glauben, heimlich im Gefängnis vergiften lassen – Don Carlos hatte sich durch Hungerstreiks, gefolgt von Freßgelagen, wobei er einmal, um seinen großen Durst nach einer stark gewürzten Rebhuhnpastete zu löschen, große Mengen Eiswasser in sich hineinschüttete und darauf Brechdurchfall bekam, an dem er schließlich sterben sollte, mehr oder weniger selber umgebracht.

Lit.: Jack Beeching: Don Juan d'Austria, München 1983. Wie geschah es wirklich? Stuttgart 1990.

Dritte Welt
Die Armut der Dritten Welt ist eine Folge ihrer wirtschaftlichen Verstrickung mit den reichen Industrienationen (s.a. »Ausbeutung«, »Außenhandel« und »Kolonien«)

»Unterentwicklung ist ein sich historisch entfaltendes integrales Moment des von kapitalistischen Metropolen dominierten internationalen Wirtschaftssystems, ... [eine Folge] internationaler Herrschaft und Ökonomisierung, die eine kumulative Bereicherung des einen Pols, der Metropolen, und eine kumulative relative und sogar absolute Pauperisierung der Peripherien systematisch, d.h mit strukturbedingter Verläßlichkeit und Regelmäßigkeit fördert.« (D. Senghaas: Peripherer Kapitalismus: Analysen über Abhängigkeit und Unterentwickung (Frankfurt 1974, S. 18-19).

Oder in normalem Deutsch: Würde man die Dritte Welt alleine lassen, ginge es ihr besser.

Das ist aber so generell ganz sicher falsch. Es mag durchaus zutreffen, daß die Dritte Welt durch den westlichen Imperialismus des 19. Jahrhunderts wirtschaftlich gelitten hat (ohne daß die Kolonialmächte dadurch gewonnen hätten; siehe auch »Kolonien«). Aber es ist nicht richtig, daß die aktuelle Armut in der Dritten Welt durch ihre Einbindung in den Welthandel entsteht. Denn die Länder der Dritten Welt sind vor allem deshalb arm, nicht weil sie zuviel, sondern weil sie zu wenig mit den großen Industrienationen handeln, nicht weil zuviel, sondern weil zuwenig internationale Konzerne sich dort angesiedelt haben.

Die modernen Musterländer unter den ehemaligen Armenhäusern unseres Planeten sind Hong Kong, Taiwan, Südkorea, Singapur. Dort setzt man konsequent auf freien Handel, dort stehen internationale Großkonzerne für die Niederlassung Schlange (in Hong Kong soll es heute für chic gehalten werden, englische Oxford-Absolventen als Hausdiener einzustellen). Die modernen Armenhäuser unter den ehemaligen Armenhäusern sind Länder wie Kuba, Nordkorea oder Indien. Hier schwört man auf Autarkie und Selbstbestimmung, hier bleibt das Sozialprodukt trotz allem Fleiß der Menschen hinter dem der Nachbarn weit zurück.

Der Grund ist einfach: Freiwilliger Handel nützt immer beiden Partnern. Sonst fände er nicht statt. Die Weltwirtschaft ist kein Nullsummenspiel, bei dem der Gewinn des einen nur durch den Verlust des anderen entsteht. In einem freien Handel gewinnen *beide* Partner; je mehr eine Nation handelt, desto reicher wird sie unter sonst gleichen Umständen werden, und wenn heute immer noch Menschen in Indien und Pakistan vor Hunger sterben, dann können sie sich dafür auch bei verschiedenen wohlgenährten und gutbezahlten Dependenztheoretikern an deutschen Soziologenfakultäten bedanken.

Lit.: Erich Weede: »Dependenztheorien und Wirtschaftswachstum: eine international vergleichende Studie«, Kölner Zeitschrift für Soziologie und Sozialpsychologie, 1981; Peter F. Drucker: The new realities, London 1990; Peter Bauer: The development frontier, London 1991; Ulrich Menzel: Das Elend der Dritten Welt und das Scheitern der großen Theorie, Frankfurt 1992.

»Du bist was du ißt« (s.a. »Bio-Nahrungsmittel«)

Dieser moderne Aberglaube hängt uns noch aus unseren Urwald-Zeiten an. Hundefleisch macht schnell, Löwenfleisch dagegen stark, oder die Geschlechtsteile von Büffeln machen einen großen Liebhaber. Eine Frau, die ihrem Mann das Hirn einer Hyäne kocht, macht diesen dumm wie die Hyäne, und wer schlecht hört, muß viele Fledermäuse essen. So glaubten und glauben immer noch viele Naturvölker auf dieser Erde, und die meisten Kunden moderner Bio-Läden sind kein bißchen klüger.

Moderne Ernährungswissenschaftler mögen über viele Dinge streiten – in einem stimmen sie doch überein: Ob die Kartoffel zu unserem Rinderbraten mit Kuhmist oder Chemikalien aus Ludwigshafen großgeworden ist, regt unseren Körper im Gegensatz zu unserer Seele wenig auf. Genauso wie ein Automotor weder weiß noch wissen muß, ob das Benzin, das er verbrennt, aus Brent Crude oder Saudi Light gewonnen worden ist, genauso können und wollen auch die Körperzellen, in denen ganz am Ende der Stoffwechselkette die letztendliche Umwandlung von Nahrung in Energie stattfindet, die Herkunft ihres Brennstoffs nicht erkennen. Eiweiß bleibt Eiweiß, Fett bleibt Fett, Kohlehydrate bleiben Kohlehydrate, und Vitamine bleiben Vitamine, ob von glücklichen oder unglücklichen Hühnern, ob aus Tiefkühl- oder frischer Ware, ob chemisch oder biologisch hergestellt, ob aus der Dose oder frisch, ob bei McDonald's oder in der »Aubergine« eingenommen.

Natürlich gibt es bei Nahrungsmitteln durchaus Unterschiede: im Geschmack, im Preis, im Gehalt an Nährstoffen. Das wollen wir auf keinen Fall bestreiten. Unser Punkt ist allein der, daß es bei gegebenen Nährstoffen unseren Körper wenig interessiert, wie diese in ihn hineingekommen sind.

Lit.: R. M. Deutsch: The new nuts among the berries: how nutrition nonsense captured America, Palo Alto 1977; Virginia Aaronson: A practical guide to optimal nutrition, Boston 1983.

Duckmäuser
Duckmäuser ducken sich

Ein Duckmäuser ist ein Leisetreter; er hat seinen Namen vom mittelhochdeutschen »tocken« = verbergen, versenken und »musen« = Mäuse fangen, listig sein, betrügen. Im 15. Jahrhundert hießen die Duckmäuser deshalb »Duckelmuser«.

Lit.: Etymologisches Wörterbuch des Deutschen, 2. Auflage, Berlin 1993.

Dudelsack
Der Dudelsack ist ein typisch schottisches Musikinstrument

Der Dudelsack kommt nicht aus Schottland; es gab ihn schon im alten Griechenland. Auch in Persien, in China und im alten Rom (als »tibia utricularis«) war er bekannt. Im Mittelalter kannten ihn die Franzosen als »cornemuse«, die Italiener als »cornamusa« und die Deutschen als »Sackpfeife«, und selbst in der Bibel wird der Dudelsack erwähnt: »Sobald ihr den Klang der Hörner, Pfeifen und Zithern, der Harfen, Lauten und Sackpfeiffen und aller anderen Instrumente hört, sollt ihr niederfallen und das goldene Standbild anbeten, das König Nebukadnezar errichtet hat« (Buch Daniel, 3, 5).

Vermutlich kam der Dudelsack mit Caesar nach England und von dort aus zu den Schotten, die noch heute gerne darauf spielen. Aber erfunden haben sie die Pfeife sicher nicht.

Lit.: Stichwortartikel »Bagpipe« in Microsoft CD-ROM Encyclopädie Encarta, 1994.

Duden
Die Rechtschreibung des Duden ist verbindlich

Es gibt keine von der Duden-Redaktion in Mannheim überwachte »amtliche Kodifizierung der deutschen Rechtschreibung«.

Richtig ist: Es existiert eine »Vereinbarung« der verbündeten Regierungen des Deutschen Reiches aus dem Jahr 1901, »eine einheitliche Rechtschreibung in den Schulunterricht und in den amtlichen Gebrauch der Behörden einzuführen und von dieser Rechtschreibung nicht ohne wechselseitige Verständigung untereinander und mit Österreich abzuweichen«. Diese einheitliche Rechtschreibung sollte in den Schulen mit Beginn des Schuljahres 1903/04, in den Behörden per 1. 1. 1903 verbindlich werden.

Die »Vereinbarung« war kein Gesetz. Sie betraf auch nur die Schulen und den Schriftverkehr der amtlichen Behörden untereinander; eine irgendwie geartete Verpflichtung für das breite Publikum oder für die Parlamente und Gerichte ergab sich daraus nicht: Sowohl unsere eigenen Briefe als auch Gesetzestexte als auch Urteile, Beschlüsse und Verfügungen der Gerichte brauchen sich im Prinzip um den Duden nicht zu kümmern (und weichen auch tatsächlich öfters von ihm ab: das Bundesverfassungsgericht schreibt »der Einzelne«, der Duden verlangt »der einzelne«, und andere Abweichungen mehr).

Das verbreitete Mißverständnis von der Allgemeinverbindlichkeit der Duden-Rechtschreibregeln geht vermutlich auf einen Beschluß der Ständigen Konferenz der Kultusminister der Länder vom 19. 11. 1955 zurück, der so beginnt: »Die in der Rechtschreibreform von 1901 und den späteren Verfügungen festgelegten Schreibweisen und Regeln sind auch heute noch verbindlich für die deutsche Rechtschreibung«, gefolgt von dem Zusatz: »In Zweifelsfällen sind die im Duden gebrauchten Schreibweisen und Regeln verbindlich.«

Dieser Beschluß ist aber größtenteils deklaratorisch und nur insofern konstitutiv, als er die Duden-Redaktion zum Schiedsrichter bestimmt. Und auch das nur für den amtlichen Schriftverkehr von einer Behörde zur anderen, auch wenn viele Germanisten das gern anders sehen; der Rest der Republik kann ohne Strafe schreiben wie er will.

Lit.: Othmar Jauernig: »Glorienschein der totalen Amtlichkeit ... Die Rechtschreibung, der Duden und das Recht«, Forschung und Lehre 6/95, 332-334.

Durchschnitt
Durchschnittsmenschen sind nicht attraktiv

Ganz im Gegenteil. Wie neue psychologische Forschungen ergeben haben, sind *gerade* Durchschnittsmenschen attraktiv. Wenn Männer Portraitfotos von Frauen nach »Attraktivität« sortieren, gewinnt typischerweise ein Bild wie das untere.

Dieses Foto hat nur einen Nachteil: Die Frau dahinter gibt es nicht; sie wurde mittels der sogenannten »Morphing-Technik« aus 32 zufällig ausgewählten Frauen »gemittelt«: Jedes Einzelfoto (schwarz-weiß) wird dabei in Graupunkte zerlegt, ähnlich wie man Fotos in Zeitungen druckt, dann werden aus

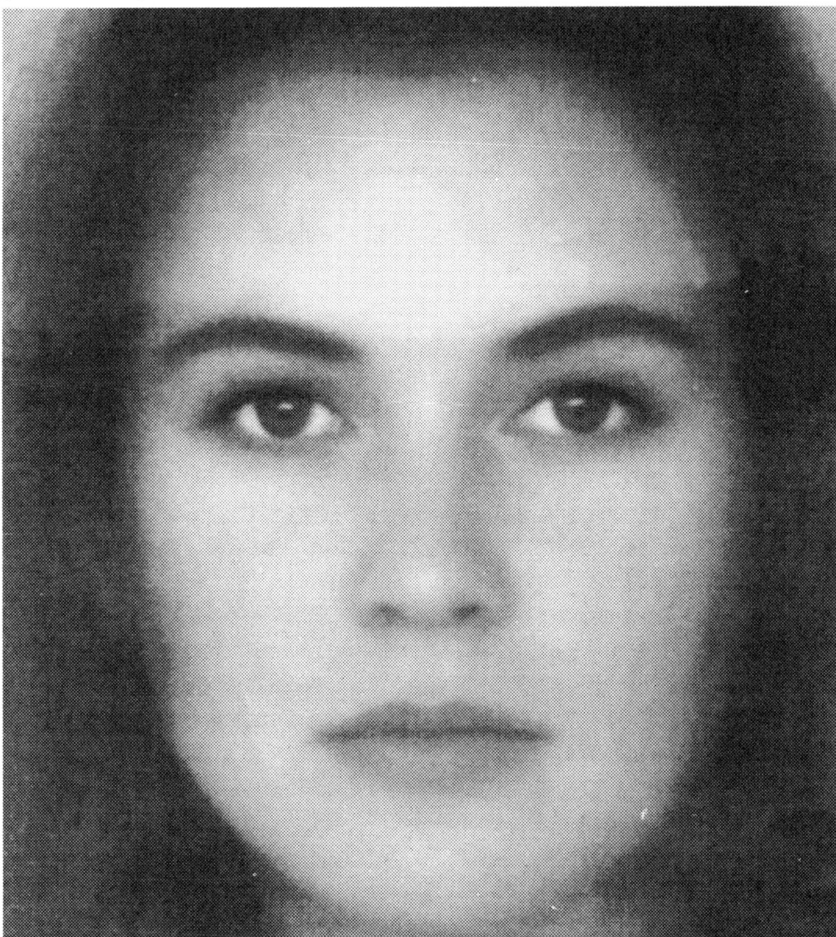

Dieses Foto wurde unter 32 Bildern als das attraktivste eingestuft

den Einzelfotos Durchschnitte gebildet: der Grauwert des neuen, synthetischen Bildes ist der Durchschnitt der Grauwerte der Einzelbilder. So entsteht aus individuellen Gesichtern ein Durchschnittsgesicht, ein Gesicht, das bezüglich Ohren, Augen, Nase, Mund gerade der Durchschnitt der individuellen Augen, Ohren, Nasen, Münder ist. Und diese Durchschnittsgesichter schneiden bei Attraktivitätsbewertungen regelmäßig besser als die Einzelfotos ab.

Das gleiche gilt für Männerfotos: legt man Frauen Männerfotos vor, so gewinnt auch hier der Durchschnitt; durchschnittliche Augen, Ohren, Nasen, Münder gefallen besser als die individuellen Komponenten. Und nicht nur das: je mehr Einzelgesichter in den Durchschnitt eingehen, desto attraktiver ist das Kunstgesicht, für Männer und Frauen gleichermaßen – je durchschnittlicher ein Gesicht, desto besser sieht es aus.

Lit.: Judith Langlois und Lori Roggman: »Attractive faces are only average«, Psychological Science 1990, S. 115-121. Ronald Hens: Spieglein, Spieglein an der Wand: Geschlecht, Alter und physische Attraktivität, Weinheim 1992.

»If all men acted from enlightened self interest,
the world would be a paradise in comparison to what it is.«
Bertrand Russell

E

Edelgas
Edelgase gehen keine chemische Verbindung ein

Edelgase (Helium, Argon, Neon, Krypton, Xenon und Radon) verbinden sich normalerweise nicht mit anderen Elementen, ihre äußere Elektronenschale ist voll besetzt. Trotzdem ist es Chemikern 1962 gelungen, diese stabile äußere Hülle aufzubrechen und Edelgasverbindungen herzustellen (die beständigste Edelgasverbindung ist das Xenonhexafluorid).

Lit.: Stichwortartikel »Edelgase«. in: Das neue große farbige Lexikon, Niedernhausen 1988.

Ehemänner
Ehemänner leben länger

Ehemänner leben im Durchschnitt zwischen fünf und fünfzehn Jahre länger als Witwer oder Junggesellen. Aber sie leben nicht deswegen länger, weil sie Ehemänner sind – sie sind grob gesprochen Ehemänner, weil sie länger leben. Oder wie schon der Engländer William Farr in einer Studie aus dem Jahr 1858 über Tod und Ehe in Frankreich formulierte:

> »Cretins do not marry; idiots do not marry; idle vagrants herd together, but rarely marry. Criminals by birth and education do not marry to any great extent. ... The children of families which have been afflicted with lunacy are not probably sought in marriage to so great an extent as others; and several hereditary diseases present practically some bar to matrimony. The beautiful, the good, and the healthy are mutually attractive, and their unions are promoted by the parents in France.«

Und so ähnlich ist das auch noch heute, ob in Frankreich oder anderswo.

Vielleicht trägt auch die Ehe als solche zu langem Leben bei, etwa weil verheiratete Männer gesünder essen als unverheiratete (da getreu dem hergebrachten Rollenmuster Frauen immer noch besser und gesünder kochen). Und wie jeder Psychologe weiß, kann auch die aus einer glücklichen Ehe fließende emotionale Stabilität die körperliche Gesundheit und damit die Lebenserwartung beider Partner positiv berühren. Diese widerstreitenden Kausalbeziehungen – in der Demographie als »marriage selection« und »marriage protection« bekannt – sind nicht leicht zu trennen. Wir haben hier den klassischen Fall, daß eine unbestreitbare Korrelation ganz offensichtlich mehr als einen Vater (bzw. eine Mutter) hat, und daß die dominierende Kausalbeziehung aus den Daten alles andere als einfach abzulesen ist. Und da hier kontrollierte Experimente nur schwer durchzuführen sind, wird die Debatte wohl noch eine Zeitlang weitergehen. Fest steht aber, daß die Ehe nicht nur, wie immer wieder in den Medien zu lesen, nur die Ursache, sondern auch die (Neben-) Wirkung eines langen Lebens ist.

Lit.: Noreen Goldmann: »Marriage selection and mortality patterns«, Demography, Mai 1993.

Ei des Kolumbus

Mit dem »Ei des Kolumbus« meint man eine einfache Lösung für ein scheinbar schwieriges Problem: Wie stellt man ein Ei auf seine Spitze? Antwort: man kickt es auf, dann bleibt es stehen. So soll, nach einem Bericht des Italieners Benzoni (Venedig 1565), Christoph Kolumbus auf einem Bankett des Kardinals Mendoza 1493 diese Aufgabe gemeistert haben.

Schon einige Jahre früher schreibt aber Benzonis Kollege Vasari diese Anekdote dem Florentiner Filippo Brunelleschi zu. Brunelleschi hätte nach eine heißen Diskussion mit Fachkollegen, wie denn die Kuppel des Florentiner Doms zu bauen sei, die Bezweifler seines Plans gefragt: »Kann einer von euch ein Ei auf seine Spitze stellen?« Natürlich wußte niemand eine Lösung. Dann brachte Brunelleschi auf die bekannte Art das Ei zum Stehen und sagte, genauso einfach wäre es, nach seinen Plänen eine Kuppel für den Dom zu bauen.

Vermutlich hat aber weder Brunelleschi noch Kolumbus diesen Geistesblitz erfunden; in Spanien gab es schon viel länger die Redensart von »Hänschens Ei«: »Das andere kennst du doch mit Hänschens Ei? Womit viele hoch erhabene Geister sich umsonst bemühen, um auf einen Tisch von Jaspis solches aufrecht hinzustellen; aber Hänschen kam und gab ihm einen Knicks, und es stand« (Calderon, »Dame Kobold«). Vermutlich ist diese Geschichte des aufgekickten Eis mit den Arabern aus dem Orient gekommen.

Lit.: Fritz C. Müller: Wer steckt dahinter? Namen, die Begriffe wurden, Eltville 1964; Georg Büchmann: Geflügelte Worte, München 1977.

Eichhörnchen
Eichhörnchen haben ihren Namen von den Eichen

Das »Eich« in Eichhörnchen kommt vermutlich von dem althochdeutschen »aig« = sich heftig bewegen, schwingen.

Lit.: Etymologisches Wörterbuch des Deutschen, 2. Auflage, Berlin 1993.

Eier 1
Braune Eier sind nahrhafter als weiße

Das Äußere eines Hühnereis hat mit dem Inneren nichts zu tun. Insbesondere hängt die Farbe der Eier allein von der äußeren Schicht der Schale ab; die Farbe reicht von reinem Weiß bis Dunkelbraun und ist durch die Rasse des Huhnes festgelegt: Die wegen ihrer Widerstandsfähigkeit und Fruchtbarkeit geschätzte Weiße Leghornhenne etwa legt nur weiße Eier (die Farbe der Eier kann man an den Ohrläppchen der Henne erkennen: Sind sie weiß, sind auch die Eier weiß, sind sie rot, so sind die Eier braun).

Braune Eier sind seltener, weil Hühner, die braune Eier legen, weniger legefreudig und deshalb in Hühnerfarmen seltener vertreten sind. Und nur deshalb sind ihre Eier auch oft teurer – nicht weil sie besser, sondern weil sie seltener sind, und weil niemand einem Eierhändler verbieten kann, die Dummheit seiner Kunden auszunutzen.

Lit.: David Feldmann: Warum ist die Banane krumm? München 1987.

Eier 2
Je größer die Eier, desto länger müssen die Vögel brüten

Große Vögel mit großen Eiern brüten nicht notwendig länger als kleine Vögel mit kleinen Eiern. Der afrikanische Strauß, mit 150 kg Gewicht und 3 Metern Abstand zwischen Kopf und Fuß der größte und schwerste aller Vögel, brütet nur 42 Tage auf seinen 1,5 kg schweren Eiern, der Wanderalbatros dagegen 73 und der Kiwi 80. Am kürzesten brüten Brillenvögel (Zosteropidae), Rote

Erdtauben (Geotrygon montana) oder Paradieswitwen (Steganura paradisae), die ihren Nachwuchs schon nach 10 bis 11 Tagen aus dem Ei entlassen.

Die größten Vögel legen auch nicht immer die größten Eier. Bezogen auf das Körpergewicht wiegt ein Straußenei zwischen ein und zwei Prozent, ein Kiwiei dagegen 30 bis 40 Prozent der Vogelmutter; eine feste Regel, aus der Größe des Vogels auf die Größe seines Eis zu schließen, gibt es nicht.

Lit.: Jürgen Nicolai: Vogelleben, Stuttgart 1973.

Eier 3
Ein gekochtes Ei paßt niemals heil durch einen engen Flaschenhals

Wer jemals versucht hat, ein hartgekochtes und gepelltes Ei in eine enge Milchflasche zu schieben, wird sagen: sowas ist unmöglich. Denn die Luft in der Flasche drückt gegen das Ei, sie verhindert so das Einschieben, und wenn man fester drückt, zerbricht das Ei.

Trotzdem geht ein dickes Ei durch einen dünnen Flaschenhals, und zwar so: die Luft in der Flasche erhitzen (etwa ein brennendes Streichholz hineinwerfen), dann das Ei dicht auf die Öffnung drücken, warten. Beim Abkühlen der Luft entsteht ein Unterdruck, der saugt das Ei heil und unbeschädigt durch den Flaschenhals.

Lit.: Klaus Freyer u.a.: Gut gedacht ist halb gelöst, Leipzig 1972.

Eigennutz
Eigennutz und Gemeinwohl vertragen sich nicht

Eigennutz ist durchaus mit Gemeinwohl unter einen Hut zu bringen. Ja mehr noch: Nach der Mehrheitsmeinung aller Ökonomen ist der Eigennutz geradezu eine Garantie für Wohlstand und Wirtschaftswachstum auf der Welt.

Wichtig ist allein: Der Eigennutz, also unser Streben nach unserem eigenen Wohlergehen, muß gezügelt werden. Und das geschieht in einer Marktwirtschaft im wesentlichen dadurch, daß jeder Teilnehmer des Wirtschaftslebens nur dadurch seinen eigenen Nutzen mehren kann, daß er simultan auch anderen nützt: Der Bäcker verkauft uns seine Brötchen nicht aus Sympathie – er will etwas verdienen. Der Taxifahrer wartet nicht um drei Uhr morgens vor dem Bahnhof, damit auch noch die Reisenden des letzten Zuges heil nach Hause kommen – er spekuliert auf seine Nachtzulage. Und der Zahnarzt um die Ecke macht nicht deshalb Überstunden, weil wir vor Schmerzen nicht mehr schlafen können – er will seinen neuen Porsche abbezahlen. Und selbst eine Biene befruchtet eine Blüte nicht zwecks Überleben dieser Pflanze, sondern weil sie selber überleben will.

»Diese Einsicht kommt jedem zu seiner Zeit mit dem aufregenden Gefühl einer persönlichen Offenbarung« (Mark Blaug).

Eine Gesellschaft dagegen, die nur dann funktionieren kann, wenn alle Menschen Mütter Theresas sind, geht auf unserem Planeten unter.

PS: Die Abneigung gegen den Eigennutz als Triebfeder des menschlichen Handelns ist nicht nur linken Radikalen eigen: Schon in dem allerersten, 1920 von Adolf Hitler verfaßten Flugblatt der NSDAP prangt stolz der Wahlspruch »Gemeinnutz geht vor Eigennutz«.

Lit.: Adam Smith: An inquiry into the nature and causes of the wealth of nations, London 1776; Mark Blaug: Systematische Theoriegeschichte der Ökonomie, München 1971.

Einstein 1
Einstein war ein schlechter Schüler

Diese Legende hat schon manchen Schüler über schlechte Noten weggetröstet. Wenn selbst Einstein ...

In Wahrheit war Einstein alles andere als ein schlechter Schüler; er war nur an Sport und Sprachen wenig interessiert, und auch der Umgangston im Unterricht gefiel ihm nicht: »Die Lehrer in der Elementarschule kamen mir wie Feldwebel vor, und die Lehrer im Gymnasium wie Leutnants«, schrieb er später.

Deshalb und wegen seiner Verachtung für das Militär – »Wenn einer mit Vergnügen in Reih und Glied zu einer Musik marschieren kann, dann verachte ich ihn schon; er hat sein großes Gehirn nur aus Irrtum bekommen, da für ihn das Rückenmark schon völlig genügen würde« – war Einstein bei den Lehrern unbeliebt, aber diese Unbeliebtheit reichte nie, ihn sitzenbleiben zu lassen oder von der Schule – dem Luitpoldgymnasium in München – zu entfernen.

»Es wäre nett, wenn du uns eines Tages verlassen könntest«, sagte ihm einmal ein Lehrer, und auf Einsteins Einwand, er habe doch gar nichts getan, erklärte er: »Deine Anwesenheit und deine träumerische und gleichgültige Haltung gegenüber allem, was wir hier zu lehren versuchen, untergräbt den Respekt der Klasse.«

In diesem Sinn war Einstein also wirklich ein schlechter Schüler. Aber seine Leistung in Fächern wie Mathematik und Physik, die ihn interessierten, war immer erste Spitzenklasse. ....

Lit.: Gerhard Prause: Genies in der Schule, Reinbek 1976.

Einstein 2
Einstein hat den Nobelpreis in Physik für seine Relativitätstheorie bekommen

Albert Einstein hat den Nobelpreis für Physik von 1921 nicht für seine berühmte, 16 Jahre vorher veröffentlichte Relativitätstheorie, sondern für seine Arbeiten zu den sog. photoelektrischen Effekten bekommen. Außerdem erhielt er diesen Preis erst ein Jahr später, zusammen mit dem Physik-Nobelpreisträger 1922, dem dänischen Physiker Niels Bohr.

Lit.: Chronik des 20. Jahrhunderts, Dortmund 1988.

Eisenbahn
Der wirtschaftliche Aufstieg der USA im 19. Jahrhundert ist vor allem den Eisenbahnen zu verdanken

Die Eisenbahn war durchaus nicht der große Antreiber des frühen Wirtschaftswachstums in den USA, als den sie viele in einer durch ungezählte Filme und Romane verfestigten Legende heute sehen. In Wahrheit, so der Wirtschafts-Nobelpreisträger Robert Fogel, wäre die amerikanische Wirtschaft des 19. Jahrhunderts fast genauso schnell auch ohne Eisenbahn gewachsen.

Fogel hatte dazu einmal simuliert, was *ohne* Eisenbahn in Nordamerika geschehen wäre, mit dem Ergebnis: mehr oder weniger das gleiche, nur anders. Der Massen-Transport von Weizen, Stahl und Kohle wäre über Flüsse und Kanäle, und die schnelle Fortbewegung der Menschen so wie heute vor allem über Straßen, zunächst mit Pferdekutschen, dann mit Autos möglich gewesen, wobei letztere ohne die Konkurrenz der Eisenbahn auch viel früher serienreif geworden wären – die Technik dafür war vorhanden. Industrien und Städte hätten sich anders und anderswo entwickelt, entlang der Flüsse und Kanäle statt entlang der Eisenbahnen, gewisse Industrien hätten sich langsamer, andere schneller ausgebreitet, aber der Nettoeffekt der fehlenden Eisenbahnen wäre weit geringer gewesen als die meisten glauben: eine Einbuße am Sozialprodukt bis zum Jahr 1890 von maximal rund fünf Prozent. Soviel wächst die Wirtschaft in den USA im Durchschnitt in normalen Zeiten in zwei Jahren, d. h. wenn wir Fogel glauben dürfen, hat die Eisenbahn die USA rein wirtschaftlich nur zwei Jahre schneller dahin gebracht, wohin sie auch ohne Eisenbahn gekommen wäre.

Lit.: Robert William Fogel: Railroads and American economic growth, Baltimore 1964.

Eiserner Vorhang
Der »Eiserne Vorhang« ist eine Wortschöpfung von Winston Churchill

Im März 1946 hatte Churchill in einer Rede am Westminster College im amerikanischen Missouri auf das Auseinanderdriften der Siegermächte anspielen wollen und gesagt: »Von Stettin an der Ostsee bis nach Triest an der Adria senkt sich ein eiserner Vorhang durch Europa« (From Stettin in the Baltic to Trieste in the Adriatic an iron curtain has descended across the continent), und dieses Schlagwort wurde in dem gerade beginnenden Kalten Krieg begierig aufgegriffen und seitdem immer Churchill zugeschrieben.

In Wahrheit hatte schon die belgische Königin Elisabeth nach dem Einmarsch der Deutschen 1914 dieses Bild gebraucht: »Zwischen [Deutschland] und mir ist nun für immer ein eiserner Vorhang niedergegangen.« Mitte der zwanziger Jahre kommentierte der britische Botschafter in Berlin den geplanten deutsch-französischen Sicherheitspakt wie folgt: »Ich bleibe bei meiner Überzeugung, daß der beste Schutz sowohl für Frankreich wie für Deutschland der ›Eiserne Vorhang‹ wäre, das heißt der Gedanke einer neutralisierten Zone, die nicht überschritten werden darf ... Könnte nicht der Ärmelkanal zu einem ›Eisernen Vorhang‹ gemacht werden?« Am 18. Februar 1945 gab es eine Schlagzeile »Hinter dem Eisernen Vorhang« in der Berliner Zeitung »Das Reich«, und am 25. Februar 1945 berichtet die gleiche Zeitung von einer Rede des Propagandaministers Goebbels, in der dieser zweimal von einem Eisernen Vorhang zwischen Rußland und Deutschland spricht.

Lit.: Georg Büchmann: Geflügelte Worte, Ausgabe Ex Libris, 6. Auflage, Frankfurt 1991.

Elefanten 1
Elefanten werden bis zu 100 Jahre alt

Die ältesten Elefanten, deren Alter nachgewiesen werden konnte, wurden bisher laut Guiness Book of Records 70 bzw. 76 Jahre alt. Die meisten werden aber keine 50.

Elefanten 2
Elefanten haben Angst vor Mäusen

Elefanten haben keine besondere Angst vor Mäusen; man sieht sie oft im Zirkusheu oder in Zoogehegen friedlich mit diesen zusammen. Bei einem von Bernhard Grzimek durchgeführten einschlägigen Experiment rannten die Versuchselefanten denn auch keineswegs unter erschreckten Trompetenstößen aufgelöst davon; sie brachten vielmehr »ihre Rüssel weit geöffnet ganz dicht an die Mäuse heran und zertraten sie schließlich«.

Anders bei Grzimeks Versuchen mit Kaninchen und Dackeln: Hier wichen die Elefanten ängstlich zurück und bewarfen die anderen Tiere aus der Ferne mit Sand und Steinen.

Elefanten 3
Elefanten haben ein außergewöhnliches Gedächtnis

Auch das phänomenale Gedächtnis von Elephanten existiert vor allem in der Phantasie von Zeitungschreibern. Es mag zwar durchaus stimmen, wie man zuweilen liest, daß ein Elefant einen Peiniger nach Jahren wiedererkennt und attackiert, aber das kann einem Löwen- oder Tigerquäler ebenso passieren.

Elstern
Elstern stehlen Ringe und Edelsteine

Die diebischen Elstern tragen ihren Ruf nicht ganz zu Recht, wenn man dem Vogelkundler Wolfgang Makatsch glauben darf: »Obwohl die Elster eine gewisse Vorliebe für blinkende Gegenstände hat, habe ich noch nie in den zahlreichen von mir untersuchten Elsternnestern irgendwelche derartige Sachen gefunden.«

Lit.: W. Makatsch: Die Vögel in Feld und Flur, 2. Aufl. Radebeul 1955.

Emanzipation
Die Reformation hat die Emanzipation der Frauen eingeleitet

Die protestantische Reformation des 16. Jahrhunderts hat nicht, wie viele glauben, die Emanzipation der Frau vorangebracht; sie hat sie eher hintertrieben. Weil Luther, Calvin, Zwingli und die anderen Reformatoren anders als die etablierte Kirche auf Eigenverantwortung und individuelle Selbstentfaltung setzten, glauben viele, daß damit auch die Frauen ihren langen Marsch zur Gleichberechtigung begonnen hätten, aber das ist falsch.

Wenn man einer einschlägigen neuen Studie von Lyndal Roper glauben darf, war fast das Gegenteil der Fall. Durch die vielfältigen Zwänge der neuen »bürgerlichen Rechtschaffenheit«, durch die weit strengere Verfolgung sexueller Abweichungen, durch die neue protestantische Arbeitsethik gerieten Frauen von dem mittelalterlichen Regen in eine neuzeitliche Traufe. Sie waren nicht weniger, sondern eher mehr abhängig als zuvor, sie hatten nicht mehr, sondern weniger als zuvor ihr Schicksal in den eigenen Händen, und hatten, was die Emanzipation betrifft, durch den Abfall der Reformatoren von der etablierten Kirche nur verloren.

Lit.: Lyndal Roper: Das fromme Haus: Frauen und Moral in der Reformation, Frankfurt 1995.

Encyclopaedia Britannica
Die Encyclopaedia Britannica kommt aus Großbritannien

Die Encyclopaedia Britannica kommt schon lange nicht mehr aus Großbritannien; der aktuelle Verleger und Eigentümer aller Rechte ist die amerikanische Aktiengesellschaft »Encyclopaedia Britannica Inc.« mit Sitz in Chicago.

Schon 1920 waren die Rechte an diesem berühmten Lexikon, dem auch die Autoren des vorliegenden Buches viele Informationen verdanken, nach Amerika gewechselt, damals an das Versandkaufhaus Sears-Roebuck; von dort wanderten sie über die Universität von Chicago zu einer eigens für dieses

Lexikon gegründeten Aktiengesellschaft, die seit 1941 die Geschicke dieses Werkes in den Händen hält.

Lit.: Stichwort »Encyclopaedia Britannica« in »The New Encyclopaedia Britannica, Ready Reference«, Chicago 1994.

England 1
In England regnet es mehr als in Italien

In London fallen pro Jahr 590 mm Niederschlag, in Rom 760, in Florenz 870, in Mailand 1000 und in Genua sogar 1100. Damit ist London eine der trockensten Städte in Europa.

Auch im Rest des Landes ist England trockener als Italien: durchschnittlich 900 Millimeter Niederschlag, verglichen mit 950 in Italien. Daß trotzdem die ausländischen Gäste einen ganz anderen Eindruck mit nach Hause nehmen, liegt an der Verteilung: in Italien regnet es vor allem im Herbst und Winter, in England gleichmäßig das ganze Jahr. Und auch die Dauer der Regenschauer ist verschieden: In England kommt der Regen britisch-dezent in kleinen Dosen, dafür aber öfter (im Durchschnitt regnet es an jedem zweiten Tag), in Italien seltener, aber dann gewaltig. Daher hat man das Gefühl, es regnet weniger, obwohl die reine Menge des Regens in Italien größer ist.

Lit.: World survey of climatology, Bände 5 und 6, Amsterdam 1970 bzw. 1977.

England 2
In England wächst kein Wein

Nur wenige Kontinentaleuropäer denken beim Stichwort England an Weinberge und Wein. Trotzdem wird auf den britischen Inseln schon seit Jahrhunderten Wein angebaut, wenn auch früher mehr als heute. Die mittelalterlichen englischen Klöster bis hinauf nach Liverpool und Nottingham z. B. produzierten einen sehr beliebten Wein, der den Überlieferungen zufolge keinen Vergleich mit anderen zu scheuen brauchte, und hätte sich England nicht 1152 das französische Bordeaux gesichert (und damit den einheimischen Winzern selber Konkurrenz gemacht), wer weiß wieviele Winzer es noch heute auf der Insel gäbe.

Die meisten noch verbliebenen Anbauflächen liegen im Süden und Südosten, in der Grafschaft Kent, entlang der Themse und um Cambridge. Sie sind heute nach mehreren hundert Jahren der Vernachlässigung wieder im Wachsen begriffen und bedecken zusammen wieder etwa 400 ha, soviel wie in Deutschland das Anbaugebiet der Saar.

Ein anderes weinproduzierendes Land, das man normalerweise nicht als solches kennt, ist Kanada.

Lit.: Hugh Johnson: Der große Weinatlas, 24. Auflage, Bern 1992.

In England produziert und abgefüllt

England 3
In England wird der meiste Tee getrunken

Pro Kopf und Jahr wird in Irland mehr Tee getrunken als in England (Quelle: International Tea Committee LTD, London).

England 4
Alle erwachsenen Engländer dürfen wählen

Die Mitglieder des englischen Oberhauses sowie die Königin haben bei den britischen Unterhauswahlen keine Stimme.

Lit.: John McEldowney: Public law, London 1994.

Entwicklungshilfe
Entwicklungshilfe hilft armen Ländern beim Entwickeln

Wenn man verschiedenen Ökonomen glauben darf, die sich mit diesem Thema befassen, so landet ein Großteil unserer Entwicklungshilfe letztendlich da, wo wir sie *nicht* sehen wollen: auf den Konten und in den Bäuchen der Reichen, die es auch in armen Ländern gibt.

Von wenigen Ausnahmen abgesehen haben die westlichen Entwicklungsgelder, die seit dem Zweiten Weltkrieg in die Dritte Welt geflossen sind, weder für mehr Wachstum gesorgt, also indirekt den Lebensstandard aller angehoben, noch das Los der Armen direkt merklich aufgebessert. Selbst wenn die Entwicklungsgelder zweckgebunden ausgegeben werden müssen, finden sie per Umweg doch den Weg in falsche Kassen. Denn wenn andere Krankenhäuser bauen und Kinder impfen, braucht es die eigene Regierung nicht zu tun; sie kann das Geld stattdessen für Panzer oder Staatsempfänge nutzen.

Und genau das ist, wenn wir verschiedenen einschlägigen Studien glauben dürfen, in großem Umfang auch geschehen: Sowohl Armut wie Wirtschaftswachstum eines armen Landes sind im wesentlichen unabhängig von Entwicklungshilfe. So sind etwa die von der EG und ganz besonders Frankreich sehr generös bedachten ehemaligen französischen Kolonien in Zentralafrika in den letzen 30 Jahren genauso schnell bzw. besser gesagt genauso langsam gewachsen wie ihre weniger gut versorgten Nachbarländer, und auch für den Rest der Dritten Welt ist die Korrelation zwischen Wirtschaftswachstum und Entwicklungshilfe nahe Null.

Lit.: »Down the rathole«, The Economist, 10. 12. 1994; P. Boone: »The impact of foreign aid on savings and growth«, Diskussionspapier, London School of Economics 1994.

Epoche
»Von hier und heute geht eine neue Epoche der Weltgeschichte aus, und ihr könnt sagen, ihr seid dabeigewesen«

So soll Goethe im September 1792 in Valmy angesichts einer vor den revolutionären Franzosen fliehenden preußischen Armee gesprochen haben. Aber keiner der Zeitgenossen weiß etwas davon. In den Memoiren eines Majors von Massenbach aus dem Jahr 1809 wird Goethe nur der weit weniger prägnante Ausspruch zugeschrieben: »Der 20. September 1792 hat der Welt eine andere Gestalt gegeben; es ist der wichtigste Tag des Jahrhunderts.«

Erst 1820/22, als Goethe seine Kampagne in Frankreich 1792 niederschrieb und damit 30 Jahre Zeit gehabt hatte, an seinem spontanen Wort zu basteln (und auch keine Angst mehr haben mußte, daß die Vorhersage danebengeht), kommt diese berühmte Prognose zum ersten Mal in Goethes Werken vor.

Lit.: William Lewis Hertslet: Der Treppenwitz der Weltgeschichte, 11. Auflage, Berlin 1965.

Erdöl
Deutschland bezieht das meiste Erdöl aus dem Nahen Osten

Der wichtigste deutsche Erdöllieferant ist England. Im Jahr 1990 hat Deutschland aus England 14,8 Millionen Tonnen Erdöl importiert, aus Norwegen 6,6 Millionen und aus Saudi-Arabien nur 6 Millionen. Der wichtigste arabische Lieferant war Libyen mit 11 Millionen Tonnen.

Lit.: Jahrbuch Bergbau, Öl und Gas, Essen 1992.

Erkältungen
Erkältungen bekommt man von der Kälte

Erkältungen entstehen durch Viren, nicht durch Kälte. Wir erkälten uns, indem wir uns anstecken, nicht indem wir unter Kälte oder Nässe leiden.

Daß trotzdem Nässe und Kälte so oft mit Erkältungen gemeinsam auftreten, hat verschiedene Gründe. Z.B. halten wir uns bei kaltem öfter als bei warmem Wetter gemeinsam mit anderen Menschen in geschlossenen Räumen auf, dadurch steigt die Gefahr einer Virusübertragung. Oder die Kälte könnte unsere Virus-Abwehr schwächen. Was auch immer die wahren Ursachen einer Erkältung sind – die Kälte selber ist es nicht.

Essen
Dicke Leute essen mehr als dünne (s.a. »Diät«)

Warum sind dicke Leute dick?

Die populäre Antwort ist: weil sie zuviel essen. Und in gewisser Weise stimmt das auch. Würden sie weniger essen, dann würden sie auch weniger wiegen. Diese Binsenweisheit gilt für jedermann, dick oder dünn. Jede Kalorie über das hinaus, was unser Körper braucht, macht uns schwerer, jede Kalorie, die zum Ausgleich der Energieverluste fehlt, macht uns leichter.

In gewisser Weise ist die Antwort aber auch falsch. Denn dicke Menschen mögen vielleicht mehr essen als sie zur Gewichtserhaltung brauchen; aber sie essen im Durchschnitt weniger als dünne. »Generally speaking, fatter people eat less than thinner people« (Ernährungswissenschaftler Peter Wood von der Stanford Universität in Kalifornien). Wie eine Ernährungsstudie nach der anderen ergibt, sind unter sonst gleichen Umständen Vielesser in der Regel dünner. So essen etwa englische Teenager weit weniger als ihre Eltern, im Durchschnitt sogar 300 bis 500 Kalorien am Tag weniger als von der Weltgesundheitsorganisation empfohlen – und sind trotzdem mehrheitlich zu dick. Eine andere Studie aus Schottland ergab, daß dicke Mädchen nicht mehr essen als dünne – sie essen weniger. Und eine Untersuchung von mehr als 3000 englischen Erwachsenen – 900 Mitarbeiter der Firma »Beecham Foods«, 1000 Angestellte der Londoner Stadtverwaltung und 1500 Staatsbeamte – ergab zur nicht geringen Überraschung aller Beteiligten eine »hoch signifikante negative Korrelation zwischen Kalorienverbrauch und Körperfett, und zwar für beide Geschlechter und alle drei Teilpopulationen gleichermaßen« (zitiert nach Cannon und Einzig; Übersetzung von uns): »Whatever the exact figure may be, it is save to say that we are getting fatter while eating less.«

Die folgende Tabelle gibt dazu exakte Zahlen. Sie zeigt den durchschnittlichen Kalorienkonsum von normal- bzw. untergewichtigen und übergewichtigen Versuchspersonen an, so wie er in verschiedenen Studien ermittelt worden ist:

	schlank		übergewichtig	
	Probanden	Kalorien-konsum	Probanden	Kalorien-konsum
Beaudoin und Mayer	58 Frauen	2198	59 Frauen	1964
Lincoln	98 M. u. Fr.	3319	101 M. u. Fr.	3144
Baecke et al:	47 Männer	3070	27 Männer	2983
	50 Frauen	2280	45 Frauen	2045
Kromhout	202 Männer	3149	202 Männer	2916
Braitmann et al.	708 Männer	2389	79 Männer	2411
	1246 Frauen	1689	245 Frauen	1525
Romieu et al.	45 Frauen	1684	47 Frauen	1635

Zu dieser Tabelle wäre noch einiges zu sagen (Definition von »Übergewicht«, Alter, Beruf und Normalgewicht der Versuchspersonen etc.), aber in dem Umfang, wie die normal- und übergewichtigen Probanden in ihren sonstigen Merkmalen übereinstimmen, ist das Ergebnis klar genug: Mit einer einzigen Ausnahme essen dicke Probanden weniger als dünne.

Diese dicken Probanden sind in der Regel dick, nicht obwohl, sondern weil sie soviel fasten. Denn der Energiebedarf unseres Körpers hängt ebenfalls von unserem Essen ab: Wer wenig ißt, trainiert den Körper, dieses knappe Essen besser auszunutzen, weniger von den Kalorien in der Nahrung zu verschwenden, kurz, wie die Bauern sagen, das Futter besser zu verwerten. Wenn also zwei 1,80 große Männer mit jeweils 80 kg Körpergewicht und identischem Energiebedarf von 2800 Kalorien pro Tag je zwei Steaks mit Beilagen und mehrere Bier mit zusammen 3500 Kalorien vertilgen, kann der eine dadurch dünner und der andere dicker werden. Wenn der eine vorher lang gefastet und Diät gehalten hat, wird sein Körper vielleicht 3000 der 3500 Kalorien wirklich auch verwerten – 200 mehr als zur Gewichtserhaltung nötig – mit anderen Worten, er nimmt zu. Der andere hat keine Diätkur hinter sich und geht mit seiner Nahrung viel salopper um, verwertet sagen wir nur 2500 der 3500 aufgenommenen Kalorien. Das sind 300 weniger als er braucht, und er nimmt ab.

Davon zu unterscheiden ist der Fall, daß zwei Personen mit gleicher Größe, Statur und gleichem Gewicht trotzdem unterschiedliche Mengen an Kalorien brauchen, etwa weil der eine sich fit gehalten und Sport getrieben hat und der andere nicht. Dann braucht der Sportler wegen des größeren Muskelanteils am Körpergewicht, auch bei völliger Ruhe, allein durch »base metabolic rate«, mehr Kalorien als sein fauler Nachbar und kann auch bei identischer Futter-Verwertungsrate abnehmen, während der andere kein Gramm mehr ißt und verwertet und trotzdem zunimmt.

Lit: Cannon/Einzig: Dieting makes you fat, London 1983. Die Tabelle ist eine kondensierte Fassung von Tabelle 4 aus George A. Bray: »Obesity« in: M. L. Brown (Hrsg.): Present knowledge in nutrition, Washington 1990, S. 23-38; Bernhard Ludwig: Anleitung zum Dickwerden, München 1990.

Die Originalquellen sind: R. Beaudoin und J. Mayer: »Food intakes of obese and nonobese women«, Journal of the American Dietary Association 1953; J. E. Lincoln: »Calorie intake, obesity, and physical activity«, American Journal of clinical nutrition 1972; J. A. Baecke et al.: »Food consumption, habitual physical activity, and body fatness in young dutch adults«, American Journal of clinical nutrition 1983; D. Kromhout: »Changes in energy and macronutrients in 871 middle-aged men during 10 years of the follow up (the Zutphen study)«, American Journal of clinical nutrition 1983; L. E. Braitman et al.: »Obesity and caloric intake: the national health and nutrition examination survey of 1971-1975«, Journal of chronic deseases 1985; I. Romieu et al.: »Energy intake and other determinants of relative weight«, American Journal of clinical nutrition 1988.

Eunuchen
Eunuchen sind unfähig zum Geschlechtsverkehr

Das hängt von der Art des Eingriffs ab, durch den man zum Eunuchen wird. »Im allgemeinen bestand der Eingriff nur im Wegschneiden der Hoden«, schreibt Werner Keller. »Da jedoch auch danach oft noch eine gewisse Erektionsfähigkeit des Gliedes und damit die potentia coeundi bleibt, wurde im

Orient manchem Unglücklichen, vor allem, wenn er als Haremswächter vorgesehen war, obendrein auch noch der Hodensack und der Penis entfernt. Die wenigen, die diese fürchterliche Operation überlebten, standen umso höher im Preis und waren sehr begehrt.«

Lit.: Werner Keller: Da aber staunte Herodot, München 1972; A.S. Ackermann: Popular fallacies, Detroit 1995.

Export 1
Mehr Export heißt mehr Wohlstand

Mehr Export heißt keinesfalls mehr Wohlstand. Dieser Mythos wurde von den sogenannten Merkantilisten des 18. Jahrhunderts in die Welt gesetzt; die Merkantilisten bemaßen den Reichtum eines Landes vor allem an dem Geld, das von außen hereinkam, an Gold, Devisen, Wertpapieren. Je mehr Güter ein Land exportierte und je mehr Gold es netto dafür importierte, desto reicher war nach dieser Theorie das Land.

Diese Theorie führt aber in die Irre, denn Gold und Wertpapiere kann man nicht essen. Wer mehr exportiert als importiert, sammelt netto ausländisches Geld alias Devisen (Gold ist heute kein internationales Zahlungsmittel mehr). Dieses Geld können wir aufhäufen bis wir daran ersticken, oder aber wir geben es aus, sei es für den Kauf ausländischer Konsumgüter, sei es für Urlaubsreisen oder sei es durch eine Investition in ausländische Wertpapiere. Was auch immer wir mit diesen Zahlungsmitteln machen – letztendlich können wir sie nur für Importe nützen.

Bleiben die Devisen dagegen im Keller der Zentralbank liegen, droht immer die Gefahr, daß die Hersteller dieser Papierschnitzel eines Tages sagen: »Ätsch, die Zettel sind ab morgen nichts mehr wert.« Und dann hat man seine schönen Autos oder Stahlwalzstraßen gegen ein paar Tonnen Zellstoffasern eingetauscht.

Ein Land mit chronischen Außenhandelsüberschüssen produziert quasi gratis für den Rest der Welt. Nur wenn den Exporten gleich hohe Importe gegenüberstehen, ist das ganze langfristig ein gutes Geschäft. Exporte für sich allein gesehen sind genauso wohlstandsmehrend wie ein harter Arbeitstag am Fließband, wenn die Firma hinterher den Lohn nicht zahlt.

Lit.: Artur Woll: Allgemeine Volkswirtschaftslehre, München 1987.

Export 2
Rohstoffexportierende Länder sind ärmer als entwickelte Industrienationen

Wer Rohstoffe exportiert, ist arm, wer Fertigwaren exportiert, ist reich – diese populäre Gleichung geht nicht auf. Zu Anfang unseres Jahrhunderts waren fünf der acht reichsten Länder dieser Erde Nettoexporteure von sog. Primärgütern, allen voran das schon damals reichste Land der Welt, die USA: die USA exportierten damals weder Flugzeuge noch Hollywoodfilme, auch keine Computer oder Autos, sondern Baumwolle, und sie lebten gut davon. Und auch die meisten anderen damals reichen Länder, wie Argentinien, Australien, Neuseeland, Kanada und Dänemark, exportierten vor allem Lebensmittel wie Fleisch und Käse oder Rohstoffe wie Holz und Wolle. Gegenüber diesen Rohstoffexporteuren fielen die meisten Exporteure von Industrieprodukten im Lebensstandard damals deutlich ab.

Lit.: Paul Bairoch: Economics and world history: Myths and paradoxes, New York 1993.

Export 3
Japan ist Exportweltmeister

Seit Mitte der 80er Jahre wechseln sich Deutschland und die USA als Spitzenreiter der Exportnationen ab. Die gemeinhin als Exportweltmeister sowohl gefeierten wie gehaßten Japaner belegen in der Regel nur Platz 3 (im Jahr 1994 etwa exportierten die USA Güter und Dienstleistungen im Wert von 513 Milliarden Dollar, Deutschland 422 Milliarden Dollar, und Japan 397 Milliarden Dollar).

Pro Kopf der Bevölkerung gerechnet geht der Titel des Exportweltmeisters an den Stadtstaat Singapur (mehr als 30 000 Dollar pro Kopf im Jahr 1994, gegenüber 5000 Dollar in der Bundesrepublik und 2000 Dollar in den USA). Auch als Anteile am Sozialprodukt gerechnet führen die Exporte Singapurs die Liga der Nationen an, gefolgt von Hongkong, Malaysia, Tschechien und Rußland! So gesehen liegen auch Thailand, Ungarn, Chile, China oder Griechenland noch vor Deutschland, Japan und den USA.

Lit.: Statistisches Jahrbuch für das Ausland, verschiedene Jahre.

»Irrtümer entspringen nicht allein daher, weil man gewisse Dinge nicht weiß, sondern weil man sich zu urteilen unternimmt, obgleich man noch nicht alles weiß, was dazu erfordert wird.«
Immanuel Kant

F

Fast Food
Fast Food ist ungesund

Ein Big-Mac von McDonald's ist weder gesünder noch ungesünder als ein Menü in einem Drei-Sterne-Spesenritter-Speisentempel. Er enthält gemessen an seinen Kalorien etwas zu viel Fett und etwas zu wenig Ballaststoffe, dafür aber mehr Vitamine, Calcium und Eisen als viele andere Speisen, die zehnmal soviel kosten (und selbst das Fett-Ballaststoff-Gleichgewicht läßt sich durch ein Glas Orangensaft billig und problemlos herstellen).

»Die ... publikumswirksamen Angriffe gegen ›Fast Food‹, vor allem gegen den zum Symbol gewordenen McDonald's Hamburger, gehen von falschen Annahmen aus«, sagt der Gourmet-Kritiker und vormalige Panorama-Moderator Gert von Paczensky. »Sie zeugen von einer geradezu grotesken Unkenntnis unserer Ernährungsgeschichte.« Denn »Fast-Food«, vorgekochtes Essen aus Garküchen und Buden, gab es in den Städten Europas und Asiens schon Tausende Jahre vor McDonald's, nur nicht so gesund. Die meisten modernen Ernährungsspezialisten können bei Fast-Food-Produkten von der Stange kaum Nährwertnachteile gegenüber Designer-Mahlzeiten aus der Feinschmeckerküche entdecken. »Wer Spaß an ›Fast Food Kultur‹ hat, sollte sich den Appetit nicht verderben lassen« (AID-Verbraucherdienst). »Die Frage kann nicht heißen: Darf ich Fast Food essen? Sondern: Wie viel davon und wie oft kann ich es essen?« (Allgemeine Ortskrankenkassen).

Aber diese Regel, nämlich daß es auf die Menge ankommt, gilt für alle Nahrungsmittel. Die Feindschaft des aktuellen Zeitgeistes hat sich das moderne »Fast Food« ganz offensichtlich aus ganz anderen Gründen als aus Nährwertmängeln zugezogen: Produktionsmethoden, Abfall, Marktbeherrschung. Das sind alles diskutable Argumente, aber deshalb sollten wir uns doch von elitären Profi-Essern nicht die Freude an der Bratwurst und dem Big Mac nehmen lassen.

Lit.: Auswertungs- und Informationsdienst für Ernährung, Landwirtschaft und Forsten (AID): Fast Food : Essen auf die Schnelle, Bonn 1990; »Vorurteile auf dem Teller? Die Wahrheit über Big Mac, Currywurst & Co.«, AOK-Mitgliedermagzin »Bleib Gesund«, Mai 1994; Gert von Paczensky und Anne Dünnebier: Leere Töpfe, volle Töpfe – Die Kulturgeschichte des Essens und Trinkens, München 1994; Gert v. Paczensky: »Zweimal Hamburger und zurück? Fundstücke aus der Kulturgeschichte des Essens und Trinkens«, Vortragsmanuskript 1995. M. Wagner: Fast schon Food: Die Geschichte des schnellen Essens. Frankfurt 1995.

Felleisen

Dieses Gepäckstück hat mit Fell und Eisen nichts zu tun. Der Name kommt von dem französischen »valise« (Koffer oder allgemein Gepäckstück) und von dem arabischen »waliha« (Getreidesack) und bezeichnet im deutschen eine Reisetasche oder einen Reisesack aus Leder.

Fett
Der weibliche Körper enthält mehr Fett als der männliche

Nach herkömmlicher Meinung besteht der Körper einer Frau zu 25%, der Körper eines Mannes zu 15% aus Fett. Aber nach neueren Erkenntnissen ist diese Hypothese von der relativen Überzahl des Fetts im Frauenkörper falsch.

Herkömmlicherweise bestimmt man das Fettgewebe in einem lebendigen menschlichen Körper durch einen Umweg über dessen Dichte: ein Körper wird gewogen, dann in Anlehnung an eine uralte, von dem griechischen Mathematiker Archimedes erfundene Methode in eine Wanne getaucht, wo er über den Anstieg des Wasserpegels sein Volumen verrät, und der Quotient Volumen/Gewicht dient dann als Indikator für die Zusammensetzung der Körpermasse, mit dem bekannten Resultat, daß Frauen in aller Regel prozentual mehr Fett durchs Leben tragen als die Männer.

Eine weitere traditionelle Methode der Fettmessung ist der sogenannte »pinch-test«. Dieser nützt aus, daß für gewisse Körperpartien die Dicke der Fettschicht unter der Haut ein guter Indikator für die gesamte Fettmenge im Körper ist. Sehr beliebt für diesen Test ist etwa die Rückseite des Oberarms, in der Mitte zwischen Schulter und Ellbogen: man läßt den Arm locker hängen, ein freundlicher Helfer klemmt (auf Englisch: »pincht«) einige Quadratzentimeter lockere Haut von den Muskeln weg, und mißt wie dick sie ist; aus der Abweichung vom Sollwert schließt man dann auf den Fettgehalt im Körper insgesamt. (Bei einem Mann von 30 Jahren gelten z. B. 23 Millimeter Haut+Fettschicht, für eine gleichaltrige Frau 30 Millimeter als »normal«.) Auch dieses Verfahren weist für Frauen prozentual mehr Fett im Körper aus.

Eine neue, auf der sogenannten Kernspinresonanz beruhende Meßmethode, kommt dagegen zu anderen Ergebnissen: Wenngleich Männer und Frauen das Fettgewebe in verschiedenen Körperregionen konzentrieren – Frauen vorzugsweise unter, Männer vor der Gürtellinie –, sind doch die reinen Mengen dieses ungeliebten Gewebes für beide Geschlechter etwa gleich: ungefähr 23%, wie amerikanische Wissenschaftler herausgefunden haben.

Lit.: R. M. Deutsch: Realities of Nutrition, Palo Alto 1976 (besonders der Abschnitt »How fatness is measured«).

Feuer
Das Gefährliche bei Bränden sind die Flammen

Die meisten Menschen, die bei Bränden sterben, sterben durch den Rauch, nicht durch die Flammen: Pro Jahr kommen in Deutschland mehr als tausend Menschen durch Kohlenmonoxyd ums Leben, nur rund 800 sterben an Verbrennungen.

Lit.: Fachserie 12: Gesundheitswesen, des Statistischen Bundesamtes (besonders Reihe 4: Todesursachen).

Fingernägel
Fingernägel wachsen nach dem Tode weiter

Entgegen einem alten Aberglauben wachsen unsere Fingernägel nach dem Tode nicht mehr weiter. Die Sorgen aus einer alten Germanensage sind also unbegründet: »Kein Toter soll beerdigt werden, ohne daß jemand ihm die Nägel schneidet; denn sonst wird das Schiff Naglfar schneller fertig.« (Das Schiff Naglfar wird mit den Fingernägeln der Toten zusammengehalten.)

Hier noch ein paar andere einschlägige Legenden: Nägelschneiden am Karfreitag ist gut gegen Zahnweh (alternativ: bringt Unglück, läßt den künftigen Mann im Traum erscheinen etc.); Menschen mit krummen Nägeln sterben früh; eine Schwangere, die über abgeschnittene Nägel läuft, verliert ihr Kind; ein Säugling, dessen Nägel man hinter der Eingangstür des Hauses schneidet, lernt gut singen (es sei denn, das Nägelschneiden passiert montags – dann verliert das Kind früh alle Zähne); man muß abgeschnittene Nägel tief vergraben, sonst holen einen die Hexen (alternativ: dreimal draufspucken oder nochmals in drei Teile schneiden); und so weiter. Jedoch hat sich nur der Glaube an das Weiterwachsen nach dem Tode bis heute weltweit halten können.

Lit.: Sophie Lasne und Andre Pascal Gaultier: Dictionnaire des superstitions (engl. Übersetzung: A dictionary of superstitions, Englewood Cliffs 1984).

Fisch 1
Fische sind taub und stumm

Viele Fische können durchaus Schallwellen wahrnehmen; die nötigen Organe, die sog. »Fischohren«, befinden sich in Kapseln hinter den Augen. Manche, wie Knurrhahn, Tigerfisch, Krächzerfisch, Hornfisch, Katzenwels und der gemeine Trommelfisch, erzeugen auch mehr oder weniger laute Töne (um sich mit Artgenossen zu verständigen, aber auch um Feinde abzuschrecken), die mit empfindlichen Mikrofonen aufgefangen werden können. Dabei bedienen sie sich der Flossenknorpel, der Zähne oder ihrer Luftblase. (Bei Katzenwelsen etwa wird die ausweichende Luft an Membranen vorbeigeführt, die zu schwingen anfangen and damit Geräusche hervorbringen.)

Lit.: Roland Michael: Wie, Was, Warum? Augsburg 1990.

Fisch 2
Fisch ist gut für das Gehirn
(s. a. »Fleisch« und »Du bist, was du ißt«)

Dieser Mythos kam im Kielwasser von Untersuchungen des deutschen Mediziners und Philosophen Friedrich Büchner (1824-1899) auf. Büchner hatte Phosphor im menschlichen Gehirn entdeckt und zog daraus den Schluß, daß Phosphor eine Art Katalysator für das Denken sei. Und da Fischfleisch ebenfalls viel Phosphor enthält, empfahlen Ärzte eine Zeitlang gerne Fisch zur Aktivierung des Gehirns.

In Wahrheit brauchen wir den Phosphor aus den Fischen nicht; dieser ist reichlich genug in Eiern, Fleisch, Milch und Gemüse enthalten, und für das Denken ohnehin nicht nötig: eine Überdosis über unseren »normalen« Phosphorbedarf hinaus läßt uns keine Zehntelsekunde schneller überlegen.

Flammenwerfer (s. a. »Giftgas«)

Diese Mordinstrumente gibt es nicht erst seit dem Ersten oder Zweiten Weltkrieg. Man kannte sie schon 900 Jahre früher, und zwar in China, wo sie im 11. Jahrhundert sowohl bei der Verteidigung wie bei der Belagerung zum Einsatz kamen. »Der Flammenwerfer bestand aus einem Kupfertank, an dem vier Rohre angebracht waren. Der austretende Erdölstrahl entzündete sich an einer Zündpfanne. Der Antrieb der Pumpe erfolgte durch menschliche Muskelkraft.«

Lit.: Walter Böttger: Kultur im alten China, Leipzig 1977.

Fleisch
Sportler brauchen viel Fleisch
(s. a. »Fisch« und »Du bist was du ißt«)

Wenn sich der Boxer Rocky von seinem Schwager im Schlachthaus einen Packen Steaks einwickeln läßt, sie brät, ißt und dann Boxweltmeister wird, so liegt das nicht an diesen Fleischportionen – genauso hätte Rocky eine Schüssel Sojabohnen essen können.

Unserem Körper ist es völlig gleich, woher das Eiweiß stammt, aus dem er seine Muskeln baut – er weiß es nicht und will es auch nicht wissen. Hat das Eiweiß erst einmal alle Stoffwechsel-Stationen vor der letztendlichen Umwandlung in Muskelmasse durchlaufen, ist seine Herkunft, ob aus einem T-Bone-Steak, einem Omelett oder einem Yoghurt, nicht mehr festzustellen.

Außerdem ist Eiweiß schon in unserer Standardnahrung so reichlich vorhanden, daß selbst ein Hochleistungssportler keine Extramengen davon braucht. Skilangläufer etwa brauchen an Tagen mit 50 bis 100 Trainingskilometern kaum mehr Eiweiß als an Ruhetagen, und nach Untersuchungen amerikanischer Sportmediziner unterscheidet sich der Eiweißbedarf eines Footballspielers und eines gleichgroßen Büroangestellten nur ganz minimal.

Der höhere Kalorienbedarf von Leistungssportlern läßt sich genausogut durch Nudeln oder Pizza decken – für die körperliche Fitness ist das völlig gleich (sofern alle Nährstoffe ausreichend vorhanden sind). Und jede Kalorie über diesen Bedarf hinaus, ob aus Koteletts, Käse oder Kartoffeln, erzeugt im Footballspieler wie im Buchhalter auch das gleiche Resultat, nämlich ganz normales Fett.

Lit.: Bergström, J. und Hultman, E.: Nutrition for maximal sports performance, Journal of the American Medical Association 1972, vol 221, S. 999-1006; Segal, Wolfe: Food and nutrition: facts and fallacies, Perth 1977 (besonders Kap. 35: Food for thought on sport).

Fliegen 1
Die sicherste Art des Reisens ist das Fliegen

Je nachdem, wie man es nimmt. Zählt man einmal weltweit die Todesopfer des Bahn- und Luftverkehrs (das Auto als den unbestrittenen Killer Nr. 1 lassen wir außen vor) und teilen diese Zahlen durch die zurückgelegten Passagierkilometer, so kommt folgendes heraus:

Bahn: 9 Todesopfer pro 10 Milliarden Passagierkilometer
Flugzeug: 3 Todesopfer pro 10 Milliarden Passagierkilometer

Teilen wir die Zahl der Opfer aber durch die Passagier*stunden* statt durch die Passagierkilometer, ergibt sich das umgekehrte Bild:

Bahn: 7 Todesopfer pro 100 Millionen Passagierstunden
Flugzeug: 24 Todesopfer pro 100 Millionen Passagierstunden

Mit anderen Worten, die Gefahr, die nächste Stunde nicht zu überleben, ist im Flugzeug mehr als dreimal größer, und so gesehen ist die Angst so vieler Menschen vor dem Fliegen gar nicht so irrational wie wir immer weisgemacht bekommen.

Lit.: G. Lopez-Real: »Die Statistik des sicheren Reisens,« Stochastik in der Schule 1/1989, 28-31; W. Krämer: So lügt man mit Statistik, Frankfurt 1995.

Fliegen 2
Der erste erfolgreiche Motorflug war eine Tat der Brüder Wright (s. a. »Lindbergh« und »Zeppelin«)

Als die Brüder Wilbur und Orville Wright am 17. Dezember 1903 bei Kitty Hawk, North Carolina, ihre berühmten Erstlingsflüge von zweimal 300 Metern machten, standen sie in einer langen Tradition – die Franzosen Penaud, Le Bris und Tatin, die Engländer Cayley, Stringfellow und Henson, die Amerikaner Chanute und Langley, der Deutsche Otto Lilienthal oder der Australier Hargraves hatten schon mehr oder weniger lange vorher erfolgreich Flugmaschinen in die Luft geschickt.

Viele – aber nicht alle – dieser Vorgänger-Maschinen waren motorlos oder unbemannt; manche flogen wie die Wrights schon mit Bemannung und Motor. Wenn wir dem *Guinness book of air facts and feats* vertrauen dürfen, hatte etwa der Franzose Clement Ader schon 1890 ähnliche Distanzen wie die Wrights per Motorflug überwunden, genauso wie auf der anderen Seite des Erdballs der Neuseeländer Richard William Pierce, der ein halbes Jahr vor den Brüdern Wright in einem Flugzeug mit Benzinmotor die »Main Waitohi Road« bei South Canterbury entlanggeflogen ist.

Der einzige Rekord, den die Wrights vermutlich wirklich reklamieren dürfen, ist für den ersten *kontrollierten* Motorflug mit einer Flugmaschine, die schwerer ist als Luft.

Lit.: The Guiness book of air facts and feats; Stichwort »Aviation« im Microsoft CD-Rom Lexikon Encarta, 1994.

Fließband

Viele Menschen verbinden mit dem Stichwort »Fließband« den Namen Henry Ford und sein berühmtes Auto Modell T. Dabei wird häufig übersehen, daß Henry Ford durchaus nicht als erster und noch nicht einmal als erster Autobauer die Fließbandfertigung erfunden hat. Schon 1902 und damit sechs Jahre vor dem ersten Modell T hatte etwa Ransom E. Olds, ein Konkurrent von Henry Ford, mit Fließbändern gearbeitet: Er ließ seine Autos auf Holzgestellen durch die Fabrikhalle ziehen (rund 2500 Stück pro Jahr). Unter Ford wurde dann aus den Holzgestellen ein durchgehendes Band, aber die Grundidee, nicht die Einzelteile und die Arbeiter zum Auto, sondern das Auto zu den Arbeitern zu bringen, stammt von anderen.

»Frage nicht, was dein Land für dich tun kann, frage, was du für dein Land tun kannst«

Dieser Appell stammt nicht von John F. Kennedy. Schon Jahrzehnte vorher hatten der amerikanische Bundesrichter Holmes und auch Kennedys mittelbarer Amtsvorgänger Harding Gleiches ausgesprochen: »It is now the moment ... to recall what our country has done for each of us, and to ask ourselves what we can do for our country in return« (Holmes). »We must have a citizenship less concerned about what the government can do for it and more anxious about what it can do for the nation« (Harding).

Aber wie so oft macht auch hier der Ton alias die konkrete Wortwahl die Musik, und so wurde dieses Motto erst durch Kennedys prägnante Kurzfassung richtig populär: »Ask not what your country can do for you; ask what you can do for your country.«

Lit.: Bill Burnam: The dictionary of misinformation, New York 1975.

Frankenstein
Frankenstein ist ein Monster

Die Figur des Frankenstein aus Mary Shelleys gleichnamigem Roman ist ein junger, durchaus attraktiver Student der Mathematik und Naturwissenschaften an der Universität von Ingolstadt; er ist alles andere als ein Monster. Das Monster ist vielmehr der Kunstmensch, den sich Frankenstein erschafft. Aber dieser Unterschied zwischen »Frankensteins Monster« und »Frankenstein, das Monster« ist im Lauf der Jahrzehnte in Vergessenheit geraten.

Lit.: Mary Shelley: Frankenstein, München 1995.

Freihandel
Das 19. Jahrhundert war die hohe Zeit des Freihandels

Anders als viele Ökonomen glauben, war das 19. Jahrhundert nicht die hohe Zeit des freien, von Lizenzen, Zöllen und anderen Schikanen unbeschwerten Handels. Schon vor hundert Jahren gab es zwischen Wirtschaftstheorie und Wirtschaftspraxis große Unterschiede: Allen allgemeinen Lippenbekenntnissen zu den Laissez-faire-Maximen des großen schottischen Gelehrten Adam Smith zum Trotz läßt sich die Wirtschaftspolitik der damaligen Mächte besser als »ein Ozean von Protektionismus mit ein paar liberalen Inseln« beschreiben (Paul Bairuch).

Einen wirklich freien Handel erlaubten im 19. Jahrhundert nur einige kleinere Länder wie Dänemark, Holland, Portugal oder die Schweiz, mit weniger als fünf Prozent der europäischen Bevölkerung. Die großen Staaten wie England, Frankreich, Österreich und Preußen dagegen suchten im Vorgriff auf moderne Praktiken entweder ihre Bauern oder ihre Fabrikanten oder beide zu beschützen.

Nur für kurze Zeiten siegte die ökonomische Vernunft, wie in einem vergleichsweise liberalen Intermezzo von 1860 bis 1879; ansonsten wurde an fast allen Grenzen fleißig Zoll erhoben, in Frankreich durchschnittlich 12 bis 15 Prozent, in Österreich-Ungarn 15 bis 20 Prozent, in Deutschland und England etwas weniger, aber von einem wirklich freien Handel konnte damals keine Rede sein.

Lit.: Paul Bairuch: Economics and world history: Myths and paradoxes, New York 1993.

Fremdstoffe
Fremdstoffe in Lebensmitteln sind generell gesundheitsschädlich (s.a. »Bio-Nahrung«)

Nicht alles, was wir täglich essen, ist gut für die Gesundheit: Manche Teile unserer Nahrung machen unser Leben nicht länger, sondern kürzer. Viele dieser Gifte sind in den Lebensmitteln von Natur enthalten, andere kommen erst durch uns dazu.

Dabei werfen viele aber die schädlichen und die nützlichen Fremdstoffe in einen Topf. Schädlich sind z. B. Schwermetalle wie Blei oder Zinn, die ohne Absicht des Produzenten aus Dosen, Wasserleitungen oder Keramiktassen in unser Essen kommen, schädlich sind auch Rückstände von Pflanzenschutzmitteln, Nitrat und Nitrit aus Düngemitteln oder andere sog. »Mitläufer« bei der Produktion und Verarbeitung von Lebensmitteln, die unseren Organismus gehörig durcheinanderbringen können, wie der Schreiber dieser Zeilen seit dem Genuß einer Dose Waldpilze aus einem bekannten deutschen Supermarkt aus eigener Erfahrung weiß. Hier reichen z.T. schon kleinste Dosen, etwa des Killergiftes Dioxin, um uns ein für allemal den Appetit zu nehmen.

Von diesen Rückständen und Verunreinigungen unterscheiden muß man aber sogenannte »Hilfs-« oder »Zusatzstoffe« wie Farben oder Konservierungsmittel, die durchaus mit Absicht den Lebensmitteln beigegeben werden. Diese sind vielleicht nicht immer nötig, aber in der Regel auch nicht schädlich. Nach deutschem Lebensmittelrecht z. B. müssen Zusatzstoffe gesundheitlich unbedenklich sein (wobei man natürlich über Belastungsgrenzen lange streiten kann); sie dürfen den Verbraucher auch nicht über die wahre Qualität der Nahrung täuschen. Aber die Risiken, die bei übermäßiger Verwendung solcher Hilfs- und Zusatzstoffe auftreten können, scheinen gegen die Gefahren einer selber auferlegten einseitigen oder unmäßigen Ernährung eher zu verblassen.

Lit.: Ulrich Rüdt: Essen wir Gift?, Stuttgart 1978; Werner Thumshirn: Keine Angst vor dem Essen, Düsseldorf 1984; Karlheinz Gierschner und A. Kohler (Hrsg.): Lebensmittel – Gesunde Ernährung, Weikersheim 1990.

Friedhof
Friedhof hat etwas mit »Frieden« zu tun

Friedhof kommt vom althochdeutschen »frithof« = Vorhof, Vorplatz, Vorraum einer Kirche. Es bedeutet »eingefriedeter, beschützter Platz«. Da dieser eingefriedete, beschützte Platz vor den Kirchen oft auch als Begräbnisstätte diente, hat diese eingeschränkte Bedeutung peu à peu das Wort für sich alleine in Beschlag genommen.

Lit.: Etymologisches Wörterbuch des Deutschen, 2. Auflage, Berlin 1993.

Frühstück
Gesund essen heißt gut frühstücken

Das Frühstück gilt vielen als die wichtigste Mahlzeit des Tages – nach Meinung von englischen Ernährungswissenschaftlern nicht ganz zu Recht. Sie fanden nach einer umfangreichen Auswertung einschlägiger Studien »kaum eine Stütze für die Hypothese, daß das Auslassen des Frühstücks die körperliche und geistige Leistungsfähigkeit (»performance«) negativ beeinflußt... oder gar dafür, daß das Frühstück die wichtigste Mahlzeit des Tages ist«.

Die Legende von der Wichtigkeit des Frühstücks geht vermutlich auf eine Reihe von Studien aus den späten 40er Jahren zurück; diese hatten Versuchspersonen auf ihre Belastbarkeit mit oder ohne Frühstück getestet. Obwohl die Studien selber ohne eindeutiges Ergebnis blieben, gelang es den Auftraggebern – der amerikanischen Cornflakes-Industrie – diese Ergebnisse in der Öffentlichkeit so darzustellen, daß hinfort alle an die Wichtigkeit des Frühstücks glaubten.

Bis heute, fünfzig Jahre später, konnte trotz zahlreicher Versuche eine Sonderrolle für das Frühstück in keiner einzigen Studie überzeugend nachgewiesen werden; nach Meinung vieler Ernährungswissenschaftler spricht zumindest bei Erwachsenen nichts dagegen, die tägliche Ernährung mit dem Mittagessen zu beginnen.

Lit.: N. H. Dickie und A. E. Bender: »Breakfast and performance«, Applied Nutrition 55, 1982, 36-46.

Fürst-Pückler-Bombe

Damit meint man ein halbgefrorenes, meistens in drei Schichten aus Schokolade, Erdbeer und Vanille angebotenes und mit Maraschino und Rosenlikör veredeltes Eis. Anders als der Name glauben macht, wurde dieser Nachtisch aber nicht von Hermann Fürst von Pückler-Muskau erfunden (1785-1871), der gemeinhin als der Schöpfer gilt.

Der wahre Erfinder hieß Schulz, und war Konditor in der Lausitz, wo der

Fürst ein Schloß bewohnte. In der völlig richtigen Einschätzung, daß »Schulz-Bombe« weniger verkaufsfördernd klingt als »Fürst-Pückler-Bombe«, fragte er den Fürsten, ob er, Schulz, diese Kreation nach ihm benennen dürfe, und der Fürst war einverstanden (er war dafür bekannt, sich gerne kulinarisch zu verewigen; damals trugen auch Schinken, Kartoffelsorten oder Torten seinen Namen).

Lit.: Fritz C. Müller: Was steckt dahinter: Namen, die Begriffe wurden, Eltville 1964.

Fußball
Fußball ist als Sport der Arbeiter entstanden

Als Ende des 19. Jahrhunderts der Fußballsport den Weg von England auch nach Deutschland fand, war er so wie heute Golf und gestern Tennis eher eine Sache für die bessere Gesellschaft: für Angestellte, Ingenieure, Techniker. Arbeiter dagegen wurden, falls überhaupt, in Fußballklubs nicht gern gesehen (der damalige Arbeitersport war Turnen).

Die frühen kontinentalen Fußballspieler orientierten sich vor allem an englischen Internaten und deutschen Burschenschaften; sie nannten ihre Vereine Alemannia und Borussia, sie waren von Beruf Juristen, Offiziere und höhere Verwaltungsbürokraten, auch Maler, Opernsänger oder Dichter wie der Heidesänger Hermann Löns, sie waren auf sozialen Aufstieg programmiert.

Erst 1908 ließ die deutsche Kriegsmarine auch Schiffsjungen zum Fußballspielen zu (Geschwadermeisterschaft). Im Jahr 1910 folgte das Heer; um den Zusammenhalt der Truppe zu stärken, nahm es Fußball in seine Ausbildungspläne auf, und brachte so diesen Sport auch Rekruten aus den weniger guten Kreisen nahe. Aber noch in den zwanziger Jahren kamen erst fünfzehn Prozent, in den dreißiger Jahren erst dreißig Prozent der deutschen Fußball-Nationalspieler aus Arbeiterfamilien, trotz der Schalker Fußballhelden Szepan und Kuzorra, die im Kreis ihrer Nationalmannschafts-Kollegen eher als Exoten glänzten.

Die heutige Begeisterung quer durch alle Stände und Berufe (wenn auch nicht quer durch die Geschlechter) sollte also nicht darüber hinwegtäuschen, daß Fußball durchaus nicht immer der Sport für alle Sportverliebte war, der er unbestritten heute ist.

Lit.: Christiane Eisenberg: »Fußball in Deutschland 1890-1914«, Geschichte und Gesellschaft, Heft 2, 1994.

»Die Menschen glauben gerne, was sie wünschen.«
Caesar, De bello gallico

G

Galilei
Galileo Galilei war ein Opfer der katholischen Kirche
(siehe auch »Und sie bewegt sich doch!«)

Wenn man Historikern wie Gerhard Prause glauben darf, war der große Galileo Galilei (1564-1642) durchaus nicht das unglückliche Opfer der katholischen Kirche, als das ihn die nachfolgenden Jahrhunderte bis heute gerne sehen. Sein berühmtes Scharmützel mit der Inquisition ist aus heutiger Sicht wohl eher als Spiegelfechterei zu werten, und der Mantel des Märtyrers, der ihm von seinen Jüngern umgeworfen wurde, paßt dem guten Galilei hinten und vorne nicht.

Anders als der unglückliche, nur wenige Jahrzehnte vorher auf dem Scheiterhaufen verbrannte Giordano Bruno befand sich Galilei Zeit seines Lebens mit den Mächtigen von Staat und Kirche in durchaus gutem Einvernehmen. Auch wenn er von letzterer, wie Papst Johannes Paul II. 1979 formulierte, »viel zu leiden« hatte: Galileis größte Feinde waren seine weltlichen Kollegen, die Professoren auf den Universitätskathedern, nicht die Mönche auf den Kirchenkanzeln. Vor allem aus Angst vor dem Spott der anderen Physikprofessoren, nicht aus Angst vor der Kirche wagte Galilei erst als über 50-jähriger, öffentlich für die Lehren des Kopernikus zu werben; als er die Monde des Jupiters entdeckte, lehnten es die Physiker-Kollegen ab, zum Beweis durch Galileis Teleskop zu sehen – nach dem Motto, daß nicht sein kann, was nicht sein darf, erschienen Experimente und Naturbeobachtungen den meisten Gelehrten des frühen 17. Jahrhunderts reichlich überflüssig.

Die Kirche dagegen behandelte den unkonventionellen Physikprofessor aus der Toskana mit bemerkenswerter Toleranz; er wurde vom Papst zur Audienz empfangen, von den Jesuiten sogar für seine wissenschaftlichen Verdienste ausgezeichnet, und anders als die weltlichen Gelehrten ließen sich die Jesuiten auch durch Fakten (nämlich durch die Monde des Jupiters) überzeugen, daß das ptolemäische Weltbild wissenschaftlich nicht zu halten war.

Erst als Galilei nicht nur das ptolemäische Weltbild als falsch, sondern darüber hinaus sein eigenes als das einzig richtige bezeichnete (was nicht stimmt, wie wir spätestens seit Einstein wissen), wurde diese Toleranz der Kirche ernsthaft auf die Probe gestellt. Denn als Arbeitshypothese hätte man Galileis Thesen durchaus gelten lassen, aber als endgültige Wahrheit nicht. Hier sah die Kirche ihren Monopolanspruch verletzt, und als Galilei trotz Abmahnung immer dezidierter von dem System des Kopernikus als einer »bewiesenen Wahrheit« sprach, den Beweis aber nicht beibringen konnte (was auch gar nicht geht, denn wissenschaftliche Theorien lassen sich nur widerlegen, aber nicht beweisen), reagierte die Kirche auch ihrerseits recht überzogen mit einem Dekret, das die Lehre von der Bewegung der Erde für »falsch und in allen Punkten der Heiligen Lehre widersprechend« erklärte.

Persönlich wurde Galilei jedoch nicht belangt. Weder wurden seine Bücher verboten, noch seine guten Beziehungen zu den Mächtigen ernsthaft angegriffen. Hätte er hinfort von seinen Thesen als Theorien und nicht letzten Wahrheiten gesprochen, wäre es wohl nie zu der berühmten Vorladung vor die Inquisition nach Rom gekommen.

Galilei im Kerker:
diese Szene hat nie stattgefunden

Diese Vorladung erging aufgrund eines neuen Buches, in dem Galilei weiter und allen Abmahnungen zum Trotz von absoluter Wahrheit sprach. Sie wurde im Oktober 1632 zugestellt, wegen Krankheit Galileis aber aufgeschoben, erst im Februar 1633 reiste Galilei dann nach Rom. Dort wohnte er zunächst als Gast des florentinischen Botschafters in der Villa Medici, dann, während des eigentlichen Inquisitionsverfahrens vom 12. April bis 22. Juni 1633, in einem Drei-Zimmer-Apartment im Vatikan, mit Diener und Blick auf den Garten. Er wurde weder eingekerkert noch gefoltert.

Wie vielen genialen Menschen war es auch Galilei immer schwergefallen, seine weniger begabten Zeitgenossen ernst zu nehmen. Auch in seinem Inquisitionsverfahren ging er wohl davon aus, nach Klarstellung einiger strittiger Passagen, welche die ignoranten Kardinäle nicht verstanden hatten, nach Hause geschickt zu werden. Erst als die gar nicht so dummen Inquisitoren durch keine wissenschaftlichen Argumente davon abzubringen waren, daß Galilei verbotenerweise und falsch von absoluten Wahrheiten geschrieben habe, geriet Galilei in Panik; vielleicht dachte er dabei an Giordano Bruno, vielleicht wollte er nur seine Ruhe haben – wie auch immer: Unaufgefordert und ohne Druck von außen stritt er seine Lehren en bloc einfach ab.

Das Urteil lautete auf Ungehorsam. Die Strafe waren sieben Bußpsalmen jede Woche für drei Jahre, plus eine Kerkerstrafe, die Galilei aber niemals anzutreten brauchte. Nach dem Verfahren lebte er als Gast beim Großherzog der Toskana, dann beim Erzbischof von Siena, dann als Staatsrentner in dem kleinen Dorf Arcetri bei Florenz, wo er unbelästigt seine Forschungen weiterführte und 1642 starb.

Lit.: Karl von Gebler: Galileo Galilei und die römische Kurie. Nach authentischen Quellen, Stuttgart 1976; Arthur Koestler: Die Nachtwandler: Das Bild des Universums im Wandel der Zeit, Bern 1959; Walter Brandmüller: Galilei und die Kirche oder das Recht auf Irrtum, Regensburg 1982; Gerhard Prause: Niemand hat Kolumbus ausgelacht, Düsseldorf 1986 (besonders das Kapitel »Galilei war kein Märtyrer«); »Der Fall Galilei«, Forschung & Lehre, Heft 3, 1994.

Geburten
Der Geburtenrückgang ist vor allem eine Folge der Anti-Baby-Pille (s.a. »Bevölkerungsexplosion«)

Der Geburtenrückgang, den wir heute überall auf der Welt beobachten, hat viel weniger mit der Anti-Baby-Pille und anderen Verhütungsmitteln zu tun als viele glauben. Er hat in den entwickelten Industrienationen des Westens schon lange vor der Anti-Baby-Pille angefangen, und er wird mit oder ohne Anti-Baby-Pille bald auch die Dritte Welt erreichen.

Schon heute fallen die Geburtenraten weltweit ohne Rücksicht auf Verhütungsmittel: in Thailand von durchschnittlich 4,6 Kindern pro Frau 1975 auf 2,3 Kinder 1987, in Kolumbien von 4,7 Kindern 1976 auf 2,8 Kinder 1990, und ähnlich auch anderswo in Afrika und Asien. Zwar kann man dabei durchaus einen positiven Zusammenhang zwischen der Verbreitung von Verhütungsmitteln und den Geburtenraten messen (d. h. in Ländern mit leichtem Zugang zu Verhütungsmitteln sind die Geburtenraten in der Regel kleiner), aber das muß genausowenig auf eine Kausalbeziehung hindeuten wie der positive Zusammenhang zwischen Geburten und Klapperstörchen, den man in manchen deutschen Bundesländern nachgewiesen hat; vielmehr hängen beide Variablen gemeinsam von einer dritten Variablen ab.

Diese gemeinsame dritte Variable ist die Vorstellung der Eltern, wieviele Kinder sie denn haben wollen. Diese geplante Familiengröße war schon immer und ist noch heute die mit Abstand wichtigste Bestimmungsgröße für die Zahl der Kinder einer Ehe. Zwar hat es immer auch ungewollte Kinder gegeben (und in gewisser Weise kann man den Rückgang dieser ungewollten Kinder als den eigentlichen Erfolg der Anti-Baby-Pille und anderer Verhütungsmittel sehen), aber im großen und ganzen haben die Menschen zu allen Zeiten, wenn auch mit verschiedenen Methoden, ihre Kinderwünsche in der Praxis durchgesetzt. So hatten etwa europäische Bauernfamilien zu Anfang des 19. Jahrhunderts im Mittel vier Kinder, amerikanische dagegen sechs; aber nicht, weil die Bauern und Bäuerinnen diesseits des Atlantiks nicht so fruchtbar waren, sondern weil sie nicht so viele Kinder haben *wollten*: Das Ackerland war aufgeteilt, für mehr Kinder gab es weder Brot noch Platz. In Amerika dagegen konnte der Farmer seine Kinder einfach nur nach Westen schicken . . .

In gewisser Weise verläuft die Kausalbeziehung zwischen Verhütung und Geburten also genau andersherum: Die Menschen benützen Verhütungsmittel, weil sie weniger Kinder wollen; sie bekommen nicht deshalb weniger Kinder, weil sie Verhütungsmittel nutzen. Der Vorschlag eines westlichen Entwicklungshilfe-Bürokraten, »den ganzen Kontinent von Flugzeugen mit Kondomen und Pillen zu beregnen«, hätte also nur den zahlreichen verschwendeten Milliarden für Entwicklungshilfe noch ein paar weitere hinzugefügt; wenn die Menschen Afrikas wirklich weniger Kinder *wollen*, brauchen sie dafür keine westliche Entwicklungshilfe – das schaffen sie allein; wollen sie dagegen weiterhin soviele Kinder wie schon immer, nützen auch Kondome wenig.

Lit.: B. Robey et al.: »The fertility decline in developing countries«, Scientific American, Dez. 1993, S. 30-37; »Population misconceptions«, The Economist, 28. 5. 1994.

Geburtstag
Es ist unwahrscheinlich, daß unter zwei Dutzend Zufallsbekannten zwei am gleichen Tag Geburtstag haben
(s.a. »Zufall«)

Ab 23 Personen ist die Wahrscheinlichkeit größer als 1/2, daß mindestens zwei davon am gleichen Tag Geburtstag haben.

Das scheint vielen Menschen unplausibel; sie denken: »Mit welcher Wahrscheinlichkeit hat jemand anders am gleichen Tag Geburtstag wie ich selbst?« Diese Wahrscheinlichkeit ist natürlich bei dreiundzwanzig Personen nicht sehr groß (konkret nur 5,9 Prozent); daraus schließen wir dann scheinbar logisch, daß diese Wahrscheinlichkeit auch insgesamt sehr klein sein muß.

In Wahrheit wird diese Wahrscheinlichkeit mit wachsender Gruppengröße sehr schnell sehr groß. Wenn wir bei zwei Zufallsbekannten anfangen (und zunächst der Einfachheit halber den 29. Februar weglassen sowie unterstellen, daß alle Tage des Jahres als Geburtstag gleich wahrscheinlich sind), dann ist die Wahrscheinlichkeit für zwei identische Geburtstage genau 1/365: Unabhängig vom Geburtstag der ersten Person hat die zweite immer eine Chance unter 365, genau den gleichen Tag zu treffen, und da alle Tage gleich wahrscheinlich sind, beträgt die Wahrscheinlichkeit dafür genau 1/365 oder rund 0,3 Prozent.

Bei mehr als zwei Personen wird die Sache komplizierter. Hier hilft ein Trick: Statt nach der Wahrscheinlichkeit, daß mindestens zwei davon am gleichen Tag Geburtstag haben, fragen wir: Mit welcher Wahrscheinlichkeit sind alle Geburtstage verschieden? Denn da diese Ereignisse sich gegenseitig ausschließen, aber eines davon auf jeden Fall eintritt, ist die Wahrscheinlichkeit für das eine immer eins weniger als die Wahrscheinlichkeit für das andere.

Bei drei Personen berechnen wir die Wahrscheinlichkeit für drei verschiedene Geburtstage wie folgt: Die erste Person hat freie Wahl, die zweite bei jedem Geburtstag der ersten noch die Auswahl unter 364 von 365 Tagen, und die dritte noch die Auswahl unter 363 Tagen. Mit anderen Worten, die Wahrscheinlichkeit für drei verschiedene Geburtstage ist

$$\frac{365}{365} \times \frac{364}{365} \times \frac{363}{365} = 0{,}991 = 99{,}1 \text{ Prozent.}$$

Die Wahrscheinlichkeit des Gegenteils, also daß mindestens zwei Personen den gleichen Geburtstag haben, ist demnach 0,9 Prozent.

Genauso rechnen wir auch die Wahrscheinlichkeit für mindestens zwei identische Geburtstage bei mehr als drei Personen aus und erhalten:

Gruppengröße	Wahrscheinlichkeit, daß alle Geburtstage verschieden	Wahrscheinlichkeit für mindestens zwei gleiche Geburtstage
2	99,7 %	0,3 %
3	99,1 %	0,9 %
4	98,4 %	1,6 %
5	97,3 %	2,7 %
.	.	.
.	.	.
.	.	.
20	58,9 %	41.1 %
21	55,6 %	44,4 %
22	52,4 %	47,6 %
23	49,3 %	50,7 %
.	.	.
.	.	.
.	.	.
30	29,4 %	70,6 %
40	10,9 %	89,1 %
50	3,0 %	97,0 %

Wir sehen: ab 23 Personen ist die Wahrscheinlichkeit für mindestens zwei gleiche Geburtstage größer als 1/2, ab 40 Personen sogar schon 90% – in einer solchen Menschenmenge ist es also äußerst unwahrscheinlich, daß *keine* zwei am gleichen Tag Geburtstag haben.

Wenn die Geburtstage nicht alle gleich wahrscheinlich sind, werden die Wahrscheinlichkeiten für identische Geburtstage sogar noch größer. Im Extremfall, daß alle Menschen am gleichen Tag geboren sind, ist das auch sehr leicht einzusehen: Dann finden wir *immer* zwei identische Geburtstage, ganz gleich, wie groß die Gruppe ist. Aber auch für andere ungleiche Verteilungen ist dieses Ansteigen der Wahrscheinlichkeiten nicht schwer nachzuweisen.

Bei drei statt zwei identischen Geburtstagen wird die Sache etwas komplizierter. Aber auch hier sind die Wahrscheinlichkeiten größer als die meisten glauben: Ab einer Gruppengröße 88 wird hier die Wahrscheinlichkeit, daß mindestens drei davon am gleichen Tag Geburtstag haben, größer als 1/2.

Noch allgemeiner kann man fragen: »Wie groß muß eine Gruppe sein, damit mit einer Wahrscheinlichkeit von mehr als fünfzig Prozent mindestens vier, fünf, sechs oder sonstwieviele Personen am gleichen Tag Geburtstag haben?« Die Antwort für zwei und drei Personen kennen wir bereits: dreiundzwanzig bzw. achtundachtzig, und die folgende Tabelle zeigt die nötigen Gruppengrößen auch für andere Zahlen an:

Soviele Menschen haben am gleichen Tag Geburtstag	Soviele Menschen brauchen wir mindestens für eine Wahrscheinlichkeit von mehr als 50 Prozent
2	23
3	88
4	187
5	313
6	460
7	623
8	798
9	985
10	1181
11	1385
12	1596
13	1813

Wie wir sehen, brauchen wir selbst für neun identische Geburtstage, also für ein auf den ersten Blick doch sehr verblüffendes Ereignis, noch nicht einmal tausend Menschen, um dieses Ereignis wahrscheinlicher zu machen als sein Gegenteil. Oder anders ausgedrückt, in mehr als der Hälfte aller deutschen Schulen mit mehr als tausend Schülern müssen mindestens neun Schüler oder Schülerinnen am gleichen Tag Geburtstag haben.

Lit.: Georg Schrage: »Ein Geburtstagsproblem«, Stochastik in der Schule 1992, Heft 2, 30-36; Walter Krämer: Denkste! Trugschlüsse aus der Welt des Zufalls und der Zahlen, Frankfurt 1995.

Gehirn
Intelligente Menschen haben ein schwereres Gehirn als dumme

Entgegen einem alten Vorurteil hat das Gewicht unseres Gehirns nicht viel mit dessen Qualität zu tun. Worauf es ankommt, ist in erster Linie die Zahl der grauen Zellen in der *Rinde* unseres Hirns.

Bei Männern wiegt das Gehirn im Durchschnitt 1375 Gramm; wie die folgende Tabelle zeigt, weicht das Gehirngewicht von Männern, die alle als begabte Denker galten, davon nach oben wie nach unten teils beträchtlich ab:

Iwan Turgenjew	2012 g
Otto von Bismarck	1807 g
Immanuel Kant	1600 g
Friedrich Schiller	1530 g
Raffaelo Santi	1161 g
Anatole France	1160 g

Lit.: Kleines Handlexikon, Gütersloh 1969.

Geld
Unser Geld ist durch Gold und Devisen der Zentralbank abgesichert (s.a. »Girokonto«)

Unser Papiergeld ist genau das: Papier. Der Bäcker gibt uns dafür Brötchen, und der Autohändler Autos, nicht weil diese Scheine einen Anspruch auf einen Staatsschatz irgendwo in den Kellern der Bundesbank in Frankfurt verbriefen – das tun sie nämlich nicht –, sondern weil er weiß, daß er mit diesen Scheinen seinerseits etwas bezahlen kann.

Früher war Geld, ob in Form von Gold, Silber, Kamelen, Muscheln oder Zigaretten, auch aus sich selbst heraus geschätzt und wertvoll, und deshalb haben viele Menschen auch heute noch die vage Vorstellung, daß die Scheine in unseren Geldbörsen eine Art Ersatzgutscheine sind, um uns das Herumschleppen des »echten« Geldes zu ersparen.

Diese Zeiten sind aber lange vorbei. Im London des 17. Jahrhunderts, in den Kindertagen des Papiergelds, stellten Juweliere ihren Kunden gegen Gold Bescheinigungen des Inhalts aus, daß die Kunden jederzeit das Gold zurück verlangen konnten; diese Scheine wurden später übertragbar und ersparten damit den Besitzern bei größeren Transaktionen sehr viel Mühe: statt des »echten« Geldes zahlte man mit Scheinen; dem Verkäufer war das einerlei, denn er konnte jederzeit beim Juwelier das »echte« Geld zurückverlangen.

Heute dagegen bürgen weder private noch staatliche Notenbanken für irgendwelche Werte hinter dem Papiergeld, das sie drucken. Als letzte hat die amerikanische Notenbank die Verpflichtung widerrufen, jederzeit zu einem festen Preis ihre Dollarscheine gegen Gold zurückzutauschen (am 15. 8. 1971); seitdem verbrieft Papiergeld weltweit nur noch das Recht, daß wir damit unsere Schulden abbezahlen dürfen (gesetzliches Zahlungsmittel); davon abgesehen ist es aus sich selbst gesehen völlig ohne Wert.

Lit.: E. V. Morgan: A history of money, London 1965, R. Sedillot: Muscheln, Münzen und Papier. Geschichte des Geldes. Frankfurt 1995.

Gerichtsvollzieher
Das Pfandsiegel des Gerichtsvollziehers zeigt einen Kuckuck

Obwohl man heute immer noch den Ausdruck hört »Da klebt der Kuckuck drauf«, an einem modernen Pfandsiegel erinnert nichts an einen Vogel, geschweige denn an einen Kuckuck.

Früher zeigte das Pfandsiegel einen Reichsadler, der dann vom Volksmund abwertend als »Kuckuck« bezeichnet wurde. Aus dem gleichen Grund nannten die Bayern die Münzen mit dem preußischen Adler auch »Gugetzergroschen«.

Lit.: Roland Michael: Wie, Was, Warum? Augsburg 1990.

Gesetz der Großen Zahl
Nach dem Gesetz der Großen Zahl muß die Wahrscheinlichkeit für lange nicht gezogene Lottozahlen steigen

Die seltenste Zahl beim deutschen Samstagslotto ist die 13. In den ersten zweitausend Ausspielungen, von 1955 bis 1995, wurde sie weniger als zweihundertmal gezogen, die 32 als die bis dato häufigste Zahl dagegen fast dreihundertmal, und deshalb kreuzen viele Lottospieler gern die 13 an; sie denken so:

»Jede Lottozahl kommt in 49 Ziehungen im Durchschnitt sechsmal vor, in zweitausend Ziehungen also rund 250 mal, und deshalb muß die 13 sich etwas beeilen.«

Auch in Spielkasinos kann man häufig solche Argumente hören: Es ist mehrmals in Folge Rot gefallen, also kommt jetzt Schwarz. »Denn da Schwarz auf lange Sicht genauso häufig fällt wie Rot, hat Schwarz jetzt einen Rückstand aufzuholen.«

In Wahrheit denkt Schwarz überhaupt nicht daran, einen Rückstand aufzuholen, genausowenig wie die 13; Würfel und Lottokugel haben, so der französische Mathematiker Joseph Bertrand, »weder Gewissen noch Gedächtnis«, sie fallen immer mit den gleichen Wahrscheinlichkeiten, ganz egal, was vorher war, ob dreimal Rot oder zehnmal Rot, ob oft die 13 oder nie. Selbst nach hundertmal Rot bleibt die Wahrscheinlichkeit für Schwarz ein halb; sie wird nicht einen Millimeter größer oder kleiner, genausowenig wie die 13 beim Lotto künftig öfter fällt.

Daß trotzdem viele Menschen anders denken, liegt am Gesetz der Großen Zahl. Dieses berühmte Gesetz der Großen Zahl besagt, daß bei vielen unabhängigen Wiederholungen eines Zufallsexperiments, sei es Münzwurf, Würfeln, Lotto, Kartenspielen oder was auch immer, die relative Häufigkeit und die Wahrscheinlichkeit eines Ereignisses immer näher zusammenrücken müssen: Je häufiger wir eine faire Münze werfen, desto näher kommt der Anteil von »Kopf« seiner Wahrscheinlichkeit ein halb, je häufiger wir würfeln, desto näher kommt der Anteil der Sechsen der Wahrscheinlichkeit für Sechs, und je häufiger wir Lotto spielen, desto näher kommt die relative Häufigkeit der 13 der Wahrscheinlichkeit der 13. An diesem Gesetz gibt es nicht herumzudeuteln, dieses Gesetz ist in gewisser Weise die Krönung der gesamten Wahrscheinlichkeitstheorie.

Daraus folgt aber nicht, und das wird immer wieder übersehen, daß auch die absolute Anzahl von »Kopf« oder »Dreizehn« oder »Sechs« (oder irgendeines anderen zufälligen Ereignisses) dem jeweiligen theoretischen Wert immer näher rücken muß. Genau das Gegenteil ist wahr. Die absolute Häufigkeit für »Kopf« oder »Dreizehn« oder »Sechs« wird sich ganz im Gegenteil und mit großer Wahrscheinlichkeit immer weiter von der Zahl entfernen, die man nach der Theorie erwarten muß – wenn wir etwa viermal öfter würfeln, verdoppelt sich der durchschnittliche Abstand der tatsächlich gewürfelten von den theoretisch erwarteten Sechsen, wenn wir hundertmal öfter würfeln, wird der durchschnittliche absolute Abstand zehnmal größer, wenn wir eine Millionen mal häufiger würfeln, wird er tausendmal größer usw. (Für Experten: der mittlere Abstand zwischen der tatsächlichen und der theoretischen Anzahl der Sechsen wächst wie die Wurzel aus der Zahl der Würfe.) Aber der relative

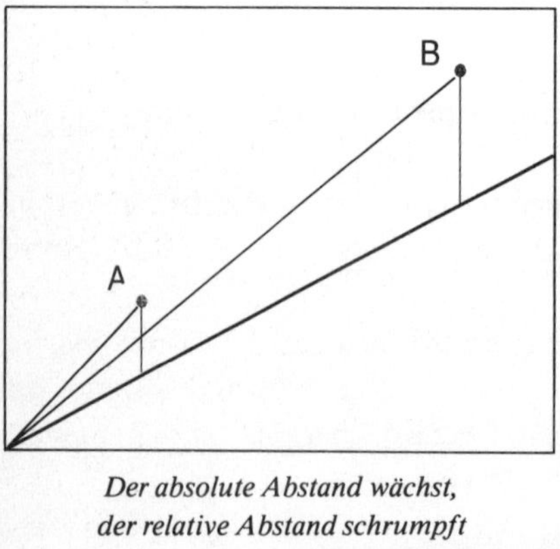

Der absolute Abstand wächst, der relative Abstand schrumpft

Abstand geht, so wie in der folgenden Abbildung, trotzdem zurück; zwischen dem Auseinanderdriften der absoluten und dem Zusammenfallen der relativen Häufigkeiten gibt es keinen Widerspruch.

Lit.: H.J. Benz: »Hat die Münze doch ein Gedächtnis?« Der Mathematikunterricht 29, 1983, 8-10; Georg Schrage: »Stochastische Trugschlüsse«, Mathematica Didactica 7, 1984, 3-19; Walter Krämer: Denkste! Trugschlüsse aus der Welt des Zufalls und der Zahlen, Frankfurt 1995.

Gesundheit 1
Die Preise im Gesundheitswesen explodieren

Wir geben in Deutschland pro Jahr rund 500 Milliarden Mark, mehr als das komplette Sozialprodukt von Portugal und Griechenland zusammen, nur für die Gesundheit aus (zum Vergleich: 1970 beliefen sich unsere Gesamtausgaben für Gesundheit auf rund 70 Milliarden Mark).

Diese Ausgabenexplosion hat aber andere Gründe als viele Kritiker des modernen Medizinbetriebes glauben. Ausgaben sind nämlich immer das Produkt von zwei Faktoren, von Preisen auf der einen und Mengen auf der anderen Seite, und wenn wir die Ausgabenexplosion der vergangenen Jahrzehnte einmal auf diese beiden Komponenten aufteilen, stellen wir fest, daß nicht die Preise, sondern die Mengen der Hauptmotor gewesen sind.

Die folgende Tabelle vergleicht einmal die Preisentwicklung einiger Gesundheits- und sonstiger Güter über 20 Jahre. Und wie wir sehen, steigen die Preise von Gesundheitsgütern in aller Regel langsamer als andere Preise:

	1975	1995	W-rate
Eine Packung Adalat (100 Kapseln)	54,40	47,43	-12,8%
Hörgerät	960,00	1106,00	15,5%
Zahn ziehen (einwurzlig)	9,70	15,98	64,7%
Einfache Beratung (Arzt)	4,50	7,92	76,0%
Superbenzin (1 l, verbleit)	0,90	1,69	87,7%
Standardbrief	0,50	1.00	100,0%
Kino (mittlere Reihe)	4,86	10,32	112,3%
Mischbrot (dunkel, 1 kg)	2,04	4,01	115,3%
Frisörleistungen für Damen (Haare färben).	15,74	37,80	145,4%
1 Std. Tennisunterricht	22,20	56,50	154,5%
Kotflügel lackieren (vorne, durchschnittlicher Aufwand)	109,00	460,00	322,0%

Selbst im Krankenhaus, das hier mit seinen exorbitanten Steigerungsraten bei den Pflegesätzen etwas aus dem Rahmen fällt, sind die Preise im Prinzip gar nicht so stark gestiegen. Denn ein Pflegetag in einem Krankenhaus von heute ist doch etwas ganz anderes als ein Pflegetag vor 40 oder 50 Jahren, und zwar etwas sehr viel besseres, wie wir einmal hoffen wollen. Wer aber früher einen VW-Käfer fuhr und sich heute einen Mercedes leistet, darf auch nicht darüber klagen, daß der Preis des Fahrzeuges gestiegen ist. Hier von einer »Kostenexplosion« zu reden, wäre offensichtlich wenig angebracht.

Lit.: Walter Krämer: Wir kurieren uns zu Tode, Frankfurt 1993; Fachserie »Preise« des Statistischen Bundesamtes, verschiedene Jahre.

Gesundheit 2
Mehr Geld für die Gesundheit macht gesünder

Wir Deutsche sind ein Volk von Kranken. Jeder zehnte Deutsche ist heute amtlich schwerbehindert, jeder fünfte psychisch krank, und jeder dritte Opfer einer Allergie. Jeweils mehr als zehn Millionen Bundesbürger haben überhöhten Blutdruck, Rheuma oder Rückenschmerzen (und mindestens drei Millionen der Rheumakranken solche Schmerzen, daß sie laut Deutscher Rheumaliga ständige Behandlung nötig hätten), fünf Millionen haben Gallensteine, vier Millionen Leberschäden, drei Millionen chronische Bronchitis, und mehr als eine Million Menschen in Deutschland haben Krebs. Eine weitere halbe Million Menschen, meist jüngere Frauen, leiden an Muskel-, mehr als zwei Millionen an Knochenschwund. Hier sehen Experten sogar »eine neue Volkskrankheit« am Horizont. Rund 10 Prozent aller Schulkinder unter 14 Jahren haben Asthma. Zehn Millionen Bundesbürger hören schlecht und bräuchten eigentlich ein Hörgerät. 15 Millionen Bürger sind zu dick, mehr als drei Millionen leben krankheitshalber auf Diät, und als »venenkrank«, d. h. mit dem Risiko einer tödlichen Thrombose lebend, stufen Ärzte nochmals vier Millionen Menschen ein. Dazu kommen jeweils mehrere Millionen Suchtkranke oder »Eßgestörte« (darunter laut der »Deutschen Hauptstelle gegen die Suchtgefahren« allein drei Millionen behandlungsbedürftige Alkoholiker) sowie mehrere hunderttausend Lungenkranke, Magenkranke, oder Unfallopfer – von AIDS bis Zahnweh nimmt die Bedrohung unserer Gesundheit, trotz 500 Milliarden DM jährlich für das Gesundheitswesen allein in Deutschland, ständig zu.

»Das Gesundheitswesen, dem bereits Ende der 60er Jahre nahezu 10 Prozent des Bruttosozialprodukts, also ein Zehntel der geldwerten Leistungen unserer Volkswirtschaft zur Verfügung standen, wirtschaftet mit diesen Mitteln nicht sehr erfolgreich« (Christian und Lieselotte von Ferber). »Der früher verbreitete Optimismus, daß eine Leistungsausweitung im Gesundheitswesen einen Nutzen für die gesundheitliche Situation der Bevölkerung habe und von daher sich selbst rechtfertige, ist heute – nach einem weltweiten Läuterungsprozeß, der durch die starken Kostenschübe in nahezu allen Gesundheitssystemen ausgelöst wurde – kaum noch nachvollziehbar« (Ulrich Geissler). »Es kann definitiv keine Rede davon sein, daß die Menschen zunehmend gesünder werden ... Die Steigerung der Kosten ist, was die Morbidität betrifft, total unergiebig gewesen« (Hans Schäfer). »Mit einem immer größeren Aufwand an Personal und Materialien, an Spitälern, Ärzten, technischen Einrichtungen und Heilmitteln ist es uns lediglich gelungen, den Gesundheitszustand des Volkes auf dem Niveau des Jahres 1960 zu halten« (Meinrad Schär). »Große Fortschritte haben wir trotz des ausgegebenen Heidengeldes nicht gemacht.«

Dieses Paradox, daß wir mit wachsenden Ausgaben für Gesundheit trotzdem immer kränker werden, hat aber ganz andere Wurzeln als die meisten Menschen glauben. Dieser vermeintliche Widerspruch von Gesundheitsausgaben und Krankenständen ist in Wahrheit nämlich überhaupt nicht widersprüchlich, und der vermeintlich so bescheidene Ertrag des modernen Medizinbetriebs ist in Wahrheit alles andere als bescheiden. Die Wahrheit, die paradoxe und sehr schmerzhafte Wahrheit ist vielmehr, daß uns die Medizin nicht trotz, sondern *wegen* ihres Könnens immer kränker macht und immer kränker machen muß.

Diese Einsicht wird am besten mittels des Beispiels einer größeren Versammlung von Menschen klar, die aus irgendeinem Anlaß in einem Saal versammelt sind (etwa eine Geburtstagsrunde). Diese Versammlung einigt sich auf ein »Spiel« – jeder, der weniger als einen bestimmten Geldbetrag mit sich führt, muß den Saal verlassen. Wieviel Geld haben die anderen dann im Durchschnitt in der Tasche?

Offenbar hängt das ganz entscheidend von der kritischen Grenze ab. Liegt diese etwa bei eintausend Mark, d. h. jeder mit weniger als tausend Mark im Portemonnaie muß den Saal verlassen, so haben die Zurückbleibenden logisch notwendigerweise jeder für sich und damit auch im Durchschnitt mehr als tausend Mark dabei. Das muß per Konstruktion so sein, hier gibt es kein Vertun. Im Durchschnitt besitzt jeder der Zurückbleibenden mehr als tausend Mark.

Senken wir dagegen die kritische Grenze auf einhundert Mark, so bleiben einerseits mehr Menschen im Saal zurück, die aber andererseits im Durchschnitt, und die Betonung liegt auf Durchschnitt, ärmer sind. Das Vermögen der »Stammbesatzung« bleibt zwar gleich, aber der Durchschnitt sinkt, weil jetzt auch viele Personen mitzählen, die vorher nicht dabeigewesen sind.

Dieses Spiel können wir nach Belieben weitertreiben: Bei einer Grenze von zehn Mark etwa dürfen nochmals mehr Menschen bleiben, die aber im Durchschnitt nochmals ärmer sind, und genau diesen Effekt hat, grob gesprochen, wenn wir Geld mit Gesundheit vertauschen, auch die moderne Medizin: Sie gibt immer mehr Menschen, die ohne sie den Saal bzw. unsere schöne Welt verlassen müßten, sozusagen eine Aufenthaltsverlängerung.

Beispiel Nierenversagen: Wir haben in Deutschland mit die höchsten Raten an Nierenkranken in der ganzen Welt, aber nicht, weil unsere Medizin so schlecht ist, sondern weil sie so gut ist. Hätten wir nicht die weltweit vorbildlichen Möglichkeiten der künstlichen Blutwäsche für alle, die sie brauchen, gäbe es heute bei uns sehr viele Nierenkranke weniger. In England z. B. gibt es nur rund 100 Nierenkranke pro eine Million Einwohner, verglichen mit mehr als 200 in der Bundesrepublik, aber nicht, weil in England diese Krankheit seltener auftritt, sondern weil dort kaum ein Nierenkranker seinen 60. Geburtstag überlebt.

Oder nehmen wir Diabetes. Heute gibt es rund 2 Millionen Zuckerkranke in der Bundesrepublik, mehr als 10mal soviel wie zu Zeiten Röntgens oder Kochs. Das liegt aber nicht an der Unfähigkeit der Medizin, sondern daran, daß vor 60 Jahren das Insulin erfunden wurde. Auch hier das gleiche Resultat – und wir bitten, dies genauso zu interpretieren wie es gemeint ist, nämlich als reine und völlig wertneutrale Feststellung einer Tatsache: Ohne medizinischen Fortschritt wäre der Durchschnitt der Überlebenden heute gesünder.

Beispiele gibt es genug, und wir wollen auch gar nicht weiter in die Einzelheiten gehen. Der Punkt ist einfach der, und dabei zitieren wir fast wörtlich den Präsidenten der deutschen Bundesärztekammer, daß es, je besser die Medizin ist, umso mehr Kranke geben wird. Der moderne Arzt ist also weniger ein weißer Engel, der uns die Tür zum ewigen Leben aufschließt, als vielmehr ein neuer Sisyphus, dessen Mühen und Sorgen mit jedem Erfolg nur immer größer werden. Es ist daher auch eine absolute Illusion zu glauben, daß ein medizinisch effizienteres Gesundheitswesen uns als Kollektiv gesünder macht. Den einzelnen Patienten ja, aber den Durchschnitt der Überlebenden nein. Die große Gleichung »mehr Geld = mehr Gesundheit« ist ganz eindeutig falsch. Genauso könnten wir versuchen, einen Brand zu löschen, indem wir Benzin hineinschütten. Je mehr die Medizin sich anstrengt, desto kränker werden wir, die moderne Medizin sitzt ein für allemal in einer großen Fortschrittsfalle fest.

Lit.: Walter Krämer: Wir kurieren uns zu Tode, Frankfurt 1993.

Gesundheit 3
Der technische Fortschritt macht das Gesundheitswesen billiger

Anders als z. B. in der EDV, die durch den technischen Fortschritt immer preiswerter wird, hat der Fortschritt in der Medizin den Medizinbetrieb enorm verteuert. Der Grund ist, daß der Fortschritt in der EDV vor allem sogenannte »Ersatztechnologien« produziert, also Verfahren, womit eine gegebene Leistung wie etwa die Addition von 1 und 1 effizienter und damit auch billiger herzustellen ist.

Solche Ersatztechnologien gibt es in der Medizin zwar auch, aber nur am Rand. Hier dominieren ganz eindeutig die sogenannten »Zusatztechnologien«, also Verfahren, die etwas bis dato prinzipiell unmögliches auf einmal möglich machen. Zusatztechnologien wie Organverpflanzungen oder Operationen am offenen Herz *erzeugen* aber erst einen Bedarf, der vorher allenfalls latent vorhanden war, und die meisten medizinischen Fortschritte, etwa aus der folgenden Tabelle sind genau von diesem Typ.

Medizintechnische Großgeräte in Westdeutschland

	1951	1971	1991
LHK-Meßplätze	0	76	210
DSA-Geräte	0	0	491
Strahlentherapiegeräte	0	146	334
Gamma-Kameras	0	30	1204
CT-Geräte	0	0	700
Kernspintomographen	0	0	156

Das Prinzip ist also nur allzu einfach: was nicht existiert, das kostet auch nichts. Das fängt bei Kontaktlinsen an und hört bei Kernspintomographen auf, und das und nichts anderes ist für den größten Teil der Milliarden verantwortlich, die uns das deutsche Gesundheitswesen jährlich kostet. Der große Kostentreiber des modernen Gesundheitswesens sind nicht die Gesundheitsberufe oder die Pharmaindustrie, auch nicht die Patienten oder Krankenkassen, trotz aller Kleinkriminalität, die es hier an allen Ecken und Enden immer wieder gibt, der große Kostentreiber ist der medizinische Fortschritt selbst. Unser Gesundheitswesen war früher preiswerter, nicht weil die Menschen gesünder, die Ärzte bescheidener oder die Preise niedriger waren, sondern weil es all die teuren Wunderdinge, die heute die Kassenbudgets belasten, damals noch nicht gab.

Lit.: Walter Krämer: Wir kurieren uns zu Tode, Frankfurt 1993.

Giftgas
Giftgas ist eine Erfindung des 20. Jahrhunderts
(s. a. »Flammenwerfer«)

Mehr als tausend Jahre vor dem Ersten Weltkrieg haben die Chinesen in Kriegen Giftgas eingesetzt. Schon im 4. Jahrhundert hatten sie die Mittel, ihre Feinde mit Rauch aus Senfgas zu betäuben: sie trieben den Rauch mit Gebläsen auf die feindlichen Soldaten zu. Bekannt ist auch, daß die Mongolen in der Schlacht bei Liegnitz 1241 die christlichen Ritter mit »dampfausstoßenden Kriegsmaschinen« in Erschrecken setzten.

Lit.: Walter Böttger: Kultur im alten China, Leipzig 1977.

Ginseng
Ginseng hält jung

Die Wunderwurzel Ginseng wirkt ihre Wunder leider nur in der Reklame: »Irgendwann trifft es jeden. Plötzlich merkt man, daß man nicht mehr so kann wie früher. Jetzt heißt es: nicht den Kopf hängen lassen.« Und möglichst viele teure Ginseng-Wurzeln essen. Denn »Ginseng ist ein Kraftquell zur Stärkung der körperlichen und geistigen Leistungsfähigkeit«, es macht müde Männer munter und läßt uns alle spritzlebendig 120 werden.

Nach aktueller Mehrheitsmeinung der Ernährungswissenschaft ist das aber alles Einbildung – im großen und ganzen enthält die Ginseng-Wurzel nicht mehr und nicht weniger Wirkstoffe als viele andere Wurzeln auch; ihre Popularität verdankt sie vor allem der Cleverness ihrer Produzenten und der Dummheit ihrer Käufer.

Lit.: Arnold E. Bender: Health or hoax? The truth about health food and diets, Goring-on-Thames 1985.

Girokonto
Ein Girokonto ist so gut wie Bargeld (s. a. »Geld«)

Viele Menschen sehen ihr Girokonto als eine Art Tresor, so wie die notorische Großmutter, die ihr ganzes Konto abhebt, das Geld nachzählt und dem Kassierer mit den Worten wiedergibt: »Ich wollte nur sehen, ob noch alles da ist.«

Ganz so dumm wie viele glauben war die Oma nicht – die Summe aller Girokonten Deutschlands ist durch Noten bei weitem nicht gedeckt, und das Bankensystem lebt in gewisser Weise davon, daß die Menschen ihm vertrauen, daß sie sicher daran glauben, jederzeit ihr Konto in Bargeld umtauschen zu können, und daß nicht allzuviele Leute simultan so wie die Oma denken.

Lit.: H. J Jarchow: Theorie und Politik des Geldes, Göttingen 1976.

Gletscher
In Afrika gibt es keine Gletscher

Afrika besitzt rund 13 Quadratkilometer Gletscherfläche, den größten Teil davon auf dem Kilimandscharo. Von allen Kontinenten hat allein Australien keine Gletscher (auf den oft zu Australien gezählten Inseln Neu-Guinea und Neuseeland gibt es aber Gletscher).

Das afrikanische Klima war auch längst nicht immer so warm wie heute. Der Nil z. B. war seit Jesus Christus mindestens zweimal, in den Jahren 829 und 1010, zugefroren.

Lit.: Isaac Asimov: Buch der Tatsachen, Bergisch-Gladbach 1981.

Glücksspiele
Mit Vorsicht kommt man bei Glücksspielen noch am ehesten ans Ziel

Wer bei Glücksspielen aus einem bestimmten Ausgangskapital mit der größtmöglichen Wahrscheinlichkeit ein bestimmtes höheres Endkapital erreichen will, tut gut daran, möglichst riskant zu spielen – Vorsicht wäre hier .nur kontraproduktiv. Bei Glücksspielen, die im Mittel weniger auszahlen als sie kosten, ist es immer vorteilhaft, auf maximales Risiko zu setzen.

Wer etwa beim Roulette in Las Vegas aus neunhundert Dollar tausend Dollar machen will, darf auf keinen Fall immer nur einen Dollar auf einfache Chancen setzen. Denn trotz einer auf den ersten Blick recht fairen Auszahlungsquote von 94,7 Prozent beim amerikanischen Roulette ist die Wahrscheinlichkeit, so irgendwann einmal auf tausend Dollar zu kommen, nur 0,003 Prozent. Mit anderen Worten, das ist fast unmöglich, dieses scheinbar nahe Ziel bleibt bei vorsichtigem Spielen praktisch unerreichbar.

Wenn wir dagegen hundert statt einen Dollar auf eine einfache Chance setzen und bei Verlust jeweils verdoppeln, bis wir entweder gewinnen oder unser ganzes Geld verlieren, erreichen wir die tausend Dollar mit einer Wahrscheinlichkeit von 89 Prozent.

Das ist zugleich auch schon die Obergrenze – bei keiner anderen Strategie ist die Wahrscheinlichkeit der Zielerreichung größer.

Die allgemeine Formel für diese Obergrenze der Wahrscheinlichkeit, aus einem Anfangskapital ein vorbestimmtes Endkapital zu erspielen, ist

$$1 - (1 - \text{Anfangskapital/Endkapital})^{\text{Auszahlungsquote}}.$$

Sie liefert uns etwa für europäisches Roulette, mit einer Auszahlungsquote bei einfachen Chancen von 98,6 Prozent und einem Verhältnis von Anfangs- zu Endkapital von 1:2, die Obergrenze

$$1 - (1 - 1/2)^{0{,}986} = 0{,}495 = 49{,}5 \text{ Prozent},$$

und dieser Obergrenze kommen wir nie näher, als wenn wir gleich im ersten Spiel das ganze Kapital auf einmal setzen.

Bei anderen Glücksspielen, Zielsummen und Quoten sind auch die optimalen Strategien anders. Wollen wir beim Roulette das Anfangskapital nicht verdoppeln, sondern verzehnfachen, so kann das bedeuten, immer soviel Geld wie zum Erreichen dieses Zieles nötig *auf eine einzige Zahl* zu setzen. Beim Lotto kann es heißen, alle Tippreihen identisch auszufüllen, und bei Pferdewetten sind die besten Strategien nochmals anders (etwa auf Außenseiter setzen). Aber eins bleibt immer gleich: Der vorsichtige Spieler mag zwar nicht als armer Mann nach Hause gehen, aber an das Ziel kommt er zuletzt.

Lit.: Lester E. Dubins und Leonard J. Savage: How to gamble if you must, New York 1965; Cynthia A. Coyle und Chamont Wang: »Wonna bet? On gambling strategies that may or may not work in a casino,« The American Statistician 47, 1993, 108-111; Walter Krämer: Denkste! Trugschlüsse aus der Welt des Zufalls und der Zahlen, Frankfurt 1995.

Gold 1
Gold kommt vor allem in Goldminen vor

Das meiste Gold gibt es nicht auf dem Land, sondern im Wasser: In den Ozeanen unserer Erde schwimmen fast neun Millionen Tonnen Gold, rund 200mal mehr als im bisherigen Verlauf der Menschheitsgeschichte in allen Goldminen des Globus zusammen gefunden und gefördert worden sind.

Außer Gold sind auch noch viele andere Mineralien im Meerwasser enthalten. Die folgende Tabelle zeigt, wieviel davon rund auf einen Kubikkilometer Meerwasser kommen:

Soviele Tonnen sind in einem Kubikkilometer Meerwasser enthalten:

Natriumchlor (gew. Salz):	72 600 000
Magnesiumchlor	10 150 000
Magnesiumsulfate	4 430 000
Kaliumsulfat	3 560 000
Kalziumcarbonat	328 000
Magnesiumbrom	198 000
Brom	170 100
Bor	12 000
Silber	25
Gold	14
Uran	4

Von diesen Mineralien wird aber nur Natriumchlor, also gewöhnliches Salz, sowie Magnesium in größerem Umfang kommerziell aus Meerwasser gewonnen.

Lit.: Isaac Asimov: Buch der Tatsachen, Bergisch-Gladbach 1981.

Gold 2
Gold ist seltener als Eisen

Gold war durchaus nicht immer seltener als Eisen. Die Inkas Südamerikas z. B. kannten vor den spanischen Eroberungen überhaupt kein Eisen, besaßen aber reichlich Gold. Sie verwendeten es außer zur Dekoration auch für Eßbestecke, Kämme oder Nägel.

Im frühen Ägypten war auch Silber wertvoller als Gold, weil man es seltener in Klumpen findet.

Lit.: Isaac Asimov: Buch der Tatsachen, Bergisch-Gladbach 1981.

Gold 3
Gold widersteht jeder Säure

Gold löst sich in einer Mischung von 3 Teilen Salzsäure und einem Teil Salpetersäure auf. Der Trick ist dabei der, daß die Salpetersäure das Gold zunächst nur oxidiert; dieses oxidierte Gold wird dann in der Salzsäure gelöst.

Glühwürmchen

Glühwürmchen sind Käfer, keine Würmer. Es gibt mehrere Arten, in Europa am bekanntesten die Lampyris noctiluca.

Das Licht erzeugen die Glühwürmchen (übrigens nur die Weibchen) durch die Reaktion von Luziferin, einer chemischen Substanz, und Sauerstoff, wobei ein weiterer Stoff, Luziferase, eine Katalysatorrolle übernimmt, d. h. die chemische Reaktion als neutraler Begleiter unterstützt. Außerdem bewirkt noch eine Schicht von Ammoniumnitratkristallen eine bessere Streuung des Lichts.

Ein besonders bemerkenswertes Glühwürmchen ist das Weibchen des Phrixothrix, welches in Südamerika vorkommt: Es sendet sowohl rotes als auch grüngelbliches Licht aus, entweder gleichzeitig oder abwechselnd. Das Rotlicht kommt vom Kopf, das Grünlicht von einer Anzahl leuchtender Organe am Leib.

Lit.: William C. Vergara: Das Blaue vom Himmel herunter gefragt, Augsburg 1993.

Göttliche Komödie

Dieses große Werk des großen Dante Alighieri wurde von Dante selbst nie »Göttliche Komödie« genannt – er nannte es »La Commedia«. Das Beiwort »göttlich« wurde erst 200 Jahre später, lange nach Dantes Tod, von geschäftstüchtigen Buchdruckern dazugesetzt; zum ersten Mal erschien es auf einer von Lodovico Dolci besorgten Ausgabe im Jahr 1555.

Lit.: Harenbergs Lexikon der Weltliteratur, Dortmund 1989.

Grasmücke
Die Grasmücke hat etwas mit Mücken oder Gras zu tun

Dieser beliebte Singvogel aus der Gattung »Sylvia Atricapilla«, auch »Schwarzplättchen« oder »Plattmönch« genannt, hat seinen Namen von dem mittelhochdeutschen »Gra-smiege« = Grau-Schlüpfer; er ist grau und ein »Meister im Durchkriechen, Durchhüpfen und Durchschlüpfen des Gebüschs«.

Lit.: O. Kleinschmidt: Die Singvögel der Heimat, Leipzig 1931.

Guillotine
Die Guillotine ist eine Erfindung des Dr. Guillotin

Diese Tötungsmaschine ist keineswegs eine Erfindung des französischen Wundarztes Joseph Ignace Guillotin (1738-1814), von dem sie ihren Namen hat. Ähnliche Fallbeile für den gleichen Zweck gab es schon im alten Persien oder im deutschen Mittelalter, wo man dieses Instrument als »Diele«, »Hobel« oder »welsche Falle« kannte.

Nach Frankreich kam die Guillotine gegen Ende des 18. Jahrhunderts aufgrund eines Gutachtens des Arztes Dr. Anton Louis aus Metz; sie hieß deshalb zunächst »Louisette« oder »Petite Louison«. Der Konstrukteur des ersten Prototyps war ein Deutscher namens Schmitt, das erste Opfer ein Straßenräuber namens Pelissier.

Ihren heutigen Namen erhielt die Guillotine erst einige Jahre nach dieser Premiere; man fand in den Protokollen der Nationalversammlung von 1789 einen Antrag des Bürgers Guillotin, die Todesstrafe in Frankreich künftig ohne Ansicht des Standes des Opfers immer auf die gleiche Weise zu vollstrecken, am besten mittels Fallbeil, das sei noch am humansten. Mit dem Terror der französischen Revolution hatte der gute Dr. Guillotin aber nichts zu tun, und seine Kinder waren über die Verbindung dieses Namens mit dem Terror so entsetzt, daß sie beim Tod des Doktors 1814 den Familiennamen ändern ließen.

Lit.: Fritz C. Müller: Was steckt dahinter? Namen, die Begriffe wurden, Eltville 1964.

Gustav Adolf

Der Schwedenkönig Gustav Adolf ist vor allem zur Rettung der deutschen Protestanten in den 30jährigen Krieg gezogen

Gustav Adolf ist aus den gleichen Gründen in den Krieg gezogen, aus denen Könige schon immer in den Krieg gezogen sind: um seine Macht zu mehren. Es ging ihm vor allem darum, die Ostsee zu beherrschen, und um die Chance, nach dem erfolgreichen Ende des schwedisch-polnischen Krieges 1629 das Chaos in Deutschland für seine Zwecke auszunutzen. Daß er dabei quasi nebenbei zum »Retter Deutschlands« wurde (aus protestantischer Sicht), hat ihm sicher sehr geschmeichelt, aber nach der Mehrheitsmeinung der Historiker sein Handeln nicht allein und auch nicht vordringlich geleitet.

Als Gustav Adolf am 6. Juli 1630 mit 13000 Schweden an der Peenemündung landete, blieb der Jubel unter Deutschlands Protestanten denn auch sehr begrenzt. Nur die Fürsten von Hessen-Kassel und Sachsen-Weimar grüßten ihn freundlich, wenn auch aus der Ferne; die übrigen protestantischen Landesherren blieben zunächst mißtrauisch bis feindlich-neutral; Gustavs bester Verbündeter war lange ein gutkatholischer Herrscher, der König von Frankreich, während viele deutsche Protestanten mit ihm nichts zu schaffen haben wollten.

Erst die Eroberung und Plünderung Magdeburgs durch den kaiserlichen Feldherrn Tilly schmiedete die geschlagenen Protestanten zusammen; aus Furcht vor einem Sieg des Kaisers wandten sie sich schließlich Gustav Adolf zu.

Lit.: Hans F. Helmolt: Weltgeschichte, 7. Band, Leipzig 1920; William Lewis Hertslet: Der Treppenwitz der Weltgeschichte, 11. Auflage, Berlin 1965.

»Wahrheiten, die man ganz besonders ungern hört, hat man besonders nötig.«
La Bruyère

H

Haare 1
Häufiges Haareschneiden fördert den Haarwuchs

Das stimmt nur bedingt. Richtig ist: Je kürzer das Haar, desto schneller wächst es. Kurzes Kopfhaar wächst rund zwei Zentimeter im Monat, langes Haar (30 cm) nur noch halb so schnell. Außerdem hängt das Wachstum noch von Hautpartie, Geschlecht und Alter ab: Am schnellsten wächst das Haar auf dem Kopf von 18- bis 25-jährigen Frauen.

Falsch ist allerdings, daß die Zahl der Haare durch das Schneiden wächst. Diese Zahl ist genetisch programmiert und durch den Menschen (noch) nicht zu beeinflussen.

Lit.: Stichwort »Hair« in Microsoft CD-ROM Encyclopädie Encarta, 1994.

Haare 2
Häufiges Haarewaschen führt zu Haarausfall

Der Mensch verliert pro Tag im Durchschnitt 50 bis 100 Kopfhaare, ob wir diese waschen oder nicht.

Lit.: Dr. Reitners Großes Gesundheitslexikon, Niedernhausen 1987.

Haare 3
Menschliches Haar wird zuweilen binnen Stunden weiß

Die einzige Methode, binnen weniger Stunden seine Haarfarbe zu ändern, ist ein Frisörbesuch.

Die zahlreichen Anekdoten, die vielerorts über Menschen kursieren, deren Haare aufgrund eines Schocks oder tragischen Ereignisses über Nacht erbleicht sein sollen, beruhen auf einem Mißverständnis: die dunklen Haare sind nicht weiß geworden, sondern ausgefallen. Gewisse Haarkrankheiten (etwa die sog. alopecia areata) fallen nämlich vorzugsweise dunkle Haare an; sie lassen weiße Haare stehen. Menschen, die sowohl helle als auch dunkle Haare haben, lassen einen dann leicht denken, das dunkle Haar sei weiß geworden.

Natürlich können dunkle Haare auch ergrauen, wie jeder Leser über 40, der in den Spiegel schaut, gerne bzw. nicht so gerne bestätigen wird. Aber da unser Haar nur rund einen Zentimeter pro Monat wächst und das Weißwerden an der Wurzel anfängt, dauert ein kompletter Farbwechsel pro Haar mehrere Wochen, nicht mehrere Stunden; mit den über Nacht schlohweiß gewordenen Gestalten der Folklore hat das nichts zu tun.

Lit.: A. J. Ephraim. »On sudden or rapid whitening of the hair«, Archives of Dermatology 79, 1959, 142-149; F. Helm und H. Milgrom: »Can scalp hair suddenly turn white?« Archives of Dermatology 102, 1970, 102-103.

Haare 4
Unser Haar wächst nach dem Tode weiter (s.a. »Fingernägel«)

Auch dieses Haar ist nach dem Tod nicht mehr gewachsen: Eleanor Siddal, deren Haarpracht ihre Trägerin um einiges überlebt haben soll

Mit unserem Tod (korrekt: mit dem Stillstand des Herzens) hört auch das Wachstum unseres Haares auf, allen anderslautenden Anekdoten zum Trotz. »Der Grabstein sprang beim ersten Schlag mit der Hacke in Stücke, aus der Öffnung ergoß sich, leuchtend kupferfarben, eine lebendige Haarflut«, schreibt Gabriel García Márquez in der Vorrede zu seinem Roman »Von der Liebe und anderen Dämonen«, um die Heldin seiner Geschichte, ein junges Mädchen, einzuführen, der kurz vor ihrem Tod die Haare abgeschnitten wurden. »Der Maurermeister erklärte mir unbeeindruckt, daß menschliches Haar einen Zentimeter im Monat wächst, auch noch nach dem Tod...«

Aber der Maurermeister irrt. Unsre Haare wachsen dadurch, daß sich in der Haarwurzel die Haarzellen teilen. Mit dem Stillstand des Herzens endet der Blutkreislauf, die über das Blut mit Nährstoff versorgten Haarwurzeln erhalten keine Nahrung mehr, sie stellen die Zellteilung ein; damit ist das Haarwachstum beendet. Allenfalls die Barthaare am Kinn können nach dem Tod einige Millimeter länger erscheinen – aber nicht, weil sie gewachsen wären, sondern weil die Kopfhaut trocken wird und schrumpft.

Lit.: Gabriel García Márquez: Von der Liebe und anderen Dämonen, Köln 1994.

Hängematte
Hängematte kommt von »hängende Matte«

»Hängematte« leitet sich von dem indianischen »hamaca« ab – so nennen viele Indianer im tropischen Südamerika ihre zwischen Bäume aufgespannten Schlaf- und Ruhemöbel (die Mayas verwendeten die Hängematte auch als Sänfte). Über »Amakken« und »Hangmak« wurde dann daraus die deutsche Hängematte.

Wegen ihres geringen Platzbedarfs wurden diese indianischen Hamacas dann auf den Segelschiffen der Europäer sehr beliebt und haben sich so auch außerhalb Amerikas verbreitet. Auf Englisch heißt Hängematte »hammock«.

Lit.: Etymologisches Wörterbuch des Deutschen, 2. Auflage, Berlin 1993.

Haftung
Eltern haften für ihre Kinder

Eltern haften *nicht* in jedem Fall für ihre Kinder. Sie haften nur, wenn sie deren Missetaten absichtlich oder fahrlässig ermöglicht oder gar gefördert haben.

Zahlen müssen wir zum Beispiel, wenn unser siebenjähriger Filius beim Spielen mit Zündhölzern die Scheune des Nachbarn abbrennt. Nach einer Entscheidung des Bundesgerichtshofs reicht es hier nicht, das Kind vor der Gefahr des Feuers nur zu warnen; zusätzlich müssen wir die Zündhölzer auch noch für dieses unzugänglich aufbewahren.

Nicht zahlen müssen wir dagegen, wenn die Kinder die Zündhölzer zufällig und ohne unser Zutun finden. Hier hat der Bundesgerichtshof die Eltern eines Achtjährigen, der mit anderen Kindern im Öllagerraum unter einer Gaststätte mit dort herumliegenden Zündhölzern ein Feuer entfacht und einen Schaden von mehr als 200 000 Mark verursacht hatte, von der Haftung freigesprochen.

Ebensowenig verletzen wir im allgemeinen unsere Aufsichtspflicht, wenn
- ein Elfjähriger sich allein in der Wohnung aufhält;
- vierjährige Kinder gemeinsam mit neunjährigen auf Dorfwegen spazierengehen;
- ein fünfjähriges Kind nach ausreichender Belehrung alleine einkaufen geht;
- ein fünfjähriges Kind allein auf dem Gehweg spielt, nachdem es vorher ermahnt wurde, nicht die Fahrbahn zu betreten;
- oder ein vierjähriges Kind mit dem Roller auf einer verkehrsarmen Straße fährt.

In allen diesen Fällen hatten Kinder Schäden angerichtet, aber die Eltern wurden von der Haftung freigesprochen.

Lit.: Michael Scheele und Reinhard Wetter: Ratgeber Recht, 2. Auflage, München 1988.

Haie
Haie greifen gerne Menschen an

Haie greifen nur im Notfall Menschen an, wenn man sie reizt oder sie nichts anderes zu fressen finden. Nur von 10 oder 12 der rund 350 Arten ist bekannt, daß sie, ohne provoziert zu werden, Menschen attackieren; die anderen geben sich in der Regel mit kleinerem Futter zufrieden ...

Zwischen 1916 und 1969 wurden weltweit insgesamt 32 Angriffe des Weißen Hais, des größten und gefährlichsten Exemplars der Gattung, auf Menschen registriert, 13 davon mit Todesfolge. Das macht pro Jahr und weltweit weniger als einen einzigen Angriff eines Weißen Hais auf einen Menschen.

Nimmt man auch andere Haie mit dazu, etwa den Tigerhai, den Blauhai oder den Bullenhai, die ebenfalls Menschen attackieren, wird die Zahl der Todesopfer größer, kommt aber immer noch nicht an die Zahl der Menschen heran, die jährlich von Hunden totgebissen werden.

Lit.: Lee Server: Haie, Erlangen 1990; Stichwort »Great White Shark« in Microsoft CD-ROM Encyclopädie Encarta, 1994.

Hamburger

Die meisten Engländer und Amerikaner, aber auch manche Schnellimbiß-Kunden hierzulande glauben, »Hamburger« käme von Schinken = ham, so wie »Cheeseburger« von cheese = Käse oder »Fishburger« von Fisch.

In Wahrheit hat der Hamburger seinen Namen tatsächlich von der Stadt Hamburg. Ursprünglich ein einfaches Hackfleisch, so wie von den Tataren Rußlands im Deutschland des 14. Jahrhunderts übernommen (die Tataren wollten durch das Kleinhacken vor allem das zähe Fleisch der russischen Steppenrinder genießbarer machen; noch heute erinnern wir uns daran mit dem »Beefsteak Tatar«), kam dieses mit deutschen Auswanderern über Hamburg nach Amerika; dort klemmte man es dann, vermutlich um Besteck zu sparen, nach dem Braten zwischen die zwei Seiten eines aufgeschnittenen Brötchen.

Auf der Weltausstellung in St. Louis 1904 wurden dieses Hackfleischbrötchen als »Hamburg« verkauft (noch ohne »er« am Schluß); weniger später kam dann noch das »er« dazu, und so heißen diese Hackfleischbrötchen heute noch Hamburger.

Lit.: Charles Panati: Universalgeschichte der ganz gewöhnlichen Dinge, Frankfurt 1994.

Hameln
Der Rattenfänger von Hameln ist eine historische Figur

Der Rattenfänger von Hameln hat niemals existiert; diese wohl bekannteste deutsche Sagengestalt ist eine aus mehreren Quellen gespeiste Erfindung.

Wahr ist vermutlich, daß an einem Sonntag des Jahres 1284 zahlreiche junge Menschen (die Sage spricht von 130) aus Hameln weggezogen und nie zurückgekommen sind. Das waren aber keine Kinder – man hat nur lange Zeit das alte »Kint« als »Kind« verstanden; »Kint« konnte im mittelhochdeutschen aber auch »Jüngling«, »Jungmann« oder »Jungfrau« heißen. Und der Mann mit der Pfeife war auch kein Rattenfänger, sondern höchstwahrscheinlich ein Werber, der neue Siedler in den Osten locken sollte. Für diese Sicht der Dinge spricht etwa das Dorf Hamlingow bei Brünn in Mähren, dessen Namen möglicherweise aus Hamlingen = Hamelin = Hameln entstanden ist, sowie auch eine andere Variante der Rattenfängersage, wonach die Kinder in einer großen Höhle verschwunden und in Siebenbürgen wieder herausgekommen seien.

Auch die älteste bekannte schriftliche Fassung der Sage, festgehalten in einer Lüneburger Handschrift von etwa 1430, spricht nur von einem eleganten Jüngling, der mit den jungen Menschen verschwunden ist, aber nicht von deren Tod und nicht von Ratten.

Andere, aber weniger wahrscheinliche Erklärungen sind der Kinderkreuzzug von 1212 oder die Schlacht bei Sedemünde 1259, bei der viele junge Männer Hamelns, geführt von einem bunt gekleideten Hauptmann, im Kampf gegen den Bischof von Minden umgekommen sind. Diesen beiden Erklärungen steht aber das Datum 1284 entgegen, das seit den Frühzeiten der Sage immer fest geblieben ist.

Die Ratten wurden dem Auszug erst später vorgeschaltet, um den im Lauf der Zeiten unverständlich gewordenen Auszug der »Kinder« nachträglich zu erklären. Wie in den modernen Großstadtmythen von der Ratte in der Fertigpizza hat hier die Volksseele ein Ventil gefunden, ihre Angst und ihr Gerechtigkeitsempfinden ohne Schuldgefühle auszuleben.

Diesen Rattenfänger hat es nie gegeben: das Rattenfänger-Glockenspiel am sog. »Hochzeitshaus« in Hameln

Lit.: William L. Hertslet: Der Treppenwitz der Weltgeschichte, Berlin 1965; Gerhard Prause: Tratschkes Lexikon für Besserwisser, München 1986.

Handelsdefizit
Die USA importieren mehr als sie exportieren

Die oft gehörte Klage der Amerikaner: »Wir kaufen eure Güter, aber ihr kauft nichts bei uns« ist nach neueren Studien nicht berechtigt – das berühmte amerikanische Handelsdefizit ist nämlich eine statistische Seifenblase.

Die herkömmliche Außenhandelsstatistik zählt allein den grenzüberschreitenden Güterverkehr, und so gesehen haben die Amerikaner Recht: danach haben die USA etwa im Jahr 1991 für insgesamt 28 Milliarden Dollar mehr Güter und Dienstleistungen aus dem Ausland importiert als in das Ausland exportiert.

Aber diese herkömmliche Statistik verzerrt das wahre Bild. Denn auf das Überschreiten der Landesgrenze kommt es hier doch gar nicht an. Was zählt, ist das, was Amerikaner an Ausländer verkaufen, und selbst von Ausländern kaufen, unabhängig davon, ob die gehandelten Güter und Dienstleistungen dabei die Landesgrenze überschreiten. Ob eine amerikanische Whiskybrennerei ihre Produkte in den USA (etwa an Touristen) oder in Deutschland an deutsche Haushalte verkauft, ist rein ökonomisch betrachtet dasselbe – in beiden Fällen verkauft eine amerikanische Firma ihr Produkt an einen Ausländer.

Ermittelt man den internationalen Handel aber mit dieser Methode, wird aus dem amerikanischen Handelsdefizit ein Handels*überschuß*. Statt 28 Milliarden Dollar Defizit etwa 1991 verbuchen die USA einen Überschuß von je nach Berechnungsmethode 24 bis 160 Milliarden Dollar, und haben damit keinen Grund, dem Rest der Erde etwas vorzujammern.

Lit.: S. Landefeld et al.: »Alternative frameworks for U.S. international transactions«, Survey of Current Business, Dez. 1993; »Grossly distorted picture«, The Economist, 5. 2. 1994.

Haschisch 1
Haschisch macht süchtig

Haschisch alias Marihuana, der Blütenextrakt der weiblichen Hanfpflanze Cannabis sativa, macht nicht süchtiger als Alkohol oder Nikotin, eher weniger. So das übereinstimmende Fazit zahlreicher medizinischer und soziologischer Untersuchungen zu Haschisch und Haschischkonsum, die in den vergangenen fünfzig Jahren in den USA und weltweit unternommen worden sind.

Daß trotzdem viele Menschen etwas anderes glauben, liegt vor allem daran, daß sie diese Droge im Gegensatz zu Alkohol und Nikotin nicht kennen und mit den wirklich gefährlichen harten Drogen wie Heroin und Kokain zusammenwerfen.

Lit.: R. W. Leonhardt: Haschisch-Report, München 1970; Stichwortartikel »Marijuana« im Microsoft CD-ROM Encyclopädie Encarta, 1994.

Haschisch 2
Haschisch ist eine Einstiegsdroge

Viele Menschen, die von harten Drogen abhängen, haben früher auch Haschisch geraucht. Daraus wird dann oft geschlossen, sie seien rauschgiftsüchtig, *weil* sie Haschisch geraucht hätten.

Diese These ist aber nach der Mehrheitsmeinung der modernen Drogenforscher nicht zu halten. Es läßt sich allenfalls ein indirekter Zusammenhang dadurch nachweisen, daß Haschischraucher beim Einkauf fast notwendig auch in Kreise hineingeraten, in denen man auch harte Drogen handelt; durch ihre Stellung außerhalb der aktuellen Normen sind sie quasi Freiwild für die »echten« Drogenhändler. »Es ist möglich, daß gewisse langfristige Effekte auf das Verhalten zu einem mehr oder weniger großen Maße vom gesellschaftlich-kulturellen Milieu abhängen, in dem sich das Individuum dem Rauschmittel hingibt«, schreibt die Weltgesundheitsorganisation. »So befindet sich der Haschisch-Raucher in einer Gesellschaft, in der der Cannabiskonsum illegal ist und allgemein verworfen wird, automatisch in einem Zustand des Nichtkonformseins. Diese einfache Tatsache kann ihm verschiedene Möglichkeiten der gesellschaftlichen Anpassung verschließen und drängt ihn dazu, einen unterschiedlichen Lebensstil anzunehmen, der oft mit der Einnahme von Rauschmitteln nicht das geringste zu tun hat.«

Kein Mensch z. B. käme auf den Gedanken, daß etwa die Sucht nach Kokain durch Nikotin entsteht, nur weil ein Großteil der modernen Kokain-Konsumenten früher Zigarettenraucher war oder heute auch noch ist. Oder um dieses Schein-Argument einmal auf die Spitze zu treiben: dann müßten wir auch Hühnereier oder Milch verbieten, denn es gibt kaum einen Übeltäter, Massenmörder oder Sexualverbrecher auf dem Globus, der nicht irgendwann in seinem Leben einmal Milch getrunken oder ein Spiegelei gegessen hat.

Wir haben hier das ewige Problem der Korrelation und Kausalität: Zwei Verhaltensweisen treten gehäuft zusammen auf, und schon wird geschlossen, daß die eine die andere verursacht. Aber wie wir unter dem Stichwort »Korrelation« noch sehen werden, kann eine positive Korrelation auch auf andere Art entstehen, etwa dadurch, daß beide Verhaltensweisen gemeinsam von einer dritten Ursache abhängen, und genau das scheint bei harten und weichen Drogen in der Tat der Fall zu sein.

Lit.: Ulf Homann: Das Haschischverbot, Frankfurt 1972; D. F. Duncan: »Marijuana and Heroin«, British Journal of Addiction 70, 1975, S. 192-197.

Hauptmann von Köpenick
Der Hauptmann von Köpenick war ein ewiger Verlierer

Wilhelm Vogt alias »Hauptmann von Köpenick«

Der in Literatur und Film gern als der typische Verlierer dargestellte Schuster Wilhelm Vogt alias Hauptmann von Köpenick war vom Schicksal weit weniger geschlagen als uns diese Quellen glauben machen. Zumindest sein letztes und berühmtestes Gaunerstück hat dem Schuster nämlich durchaus etwas eingebracht.

Als Wilhelm Vogt in seiner gebrauchten Hauptmannsuniform am 16. Oktober 1906 ein paar Grenadiere anhält und mit diesen das Rathaus in Köpenick besetzt, hat er zwar schon 28 Jahre, fast genau die Hälfte seines Lebens, hinter Gittern zugebracht, denen noch 20 weitere Monate wegen Freiheitsberaubung, Betrug und Urkundenfälschung folgen sollten. Aber anders als bei seinen früheren Delikten – kleine Diebstähle, Urkundenfälschungen, Einbruch – ist er diesmal trotz der baldigen Verhaftung der Gewinner: Die Geschichte kommt in die Zeitungen, Vogt wird berühmt, bekommt ins Gefängnis Geld und sogar Heiratsanträge geschickt, und der Kaiser höchstpersönlich erläßt dem Schuster den größten Teil der Strafe.

Nach dem Gefängnis tingelt Vogt mehrere Jahre als Alleinunterhalter durch deutsche Jahrmärkte und Wirtshäuser, von seinen Abenteuern erzählend. Von den Honoraren für diese Auftritte und aus dem Erlös von signierten Postkarten mit ihm selbst in Hauptmannsuniform kauft er sich 1912 in Luxemburg ein Haus, in dem er als Rentner noch 10 Jahre friedlich und weit komfortabler als die meisten anderen Deutschen damals lebt.

Lit.: Carl Zuckmayer: Der Hauptmann von Köpenick, Berlin 1931; Gerhard Prause: Tratschkes Lexikon für Besserwisser, München 1986 (besonders den Abschnitt »Köpenick: Am Ende hat der Hauptmann doch gewonnen«).

Haut
Nach dem Baden schrumpft die Haut

Durch ein warmes Wannenbad wird unsere Haut nicht enger, sondern weiter; sie dehnt sich aus. Besonders die Hornhaut an Fingern, Handflächen und Füßen erweitert, wenn sie sich mit Wasser vollsaugt, ihre Oberfläche, so daß sie seltsam faltig wirkt.

Weniger ausgeprägt, aber ebenfalls vorhanden, ist dieser Effekt auch auf dem Rest der Haut. Diese kann mehr Wasser aufnehmen, ohne an Volumen zuzunehmen, dehnt sich aber gleichfalls durch das warme Baden aus.

Lit.: David Feldman: Warum ist die Banane krumm? München 1987

Heilige Drei Könige (s.a. »Stern von Bethlehem«)

Die Heiligen Drei Könige, deren Gebeine man im Kölner Dom verehrt, sind strikt gesehen keine Heiligen: ein Heiliger oder eine Heilige muß von der Katholischen Kirche in einem eigenen Verfahren dazu erhoben werden, und ein solches Verfahren hat es für die Heiligen Drei Könige nie gegeben.

Auch Könige sind die Herren Kaspar, Balthasar und Melchior nie gewesen – in der Bibel ist nur von »Weisen«, »Magiern« bzw. »Sterndeutern« die Rede. Und auch die Namen selber sind erfunden, sie werden in der Bibel nirgendwo erwähnt; zum ersten Mal ist in einer um 500 nach Christus in armenischer Sprache abgefaßten Kindheitsgeschichte Jesu von den drei Königen Melkon von Persien, Gaspar von Indien und Baltassar von Arabien die Rede, vorher nicht. Der Evangelist Matthäus, der als einziger im Neuen Testament von der Anbetung berichtet, erwähnt mit keiner Silbe, wie die Anbeter heißen, oder wieviele es überhaupt waren.

Daß es drei gewesen seien, wurde aus den drei Gaben – Weihrauch, Myrrhe, Gold – nicht ganz wasserdicht zurückgeschlossen (oder man hat auch nur die in der christlichen Mythologie so wichtige Zahl Drei auf die Anbetung im Stall zu Bethlehem übertragen). Zu Königen wurden die Sterndeuter erst in nachträglichen Interpretationen, u. U. wegen einer mißverständlichen Übersetzung von »Magier« (»König« meinte zu Zeiten Jesu etwas ganz anderes als im Mittelalter, nämlich weit weniger; fast jeder Vasall der Römer war damals ein »König«) oder aber aufgrund einer Prophezeiung aus dem Alten Testament, wo es heißt: »Die Könige von Tarsis und auf den Inseln sollen Geschenke bringen . . . «

Nach Köln kamen die Könige bzw. deren Gebeine im Jahr 1158 auf Veranlassung des Reichskanzlers und Kölner Erzbischofs Rainald von Dassel; er hatte sie einem Reliquienhändler in Mailand abgekauft, vielleicht sich auch von den Bürgern der Stadt Mailand schenken lassen – die näheren Umstände des Erwerbs sind nicht genau geklärt. Die Mailänder hatten die Reliquien angeblich Ende des 4. Jahrhunderts selbst als ein Geschenk erhalten, und zwar vom Kaiser aus Byzanz, wohin wiederum sie aus Palästina gekommen sein sollen, wo sie die Mutter des Kaisers bei einer Pilgerfahrt gefunden haben will.

Aber was tun die Gebeine der Sterndeuter in Palästina? So heißt es etwa in der Bibel, die Weisen seien nach Anbetung in ihre Heimat, wahrscheinlich das Zweistromland Mesopotamien, zurückgekehrt, so daß dort auch ihre Knochen liegen. Und auch die Überführung von Konstantinopel nach Mailand ist nur in einer posthumen Biographie eines Mailänder Bischofs erwähnt, der »Vita Eutorgii«, die mehrere hundert Jahre später ausgerechnet in Köln entstand. Vermutlich hat also Rainald von Dassel als rechte Hand des Deutschen Kaisers diese Legende einfach politisch ausgenützt, um im damaligen Streit zwischen Papst und Kaiser seinem Herrn, dem Kaiser, einen Vorteil zu verschaffen: die Könige, also die weltlichen Herrscher, waren die ersten, die das Christkind anbeteten, und haben deshalb, so die Logik Dassels, Vorrecht vor dem Papst. Daher ist auch klar, warum die Partei des Papstes keine Eile hatte, durch eine Heiligsprechung diese Sicht der Dinge zu befördern.

Lit.: Gerhard Prause: Tratschkes Lexikon für Besserwisser, München 1986 (besonders der Abschnitt »Drei Könige«); Konradin Ferrari d'Occhieppo: Der Stern von Bethlehem in astronomischer Sicht, Gießen 1994 (besonders der Abschnitt »Über die Magier« auf den Seiten 133 ff.).

Heißes Wasser
Heißes Wasser löscht Feuer schlechter als kaltes

Wasser löscht Feuer nicht direkt, sondern indirekt, per Umweg über den Wasserdampf, der beim Kontakt des Wassers mit dem brennenden Material entsteht. Dieser Wasserdampf hüllt den Brandherd ein und verhindert so die Zufuhr von Sauerstoff – das Feuer erstickt.

Ist das Wasser also schon von sich aus heiß, wird dieses Verdampfen und damit das Löschen des Feuers erleichtert. Hinzu kommt noch die höhere Viskosität des heißen Wassers, das sich damit schneller an der Brandstelle ausbreiten kann als kaltes und damit nochmals das Feuerlöschen leichter macht.

Herz
Unser Herz schlägt links

Unser Herz schlägt weder links noch rechts, sondern in der Mitte. Es sitzt ziemlich zentral in unserem Brustkorb, unmittelbar hinter dem Brustbein zwischen linkem und rechtem Lungenflügel.

Hexen
Hexenverbrennungen sind eine Erfindung des Mittelalters

Das sogenannte »finstere Mittelalter« (»the dark ages«, wie die Engländer sagen), die Zeit vom Untergang des weströmischen bis zum Untergang des oströmischen Reiches, also von rund 500 bis 1500 nach Christus, hat heute einen schlechten Ruf – es gilt nicht gerade als die große Wunschepoche, in die wir aufgeklärten Neuzeitler uns gern zurückversetzen lassen würden.

Unter diesem kollektiven Naserümpfen wird aber häufig übersehen, daß eine der finstersten Episoden der ganzen Menschheitsgeschichte, die heute kaum mehr nachvollziehbare Hexenhysterie vergangener Jahrhunderte, gar nicht im Mittelalter stattgefunden hat. Sie kam vielmehr erst nach dessen Ende, in der Renaissance, in dem Zeitalter des Lichts und der Erleuchtung, und mit der aktiven Unterstützung vieler heute hochverehrter Menschenfreunde, so richtig in die Gänge.

Die Wahrscheinlichkeit, als Hexe oder Hexer auf dem Scheiterhaufen zu enden, war zu Zeiten Luthers, Galileis oder Gutenbergs weit größer als davor. Zwar konnte man auch im Mittelalter durchaus durch das Feuer sterben, vor allem wegen Ketzerei und Insubordination gegen die allgegenwärtige Kirche, aber Hexenprozesse, wie wir sie aus dem modernen Kino kennen, mit ihren absurden Anklagen wegen Beschwören des Wetters, Beischlaf mit dem Satan, Verzaubern ungeliebter Nachbarskinder oder Orgien auf Besenstielen, so wie sie später routinemäßig gegen fast jeden und jede erhoben und beglaubigt wurden, der oder die sich zu sehr von seinem oder ihrem Nachbar unterschied, solchen kollektiven Wahnsinn gab es damals nicht.

Der richtige Hexenwahnsinn geht erst viel später los, zunächst mit vereinzelten Prozesse ab etwa 1400: hier ein exaltierter Mystiker, da ein Wünschelrutengänger, Ketzer, Zauberer – für damalige Zeiten nichts besonderes. Dann, im Jahr 1419, erscheint in einem Prozess im schweizerischen Luzern zum ersten Mal das Wort »hexereye«, und das Konzil zu Basel nimmt sich dieses Themas an. Aber von Hexenhysterie noch keine Rede (auch wenn im

Jahr 1430 die Heilige Johanna als Semi-Hexe auf dem Scheiterhaufen stirbt: sie war eher Opfer eines politischen Schauprozesses, was auch von den meisten Beteiligten genau in diesem Sinn gesehen wurde).

Diese Massenhysterie, die den Hexenwahn zu einer wohl nur noch mit dem Nazi-Rassenwahn vergleichbaren historischen Entgleisung ausarten läßt, entwickelt sich erst langsam in vereinzelten Regionen um die Alpenberge, wie ein zaghaftes Kaminfeuer zuerst, bis dann im Jahr 1487 und damit fast pünktlich mit Beginn der Renaissance der berühmte »Hexenhammer« erscheint, ein Buch mit dem Titel »Malleus Maleficarum« des Dominikanermönches Heinrich Institoris, das die Hexenhysterie dann wirklich flächendeckend lostritt. Denn mit diesem Buch und mit verwandten Werken, die um diese Zeit erscheinen, wird quasi wissenschaftlich nachgewiesen, daß es Hexen gibt, wird in gelehrten Worten abgehandelt, warum sie existieren, was sie alles anrichten, wie man sie erkennt, und natürlich auch, wie mit ihnen zu verfahren ist. Erst jetzt, nach dem Motto »Gefahr erkannt, Gefahr gebannt« wird das Hexenverbrennen quasi zur Staatsaufgabe, erst jetzt, hundert Jahre nachdem das Mittelalter begraben ist, wird Hexenjagd zur Bürgerpflicht: In mehreren Wellen, besonders intensiv zwischen 1560 und 1630, wälzt sich der Wahn über Deutschland, Frankreich, Österreich, Italien, über England, Schottland, Rußland, Böhmen, Skandinavien, nicht von dumpfem Aberglauben, sondern von feingebildeten Juristen und akkuraten Bürokraten angetrieben, die ihre Bücher und Paragraphen bestens kennen und die alles andere als »Hinterwäldler und Dorftrottel« gewesen sind.

Hexenverbrennungen waren das Werk von Humanisten und Gelehrten

»Es waren Wissenschaftler, Universitätsprofessoren, hochangesehene Theologen, Philosophen, Juristen, die die Existenz von Hexen, die von der Kirche jahrhundertelang bestritten worden war, für wahr und ihre Verfolgung für notwendig erklärten« (Gerhard Prause). Als etwa der durchaus gebildete und human gesinnte Kaiser Maximilian I., der dem Hexenwahn eher skeptisch gegenüberstand, einen Humanisten um ein Gutachten dazu bat, wurde ihm die Existenz von Hexen quasi wissenschaftlich beglaubigt (soviel zur Seriosität wissenschaftlicher Gutachten). Auch der berühmte Arzt Paracelsus wie auch viele Reformatoren inklusive Martin Luther haben die Hexenverfolgungen ausdrücklich gebilligt und oft und nachdrücklich gefordert, daß diese getötet werden müßten und »keine Barmherzigkeit« verdienten; denn Zauberei und Hexerei seien ganz klar Teufelsdinge.

Der vielleicht größte und brutalste Wüterich unter diesen heute gern als Lichtgestalten verehrten Reformatoren war wohl der Schweizer Johann Calvin. Vor seinem Auftreten auf der politischen Bühne kamen vermeintliche Hexer und Hexen in Calvins Heimatstadt Genf oft mit leichten Strafen wie Verbannung davon – verbrannt wurden in den Jahren 1495 bis 1531 kaum ein Dutzend. Erst Calvin nötigte die Genfer Bürger, alle Hexen mit Stumpf und Stiel und möglichst grausam – als Abschreckung für andere – auszurotten, und anders als die weltlichen Ratsherren bestand er rigoros auf der Verbrennung aller Zauberer und Hexer, auch der für Mensch und Tiere unschädlichen, die man bis dato hatte laufen lassen. Das alles ist in überlieferten Protokollen von Genfer Ratssitzungen noch heute wörtlich nachzulesen.

Die Mechanik hinter diesem Ausbruch kollektiven Wahnsinns ist immer noch ein Rätsel. War es religiöser Übereifer (zweifelhaft: die eifrigsten Hexenjäger waren Laien), die Angst des Mannes vor dem »ewig unergründlich Weiblichen« (genauso zweifelhaft: auch Männer wurden als Hexen verbrannt, in gewissen nördlichen Ländern sogar mehrheitlich) oder einfach nur ein grandioser Zusammenbruch aller Werte und Normen nach den Pestkatastrophen und sonstigen Verheerungen der vergangenen Jahrhunderte? Welche finsteren Seiten der menschlichen Natur auch immer hier den Ausschlag geben – das Mittelalter hat mit all dem nur am Rand zu tun.

Lit.: Oskar Pfister: Calvins Eingreifen in die Hexer- und Hexenprozesse von Peney 1545 nach seiner Bedeutung für Geschichte und Gegenwart, Zürich 1947; Gerhard Prause: Tratschkes Lexikon für Besserwisser, München 1984 (besonders der Abschnitt über Hexen); Wolfgang Behringer: »Erträge und Perspektiven der Hexenforschung«, Historische Zeitschrift 1989, S. 619-640; Andreas Blauert (Hrsg.): Die Anfänge der europäischen Hexenverfolgungen, Frankfurt 1990.

»Hier stehe ich, ich kann nicht anders«

Als Martin Luther am 18. April 1521 vor dem Reichstag zu Worms seine »ketzerischen« Schriften verteidigte, schloß er seine Rede mit dem damals üblichen: »Gott helfe mir. Amen.« So zumindest berichten alle Augenzeugen. Aber dieser Schluß erschien Luthers Anhängern nicht stark genug, und so fügten sie später noch das obige Bekenntnis an. Es erschien zum ersten Mal in der Wittenberger Ausgabe von Luthers Werken (1539-1558), wurde aber auf dem Wormser Reichstag nie gesprochen.

Luther vor dem Reichstag: »Hier stehe ich, ich kann nicht anders« hat er nicht gesagt

Lit.: Georg Büchmann: Geflügelte Worte, München 1977; Gerhard Ritter: Luther: Gestalt und Tat, Frankfurt 1985.

Hippokrates
Der Eid des Hippokrates soll vor allem die Patienten schützen (s.a. »Ärzte«)

Der sogenannte »Eid des Hippokrates« stammt weder von Hippokrates, noch sagt er das, was viele Mediziner und auch Laien glauben.

Als Hippokrates, der berühmteste Arzt der Antike, um 377 vor Christus starb, gab es diesen Eid noch nicht. Wie viele andere Schriften, wurde auch diese ihm später angedichtet, vermutlich um ihr größeres Gewicht zu geben.

Und selbst dieser Text wird heute gerne falsch verstanden. Denn die moderne Fassung dieses Eides, das sogenannte Genfer Ärztegelöbnis von 1948, läßt große Teile des Ausgangstextes aus. Neben Verschwiegenheit und Fürsorge für Patienten (»Die Gesundheit meiner Patienten wiederherzustellen und zu erhalten wird mein erstes Gebot sein . . . « etc.) enthält dieses Originalgelöbnis nämlich auch verschiedene Passagen, die weniger das Wohl der Patienten als das Wohl der Ärzte schützen sollen: »Ich werde die Lehren der Medizin nur meinen Söhnen, den Söhnen meiner Lehrer und rechtmäßig eingeschriebenen Studenten weitergeben, und niemandem sonst«, heißt es etwa in dem alten Text, in kaum verhüllter Umschreibung der Absicht, die Zahl der Mediziner und damit die Zahl der Konkurrenten möglichst klein zu halten, und auch die in manchen Versionen des Eides enthaltene Aufforderung, Kollegen und deren Familien kostenlos zu behandeln, soll wohl primär den Ärzten nützen.

Lit.: Walter Krämer: »Schotten dicht!« Der Spiegel Nr. 30/1981.

Höhlenmenschen
Die ersten Menschen lebten größtenteils in Höhlen

Weil wir so viele Zeugnisse der frühen Menschen ausgerechnet in Höhlen finden, kann man in der Tat leicht glauben, unsrere Vorfahren hätten dort auch größtenteils gelebt. In Wahrheit dienten Höhlen aber immer nur als kurzfristige Ausweichquartiere und Verstecke – die ersten Menschen lebten, jagten, arbeiteten und schliefen wenn immer möglich im Freien an der frischen Luft. Daß wir dort viel weniger Zeugen ihres Lebens finden, liegt einfach daran, daß Wind und Wetter diese Zeugen anders als in Höhlen bald zerstörten.

Lit.: Stichwort »Cave dwellers« in Microsoft CD-ROM Encyclopädie Encarta, 1994.

Holz
Holz schwimmt immer auf dem Wasser

Es gibt tropische Hölzer wie das Ebenholz (1080g/cdm), das Pockholz (1280g/cdm) oder das Veilchenholz (1300g/cdm), die, wenn man sie ins Wasser wirft, sofort versinken. Am schwersten ist wohl das Holz des von Holzfällern auch »Axtbrecher« genannten Quebrachobaums mit 1490 Gramm pro Kubikdezimeter, der vor allem in Südamerika wächst und dort als Bauholz und Rohstoff für Gerbmittel dient (Tannin).

Lit.: William C. Vergara: Das Blaue vom Himmel herunter gefragt, Augsburg 1993.

Hummeln
Hummeln stechen nicht

Anders als Wespen oder gar Hornissen gelten Hummeln als eher gutartig; sie haben wie die Honigbienen eine strenge soziale Hackordnung mit Königin, Drohnen und Arbeiterinnen; sie sammeln wie diese Nektar aus den Blüten von Pflanzen. Anders als die Bienen lassen sie sich auch, wenn man vorsichtig ist, mit der Hand einfangen, ohne sich mit ihrem Stachel zu wehren. Aber wenn sie sich ernsthaft bedroht fühlen, können sie auch stechen.

Lit.: Stichwortartikel »Bumblebee« in Encyclopaedia Britannica, Chicago 1985.

Hunde
Hunde und Katzen vertragen sich nicht

Es gibt keine genetisch oder biologisch begründete Feindschaft zwischen Hunden und Katzen. Natürlich werden Aggressionen wach, wenn einer das Territorium des anderen verletzt, auch Mißverständnisse der Körpersprache kommen vor. Hebt etwa ein Hund die Vorderpfote, heißt das »Ich will spielen«, hebt eine Katze ihre Vorderpfote, heißt das »Hau ab, oder es kracht«. Auch halten Hunde das Schnurren der Katzen – ein Zeichen des Wohlbefindens – falsch für Knurren und damit für das Gegenteil, was weitere Mißverständnisse erzeugt. Aber mit etwas Übung können sich Hunde und Katzen durchaus auf eine gemeinsame Sprache verständigen und problemlos miteinander leben.

Lit.: Götz Weihman (Hrsg.): Gibt's das wirklich? 50 Fragen an die Wissenschaft, Stuttgart 1976.

Hundertjähriger Krieg
Der Hundertjährige Krieg dauerte hundert Jahre

Der sogenannte Hundertjährige Krieg, den sich die Franzosen und Engländer im Mittelalter lieferten, dauerte in Wahrheit 114 Jahre, von 1339 bis 1453. Er begann, als die französische Königsfamilie der Kapetinger ausstarb und der englische König Eduard III., den vakanten Thron reklamierend, Frankreich England einverleibte. Die Franzosen wehrten sich, und nach wechselvollen Kämpfen mußten sich die Engländer bis 1453 vollständig zurückziehen, sie behielten nur die Kanalinseln und Calais (bis 1558 englisch).

Lit.: Stichwort »Hundertjähriger Krieg« in Brockhaus Enzyklopädie, 19. Auflage, Mannheim 1990.

Hundstage

Die Hundstage heißen so, nicht weil es selbst Hunden zu heiß wird, sondern weil um diese Zeit des Jahres der Sirius, der Hundestern, mit der Sonne zusammen aufgeht. In der Antike glaubte man, daß dieser Stern noch zusätzliche Hitze brächte.

Lit: Stichwort »Hundstage« in Brockhaus Enzyklopädie, 19. Auflage, Mannheim 1990.

Hunger
Hungersnöte entstehen durch ein Defizit an Nahrungsmitteln

Nur wenige Hungerkatastrophen entstehen durch ein Defizit an Nahrungsmitteln. Bei den meisten Hungersnöten dieses Jahrhunderts und vergangener Jahrhunderte waren sowohl weltweit als auch in den betroffenen Regionen der Erde selber reichlich Brot und Reis vorhanden.

Während der großen 1974er Hungersnot in Bangladesch z. B. gab es dort mehr Reis pro Kopf als in jedem anderen Jahr von 1971 bis 1976. Während der Hungersnot in Äthiopien 1973 war die örtliche Nahrungsmittelproduktion nur minimal gesunken, und auch bei anderen großen Hunger-Katastrophen wie der in Irland 1845 stellt man immer wieder fest, daß es eigentlich genug zu essen gab. (Damals starben in Irland rund eine Million Menschen; andere wanderten aus, die Bevölkerung ging von 8 auf 5 Millionen Menschen zurück, aber dennoch wurden Tausende von Tonnen Fleisch und Weizen von Irland nach England *exportiert*.)

Das eigentliche Problem bei Hungerkatastrophen, so der Harvard-Wirtschaftsprofessor Amartya Sen, ist nicht die *Menge* der Nahrungsmittel, sondern die *Verteilung*: Obwohl es prinzipiell für alle ausreichend zu essen gibt, bleiben die Brotkörbe oder Reisschüsseln vieler Menschen leer – die Lebensmittel finden nicht den Weg zum Endverbraucher, Brot und Reis verrotten in den Lagerhäusern. Die große Hungersnot in Bangladesh im Jahr 1974 z. B. entstand vor allem durch die Massenarbeitslosigkeit im Herbst: Durch riesige Überschwemmungen im Sommer kam die Landwirtschaft in großen Teilen des Landes zum Erliegen, Hunderttausende von Tagelöhnern verloren ihre Arbeit und damit die Mittel, Reis zu kaufen; obwohl es noch genug Reis aus der Ernte des Vorjahres gab und auch die aktuelle Ernte durch die Überschwemmungen nur marginal betroffen war, sind Tausende von Menschen vor Hunger umgekommen.

Das beste Mittel gegen Hunger, so Sen, ist nicht eine direkte Lebensmittelhilfe; diese beruhigt im wesentlichen nur das westliche Gewissen (und reduziert ganz nebenbei auch unsere Butter-, Fleisch- und Weizenberge), entmutigt aber die lokale Produktion und macht so die Lage letzten Endes nur noch schlimmer. Das beste Mittel gegen Hunger ist Bargeld für die Hungernden. Dann können sie sich ihr Essen ganz einfach wieder an der nächsten Ecke kaufen.

Lit.: Amartya Sen: Poverty and Famines, Oxford 1981; Amartya Sen: »The economics of life and death«, Scientific American, Mai 1993, S. 18-25; »Famine? What Famine?«, The Economist, 24. 6. 1995; »Bis zur letzten Kartoffel«, Frankfurter Allgemeine Zeitung, 30. 6. 1995.

»Gegen eine Dummheit, die gerade in Mode ist, kommt keine Klugheit auf.«
Theodor Fontane

I

»Ich wollte, es wäre Nacht oder die Preußen kämen« (siehe auch »Waterloo«)

So soll Wellington vor Waterloo gesprochen haben, aber diesen Ausspruch hat er nie getan. Als Wellington vor der Schlacht mit seinen Generälen zum letzten Mal zusammensaß, sagte er nur: »Unser Plan ist ganz einfach: die Preußen oder die Nacht.« Mit anderen Worten, Wellington setzte darauf, daß sich die Franzosen beim ständigen Anrennen gegen die Engländer erschöpfen würden; diese bräuchten dann nur zu warten, bis es entweder dunkel würde oder die Preußen kämen. Und genau so geschah es auch.

Lit.: William Lewis Hertslet: Der Treppenwitz der Weltgeschichte, 11. Auflage, Berlin 1965.

Iglu
Eskimos leben in Iglus

»Iglu« heißt in der Eskimosprache ganz einfach »Haus«, und in diesem Sinn wohnen die Eskimos natürlich so wie wir in Iglus. Aber wenn wir mit »Iglu« die typischen Schneehäuser meinen, die wir alle instinktiv mit »Eskimo« verbinden, dann ist dieser Satz ganz sicher falsch.

Von den rund 30 000 Eskimos, die heute in Grönland und in Kanada leben, haben mehr als die Hälfte noch nie in ihrem Leben einen solchen Schnee-Iglu gesehen, geschweige denn darin gewohnt. Nur einige wenige kanadische Eskimo-Stämme leben in diesen »echten« Iglus, und das auch nur im Winter, und auch nur, wenn sie keine anderen Materialien für die Quartiere finden. Die übrigen Eskimos kennen Schnee-Iglus allenfalls als temporäre Jagdquartiere.

Lit.: Stichwort »Inuit« im Microsoft CD-ROM Encyclopädie Encarta.

Indianer
Indianer haben rote Haut (s. a. »China«)

Als die ersten europäischen Siedler nach Nordamerika kamen, nannten sie die Ureinwohner nicht »Rothäute«; sie nannten sie »Indianer«, »Wilde« oder »Heiden«.

Der Mythos von den »Rothäuten« geht vermutlich auf den schwedischen Naturforscher Karl Linné zurück; Linné hatte im 18. Jahrhundert die Menschen in »homo europaeus albescens, homo americanus rubescens, homo asiaticus fuscus, homo africanus niger« eingeteilt, hatte dabei aber übersehen, daß die manchmal rötliche Gesichtsfarbe der nordamerikanischen Indianer allein der Schminke zu verdanken war, mit der sich diese einzureiben pflegten. Die natürliche Hautfarbe der Indinaer ist ein blasses Braun.

Nichtsdestoweniger wurde in den späteren Auflagen der Linnéschen Werke aus »rubescens =rötlich« sogar ein »rufus=fuchsrot«, vermutlich angeregt durch die gleichen Schreibtischgelehrten, die auch die Chinesen per Ferndiagnose zu Gelben machten; als dann sogar der große Immanuel Kant, der wohl nie im Leben einen Indianer von Angesicht gesehen hatte, deren Hautfarbe als »kupferfarbig=roth« bezeichnete, waren die Indianer im westlichen Bewußtsein ein für allemal als Rothäute verankert.

Lit.: Immanuel Kant: »Von den verschiedenen Racen der Menschen« in: Kants gesammelte Schriften, 1. Abt., Berlin 1902-1983, Band 1/2, S. 427 ff; Urs Bitterli: Die »Wilden« und die »Zivilisierten«. Grundzüge einer Geistes- und Kulturgeschichte der europäisch-überseeischen Begegnung, München 1976.

Intellektuelle
Die Intellektuellen sind das moralische Gewissen einer Nation

Intellektuelle, also Leute, die ihren Lebensunterhalt mit Schreiben und Reden bestreiten bzw. gerne bestreiten würden, sind, wenn wir die letzten hundert Jahre als ein Zeugnis nehmen, eher leichter denn schwerer als »normale« Menschen weltanschaulich zu verführen.

Hier ist als ein Beispiel von vielen eine Ode des obersten DDR-Intellektuellen Johannes R. Becher an den 10-millionfachen Massenmörder Josef Stalin:

> Es wird ganz Deutschland einstmals Stalin danken.
> In jeder Stadt steht Stalins Monument.
> Dort wird er sein, wo sich die Reben ranken,
> und dort in Kiel erkennt ihn ein Student.

Dort wirst du, Stalin, stehn, in voller Blüte
der Apfelbäume an dem Bodensee,
und durch den Schwarzwald wandert seine Güte,
und winkt zu sich heran ein Reh.

Wenn sich vor Freude rot die Wangen färben,
dankt man dir, Stalin, und sagt nichts als: »Du!«
Ein Armer flüstert »Stalin« noch im Sterben
und Stalins Hand drückt ihm die Augen zu.

Jetzt könnte man vielleicht einwenden: Der arme Becher konnte nicht anders, er war DDR-Kulturminister. Aber andere Intellektuelle jauchzten auch ganz ohne Zwang: »Als Stalins Herz zu schlagen aufhörte, fühlten sich Millionen Menschen verwaist« (Anna Seghers); »Wir Kunstschaffenden Deutschlands geloben, in unserer Arbeit die Lehren Stalins zu verwirklichen und ihm, dem Genius des Friedens, die Treue zu halten« (Brecht); »Ruhe in Frieden, Josef Stalin« (Arnold Zweig); »Stalin ist der hohe Mittag – der Menschen und der Völker Reife« (Pablo Neruda), und so weiter und so fort.

Und Stalin ist kein Einzelfall; von Mao über Castro bis zu Ho Chi Minh, ja sogar Pol-Pot und Saddam Hussein, gibt es kaum einen Diktator auf der Welt, der sich nicht mit einer stattlichen Schar westlicher Intellektuellen-Groupies schmücken konnte. Einzige Bedingung: Der Diktator muß den Intellektuellen schmeicheln. Dann aber ist die Einäugigkeit dieser Wahrheitssucher nicht zu übertreffen. Der unbestechliche Sozialkritiker George Bernard Shaw z. B. warf auf seiner Rußlandreise 1930, als gerade Millionen Russen Hungers starben, seine mitgebrachten Lebensmittel aus dem Fenster seines Zuges – wer braucht ins Paradies noch Brot und Butter mitzubringen! (nachzulesen bei Paul Hollander). »Ich bin noch nie im Leben so luxuriös gereist«, schreibt André Gide aus Rußland 1938, zur Zeit der großen Säuberungen. »Immer das beste Abteil im Zug, das beste Zimmer im Hotel, das beste Essen, das man sich nur denken kann. Und was für ein Empfang! Was für eine Aufmerksamkeit! Alles applaudierte, feierte.«

Dieser Applaus ist Chloroform für die sonst so aggressive Kritikfähigkeit so mancher moderner Literaten; solange man ihnen applaudiert, sehen sie die Welt vor allem durch die Augen derer, die sie loben. Schriftsteller und Fernsehmacher, die in Frankfurt, London oder Kopenhagen jeden Obdachlosen wachen Auges registrieren würden, lassen sich durch die Elendsviertel Moskaus oder Pekings fahren und sehen nichts als glückliche Gesichter. (Oder um mit einem bei Paul Hollander zitierten Rußlandreisenden der 30er

Jahre zu sprechen: »Anderswo ist Dreck und Unrat irgendwie deprimierend, aber hier erschien er uns so romantisch proletarisch«). Jean Paul Sarte war entzückt von Fidel Castro – dieser hatte anders als de Gaulle den Literaten fast als Staatsgast aufgenommen. (Was bedeutet dagegen schon die Tatsache, daß die Kubaner unter Castro zu einem der ärmsten Völker dieser Welt verkommen sind.) Salman Rushdie und Franz Xaver Kroetz dichten Hymnen auf die Diktatoren Nicaraguas – dort wird man anders als in Deutschland oder England vom Kulturminister eingeladen (daß zur gleichen Zeit ein staatlich organisierter Massenmord an Indianern stattfand, ist dagegen eher nebensächlich), und Graham Greene berichtet mit Tränen in den Augen von einer Rede des Generalsekretärs der KPdSU.

Da kann auch die Ausrede nur wenig überzeugen, man habe, wenn auch spät, das wahre Gesicht der einstmals verehrten Lichtgestalten durchaus gesehen; denn die nächste Lichtgestalt ist schon gefunden. Gegen diese Masse kollektiver Blindheit sind die wirklich kritischen Intellektuellen wie Hans-Magnus Enzensberger, George Orwell oder Bertrand Russell an den Fingern von zwei Händen abzuzählen.

Lit.: Helmut Schelsky: Die Arbeit tun die anderen, München 1977; Paul Hollander: Political Pilgrims, Oxford 1981; Paul Johnson: Intellectuals, London 1988; Gerd Koenen: Die großen Gesänge, 2. Aufl., Frankfurt 1992.

*»Die Wahrheit ist für den Dummen wie eine Fackel,
die den Nebel erleuchtet, ohne ihn zu vertreiben.«*
Helvetius: Vom Menschen ...

J

Jahr Null

In der Zeitrechnung der Menschheit gibt es kein Jahr Null. Wir zählen die Jahre vor Christus rückwärts, also 1 vor Christus, 2 vor Christus und so weiter, und die Jahre nach Christus vorwärts, also 1 nach Christus, 2 nach Christus und so weiter. Dabei ist »2 nach Christus« im Sinn von 2 A.D., also »Anno Domini Nr. 2«, »im zweiten Jahr des Herrn« zu lesen, so daß kein »Nulltes Jahr des Herrn« existiert. Mit anderen Worten, die Jahreszählung springt bei der Zeitenwende gleich von -1 auf $+1$.

Ein Herrscher wie Augustus, der vom Jahr -31 bis zum Jahr $+14$ regierte, war also nicht $14+31=45$, sondern nur 44 Jahre auf dem Thron (wenn wir einmal der Einfachheit halber annehmen, daß die Regierungsjahre immer nur von Anfang zu Anfang eines Jahres zählen).

Lit.: Konradin Ferrari d'Occhieppo: Der Stern von Bethlehem in astronomischer Sicht, Gießen 1994 (besonders der Abschnitt »Zeitrechnung und Kalenderwesen« auf den Seiten 96 ff.).

Jahrtausendwende
Das dritte Jahrtausend beginnt um Mitternacht des letzten Tages 1999

Das dritte Jahrtausend beginnt nicht am 1. Januar 2000, sondern am 1. Januar 2001. Denn vom 1. Januar des Jahres 1 bis zum 31. Dezember des Jahres 1999 sind erst 1999 Jahre vergangen. Damit ist das Jahr 2000 das 2000. Jahr der modernen Zeitrechung; erst wenn dieses Jahr vorüber ist, beginnt Jahrtausend Nr. 3.

Jerusalem
Von der Vertreibung der Juden aus Palästina durch die Römer bis zur Gründung Israels war Jerusalem eine überwiegend arabische Stadt

Anders als manche Araber uns gerne glauben machen würden, haben schon lange vor 1948 in Jerusalem mehr Juden als Araber gelebt:

Bevölkerung Jerusalems

Jahr	Juden	Moslems	Christen
1844	7 120	5 000	3 390
1876	12 000	7 560	5 470
1896	28 112	9 560	8 748
1922	33 971	13 413	14 699
1931	51 222	19 894	19 335
1948	100 000	40 000	25 000
1967	195 700	54 963	12 646
1970	215 000	61 600	11 500
1983	300 000	105 000	15 000

Diese Zahlen stammen aus der Encyclopaedia Britannica (1844), dem französischen »Indicateur de la Terre-Sainte« (1876), dem »Palästinensischen Kalender« (1896) sowie aus amtlichen und halbamtlichen Volkszählungen in Jerusalem und Umgebung; sie sind teilweise verdächtig genau, und sicher nicht mit modernen Zählergebnissen zu vergleichen. Aber sie widerlegen doch die häufige arabische Behauptung, erst durch die Gründung Israels wäre das bis dahin vorwiegend arabische Jerusalem zu einer Stadt der Juden geworden.

Lit.: Leonard J. Davis: Myths and facts, 1985: A concise record of the Arab-Israeli conflict, Washington 1985.

Jesus Christus
Jesus wurde im Jahr 0 bzw. 1 geboren (s.a. »Jahr Null« und »Stern von Bethlehem«)

Nach unserer Zeitrechnung gibt es kein Jahr Null. Das Geburtsjahr von Jesus Christus ist vielmehr das Jahr 1.

Vermutlich war Jesus allerdings im Jahre 1 schon 5 bis 7 Jahre alt. Denn wenn er während der Regierung des Königs Herodes geboren worden ist, kann er nicht nach dessen Tod geboren worden sein. Und König Herodes starb mit großer Wahrscheinlichkeit im Frühjahr des Jahres 4 vor Christus.

Die große Volkszählung des Augustus, wegen derer sich Maria und Joseph nach Bethlehem begaben, fand im Jahr 8 vor Christus statt. Auch die verschiedenen Interpretationen des Sterns von Bethlehem – seien es Planeten, Kometen oder Supernovae – deuten auf eine Geburt von Jesus ein paar Jahre vor der Zeitenwende hin: Es gab eine Nova im April des Jahres −4, einen Kometen zwischen März und Mai des Jahres −5 und, was viele für das wahrscheinlichste Original des Sternes halten, eine Dreifach-Konjunktion von Saturn und Jupiter im Jahre −7. Um die Jahre −1 und +1 dagegen war der Sternenhimmel Palästinas ruhig.

Das Geburtsjahr 1 wurde Jesus erst viel später, im 6. Jahrhundert, zugeschrieben; da waren viele Quellen und alle Zeitgenossen längst zu Staub zerfallen. Es entspricht dem Jahr 754 römischer Zeitrechnung, und wie viele Historiker glauben, hat sich der Mönch Dionysius Exiguus, der diese Rechnung im Auftrag des Papstes durchführte, dabei um 4 Jahre verrechnet. Nach seiner eigenen Logik hätte er das Jahr 750 römischer Zeitrechnung ermitteln müssen, nach christlicher Zeitrechnung also das Jahr −4. Auch diese Rechnung spricht daher für eine Geburt von Jesus vor der Zeitenwende.

Es gibt aber auch Argumente für eine Geburt im Jahre 1. Laut Evangelium des Lukas war Jesus bei seiner Taufe durch Johannes »etwa« 30 Jahre alt. Diese Taufe fand statt im 16. Jahr der Herrschaft des Kaisers Tiberius (wiederum nach Lukas), die Geburt damit 14 Jahre vor Beginn der Herrschaft, d. h. im Jahr 1 (wenn wir die 30 Jahre wörtlich nehmen).

Um die Debatte nochmals zu verkomplizieren, kann man aber auch Argumente für eine Geburt im Jahre 7 nach Christus finden. Denn nach dem Evangelium des Lukas hieß der Statthalter Roms in Syrien zur Zeit der Volkszählung Quirinius, und Quirinius war Statthalter von 6 bis 7 nach Christus.

Lit.: H. Conzelmann und A. Lindemann: Arbeitsbuch zum Neuen Testament (9. Aufl.), Tübingen 1988; Konradin Ferrari d'Occhieppo: Der Stern von Bethlehem in astronomischer Sicht, Gießen 1994.

Jodeln
Nur in Bayern wird gejodelt

Das als Jodeln bekannte Singen mit dem charakteristischen, schnellen Wechsel von Brust- und Kopfstimme ist weit über Bayern hinaus verbreitet, etwa in

Polen, Finnland und Rumänien. Außerhalb Europas kennt man es unter anderem in China, Thailand und Kambodscha. Besonders beliebt ist das Jodeln auch in den USA und Kanada – den Weltrekord im Jodeln mit sieben Stunden 29 Minuten hält der Kanadier Don Reynolds (27. November 1976 in Brampton, Ontario).

Lit.: Roland Michael: Wie, Was, Warum? Augsburg 1990.

Journalisten
Journalisten berichten neutral und unabhängig

Wir wissen alle, Journalisten sind auch nur Menschen; daher berichten sie nie neutral. Verblüffend ist allein das Ausmaß, mit dem die eigenen Meinungen und Vorurteile in die verbreiteten Nachrichten eingehen. Eine Umfrage des Instituts für Publizistik der Universität Mainz hat diese Voreingenommenheit einmal an einem konkreten Beispiel festgenagelt: »Der Ministerpräsident X soll für seine Partei Gelder in Höhe von etwa 100 000 Mark beschafft haben«, diese fiktive Meldung wurde rund 140 deutschen Zeitungsredakteuren vorgelegt. »Aus den Informationen über den Vorgang geht nicht klar hervor, ob die Geldbeschaffung rechtmäßig oder rechtswidrig war.« Bei der einen Hälfte der Journalisten stand für X der Name »Strauß«, bei der anderen Hälfte »Rau«. Außerdem wurden die Journalisten aufgefordert, ihre Sympathien für Rau oder Strauß auf einer Skala von –3 bis +3 anzugeben.

Das Ergebnis: Mehr als die Hälfte der Redakteure würden bei einem ihnen unsympathischen Ministerpräsidenten noch vor Abschluß der amtlichen Ermittlungen einen Bericht oder Kommentar des Inhalts schreiben, daß sie sein Verhalten für rechtswidrig hielten. Bei einem ihnen sympathischen Ministerpräsidenten würden das nur 29% der Redakteure tun. »Die Rechtfertigung der journalistischen Eingriffe in das Persönlichkeitsrecht, nämlich eine öffentliche Aufgabe im Interesse der Allgemeinheit wahrzunehmen, hält nach den vorliegenden Ergebnissen einer empirischen Überprüfung nicht stand«, wird daher in der Studie konstatiert. »Die öffentliche Aufgabe im Dienst der Allgemeinheit erhält in einem solchen Fall vorwiegend eine Art Alibifunktion für publizistische Eingriffe in das Persönlichkeitsrecht eines Politikers, die letztlich zumindest überwiegend von den Eigeninteressen der Presse und ihrer Mitarbeiter motiviert sind.«

Lit.: Matthias Rosenthal: Der Einfluß von Sympathie oder Antipathie auf das journalistische Verhalten von Tageszeitungsredakteuren bei Konflikten um Politiker, Magisterarbeit, Institut für Publizistik, Universität Mainz, 1987.

Jungen 1
Es werden im Durchschnitt genausoviele Jungen wie Mädchen geboren

Jungen- und Mädchengeburten sind nicht gleich wahrscheinlich. Seitdem zu diesem Thema offizielle Zahlen existieren, also seit etwa drei- bis vierhundert Jahren, werden quer durch Zeit und Raum immer mehr Jungen- als Mädchengeburten registriert.

Die folgende Tabelle teilt einmal alle Geburten in Deutschland (alte Bundesländer) von 1950 bis 1990 nach Geschlechtern auf:

Jahr	Lebend-geboren ingesamt	Lebend-geboren männlich	Jungen auf 100 Mädchen
1950	812 835	420 944	107.4
1951	795 608	410 582	106.6
1952	799 080	413 043	107.0
1953	796 096	410 184	106.3
1954	816 028	420 866	106.5
1955	820 128	423 235	106.6
1956	855 887	441 115	106.4
1957	892 228	460 820	106.8
1958	904 465	466 861	106.7
1959	951 442	490 791	106.5
1960	968 629	498 182	105.9
1961	1 012 687	520 590	105.8
1962	1 018 552	523 801	105.9
1963	1 054 123	541 812	105.8
1964	1 065 437	547 979	105.9
1965	1 044 328	536 930	105.8
1966	1 050 345	539 492	105.6
1967	1 019 459	523 634	105.6
1968	969 825	498 202	105.6
1969	903 456	464 430	105.8
1970	810 808	416 321	105.5
1971	778 526	400 423	105.9
1972	701 214	360 337	105.7
1973	635 633	326 181	105.4

1974	626 373	321 480	105.4
1975	600 512	309 135	106.1
1976	602 851	309 385	105.4
1977	582 344	299 735	106.1
1978	576 486	296 348	105.8
1979	581 984	298 175	105.1
1980	620 657	318 490	105.4
1981	624 557	320 633	105.5
1982	621 173	319 293	105.8
1983	594 177	305 255	105.7
1984	584 157	300 120	105.7
1985	586 155	300 053	104.9
1986	625 963	321 184	105.4
1987	642 010	330 659	106.2
1988	677 259	348 138	105.8
1989	681 537	349 179	105.1
1990	727 199	373 727	105.7

Ähnliche Zahlen wurden schon im alten Preußen, im London des 17. Jahrhunderts oder im Paris Napoleons ermittelt: Immer war und ist die Anzahl Jungen pro 100 Mädchen um die 105 bis 106.

Bei näherer Betrachtung gibt es aber große Unterschiede. Schon der berühmte Charles Babbage, einer der Väter des Computers, hatte Anfang des 19. Jahrhunderts festgestellt, daß die Anzahl Jungen pro 100 Mädchen bei ehelichen verglichen mit unehelichen Geburten immer größer ist. Aber auch das Alter der Mutter (je älter, desto mehr Mädchen), die Rangfolge des Kindes (Mädchenanteil bei Erstgeborenen am kleinsten) und ganz besonders die Hautfarbe, der Beruf und das Einkommen der Eltern haben einen Einfluß darauf, mit welcher Wahrscheinlichkeit ein Kind ein Junge bzw. ein Mädchen wird. So beobachtet man überall auf der Welt bei Farbigen einen höheren Mädchenanteil als bei Weißen, oder hatten Familien mit hohem Einkommen in Deutschland 1989 (alte Bundesländer) 112 Jungen pro 100 Mädchen, Familien mit niedrigem Einkommen (weniger als DM 4000,-Brutto/Monat) aber nur 104.

Natürlich sind alle diese Faktoren nicht die eigentlichen Ursachen. Aber sie können helfen, den wahren Gründen auf die Spur zu kommen. Wenn es zum Beispiel stimmt, wie manche Mediziner glauben, daß zum Zeitpunkt der Befruchtung der Anteil Jungen sogar nochmals höher liegt, männliche Embryos aber eher tot- bzw. fehlgeboren werden, würde das mehrere der obigen Sachverhalte auf einen Schlag erklären: reiche Mütter können sich während der Schwangerschaft mehr schonen (und so eher die Fehlgeburt eines männlichen Embryos verhindern). Außerdem sind sie meist verheiratet und weiß.

Lit.: Manuela Müller: »Determinanten der sekundären Sexualproportion und Verteilung der Geschlechter in Familien«, Diplomarbeit, Fachbereich Statistik, Universität Dortmund, September 1992.

Jungen 2
Man kann den Männeranteil der Bevölkerung erhöhen, wenn jedes Ehepaar mindestens einen Jungen haben muß

Paradoxerweise kann eine bewußte Familienplanung die Verteilung der Geschlechter nicht berühren. In dem Umfang etwa, wie heute immer noch Jungen bevorzugt werden, könnten Familien, wenn das erste Kind ein Junge ist, eher auf weitere Kinder verzichten und so, wie manche glauben, die Balance der Geschlechter durcheinander bringen.

Aller Emanzipation zum Trotz scheint nämlich genau das, also eine Bevorzugung männlichen Nachwuchses, auch in Deutschland immer noch der Fall zu sein. So ist etwa unter Kindern aus Ein-Kind-Familien der Jungenanteil mit Abstand am größten (verglichen mit Kindern aus größeren Familien) – nicht notwendigerweise, weil das erste Kind so oft ein Junge ist, sondern genau umgekehrt: weil Jungen oft Ein-Kind-Familien generieren. Ist erst mal ein Junge da, ist die Familienplanung abgeschlossen.

Solche Verhaltensweisen können aber, so paradox das auf den esten Blick auch scheint, allenfalls die Zahl der Kinder pro Familie, nicht aber den Jungen- oder Mädchenanteil bei den Geburten insgesamt berühren. Selbst in dem Extremfall einer Orwell-Diktatur, wo jede Familie solange Kinder zeugen muß, bis ein Junge darunter ist (also Ein-Kind-Familien per Konstruktion nur Jungen haben können), bleibt, wie man mit einer kleinen Anleihe bei der Wahrscheinlichkeitsrechnung zeigen kann, das Verhältnis Jungen-Mädchen davon völlig unberührt: wenn etwa auf »normale« Weise auf 100 Mädchen 105 Jungen kommen, so bleibt dieses Verhältnis völlig unverändert, wenn jede Familie mindestens einen Jungen haben muß. Gegen Naturgesetze rennt selbst der Große Bruder vergeblich an.

Wer das nicht glaubt, hier ist ein Zahlenbeispiel: Angenommen, die Wahrscheinlichkeit für Junge wie für Mädchen wäre genau 1/2, und jede Familie hört mit dem Kinderkriegen auf, sobald ein Junge da ist. Dann hat die Hälfte der Familien gerade ein Kind, nämlich einen Jungen. Von der anderen Hälfte hat wiederum die Hälfte zwei Kinder (Mädchen-Junge), die Hälfte mehr als zwei Kinder (aber mindesten zwei Mädchen). Diese restliche Hälfte von der Hälfte mit den mindestens zwei Mädchen teilt sich wiederum in zwei Hälften, eine mit genau drei Kindern (Mädchen-Mädchen-Junge), und eine mit mehr als drei Kindern, davon die ersten drei nur Mädchen, und so weiter. Je mehr Kinder eine Familie hat, desto mehr Mädchen hat sie auch, und gleicht damit die Ein-Kind-Familien mit nur Jungen aus. Zählt man dann alle Kinder zusammen, sind am Ende genausoviele Mädchen wie Jungen darunter, trotz aller Jungen-Vorzugspolitik.

Lit.: Christian Seidl: »The desire for a son is the father of many daughters: A sex ratio paradox«, Journal of Population Economics 8, 1995, 185-204.

»Unsichtbar wird die Dummheit, wenn sie genügend große Ausmaße angenommen hat.«
Bertolt Brecht

K

Kainsmal
Ein Kainsmal brandmarkt einen Mörder

Anders als viele glauben, die lange nicht die Bibel gelesen haben, wollte Gott den Brudermörder Kain mit diesem Mal nicht strafen, sondern ganz im Gegenteil beschützen. Als Kain nämlich nach der Ermordung Abels Reue zeigte und verzweifelt ausrief: »Rastlos und ruhelos werde ich auf Erden sein, und wer mich findet, wird mich erschlagen«, versicherte ihm Gott, niemand würde ihm zu nahe treten, und »machte ... dem Kain ein Zeichen, damit ihn keiner erschlage, der ihn finde. Dann ging Kain vom Herrn weg und ließ sich im Land Nod nieder, östlich von Eden.«

Kaiserschnitt
Kaiserschnitt kommt von Kaiser = Caesar

Vermutlich hat der Kaiserschnitt seinen Namen von der sogenannten »lex regia« oder »lex caesarea« (von caedere = ausschneiden), ein römisches Gesetz, wonach schwangeren, vor der Geburt verstorbenen Frauen das Kind aus dem Bauch geschnitten werden sollte, weniger um es zu retten, als um es getrennt von seiner Mutter zu begraben. Anders als viele in Anlehnung an den römischen Schriftsteller Plinius glauben, der den Namen Caesar als »den aus dem Mutterleib geschnittenen« erklärte, wurde der große Julius Caesar daher auch nicht als erster Mensch per Kaiserschnitt geboren, denn seine Mutter hat die Geburt um viele Jahre überlebt.

Die ersten Kaiserschnitte an lebenden Müttern gab es im späten 15. und frühen 16. Jahrhundert. So soll ein Schweinschneider Nufer aus dem Schweizer Kanton Thurgau um das Jahr 1500 in letzter Verzweiflung sein eigenes Kind per Kaiserschnitt von seiner lebenden Frau entbunden haben. Der erste in Deutschland an einer lebenden Mutter ausgeführte Kaiserschnitt geschah um 1610 in Wittenberg.

Lit.: Michael Grant: Caesar, München 1985; Karl Sudhoff: Kurzes Handbuch der Geschichte der Medizin, Leipzig 1922.

Kalauer
Kalauer kommen von der Stadt Kalau

Die als Kalauer bekannten Wortplattheiten haben ihren Namen von dem französichen »Calembour« (=Wortspiel); dieser Ausdruck wurde dann im Deutschen »in lautlicher Anlehnung an die Stadt Kalau bei Cottbus volksetymologisch nachgebildet«.

Lit.: Das große Deutsche Wörterbuch, München 1985.

Kalbsleberwurst
Kalbsleberwurst muß Kalbsleber enthalten

Eine Kalbsleberwurst muß keine Kalbsleber enthalten. Die deutschen »Leitsätze für Fleisch- und Fleischerzeugnisse« verlangen nur, daß ein als »Kalbsleberwurst« deklariertes Nahrungsmittel sog. »grob entsehntes« Kalb- oder Jungrindfleisch enthält; zur Herkunft der Leber, die in der Kalbsleberwurst natürlich auch enthalten ist, schreiben diese Leitsätze überhaupt nichts vor.

Die Bezeichnung »Kalbsleberwurst« meint daher eine Leberwurst, die Kalbfleisch enthält. Woher die Leber kommt, wird dadurch nicht gesagt. Und in der Tat enthält Kalbsleberwurst in aller Regel Schweineleber – Kalbsleber schmeckt den meisten Menschen viel zu bitter.

Lit.: Deutsches Lebensmittelbuch, Bundesanzeiger, 1992, S. 90-91.

Kalkutta

Kalkutta und Umgebung – der Ganges fließt weit im Nordosten an der Stadt vorbei

Vico Torriani hat nur teilweise recht mit seinem Schlager:

Kalkutta liegt am Ganges
Paris liegt an der Seine,
doch daß ich so verliebt bin,
das liegt an Madeleine.

Wenn Kalkutta am Ganges liegt, dann liegt Frankfurt am Rhein – Kalkutta ist rund 100 km vom Ganges entfernt.

Kalorien
Eine Kalorie macht ein Gramm Wasser ein Grad wärmer

Die folgende, unter Biertrinkern weit verbreitete Theorie ist leider falsch: Einen Liter Bier von 10 Grad Celsius auf die Körpertemperatur von 37 Grad Celsius zu erwärmen, kostet den Körper 37 minus 10 mal 1000 = 27000 Kalorien. Ein Liter Bier enthält selbst aber nur 400 Kalorien, d. h. das Aufwärmen des Bieres braucht mehr Kalorien auf als das Bier uns zuführt – man nimmt durch das Trinken eisgekühlten Bieres ab.

Diese Rechnung ist falsch, weil es sich bei den bekannten Kalorienangaben bei Nahrungsmitteln nicht um Kalorien, sondern um *Kilokalorien* handelt. Eine Kalorie in Sinne der Physik ist diejenige Energiemenge, die nötig ist, um ein Gramm Wasser ein Grad zu erwärmen (und zwar, wenn man es genau wissen will, von 14,5 auf 15,5 Grad Celsius). Eine Kalorie im Sinn der meisten Diätbücher und Energietabellen ist dagegen diejenige Energiemenge, die nötig ist, 1000 Gramm Wasser, als die tausendfache Menge, um ein Grad zu erwärmen. Der korrekte Ausdruck dafür wäre Kilokalorie, aber aus Gründen, die im Dunkel der Historie verschwimmen, spart man diese zwei Extrasilben gerne ein.

Wenn wir also lesen: ein Gramm Fett enthält 9 Kalorien, so heißt das: Kilokalorien. Und 27000 »normale« Kalorien sind nur 27 Kilokalorien, und damit verbleiben von den 400 Kilokalorien in einem Liter kaltem Bier immer noch 373 übrig, um den Bierbauch weiter vorzutreiben.

Lit.: Rolf Fischer und Klaus Vogelsang: Größen und Einheiten in Physik und Technik, 6. Auflage, Berlin 1993.

Kamele
Kamele speichern Wasser in den Höckern

Kamele speichern Fett, nicht Wasser, in den Höckern. Daß sie so lange ohne Wasser überleben können – bis zu einer Woche bei aktiver Arbeit und bis zu zwei Wochen, wenn sie ruhen –, liegt vor allem daran, daß Kamele wenig schwitzen (ihre Körpertemperatur kann auf 40 Grad ansteigen, bevor sie schwitzen) und daß sie die Feuchtigkeit ihrer ausgeatmeten Luft zum Teil zurückgewinnen: Nachts, wenn die Kamele schlafen, saugen ihre Nasenhöhlen das Wasser aus der Atemluft.

Außerdem haben Kamele ein kluges Kühlsystem: dichte Haare auf dem Rücken, die vor Sonne schützen, und dünne Haare auf dem Bauch, durch welche die Körperwärme nach unten in den Schatten strahlt.

Kanada
Kanada liegt nördlicher als Deutschland

Die meisten Kanadier leben auf der Höhe von Italien: Toronto liegt südlicher als Mailand, und selbst das kalte Montreal liegt südlicher als alle deutschen Städte; insgesamt leben rund 20 Millionen der 27 Millionen Kanadier südlicher als der Bodensee.

Daß wir dennoch »Kanada« gern mit »kalt« verbinden, liegt daran, daß es dort trotz aller südlichen Breitengrade im Winter weitaus kälter werden kann als hierzulande, und daß ein großer Teil der Landesfläche in sehr nördliche Regionen reicht; aber dort leben nur sehr wenige Menschen.

Kanarische Inseln
Die Kanarischen Inseln haben ihren Namen von den Kanarienvögeln

Die Kanarischen Inseln haben ihren Namen von dem lateinischen canis = Hund. In den ersten überlieferten Berichten zu diesen Inseln, die auf den römischen Gelehrten Plinius zurückgehen, ist von wilden Hunden die Rede, die dort in großen Mengen anzutreffen seien, deshalb nannte man die Inseln allgemein »Canaria«. Die Kanarienvögel haben ihren Namen von den Kanarischen Inseln, und nicht umgekehrt.

Lit.: Stichwort »Canarys« im Microsoft CD-ROM Encyclopädie Encarta, 1994.

Kannibalismus
Kannibalen verspeisen ihre Opfer aus Hunger
(s.a. »Du bist was du ißt«)

Der unter fast allen Naturvölkern der Erde verbreitete Kannibalismus (auch »Anthropophagie« genannt, von griechisch »Genuß von Menschenfleisch«) dient nicht der Ernährung; vielmehr sollen die Seele und die Kraft des Opfers in den Esser übergehen.

Die aus vielen Witzblättern bekannten Missionare, die in den Kochtöpfen der Kannibalen schmoren, sind also historisch inkorrekt: Kein Kannibale hätte mit diesen Gestalten tauschen oder ihre Seelen übernehmen wollen.

Lit.: Stichwort »Kannibalismus« in Brockhaus Enzyklopädie, Mannheim 1970.

Kap der Guten Hoffnung
Das Kap der Guten Hoffnung ist der südlichste Punkt des afrikanischen Kontinents

Das Kap der Guten Hoffnung ist nicht der südlichste Punkt Afrikas. Etwa 160 Kilometer östlich und 65 Kilometer südlich vom Kap der Guten Hoffnung liegt noch das sogenannte Nadelkap (Cap Agulhas).

Genausowenig ist das Kap Hoorn der südlichste Punkt des amerikanischen Kontinents. Anders als beim Kap der Guten Hoffnung kommt zwar weiter südlich nichts mehr nach, aber Kap Hoorn liegt nicht auf dem Festland; es ist nur die Südspitze der Insel Hornos im Feuerland-Archipel. Der südlichste Punkt des Festlands ist die Halbinsel Brunswick 260 Kilometer weiter nördlich.

Karl der Große
Karl der Große hat bei Verden an der Aller 4000 Sachsen abgeschlachtet

Diese Horrorgeschichte, die man immer wieder in Biographien und Geschichtsbüchern liest, beruht vermutlich auf einem historischen Mißverständnis. Wahr ist, daß die Sachsen Karl dem Großen mehr als andere zu schaffen machten und daß beide Seiten in diesem Kampf auf Leben und Tod nicht allzu zimperlich zu Werke gingen. Aber daß Karl gleich 4000 gefangenen Sachsen auf einmal die Köpfe abschlagen ließ, wäre selbst nach damaligen Maßstäben ein unentschuldbarer Exzeß gewesen.

Wir wissen von diesem angeblichen Gemetzel vor allem aus den um 1100, also mehr als 300 Jahre später geschriebenen Aufzeichnungen des Erzbischofs Jean Turpin aus Reims. Und wie leicht aus 40 Toten in der Überlieferung 400 und dann 4000 Tote werden, ist auch aus anderen Zusammenhängen nur zu gut bekannt. Vielleicht hat aber auch nur ein nachlässiger Kopist aus delocati (=umgesiedelt) ein decollati (=hingerichtet) werden lassen. Denn daß Karl wie vor ihm schon die Römer aufsässige Barbarenstämme einfach umsiedelte statt sie umzubringen, ist eine weitere Erklärung. Noch heute zeugen Ortsnamen wie Sachsenhausen bei Frankfurt oder Sachsen bei Ansbach von der Herkunft der Menschen, die dort wohnen.

Lit.: William Lewis Hertslet: Der Treppenwitz der Weltgeschichte, 11. Auflage, Berlin 1965.

Karotten
Karotten sind gut für die Augen

Karotten enthalten Karotin, den Rohstoff für das wichtige Vitamin A, und weil der Mensch ohne Vitamin A im Halbdunkel schlecht sieht (bei vollständiger Dunkelheit sieht keiner etwas, mit oder ohne Vitamine), gelten Karotten oft als gutes Mittel gegen schlechtes Sehen allgemein.

In Wahrheit haben Vitamine – von dieser schlechten Sicht im Halbdunkel einmal abgesehen – mit den Augen nichts zu tun. Und selbst für eine gute Sicht bei Dämmerung sind Extra-Karotten überflüssig, denn die normale Alltagskost enthält Vitamin A genug.

Käse
Mäuse essen ganz besonders gerne Käse

Mäuse essen viele Dinge – Butter, Haferflocken, Schokolade, Schinken, alles was sie in der Küche finden. Eine besondere Vorliebe für Käse haben sie nach Meinung der meisten Zoologen nicht. Die Vermutung entstand vermutlich dadurch, daß früher wohl vor allem Käse ohne Schutz und Aufsicht in Küchen und Vorratsräumen liegenblieb, und deshalb besonders oft zur Mäusebeute wurde.

Kasseler Rippespeer
Kasseler Rippespeer kommt aus Kassel

Kasseler Rippenspeer oder Rippespeer ist geräuchertes Schweinerippenfleisch, hat aber mit dem hessischen Kassel vermutlich nichts zu tun. Stattdessen geht der Name auf einen Fleischermeister Kassel, Cassel oder Casel aus Berlin zurück, der als erster den bis dahin nur gepökelten Schweinerippenspeer geräuchert angeboten haben soll.

Allerdings gibt es für diese Version keine schriftlichen Quellen; sie ist nur mündlich überliefert, so daß auch die hier als falsch zitierte Herkunft nicht ganz auszuschließen ist.

Lit.: Fritz C. Müller: Wer steckt dahinter, Eltville 1964.

Kaugummi
Kaugummi kommt aus den USA (s.a. »Ketchup«)

Schon die alten Griechen haben Kaugummi gekannt – das Harz des Mastixbaumes (Pistazienbaumes), das sie zum Zähneputzen und für einen frischen Atem kauten. Die amerikanischen Indianer kauten Fichtenharz, und der Chiclegummi (eingedickter Milchsaft des mittelamerikanischen Sapotillbaumes), die Basis vieler neuzeitlicher Kaugummis, wurde ebenfalls schon lange vor den ersten weißen Amerikanern von den Mayas sehr als Kaugummi geschätzt.

Lit.: Stichwort »Chewing Gum« in Encyclopaedia Britannica, 15. Auflage, Chicago 1976.

Kernkraftwerke
Kernkraftwerke sind die größten Strahlenemittenten (s.a. »Radioaktivität«)

Unsere alltägliche Strahlenbelastung schwankt von Tag zu Tag und Ort und zu Ort. Im Durchschnitt beträgt sie zwischen 100 und 200 Millirem pro Kopf und Jahr, davon ein bis zwei Millirem aus Kernkraftwerken. Der Rest ist Höhenstrahlung (auf Meereshöhe 30 Millirem pro Jahr, auf dem Feldberg im Schwarzwald 80 Millirem), Erdstrahlung (Radon) und die Strahlenbelastung durch Röntgen- und CT-Untersuchungen, die im Durchschnitt weitere 30 Millirem pro Kopf und Jahr beträgt.

Lit.: Robert Gerwin: So ist das mit der Kernenergie, Düsseldorf 1978; »Wo die Erde strahlt«, Test 4/94, S. 394 ff.

Ketchup
Ketchup ist eine amerikanische Erfindung (s.a. »Chop Suey« und »Kaugummi«)

Diese Tomatensoße kam als »Ke-tsiap« mit chinesischen Einwanderern nach Amerika. Dort entdeckte sie 1869 ein 25-jähriger Nachkomme deutscher Immigranten aus der Pfalz mit Namen Henry John Heinz und machte sie durch raffinierte Werbung und industrielle Massenproduktion zu dem urtypischen amerikanischen Produkt, das wir heute alle kennen.

Wir haben hier also das Spiegelbild zum Chop Suey: Das eine gilt als echt chinesisch, kommt aber aus den USA, das andere gilt als uramerikanisch, kommt aber in Wahrheit aus dem Fernen Osten.

Lit.: »Importgeschichten: Ketchup«, Fernsehsendung WDR III, 8. 9. 1995.

Kindermord
Der Kindermord von Bethlehem hat wirklich stattgefunden

Die Legende vom Kindermord zu Bethlehem ist genau das: eine Legende. Denn das berüchtigte Massenmorden, bei dem König Herodes angeblich alle Bethlehemer Kinder unter zwei Jahren niedermetzeln ließ, hat niemals stattgefunden.

Die einzige Quelle für diese Greueltat ist das Evangelium des Matthäus. Danach kamen, als Jesus geboren wurde, drei morgenländische Weise nach Jerusalem und fragten nach dem neugeborenen König der Juden, um ihn anzubeten. Davon hörend und »not amused«, wie moderne Blaublüter zu sagen pflegen, läßt der aktuelle König, also Herodes, die drei Weisen zu sich kommen und erfährt, daß sein Nachfolger und Konkurrent in Bethlehem geboren sei.

Um diesen Konkurrenten schnellstmöglich zu beseitigen, schickt Herodes die Weisen mit dem Versprechen von dannen, auch ihn, Herodes, dem nächsten König zuzuführen, sobald sie ihn gefunden hätten. »Ziehet hin und forschet fleißig nach dem Kindlein; und wenn ihr's findet, so sagt mir's wieder, daß ich auch komme und es anbete«, kann man bei Matthäus lesen.

Jedoch werden die Weisen durch einen Engel des Herrn gewarnt; sie ziehen nach Hause, ohne Herodes zu informieren. Und auch Josef und Maria werden gewarnt; sie fliehen mit ihrem Kind nach Ägypten – gerade noch rechtzeitig, denn Herodes, voller Zorn über den Wortbruch der drei Weisen, hat schon seine Henker losgeschickt »und ließ alle Kinder zu Bethlehem töten und an ihren Grenzen, die da zweijährig und darunter waren, nach der Zeit, die er mit Fleiß von den Weisen erlernet hatte«.

Soweit Matthäus. Die anderen Evangelisten erwähnen davon nichts, und auch in sonstigen zeitgenössischen Chroniken und Quellen ist diese selbst für damalige Zeiten ungewöhnliche Barbarei nicht aufgeführt. Auch der jüdische Geschichtsschreiber Flavius Josephus, der rund 100 Jahre später lebte und in seiner vielbändigen Geschichte des jüdischen Volkes kaum ein gutes Haar an Herodes läßt, erwähnt die Morde nicht.

Aber das sind nicht die einzigen Gründe, die Darstellung von Matthäus anzuzweiflen. Herodes starb im Jahr –4 unserer Zeitrechnung, und auch wenn wir zugestehen, daß Jesus nicht im Jahr 0 geboren wurde (s.a. »Jahr Null«), war Herodes damals doch schon an die 70 Jahre alt; vor neugeborenen Säuglingen hatte er vermutlich wenig Angst. Außerdem war er kein unumschränkter Herrscher, sondern Vasall des Kaisers Augustus, und dieser behielt sich die Bestätigung aller Todesurteile vor. Und Exzesse wie den Kindermord in Bethlehem hätte Augustus nie geduldet – 10 Jahre nach dem Tod des Herodes setzte er dessen Nachfolger wegen weitaus geringerer Vergehen einfach ab.

Matthäus hat diese Mordgeschichte also höchstwahrscheinlich frei erfunden, vermutlich, um die Bedeutung des Messias zu betonen. Denn solche mißglückten Attentate werden seit jeher vielen Großen der Weltgeschichte im nachhinein gern angedichtet. Genauso soll etwa der durch einen Hellseher gewarnte römische Senat aus Angst vor einer neuen Königsherrschaft beschlossen haben, alle Jungen des Geburtsjahrganges von Augustus umzubringen (was nur dadurch verhindert wurde, so die Sage, daß alle Senatoren mit schwangeren Frauen diesen Beschluß hintertrieben, in der Hoffung, ihr eigener Sprößling könnte der künftige König sein), oder ist auch der große Moses nur knapp einem ähnlichen Massenmord entkommen: »Alle Söhne, die geboren werden, werft ins Wasser«, sprach der Pharao, und nur durch ein Wunder konnte Moses überleben (seine Mutter setzte ihn auf eine Art Floß in den Nil, wo niemand anderer als die Tochter des Pharao ihn dann später fand).

Solche Anekdoten wurden schon in der Antike nicht für bare Münze, sondern vor allem als literarische Umschreibung für die Bedeutung des intendierten Opfers genommen, und genau in diesem Licht ist wohl auch der Bethlehemer Kindermord zu sehen: um die Bedeutung des Messias zu unterstreichen, ließ ihn Matthäus auf wundersame Weise einem fingierten Massenmord entgehen.

Lit.: Abraham Schalit: König Herodes – der Mann und sein Werk, Berlin 1969; Gerhard Prause: Herodes der Große – König der Juden, Hamburg 1977.

Kinn
Ein fliehendes Kinn bedeutet Willensschwäche

Ein fliehendes Kinn läßt genausowenig auf den Charakter eines Menschen schließen wie eine Glatze oder wie ein Hühnerauge. Es gab zu allen Zeiten sehr willensstarke Menschen mit sehr schwachem Kinn (Friedrich der Große ist ein gutes Beispiel), genauso wie sehr willensschwache Menschen mit sehr starkem Kinn (die aber mangels Durchsetzungsvermögen nie berühmt geworden sind, daher auch keine Beispiele). Obwohl diese Tatsache allein noch nicht beweist, daß kein Zusammenhang besteht, sind doch die modernen Psychologen fast einhellig der Meinung, daß die Physiognomie, also die »Wissenschaft« von dem Zusammenhang zwischen äußerem Erscheinen und innerem Charakter, zum größten Teil auf Aberglauben beruht.

Friedrich der Große alias der alte Fritz: ein schwaches Kinn und große Willensstärke

Wenn zum Beispiel viele Chinesen und andere Asiaten glauben, daß lange und dicke Ohrläppchen auf große innere Werte deuten (falls Sie sich jemals über die riesigen Ohrlappen der Buddha-Statuen gewundert haben – jetzt wissen Sie den Grund) oder daß die Augenbrauen eines Menschen Auskunft über Glück im Leben geben (allerdings nur bis zum Alter 35; danach ist das Glück an der Nase abzulesen) oder daß unser Mund mit unseren Nieren in Verbindung stehe (wenn das eine sich entzündet, entzündet sich auch das andere), so ist das wissenschaftlich kaum zu halten. Allenfalls können gewisse Gesichtsmuskeln, die Gefühle oder Stimmungen ausdrücken und die bei verschiedenen Menschen verschieden stark entwickelt sind, über ihren Träger etwas verraten; aber die detaillierten Rückschlüsse vom Äußeren auf das Innere, wie sie die Physiognomen treiben, sind kaum mehr als Kaffeesatz- und Handlinienleserei.

Kleopatra
Kleopatra war eine große Schönheit

Die antiken Historiker wie Cassius Dio, die Kleopatra als »die schönste aller Frauen« priesen, hatten das Objekt ihrer Bewunderung nie gesehen (Cassius Dio lebte mehr als hundert Jahre später).

In Wahrheit war Kleopatra nicht besonders schön, zumindest nicht im Sinn moderner Mannequin-Ideale. Sie soll eine viel zu lange Nase gehabt und »eher majestätisch denn schön« ausgesehen haben, zumindest nach zeitgenössischen Portraits zu urteilen; ihre Erfolge bei den Männern, als Geliebte Cäsars und Marc Antons hatte sie vor allem inneren Werten wie Charme und Klugheit zu verdanken.

Des weiteren war Kleopatra von Herkunft nicht Ägypterin; das Herrscherhaus der Ptolemäer, als deren letzte Vertreterin sie nach der Niederlage bei Actium und nach dem Tod des Marcus Antonius Selbstmord beging, stammt ursprünglich aus Mazedonien.

Lit.: Francois Chamoux: Marcus Antonius, Gernsbach 1989.

Kneipp
Die Kneippkur ist eine Erfindung des Pfarrers Kneipp

Die von dem Pfarrer Sebastian Kneipp (1821–1897) aus Wörishofen in Deutschland eingeführten Kuren mit kalten Wassergüssen waren schon im Altertum bekannt, u.a. bei Assyrern und Babyloniern. Auch Hippokrates (460-377 v.Chr.) und Galen (130-199) empfahlen schon kalte Wassergüsse.

Lit.: Fritz C. Müller: Wer steckt dahinter, Eltville 1964.

Knigge
Der Freiherr Adolf Knigge hat seinen Zeitgenossen Tischmanieren beigebracht

Der Name »Knigge« steht heute stellvertretend für eher konservative Kompendien von Tischmanieren und Verhaltensregeln, aber damit tun wir dem guten Adolf Freiherr Knigge (1751-1796) großes Unrecht an. Denn in Wahrheit war der Freiherr alles andere als konservativ, und auch an Tischmanieren wenig interessiert. Sein Werk »Über den Umgang mit Menschen« war eher als ein Appell an die Damen und Herren von Stand zu verstehen, auch andere Menschen als Menschen ernst zu nehmen; mit Garderobentips und Tischmanieren hat es nichts zu tun.

Diese Sympathien mit dem »kleinen Mann«, wie auch seine kaum verhehlte Bewunderung der Französischen Revolution, kosteten den Freiherrn dann auch sein Amt als Oberhauptmann der Bremer Domkirche und -schule; er mußte nach Stade in die Verbannung ziehen. Ein Zeremonienmeister der besseren Klassen ist er nie gewesen.

Lit.: Gerhard Prause: Tratschkes Lexikon für Besserwisser, München 1986 (besonders den Abschnitt »Knigge: Tischsitten waren für den Baron kein Thema«); Stichwort »Knigge« in: Das Große Personenlexikon, Dortmund 1988. Hans Christian Meiser: Über den Umgang mit Knigge, Frankfurt 1995.

Knoblauch 1
Knoblauch reinigt die Blutgefäße

Die meisten heilsamen Wirkungen des Knoblauchs bestehen nur in unserer Einbildung. Weder reinigt Knoblauch die Blutgefäße, noch ist er geeignet, »der allgemeinen Arterienverkalkung gleichzeitig von mehreren Seiten entgegenzuwirken und die körperliche Leistungskraft und geistige Vitalität bis ins Alter zu erhalten«, wie man in der Werbung öfter liest.

Knoblauch senkt – in sehr hohen Dosen – den Cholesterinspiegel bei Ratten und Kaninchen; in dem Umfang, wie Gleiches auch für Menschen gilt, und wie ein hoher Cholesterinspiegel das Risiko für Herzinfarkt erhöht, ist er also auch für Menschen eine Medizin. Auch konnte man in Experimenten zeigen, daß der in Knoblauch enthaltene Inhaltstoff Anicillin gewisse Bakterien und Pilze tötet. Ansonsten aber wurde allen hundertjährigen kaukasischen Jugendwundern zum Trotz, die auf diversen Verpackungen von dieser Wurzel künden, bisher keine einzige der dem Knoblauch zugeschriebenen Wirkungen wirklich wissenschaftlich nachgewiesen. Weder Pest noch Krebs noch Hautkrankheiten lassen sich von Knoblauch nachweisbar beeindrucken, genausowenig wie Vampire oder Kühe, die angeblich in Skandinavien zum Schutz gegen böse Geister mit knoblauchgetränkten Händen gemolken werden, und auch die Hinweise auf die von der Knoblauch-Werbung gern als Ersatz-Autoritäten zitierten alten Römer oder Griechen, die aus verschiedenen Gründen – etwa um Wahnsinn oder Impotenz zu heilen – Knoblauch sehr in Ehren hielten, können wenig überzeugen – schließlich haben die alten Römer auch die Leber für den Motor des Blutkreislaufs und den Körperschweiß für ein Abfallprodukt der Verdauung gehalten.

Wir selber essen Knoblauch gerne wegen des Geschmacks. Außerdem hat man danach in der Straßenbahn mehr Platz. All die anderen Wunderwirkungen gehören aber in ein Märchenbuch.

Lit.: »Garlic wards off undead bacteria«, New Scientist, 14. 5. 1994.

Knoblauch 2
Man riecht nach Knoblauch aus dem Magen

Der unvermeidliche Knoblauchgeruch, der unseren Mitmenschen verrät, daß wir am Abend vorher gut gegessen haben, kommt nicht, wie viele glauben, aus dem Magen; er kommt aus der Lunge (und zum Teil auch durch die Haut). Nachdem der Knoblauch den Magen verlassen hat, wird er im Darm wie jede andere Nahrung auch zerlegt und in den Körper aufgenommen, wobei gewisse Schwefelverbindungen, die bei der Verdauung des Knoblauchs entstehen, über den Blutkreislauf die Lunge und die Atemluft erreichen.

Dieser Weg zur Lunge muß übrigens nicht immer durch die Därme gehen. Man kann auch, wenn man sich die Füße mit Knoblauch einreibt (zugegeben leicht pervers) danach aus dem Mund nach Knoblauch riechen.

Lit.: Mary Murray: »Kiss bad breath good-bye«, Readers Digest 9/94, 89-93.

Koalabär
Der Koala ist ein Bär

Der Koalabär (Phascolarctos cinereus) ist ein Beuteltier, kein Bär. Anders als Bären kommen Beuteltiere als nur wenige Zentimeter große Keimlinge zur Welt und müssen danach noch mehr oder weniger lange im Brustbeutel der Mutter leben.

Koalas werden rund einen halben Meter groß; sie leben im östlichen Australien und ernähren sich vor allem von den Knospen und den jungen Trieben der Eukalyptusbäume. Früher wurden sie wegen ihres weichen Fells so intensiv gejagt, daß man ihr Aussterben befürchten mußte. Heute stehen die Koalas unter Naturschutz und beginnen sich wieder weiter auszubreiten.

Lit.: Hätten Sie's gewußt? Zürich 1992.

Kohldampf
Kohldampf schieben hat etwas mit Kohl und Dampf zu tun

Dieser Ausdruck aus der Gaunersprache ist mit großer Wahrscheinlichkeit aus dem rotwelschen »Kohler« = »Hunger« hervorgegangen, welches wiederum aus dem zigeunerischen »kalo« = schwarz, arm, ohne Geld entstand. Auch das »Dampf« in »Kohldampf« heißt auf Rotwelsch Hunger, so daß »Kohldampf« streng genommen Hunger-Hunger heißt.

Lit.: Etymologisches Wörterbuch des Deutschen, 2. Auflage, Berlin 1993.

Kolonien 1
Nur Europa hatte Kolonien

Kolonien hat es schon immer gegeben – Länder und Regionen, die gegen ihren Willen anderen Mächten unterworfen waren, sind so alt wie die

Menschheit selbst, und dabei hält Europa weder bezüglich Dauer noch bezüglich Umfang noch bezüglich Anfang den Rekord.

Weit länger als die Europäer, nämlich fünf Jahrhunderte, vom 16. bis 11. Jahrhundert vor Christus, hielten etwa die alten Ägypter viele fremde Völker unter ihrer Fuchtel; auch das persische Kolonialreich mit drei und das römische mit vier Jahrhunderten hat länger überlebt als die Kolonien der meisten modernen Staaten in Europa.

Auch relativ zur Bevölkerung des Stammlandes waren die europäischen Kolonialreiche alles andere als extraordinär: Selbst auf dem Zenit der europäischen Kolonialherrlichkeit, also in den Jahren vor dem Ersten Weltkrieg, lebten in den europäischen Kolonien nur rund anderthalbmal soviel Menschen wie in den Stammländern, während etwa die Türken zu ihren besten Zeiten über dreimal soviel Menschen herrschten als in ihrem Stammland lebten (ganz zu schweigen von den Römern, die das bis heute wohl größte Kolonialreich – relativ gesehen – aller Zeiten besaßen).

Daß die außereuropäischen Kolonialreiche nie die räumliche Ausdehnung etwa des britischen Empire erreichten, lag weniger am Wollen als am Können: Ohne Straßen und wetterfeste Handelsflotte stießen die Perser, Mayas, Inkas und Chinesen sehr bald an Grenzen ihrer Expansionsgelüste – man kann entfernte Völker schlecht kontrollieren, wenn ein Brief vier Jahre mit der Maultierstaffel braucht. Hätten die Chinesen und Japaner und nicht die Europäer den Kompaß und das Segeln gegen den Wind erfunden, vielleicht würden wir heute Tribute an Mongolenkaiser zahlen und nicht zu Jesus sondern zu Buddha beten.

Kolonien 2
Die westlichen Kolonialmächte waren auf die Rohstoffe ihrer Kolonien angewiesen

Die westlichen Industrienationen waren nie auf die Rohstoffe ihrer Kolonien angewiesen. Der Handel mit Zucker, Erdöl, Kohle, Weizen, Gummi und Bananen und all den anderen nützlichen Dingen, die wir heute aus Entwicklungsländern kaufen, ist ein noch junges Phänomen; diesen Handel hat es mit den Kolonien nicht gegeben. Die europäischen Eroberer sind für Gold und Seide, nicht für Öl und Wolle aufgebrochen; sie hatten weder Lust in ihren Herzen noch Platz auf ihren Schiffen, sich mit Rohstoffen und Massengütern zu befassen.

In den Anfängen des europäischen Kolonialismus beschränkte sich der

Überseehandel vor allem auf Luxusgüter bzw. was man damals dafür hielt. Zwar wurde mit dem Aufkommen der Dampfschiffe auch zunehmend mit Rohstoffen gehandelt, aber dann vor allem untereinander, von einer Kolonialmacht zur anderen, nicht von Kolonie zu Mutterland: Kohle von England nach Frankreich, Eisen von Schweden nach Deutschland, Holz von Norwegen nach England usw. Verglichen mit diesem Rohstoffhandel untereinander spielten die Importe aus den Kolonien und Entwicklungsländern allein schon wegen der Entfernungen und Kosten keine große Rolle.

Zu Anfang des Jahrhunderts betrug die Autarkierate der westlichen Industrienationen bei Eisen, Kupfer, Blei, Zink, Mangan, Bauxit und anderen Mineralien fast 100 Prozent, und gewisse Rohstoffe wie etwa Kohle wurden sogar netto exportiert: im Jahresdurchschnitt rund 20 Millionen Tonnen von 500 Millionen geförderten Tonnen insgesamt. Die einzige schon damals auf Rohstoffimporte angewiesene Industrienation war Japan, aber Japan hatte keine Kolonien.

Und selbst bei den wenigen Rohstoffen wie Baumwolle, Gummi oder Phosphor, wo eine gewisse Abhängigkeit bestand, war diese, falls nötig, leicht zu überwinden, wie die Erfahrung des Deutschen Reiches im Ersten Weltkrieg zeigt: Nach dem Wegfall dieser Rohstoffe durch die englische Seeblockade hatte man in kurzer Zeit Ersatzprodukte aufgetrieben.

Erst seit dem Zweiten Weltkrieg und dem Ende der westlichen Kolonialherrschaft, aber nicht früher, haben die Importe, speziell die Energieimporte der Ersten aus der Dritten Welt, beträchtlich zugenommen, aber immer noch nicht deshalb, weil wir diese Rohstoffe so dringend bräuchten: Öl ist einfach billiger, zumindest noch im Augenblick, als die bis dato wichtigste Energiequelle, die Kohle, und vor allem deshalb wird Öl durch Industrienationen importiert. Die westlichen Kohlevorräte sind noch längst nicht aufgebraucht; sie warten nur auf die nächste Ölkrise, und genauso hängen wir auch bei anderen Rohstoffen vom Rest der Welt viel weniger ab als manche glauben.

Lit: P. Yates: Forty years of foreign trade, London 1959; P. Bairoch und B. Etemal: Commodity structure of Third World exports 1830-1937, Genf 1985.

Kolonien 3
Die westlichen Kolonialmächte brauchten die Kolonien als Absatzmärkte

Entgegen einem populären Mythos waren die Kolonien zu keiner Zeit als Absatzmarkt von großem Interesse. Von 1800 bis 1937 gingen nur 17 Prozent aller europäischen Exporte in die Dritte Welt, davon wiederum war die Hälfte, zwischen 8 und 9 Prozent, in die Kolonien. Wenn man außerdem auch noch bedenkt, daß weniger als ein Zehntel des Sozialprodukts überhaupt für den Export produziert wurde, ging also nur ein verschwindend kleiner Anteil der europäischen Wirtschaftsleistung in die Kolonien. Selbst wenn also die Exporte nach den Kolonien von einem Tag auf den anderen vollkommen unterbunden worden wären, die meisten Produzenten hätten davon nichts gemerkt.

Die wichtigste Ausnahme ist England, das rund 40 Prozent seiner Gesamtexporte in die Dritte Welt verschickte. Aber gemessen am Sozialprodukt betrug auch hier der Export in die Dritte Welt nur 5 Prozent, soviel wie heute die Wirtschaft in zwei Jahren wächst. Mit anderen Worten, selbst in England hätten zwei Jahre Wirtschaftswachstum völlig ausgereicht, um den Ausfall dieser Märkte ohne Folgen zu verkraften.

Daß trotzdem heute viele Menschen diese Sache so viel anders sehen, liegt allein an einer anderen Perspektive: Auch wenn die Exporte etwa von Dampfmaschinen von den USA nach Kuba nur einen verschwindenden Teil der amerikanischen Dampfmaschinenexporte ausmachen: für einen Kubaner kommen scheinbar alle Dampfmaschinen aus den USA. Er fühlt sich dominiert und eingeschüchtert, und glaubt dann leicht, daß diese Dominanz für andere den gleichen Stellenwert wie für ihn selbst besäße.

Lit.: Paul Bairoch: »The geographical structure and trade balance of European foreign trade from 1800 to 1970«, Journal of European Economic History 1974, 557-608.

Kolonien 4
Die westlichen Kolonialmächte profitierten von den Kolonien durch ein beschleunigtes Wirtschaftswachstum

Kolonien waren für das westliche Wirtschaftswachstum weit weniger wichtig, als die meisten glauben. Unter den reichsten Ländern der Gegenwart tauchen Spanien und Portugal, die größten Kolonialmächte der frühen Neuzeit, überhaupt nicht auf. Die Spitzenreiter bezüglich Wohlstand – Deutschland, Japan, USA, Schweiz, Norwegen, Schweden, Finnland, Luxemburg – haben nie oder nur am Anfang ihrer Entwicklung Kolonien besessen, und Länder wie England oder Frankreich können sich in der Spitzengruppe halten, nicht weil, sondern obwohl sie Kolonialmächte gewesen sind.

Ein gutes Beispiel ist Belgien, im 19. Jahrhundert eines der Wirtschaftswunderländer in Europa. Dann erwarb man Kolonien (Kongo) – und fiel ins

Hinterfeld zurück. Oder nehmen wir das Deutsche Reich, das nach dem Verlust seiner Kolonien im Vertrag von Versailles die Kolonialmächte Frankreich und England mühelos ökonomisch überholte. Oder die Niederlande, die erst nach dem Verlust ihrer indonesischen Kolonien nach dem Zweiten Weltkrieg zu echter wirtschaftlicher Blüte kamen. Wo man auch hinschaut, zwischen Wirtschaftswachstum und Größe der Kolonien gibt es »eine fast perfekte Korrelation«, wie der Wirtschaftshistoriker Paul Bairuch konstatiert, und zwar eine negative Korrelation: Je mehr Kolonien, desto schwächer ist die Wirtschaft, je weniger Kolonien, desto stärker.

Über die Gründe dafür kann man nur spekulieren (Verschwendung unternehmerischer Energien? Illusionärer Größenwahn? Einschläferung von Innovationszwang?), fest steht nur, es ist nun einmal so. Kolonien waren im großen und ganzen für ihre Stammländer weniger ein Katalysator denn ein Klotz am Bein, eine einzige Bremse des wirtschaftlichen Fortschritts; sie waren vielleicht nützlich als Militärstützpunkte oder zur Beschäftigung von redundanten Bürokraten, aber gesamtökonomisch betrachtet waren sie ein einziges Verlustgeschäft.

Auch ein Ansporn für die Industrialisierung sind die Kolonien nie gewesen, denn die Ausbreitung der englischen und französischen Kolonialreiche war keine Bedingung, sondern eine *Folge* der industriellen Revolution: Als das britische Empire gegen Ende des 18. Jahrhunderts mit der Eroberung Indiens seine große Expansionsphase begann, war die erste industrielle Revolution in England schon vorüber, und genauso haben sich mehrere Jahrzehnte später auch die Franzosen über Afrika verbreitet, nicht bevor, sondern *nachdem* Dampfmaschine und mechanischer Webstuhl, chemische Düngemittel und industrielle Arbeitsteilung die Volkswirtschaften von Grund auf umgekrempelt hatten.

Lit.: Paul Bairoch: Economics and world history: Myths and paradoxes, New York 1993.

Kolumbus

Kolumbus wurde am portugiesischen Königshof ob seines Glaubens an die Kugelform der Erde ausgelacht

Niemand hat Kolumbus ausgelacht. Wie Gerhard Prause in seinem gleichnamigen Buch von 1986 festhält, ist die immer wieder gern erzählte Legende von dem mutigen, von den geistig beschränkten Notabeln am portugiesischen Königshof ob seiner Theorie von der Kugelgestalt der Erde ausgelachten Entdecker nur eine nachträgliche Erfindung.

Auch daß Kolumbus dann am Hof des Königspaars von Aragon-Kastilien auf das gleiche Unverständnis gestoßen sei, ist falsch: Sein Plan, das reiche Indien nicht wie bis dato ostwärts, sondern westwärts, quasi um die Kugel herum durch die Hintertür zu suchen, wäre als Verrücktheit abgeschmettert worden: weil man dann von der Erdscheibe herunterfiele.

In Wahrheit war die Kugelgestalt der Erde damals schon kein Thema mehr. Alle Seefahrer und Geographen, aber auch die Könige von Spanien und Portugal, hatten daran keinen Zweifel. Die Debatte ging nicht um die Existenz, sie ging nur noch um die *Größe* dieser Kugel; je größer, desto länger muß man bis nach Indien westwärts segeln. Und hier waren nicht die Gegner des Kolumbus, hier war dieser selbst von Irrtümern befangen. Denn Kolumbus schätzte den Umfang der Erdkugel, gestützt auf den antiken Astronomen Ptolemäus, auf rund 28 000 Kilometer, und damit 12 000 Kilometer zu kurz, (und glaubte deshalb bis an sein Lebensende, er hätte Indien erreicht, während er in Wahrheit nur die Hälfte der Strecke bis nach Indien überwunden hatte). Die Experten an den Königshöfen dagegen schätzen, gestützt auf ein Gutachten des Florentiner Mathematikers Paolo Toscanelli, den Erdumfang weitaus exakter, nämlich auf 39 000 Kilometer, also (bis auf 1000 Kilometer) so, wie er tatsächlich ist. Damit war aber die konventionelle Reise nach Indien »linksherum« kürzer als die von Kolumbus geplante Route »rechtsherum«, und das Projekt völlig zu Recht als überflüssig abzulehnen. Denn daß zwischen Europa und Indien noch ein ganzer Kontinent im Wege lag, konnte damals niemand ahnen ...

Lit.: Salvador de Madariaga: Kolumbus, München 1975; Gerhard Prause: Niemand hat Kolumbus ausgelacht, Düsseldorf 1986.

Kompaß
Die Kompaßnadel zeigt nach Norden

Da der magnetische Nordpol und der »wahre« Nordpol, also der Punkt auf dem Globus, wo die Drehachse die Erdkugel durchstößt, um mehr als 3000 Kilometer auseinanderliegen, zeigt eine Kompaßnadel nie genau nach Norden. Die Verzerrung wird immer größer, je weiter wir nach Norden kommen; zwischen dem magnetischen und dem wahren Nordpol zeigt die Kompaßnadel sogar genau nach Süden. Diese Verzerrung ist seit langem wohlbekannt und heißt unter Seefahrern auch »Deklination«.

Aber auch von dieser Unart abgesehen zeigt die Kompaßnadel nie genau nach Norden, also zum magnetischen Nordpol hin; sie zeigt nur die Richtung des *örtlichen* Magnetfelds an. Und die Kraftlinien dieses Magnetfeldes sind durchaus nicht immer gerade. Wer also immer der Kompaßnadel folgend gegen Norden reist, kommt irgendwann am magnetischen Nordpol an – aber nicht notwendig auf dem kürzesten Weg.

Lit.: Jeremy Bloxham und David Gubbins: »The evolution of the earth's magnetic field«, Scientific American, Dez. 1989.

Konservendosen 1
Konservendosen werden vor allem wegen der besseren Wärmeleitung gern im Wasserbad erhitzt

Konservendosen werden im Wasserbad erhitzt, damit sie nicht explodieren. Wer sich etwa schnell eine Portion Bohnen wärmen will, und die geschlossene Dose ungeöffnet auf die Herdplatte stellt, wird dieses Prinzip nach kurzer Zeit sehr schnell begreifen: Durch den steigenden Dampfdruck in der Dose steigt die Siedetemperatur des Wassers, damit wiederum der Dampfdruck in der Dose, und so im Zick-Zack immer weiter, bis die Dose platzt.

Das kann beim Erwärmen im offenen Wasser nicht passieren – hier bleibt der Druck über der Wasserfläche immer 1 atü, und damit bleibt auch die Siedetemperatur im Wasser wie innerhalb der Dose stets bei 100°.

Konservendosen 2
Man darf Lebensmittel nicht in geöffneten Konservendosen stehen lassen

Dieser Mythos wurde vermutlich von Tupperware-Verkäufern in die Welt gesetzt: nie halb gegessene Portionen Ravioli, Würstchen, Sauerkraut in den Konservendosen liegen lassen; stattdessen umfüllen, dann wird der Rest nicht schlecht.

In Wahrheit verderben Lebensmittel in Blech genauso schnell bzw. langsam wie in Plastik; ist die Verpackung erst einmal geöffnet, kommt es nur noch auf die Kühlung an.

Konservierungsmittel
Künstliche Konservierungsmittel sind ungesünder als natürliche

»Dem Glauben, daß traditionell konservierte Nahrung bekömmlich, modern-chemisch konservierte hingegen gefährlich sei, kann nur der anhängen, der die Krebsgefährdung durch die Räucher- und Pökelverfahren unserer Vorfahren gering schätzt, weil er nicht bedenkt, daß diese in aller Regel starben, bevor sich ein Tumor entwickeln konnte.« (Hubert Markl, Präsident der Deutschen Forschungsgemeinschaft, in der *Zeit* vom 6. 12. 1991, S. 94).

Kopernikus
Nikolaus Kopernikus hat seine Lehre vom Kreisen der Erde um die Sonne aus Angst vor der Kirche zurückgehalten
(s. a. »Galilei« u. »Und sie bewegt sich doch!«)

Wie Galileo Galilei gilt auch Nikolaus Kopernikus (1473–1543) als ein Opfer des Klerus und der Kirche. Und genau wie Galilei spielt auch Kopernikus hier eine falsche Heldenrolle.

Die Hauptfeinde des Kopernikus, die ihn so einschüchterten, daß er mit der Publikation seines Hauptwerkes *De revolutionibus orbium coelestium* fast vierzig Jahre wartete, waren wie bei Galilei weniger die geistlichen als die weltlichen Prediger, weniger die Mönche auf den Kanzeln als die Professoren hinter den Kathedern. Vor allem aus Angst, von diesen verknöcherten Anhängern des ptolemäischen Weltbildes ausgelacht zu werden, hat Kopernikus das Buch erst wenige Monate vor seinem Tode zur Veröffentlichung freigegeben.

Diese Veröffentlichung geschah auf ausdrückliches Drängen seiner geistlichen Vorgesetzten; diese waren an den Ideen des Kopernikus durchaus interessiert und baten ihn »höchst nachdrücklich«, seine »Entdeckungen der gelehrten Welt zugänglich zu machen«.

Daß das Buch viel später trotzdem für vier Jahre (von 1616 bis 1620), auf den Index der verbotenen Schriften kam, lag weniger an der Verstockheit des Papstes als an der Arroganz des Kopernikus-Nachfolgers Galilei, der völlig unwissenschaftlich neben seiner eigenen keine anderen Theorien gelten lassen wollte. Mit der Fortschrittsfeindlichkeit der Kirche hat dies alles nichts zu tun.

Lit.: Arthur Koestler: Die Nachtwandler. Das Bild des Universums im Wandel der Zeit, Bern 1959.

Korrelation
Korrelation bedeutet Kausalität

Korrelation bedeutet nicht notwendig Kausalität. Zwei Variable heißen korreliert (genauer: positiv korreliert), wenn hohe Werte der einen typischerweise mit hohen Werten der anderen auftreten und umgekehrt. Ein Beispiel sind Körpergröße und Gewicht: Große Menschen wiegen in der Regel mehr als kleine, und ein Mann von 60 Kilo ist meistens, wenn auch nicht immer, kleiner als einer von 90.

Eine solche Korrelation muß aber nicht bedeuten, daß die eine Variable die Ursache der anderen ist. Oft entsteht eine Korrelation zweier Variablen auch durch gemeinsame Verwandte im Hintergrund, wie bei der Körpergröße von Geschwistern, den Börsenkursen von VW und Daimler-Benz (und zwischen den Kursen und Renditen vieler anderer Aktiengesellschaften ebenso), den Niederschlägen in Mainz und Wiesbaden, den Wasserständen von Rhein und Donau, den Inflationsraten in Bayern und Baden-Württemberg, den Preisen von Benzin und Heizöl und vielen anderen Variablenpaaren mehr. In allen diesen Fällen geht die Korrelation auf eine Kausalbeziehung, aber weniger zwischen den Variablen selbst, als zwischen diesen und einer gemeinsamen Ursache wie dem Wetter oder der allgemeinen Wirtschaftslage im Hintergrund zurück. Solche Korrelationen sind die wohl häufigsten überhaupt.

Es ist also falsch, aus Korrelation auf Kausalität zu schließen, wie das folgende Schaubild der Geburten und Klapperstörche im Landkreis Hannover sehr schön zeigt: eine fast perfekte Korrelation, aber nicht, weil der Storch die

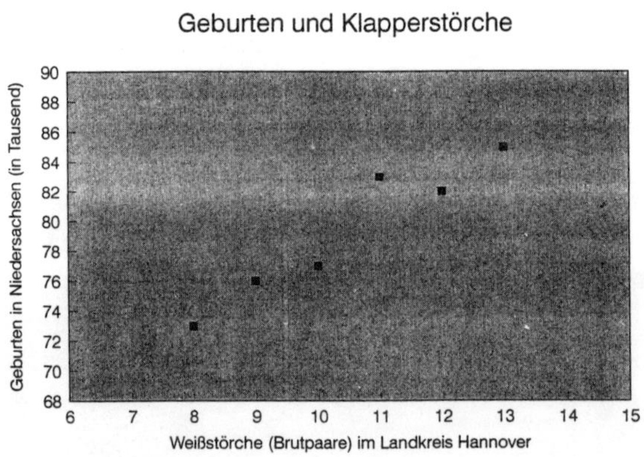

Eine hohe positive Korrelation: viele Störche = viele Geburten, wenige Störche = wenige Geburten

Kinder bringt, sondern weil in dieser Zeit sowohl die Geburten als auch die Storchenpaare aus jeweils eigenen Gründen zugenommen haben . . .

Und selbst wenn eine Kausalität besteht, wirkt diese oft anders als man denkt, wie bei der bekannten negativen Korrelation zwischen Körpertemperatur und Läusen auf dem Kopf, wie sie, so der amerikanische Statistiker Darell Huff, den Bewohnern der Neuen Hebriden im südlichen Pazifik aufgefallen ist. Diese haben daraus dann den Schluß gezogen, daß Läuse, da das Fieber senkend, gut für die Gesundheit sind.

In Wahrheit verläuft die Kausalrichtung natürlich genau umgekehrt: Hohes Fieber vertreibt die Läuse, d. h. die Ursache ist die Temperatur und die Wirkung sind die Läuse auf dem Kopf.

Lit.: Walter Krämer: Statistik verstehen, Frankfurt 1992.

Kraken
Kraken greifen Menschen an (s.a. »Haie«)

Kraken sind scheu; sie greifen von sich aus niemals Menschen an. Zumindest ist bisher kein einziger Fall belegt, bei dem ein Schwimmer oder Taucher von einem Kraken erwürgt oder in die Tiefe gezogen worden wäre.

Auch die Legende von den angeblich existierenden Riesenkraken, die sogar Schiffen zum Verhängnis geworden sein sollen, wurde kürzlich als ein Hirngespinst entlarvt. Sie beruht auf einem 20 Tonnen schweren, zu einem nicht identifizierbaren toten Tier gehörenden Gewebestück, das vor hundert Jahren an der amerikanischen Küste bei Saint Augustine in Florida gefunden wurde und in dem viele den Kadaver einer Riesenkrake sahen. »An noch vorhandenen Resten des Fleischbrockens hat jetzt der Biochemiker Sidney Pierce von der University of Maryland die Legende vom Menschen und Schiffe bedrohenden Meeresungeheuer widerlegt«, kann man dazu im »Spiegel« lesen. »Analysen und Untersuchungen mit einem Elektronenmikroskop zeigten, daß es sich um ein reines Kollagen handelt, eine Eiweißsubstanz ohne bestimmte Zellstruktur. Wahrscheinlich, so schreiben Pierce und seine Kollegen im ›Biological Bulletin‹, waren es die Überreste eines Wals, der wochenlang tot in der See geschwommen war. Seine Knochen waren zu Boden gesunken, andere Meerestiere und Bakterien hatten alles verzehrt bis auf das harte, unverdauliche Kollagen aus der Walhaut.«

Lit.: »Legende vom Monster«, DER SPIEGEL 8/1995.

Krankenkassen
Die Krankenkassen vertreten die Interessen der Versicherten

Die deutschen Krankenkassen vertreten in erster Linie ihre eigenen Interessen: möglichst hohe Gehälter für die Funktionäre, und möglichst viele Mitglieder, die diese Gehälter zahlen. Die Interessen bzw. der Geldbeutel der Patienten sind einer deutschen Krankenkasse einerlei.

Nur durch die aktive und mitgliederfeindliche Unterstützung der deutschen Krankenkassen konnte unser Gesundheitswesen zu dem großen Finanzdesaster werden, das es unbestreitbar heute ist. Angefangen bei den Wucherpreisen, die unsere Krankenhäuser für fast alles zahlen, was sie brauchen, vom Putzlappen bis zum Röntgenapparat, über die Raubrittergebühren unserer Rettungsdienste bis zu den gerichtsnotorischen Überschußmilliarden für Blutgerinnungspräparate – wann immer im deutschen Gesundheitswesen gutes Geld zum Fenster hinausgeworfen wird, die Krankenkassen helfen fleißig mit. Nicht von ungefähr wurde der große Herzklappenskandal nicht von den Krankenkassen, sondern im wesentlichen von Bonner Gesundheitsbürokraten aufgedeckt, oder gehen Anzeigen wegen Abrechnungsschwindel und Rezeptbetrug nur selten von den Krankenkassen aus (die ganz im Gegenteil selbst notorische Betrüger noch oft decken). Ohne zu murren bezahlen deutsche Krankenkassen jede noch so schäbige Dienstleistung der Anbieter, jedes noch so sinnlose Rezept; sie finanzieren Fahrradwochenenden, Bauchtanzkurse, Badekuren, sie schicken ihre Funktionäre auf Kongresse nach Tokio und Acapulco, leisten sich exklusive Büros in den teuersten Lauflagen unserer Städte und gehen ganz allgemein mit dem Geld ihrer Versicherten um, als hätten sie es selbst gedruckt. Statt in guten Zeiten Beiträge zu senken, blähen sie Verwaltungswasserköpfe auf (pro Jahr verschlingt die Verwaltung unserer Krankenkassen mehr als zehn Milliarden Mark), statt den Anbietern auf die Finger zu sehen, kollaborieren sie mit ihnen wo sie können, statt die Interessen der Patienten zu vertreten, stecken sie mit deren monetären Kontrahenten unter einer Decke.

Einzelne Ausnahmen wie die Betriebskrankenkassen bestätigen diese Regel nur. Auch ist durch die Seehofersche Strukturreform mit ihrem Risikoausgleich das Umschmeicheln guter Risiken nicht mehr so attraktiv wie früher. Aber das alles sollte niemanden darüber täuschen, daß die Krankenkassen über lange Jahre die Korruption und Mißwirtschaft im deutschen Medizinbetrieb nach besten Kräften angefeuert haben.

Lit.: Walter Krämer: »Die Geldfresser«, Die Woche, 16. 6. 1994; »Zehn Jahre Korruption und Mißwirtschaft«, unveröffentlichte Dokumentation, zu beziehen über Lehrstuhl Wirtschafts- und Sozialstatistik, Universität Dortmund, 44227 Dortmund.

Krebs 1
Die Krebsgefahr nimmt zu

Die Wahrscheinlichkeit, an Krebs zu sterben, hat unbestritten in den letzten Jahren und Jahrzehnten zugenommen. Das heißt aber nicht, daß der Krebs gefährlicher geworden ist; genau das Gegenteil ist wahr. Die folgende Tabelle zeigt getrennt für verschiedene Altersklassen, einmal für 1960 und einmal für 1990, wieviele von je hunderttausend Männern einer Altersgruppe in Deutschland (alte Bundesländer) an Krebs gestorben sind. Und wie wir sehen, hat quer durch alle Altersklassen die Gefahr, an Krebs zu sterben, *abgenommen*!

Soviele von hunderttausend Männern einer Altersgruppe sind an Krebs gestorben:

	1960	1990
0-9	532	284
10-14	48	39
15-19	127	118
20-24	180	148
25-29	178	136
30-34	180	160
35-39	246	220
40-44	343	335
45-49	550	530
50-54	953	865
55-59	1633	1443
60-64	2692	2382
65-69	4134	3853
70-74	6362	6050
75-79	10 120	9297
80-84	16 275	14 345
> 85	27 806	23 469

Die nächste Tabelle zeigt die gleichen Zahlen für die Frauen. Auch hier hat quer durch alle Altersklassen die Gefahr, an Krebs zu sterben, abgenommen.

Soviele von hunderttausend Frauen einer Altersgruppe sind an Krebs gestorben:

	1960	1990
0-9	414	218
10-14	28	24
15-19	52	48
20-24	61	52
25-29	89	61
30-34	114	85
35-39	174	128
40-44	229	194
45-49	371	304
50-54	526	465
55-59	831	708
60-64	1398	1145
65-69	2476	1941
70-74	4470	3410
75-79	8161	5999
80-84	14049	10483
> 85	25444	19657

Werfen wir aber alle Alterklassen in den gleichen Topf, so hat bei Männern wie bei Frauen die Wahrscheinlichkeit, an Krebs zu sterben, in diesen 30 Jahren zugenommen. Aber nicht, weil Krebs als solcher gefährlicher geworden wäre, sondern weil wir immer älter werden, weil in der vom Krebs besonders stark bedrohten Klasse der über 85-jährigen 1960 in Deutschland (alte Bundesländer) nur 220 000 Menschen lebten, 1990 dagegen 890 000, mehr als viermal soviel, und vor allem deshalb, und nicht weil wir uns durch Atomkraftwerke oder Chemikalien selbst vergiften, sterben heute so viel Menschen mehr an Krebs.

Lit.: Statistisches Bundesamt: Fachserie 12: Gesundheitswesen, Reihe 4: Todesursachen (verschiedene Jahre); W. Krämer: Denkste! Das Lottoglück und andere Trugschlüsse aus dem Reich des Zufalls und der Zahlen, Frankfurt 1995.

Krebs 2
Ohne Krebs würden wir viel länger leben
(s.a. »Lebenserwartung«)

Viele Menschen glauben zu Unrecht, sie würden ohne Krebs viel länger leben. Wenn wir einmal hypothetisch fragen: »Um wieviel würde unsere Lebenserwartung steigen, wenn es keinen Krebs mehr gäbe?«, so erhalten wir als Antwort: noch nicht einmal drei Jahre.

Diese Zahl kommt so zustande, daß wir uns die Risiken, die uns nach dem Leben trachten, wie Krebs, Herzkrankheiten, Unfälle, Mord und Totschlag, AIDS, Alzheimer etc., einmal als Spieler denken, die um unser Leben würfeln. Sie werfen einen Würfel mit 100 Seiten (stellvertretend für die 100 Jahre, die wir höchstens leben; die paar über 100-jährigen vergessen wir einmal), die kleinste Zahl gewinnt. Angenommen etwa, Krebs würfelt 49, Mord und Totschlag 25, Unfall 80, Herz-Kreislauf 75 und AIDS 58. Dann werden wir mit 25 durch Mord und Totschlag sterben. Würden wir nicht ermordet, stürben wir mit 49 an Krebs, und fällt auch diese Ursache aus, dann mit 58 an AIDS, dann mit 75 an einem Herzleiden und schließlich mit 80 durch einen Verkehrsunfall.

Das Alter, das wir erreichen bevor wir sterben, ist also die bei diesem makabren Spiel erzielte minimale Augenzahl. Die Ursache, an der wir sterben, ist das Risiko, welches diese Zahl gewürfelt hat. So gesehen können wir also unsere Ausgangsfrage wie folgt etwas anders stellen: »Um wieviel steigt der mittlere Wert des Minimums in diesem Spiel, wenn das Risiko ›Krebs‹ vom Würfeln ausgeschlossen wird?«

Diese Frage beantwortet die Theorie der sog. »konkurrierenden Risiken«, und zwar leider so wie oben schon gesagt: im Durchschnitt wird das Minimum nur um rund drei Jahre größer.

Bei der Elimination anderer Krankheiten bzw. Risiken steigt die Lebenserwartung sogar noch weniger: 7 Monate bei Wegfall aller Krankheiten der Atemwege, 7 Monate bei Wegfall aller Krankheiten der Verdauungsorgane, 5 Monate bei Wegfall aller Verkehrsunfälle etc. Am größten, rund 7 Jahre, wäre der Anstieg der Lebenserwartung bei der Elimination von Herzkrankheiten, aber sterben müßten wir in jedem Fall auch dann.

Lit.: Klaus Kern und Werner Braun: »Einfluß wichtiger Todesursachen auf die Sterblichkeit und die Lebenserwartung«, Wirtschaft und Statistik 1985, 233-240; Krämer: Statistik verstehen, Frankfurt 1992 (besonders Kap. 11: Mortalität und Lebenserwartung).

Krebs 3
Eine hohe Sterblichkeit an Krebs ist ein Zeichen für schlechte medizinische Versorgung

Eine hohe Sterblichkeit an Krebs ist keine Schande für ein Land und ein Gesundheitswesen; sie ist eher als ein Kompliment zu sehen – je mehr Menschen in einer Gegend dieser Erde an Krebs sterben, desto besser ist dort in aller Regel die Umwelt und die medizinische Versorgung.

Wie die folgende Tabelle zeigt, ist die Krebssterblichkeit in Deutschland in den letzten 90 Jahren von unter 4 auf über 20 Prozent der Todesfälle angestiegen. Aber nicht weil wir immer kränker, sonderen weil wir immer älter werden. Schon immer starben Menschen mit wachsendem Alter häufiger an Krebs. Nur wurden sie früher eben nicht so alt.

Todesursachen in Deutschland 1905 und 1995

	1905	1995
Krebs	3,7 %	21,5 %
Herz-Kreislauf	10,4 %	50,7 %
Tbc	10,3 %	0,2 %
Altersschwäche	9,7 %	1,0 %
Unfälle und Selbstmord	3,0 %	5,2 %
Sonstige Ursachen	62,9 %	21,4 %

Der beste Indikator für Umweltqualität und medizinische Versorgung ist die Lebenserwartung – je länger wir leben, desto gesünder die Umwelt, desto besser die Medizin. Und je höher die Lebenserwartung, desto höher auch die Krebsmortalität. So haben etwa japanische Männer die höchste Lebenserwartung (74 Jahre), aber auch die höchste Krebssterblichkeit der Welt (25%). Auf der anderen Seite sterben in den armen, medizinisch schlecht versorgten Ländern dieser Erde nur 5 bis 10 Prozent der Menschen an Krebs, aber nicht, weil sie so gesund, sondern weil sie so miserabel leben.

Diesen Effekt beobachten wir selbst innerhalb der Bundesrepublik: Wo die Krebssterblichkeit am höchsten ist, leben die Menschen am längsten. Die höchste Krebsmortalität, verbunden mit Spitzenplätzen bei der Lebenserwartung, haben wir hier in Bremen (23,5 %) und Schleswig-Holstein (23,4 % aller Verstorbenen im Durchschnitt der Jahre 1980 bis 1985). Im Saarland und in Berlin dagegen, wo im regionalen Vergleich die wenigsten Menschen an Krebs sterben (21,8% und 19,9 %), sterben die Menschen im Durchschnitt ein Jahr früher.

Lit.: Walter Krämer: Wir kurieren uns zu Tode, Frankfurt 1993.

Krebs 4
Je weniger Krebskranke, desto besser das Gesundheitswesen

Nicht nur die Zahl der in einem Jahr an Krebs verstorbenen, auch die Zahl der zu einem gegebenen Zeitpunkt an Krebs leidenden Menschen führt, was die Qualität der Medizin betrifft, leicht in die Irre. Hier gilt: je mehr Menschen zu einem gegebenen Zeitpunkt an Krebs leiden, desto besser ist die Medizin, und je weniger Menschen zu einem gegebenen Zeitpunkt an Krebs leiden, desto schlechter ist die Medizin.

Es gibt nämlich vor allem deshalb vergleichsweise wenig Krebskranke in Deutschland (an einem gegebenen Stichtag rund 150 000, verglichen mit mehr als zwei Millionen Menschen, die an Herz-Kreislauf-Beschwerden leiden), weil so viele von ihnen heute noch nach kurzem Leiden sterben. Die Zahl der Krebstoten pro Jahr ist regelmäßig höher als die Zahl der Krebskranken an einem Stichtag (im Fachjargon der Epidemiologen: Hohe Inzidenz bei geringer Prävalenz), weil ein Krebskranker vom Zeitpunkt der Diagnose an im Durchschnitt kein Jahr mehr lebt.

Angenommen nun, alle rund 200 000 Krebstoten eines Jahres wären wie die Pestkranken des Mittelalters kurz nach Ausbruch der Krankheit verstorben, im Extremfall noch am gleichen Tag. Erfolgloser kann ein Heilversuch kaum sein. Gerade bei Krebs haben wir uns ja angewöhnt, den Therapieerfolg an der Überlebensdauer zu messen, und eine Überlebensdauer von nur einem Tag bedeutet damit den Gipfel der Unfähigkeit. Trotzdem wären an einem gegebenen Stichtag sehr viel weniger Menschen an Krebs erkrankt. 200 000 an Krebs verstorbene im Jahr ergäben 548 Verstorbene pro Tag, und genausoviele und nicht mehr wären auch an einem beliebig ausgewählten Stichtag krank, ein Bruchteil nur der aktuellen Zahl.

Wer will, kann dieses Spiel noch weiter treiben und fragen, wieviele Kranke wir hätten, wenn alle schon nach einer Stunde oder zehn Minuten stürben. Je kürzer jedenfalls die Überlebenszeit, desto freundlicher die Morbiditätsstatistik.

Wenn es dagegen auf der anderen Seite gelänge, alle Krebskranken von der Diagnose ab gerechnet noch zehn Jahre am Leben zu halten, sei es durch Bestrahlung, Chemotherapie oder eine andere heute noch unbekannte Methode, was wäre dann? Wohl jeder würde dies als großen Erfolg bewerten.

Dennoch würde die Zahl der diagnostizierten Krebskranken stetig zunehmen und nach einer gewissen Anlaufzeit sogar die Millionengrenze überschreiten.

Lit.: Walter Krämer: Wir kurieren uns zu Tode, Frankfurt 1993.

Krieg
»Ich führe den Krieg mit den Lebenden und nicht mit den Toten«

So soll Kaiser Karl V. nach der Eroberung von Wittenberg den Herzog von Alba beschieden haben, als der die Leiche des verhaßten Martin Luther ausgraben und nachträglich aufhängen wollte. Dergleichen noble Gesten – eine so erfunden wie die andere – werden siegreichen Feldherren seit der Antike angedichtet. Mit fast den gleichen Worten erlaubt schon der karthagische Feldherr Hamilkar Barkas den Römern, ihre gefallenen Soldaten zu bestatten.

Lit.: William Lewis Hertslet: Der Treppenwitz der Weltgeschichte, 11. Auflage, Berlin 1965.

Krokodilstränen

Wenn Krokodile große Brocken Fleisch verschlingen, scheinen sie zu weinen. Aber nicht aus Trauer oder Reue, sondern weil sie in Ihrer Freßgier oft viel größere Stücke schlucken als in ihren Rachen passen. Dann schnappen sie hektisch nach Luft, das drückt auf die Tränendrüsen; so scheinen Krokodile dann zu weinen, wenn sie ihre Opfer fressen.

Vermutlich war der römische Historiker Plinius der erste, der die Tränen auf diese Weise in seiner *Historia Naturalis* mißgedeutet hat. Seitdem gelten sie als ein Symbol für vorgetäuschte, falsche Reue, aber in Wahrheit sind sie nur ein einfacher Reflex.

Kuchen
»Dann sollen sie doch Kuchen essen«

So patzig soll Marie-Antoinette die Klagen ihrer Untertanen, sie hätten kein Brot zu essen, abgewiesen haben. Aber wie so viele berühmte Worte ist auch dieser Ausspruch nie gefallen, weder aus dem Mund der Marie-Antoinette noch sonst einer Person.

Im französischen Original heißt der Satz: »Qu'ils mangent de la brioche!« Diese Worte sind erfunden, und zwar schon 1760 von Jean-Jacques Rousseau, als Marie-Antoinette gerade erst geboren war (und als Österreicherin ganz sicher kein Französisch konnte). Rousseau hatte sie in seinen *Confessions* einer anonymen »großen Fürstin«, vermutlich der Herzogin der Toskana, in den Mund gelegt. Später wurden sie dann Marie-Antoinette zugeschrieben – nicht weil sie sie wirklich gesagt hätte, sondern weil sie sie hätte sagen können, und um das Gewissen ihrer Mörder etwas zu besänftigen.

Lit.: Hermann Schreiber: Marie-Antoinette, München 1990.

Kühlschrank
Durch Öffnen des Kühlschranks sinkt die Temperatur in einem Zimmer

Wer an einem heißen Sommertag den Einfall haben sollte, zum Abkühlen des Zimmers die Kühlschranktür zu öffnen, wird eine Überraschung erleben: die Temperatur geht nicht zurück, sie steigt vielmehr weiter an. Zwar kann die Kühlschrankluft zunächst für etwas Kühlung sorgen, aber dann erzeugt der durch die wärmere Luft im Kühlschrank selbst bewirkte Hochbetrieb der Kühlaggregate eine stetige Aufheizung des Zimmers. Denn diese Kühlaggregate verbrauchen Energie, die in Wärme umgewandelt wird und so die Netto-Wärmebilanz des Zimmers erhöht.

Theoretisch könnte man mit einem Kühlschrank in einem wärmeisolierten Zimmer sogar Wüstenklima schaffen.

Lit.: Klaus Freyer u.a.: Gut gedacht ist halb gelöst, Leipzig 1972.

Kugel
Die Erde ist eine Kugel

Die Erde ist keine Kugel, sondern ein sogenanntes »abgeplattetes Rotationsellipsoid«: sie ist an den Polen etwas abgeplattet und am Äquator etwas ausgebuchtet. Am Äquator ist der Meeresspiegel 21 Kilometer weiter vom Mittelpunkt der Erde entfernt als am Nordpol.

Lit.: Isaac Asimov: Das Wissen unserer Zeit, München 1991.

Kunst
Kunst ist eine gute Geldanlage

Anfang der 90er Jahre druckte der englische *Economist* die folgende Hitliste für Geldanlagen (durchschnittliche Rendite der letzten 20 Jahre):

amerikanische Münzen	17,3 %
chinesische Keramik	14,4 %
Aktien	12,7 %
Gemälde alter Meister	12,5 %
Gold	12,1 %
Diamanten	11,0 %
festverzinsliche Wertpapiere	9,1 %
Immobilien	7,5 %
Silber	5,4 %

Kunst und Antiquitäten scheinen damit eine gute Geldanlage; sie machen den Besitzer reicher als Geld, Gold oder Aktien, und sind außerdem auch noch erfreulich anzusehen.

Das ist aber in aller Regel falsch, zumindest was den ersten Teil betrifft. Denn die Stichprobe der Kunstwerke, mittels derer obige Renditen errechnet wurden, ist ganz extrem »verzerrt«, wie die Experten sagen: da aus naheliegenden Gründen nicht alle Jahre alle Kunstwerke der Welt bewertet werden können, gehen vor allem solche Stücke in die obige Statistik ein, die erfolgreich auf Auktionen umgeschlagen werden. Mit anderen Worten, Ladenhüter bleiben außen vor. Es erscheint daher durchaus die »Landschaft mit aufgehender Sonne« von van Gogh, gekauft für 9,9 Millionen Dollar 1984, verkauft für 50 Millionen Dollar 1989, während Ihr für DM 20000 sensationell günstig erstandenes, heute unverkäufliches Frühwerk »Tintenklecks auf Bettuch« aus der paranoiden Periode von Joseph Beuys total verleugnet wird – solche Fehlinvestitionen gehen nicht mit einem Verlust von DM 20000, sondern überhaupt nicht in den Durchschnitt ein. Daß dann natürlich alte Meister jedes Jahr um 12% an Wert gewinnen (von Juni 1989 bis Juni 1990, als ein Gemälde von van Gogh für mehr als 80 Millionen Dollar den Besitzer wechselte, sogar durchschnittlich um 44,5%), braucht niemanden zu wundern.

Lit.: Horst Wagenführ: Kunst als Kapitalanlage, Stuttgart 1965; The Economist, 23.-29. Juni 1990, S. 140 (Economic and financial indicators); Godfrey Barker: »Kunstwerke sind keine Aktien – Ein Index soll Sammlern helfen«, Welt am Sonntag, 25. Juli 1993 (Kulturbeilage); hier wird auch der Kunstindex DT Art 100 näher vorgestellt (abrufbar bei: Robin Duty, Art Market Research, 85 Stoke Newington Church Street, London N16 OAS, Tel. 071-2498071, FAX 071-2545619); Bruno S. Frey und Reiner Eichenberger: »On the rate of return in the art market: survey and evaluation, European Economic Review 39, 1995, 528-537.

»Durch Heftigkeit ersetzt der Irrende,
was ihm an Wahrheit und an Kräften fehlt.«
Goethe, Torquato Tasso

L

Lebenserwartung
Die Lebenserwartung sagt uns, wie alt wir im Durchschnitt werden

Die »offizielle« Lebenserwartung beträgt in Deutschland 73 Jahre für Männer und 79 Jahre für Frauen. Anders als viele glauben, sagt sie uns nicht, wie lange wir im Durchschnitt auf dieser schönen Erde leben.

Daß einige von uns früher, andere später sterben, ist ohnehin bekannt, aber auch als Durchschnitt sind diese Zahlen falsch – sie sind mit großer Wahrscheinlichkeit zu klein: wenn nicht ein Dritter Weltkrieg oder der Halleysche Komet dazwischen kommen, werden wir im Mittel sogar noch länger leben, als das Statistische Bundesamt uns glauben machen will.

Die Lebenserwartung einer Gruppe von Menschen (einer Kohorte, wie die Demographen sagen) ist nichts anderes als die durchschnittliche Zeit, die ein Mitglied dieser Gruppe auf dieser Erde lebt. Und um diesen Durchschnitt auszurechnen, muß man natürlich warten, bis alle gestorben sind. Dann addiert man die verschiedenen Lebensalter zusammen, teilt durch die Anzahl der Gruppenmitglieder – und das Ergebnis ist die mittlere Lebensdauer alias Lebenserwartung dieser Gruppe.

Da aber weder das Statistische Bundesamt noch sonst jemand auf der Erde heute weiß, wann die letzten der heute lebenden Deutschen einmal sterben werden, hat man diese Daten aus historischen Überlebenswahrscheinlichkeiten geschätzt: man hat unterstellt, daß auch in Zukunft genausoviele 40-jährige vor ihrem 50. Geburtstag, und 60-jährige vor ihrem 70. Geburtstag sterben werden wie gehabt, also daß die sogenannte »Sterbetafel«, die den obigen Lebenserwartungen zugrundeliegt, auch in der Zukunft weitergilt, und das ist durch die wahren Todesfälle nicht gedeckt. Nach aller historischen Erfahrung sind diese in die Zukunft fortgeschriebenen Sterberaten vielmehr viel zu groß, und die daraus abgeleiteten Überlebensraten viel zu klein. Denn durch bessere Medizin, Ernährung und Hygiene gelingt es uns in allen Altersklassen immer öfter, dem Sensenmann die Tür zu weisen, so daß von den Menschen einer Altersklasse immer mehr das nächste Jahr erleben, und die deutschen Jungen und Mädchen des Geburtsjahrganges 1989 (das ist das Jahr, aus dem die obigen Lebenserwartungen stammen) im Durchschnitt weit länger als 73 bzw. 79 Jahre leben werden.

Lit.: Walter Krämer: Statistik verstehen, Frankfurt 1992, vor allem Kapitel 11: »Mortalität und Lebenserwartung«.

Leberflecken
Leberflecken haben etwas mit der Leber zu tun

Leberflecken haben ihren Namen von der Farbe, die in der Tat der Farbe der Leber ähnelt. Aber die Entstehung dieser Pigmenthäufungen hat mit unserer Leber nichts zu tun.

Leberkäse
Leberkäse enthält Leber (s.a. »Kalbsleberwurst«)

Der echte bayerische Leberkäse enthält in aller Regel kein Gramm Leber. Die »Leber« in »Leberkäse« kommt vielleicht von »Laib«, da Leberkäse oft in einer Art Brotform gebacken wird.

Außerhalb Bayerns enthält Leberkäse
- grob entsehntes Rindfleisch
- sehnenreiches Rindfleisch
- Fettgewebe
- Leber(5%)

Zur besseren Unterscheidung heißt der »echte«, d. h. leberlose Leberkäse daher auch »bayerischer Leberkäse«.

Lit.: Deutsches Lebensmittelbuch, Bundesanzeiger 1992, S.80.

Leicht 1
»Leichte« Lebensmittel sind grundsätzlich kalorienarm

Die verkaufsfördernde Umschreibung »leicht« bzw. neudeutsch »light« bei Lebensmitteln garantiert nicht automatisch wenig Kalorien. Nach deutschem Recht darf ein »leichtes« oder auf amtsdeutsch »kalorienreduziertes« Nahrungsmittel pro Gramm oder Kilo maximal 60 Prozent der Kalorien eines vergleichbaren »normalen« Produktes enthalten. Wenn also ein Frischkäse nur

15 Prozent Fett statt 25 Prozent wie die anderen enthält, ist er nach dieser Deutung »leicht«. Ein »normaler« Quark mit 10 Prozent Fett dagegen ist nicht »leicht«.

Leichte Lebensmittel, die auch absolut gesehen leicht sind, heißen »kalorien*arm*«. Ein kalorienarmes (im Gegensatz zu kalorienreduziertes) Lebensmittel darf pro 100 Gramm höchstens 50 Kilokalorien enthalten (bei Getränken: pro Liter maximal 200 Kilokalorien). Mit anderen Worten, es gibt leichte, aber nicht kalorienarme Lebensmittel, wie »leichte« Käse oder »leichte« Wurst, und kalorienarme, aber nicht »leichte« Lebensmittel, wie die meisten Salate, Säfte und Gemüse, denn diese hatten schon immer von Natur aus wenig Kalorien.

Lit.: »Ernährung/Light-Produkte: Ein schwerer Bluff?« Test 6/1993.

Leicht 2
»Leichte« Lebensmittel enthalten weniger Fremdstoffe als andere

Viele Menschen glauben, daß »leichte« Lebensmittel, da kalorienärmer als »normale«, deshalb auch weniger Fremdstoffe enthalten, und das ist eine weitere Illusion. In der Regel ist genau das Gegenteil der Fall. Denn mit Fett und Zucker werden nicht nur Kalorien, sondern auch Geschmacks- und Konservierungsmittel ausgeschaltet, die irgendwie, und das heißt in aller Regel künstlich, zu ersetzen sind. »Leicht-Produkte gehören so mit zu den am stärksten bearbeiteten Lebensmitteln«, schreibt die Zeitschrift Test.

Lit.: »Ernährung/Light-Produkte: Ein schwerer Bluff?« Test 6/1993.

Leidenschaft
»Leidenschaft« ist ein altes deutsches Wort

Die Wörter »Leidenschaft« und »leidenschaftlich« sind relativ moderne Kunstprodukte; sie wurden Mitte des 17. Jahrhunderts von Philipp von Zesen in die deutsche Sprache eingeführt – vorher sagte man »Passion«. Weder in der Luther-Bibel noch im »Simplizius Simplizissismus« noch in anderen deutschen Texten vor 1650 kann man »Leidenschaft« und »leidenschaftlich« finden.

Nicht durchgesetzt haben sich dagegen »Ausübung« für »Praxis«, »Selbstigkeit« für »Egoismus« oder »Stülper« für »Pullover«.

Lit.: Ludwig Reiners: Stilkunst, München 1964.

Lemminge
Lemminge stürzen sich selbstmörderisch ins Meer

Die zur Familie der Wühlmäuse gehörenden Lemminge sind dafür bekannt, sich nach Zeiten starker Vermehrung massenhaft ins Meer zu stürzen. Aber nicht, um Selbstmord zu begehen (etwa um den verbleibenden Lemmingen mehr Platz und Futter zu verschaffen), sondern weil sie sich verrechnet haben, quasi als Folge eines Navigationsfehlers: Bei ihrem Auszug aus der alten Heimat, der alle drei bis vier Jahre durch Übervölkerung nötig wird, schwimmen die Lemminge auch durch Flüsse oder Seen, und am Meer angelangt, halten sie dieses nur für einen weiteren Fluß oder für einen See, also für ein Hindernis auf dem Weg in ihren neuen Lebensraum. Und diesen Irrtum erkennen sie zu spät ...

Ein weiteres Argument gegen die Selbstmordtheorie: Andere Lemmingherden ziehen bei Übervölkerung auch bergauf.

Lit.: N.C. Stensetts und R. Anker (Hrsg.): The biology of lemmings, New York 1994.

Lesen bei Dämmerlicht
Lesen bei Dämmerlicht schadet den Augen

Das Lesen bei Dämmerlicht schadet den Augen genauso wie das Fotografieren bei Dämmerlicht einer Kamera schadet – nämlich überhaupt nicht. Natürlich müssen wir unsre Augen beim Lesen im Dunkeln mehr anstrengen, wovon vielleicht der eine oder andere Kopfschmerzen bekommt, aber den Augen selber – so die Mehrheitsmeinung aller Augenärzte – schadet dieses angestrengte Sehen nicht.

»L'état c'est moi!«

»L' état c'est moi« – »Der Staat bin ich«, diese berühmten Worte des französischen Sonnenkönigs Ludwig XIV. sind aus dem Munde dieses Herrschers nie gefallen, zumindest wenn man seinem Biographen Sieburg glauben darf: »Zwar ist es längst wahrscheinlich geworden, daß er diesen Ausspruch nie getan hat, der auch seiner Staatsauffassung nicht entsprochen hätte. Aber die Praxis, nach der der allgewaltige Monarch sein Land regierte, kam einer Identifikation des Königs mit dem Staat doch so nahe, daß der gleichsam abstrakte Absolutismus, den Richelieu entwickelt hatte, unter Ludwig XIV. durchaus persönliche Züge annehmen konnte.«

Wir haben hier den gleichen Mechanismus, mittels dessen auch Marie Antoinette (»Dann sollen sie doch Kuchen essen«) und viele andere historische Persönlichkeiten mit gewissen geflügelten Worten verheiratet wurden: nicht weil sie sie wirklich gesagt hätten, sondern weil sie sie hätten sagen können.

Lit.: Heinz Otto Sieburg: Geschichte Frankreichs, 2. Aufl., Stuttgart 1977.

Letzte Worte

Die meisten sogenannten »letzten Worte«, die die Großen dieser Erde derselben hinterlassen haben, sind so wie überliefert nie gefallen. Hier sind einige davon:

»Mehr Licht!«

Auch wenn Goethe nicht, wie Witzbolde behaupten, in guter Frankfurter Mundart hatte sagen wollen: »Mer liecht hier so schlecht ...«, wobei dann der Sensenmann dazwischentrat – diese Abschiedsworte wurden dem großen Dichter einfach angedichtet, vermutlich weil sie so gut zum »Image« des Olympiers und großen Meisters passen.

In Wahrheit ist dieses Licht-Ersuchen Goethes durchaus wörtlich aufzufassen. »Macht doch den zweiten Fensterladen auf, damit mehr Licht hereinkomme«, soll er kurz vor seinem Ende angeordnet haben.

»Auch du, mein Sohn Brutus!«

Klingt ebenfalls sehr gut als letztes Wort, ist aber höchstwahrscheinlich ebenfalls erdacht. Laut Augenzeugen hat Cäsar bei seiner Ermordung überhaupt nichts gesagt (wäre auch schwer gewesen, mit so vielen Messern im Leib).

»Welch ein Künstler stirbt mit mir!«

Mit diesen Worten soll Nero geendet haben, der sich in der Tat für einen großen Künstler hielt. Vermutlich hat der römische Chronist Sueton ihm deshalb diesen Abschied angedichtet.

In Wahrheit hat Nero nur allerhand wirres Zeug geredet, als die Abgesandten des römischen Senats den abgesetzten, für vogelfrei erklärten und durch einen Selbstmordversuch geschwächten Kaiser endlich eingefangen hatten. Nach Aussage eines Biographen soll er mit den Worten »Das ist Treue!« endgültig verschieden sein, als der Chef des Polizeikommandos den Dolch aus Neros selbst beigebrachter Wunde riß und seinen Mantel auf die Wunde preßte, um das Blut zu stillen. Nero wußte nicht, daß der Centurio nur den Auftrag hatte, den Kaiser möglichst lebend vor Gericht zu bringen.

»Ich bin es müde, über Sklaven zu herrschen.«

Diese angeblich letzten Worte Friedrichs des Großen sind vermutlich einem kurz vor Friedrichs Tod ergangenen Schreiben an den Freiherrn von Goltz in Königsberg entlehnt, in dem der König die Trockenlegung eines Sumpfes anordnet und verlangt: »Die Bauern, die da angesetzt werden, müssen ihre Güter alle eigentümlich haben, weil sie keine Sklaven sein sollen.«

»Oh mein Vaterland! Wie verlasse ich mein Vaterland!«

Mit diesen Worten soll William Pitt der Jüngere gestorben sein, gramgebeugt nach der für England katastrophalen Schlacht von Austerlitz. In Wahrheit sagte er jedoch (und zwar zu einem alten Diener, der für Pitts leibliches Wohl zu sorgen hatte): »Ich denke, ich könnte noch eine von Bellamys Pasteten essen . . . .«

»Von allen meinen Schülern hat mich nur er verstanden – und er hat mich falsch verstanden.«

Das sind die angeblich letzten Worte des teutonischen Oberphilosophen Georg Wilhelm Friedrich Hegel; man bezieht sie gewöhnlich auf den heute fast vergessenen Philosophen und Hegel-Schüler Georg Andreas Gabler (1786–1853). Vermutlich wurden sie jedoch, da so gut zum Bild des tiefen deutschen Denkers passend, von Hegels Anhängern erfunden. Hegels Ehefrau, die bei seinem Tod zugegen war und in einem Brief an Hegels Schwester dessen Sterben schildert, erwähnt von diesen Worten nichts.

»Ich habe 18 Gläser Whisky pur getrunken. Ich glaube, das ist der Rekord.«

Mit diesen Worten soll der große Dichter Dylan Thomas uns verlassen haben. Und tatsächlich hat er das auch so behauptet, wenn auch nicht am Tage seines Todes, sondern nachdem er, todkrank, nach einer letzten Sauftour in das

Chelsea Hotel in New York, wo er damals residierte, zurückgekommen war. Bis er dann wirklich an den Folgen seiner Trunksucht starb, sollten noch mehrere Tage vergehen.

Lit.: William Lewis Hertslet: Der Treppenwitz der Weltgeschichte, 11. Auflage, Berlin 1965; Bill Read: Dylan Thomas, Hamburg 1968; Philipp Vandenberg: Nero, München 1981; Georg Büchmann: Geflügelte Worte, Ausgabe Ex Libris, 6. Auflage, Frankfurt 1991.

Libellen
Libellen stechen

Die Libellen sind Insekten der Ordnung Neuroptera; keines dieser Tiere sticht.

Limburger
Der Limburger hat seinen Namen von Limburg an der Lahn

Der als »Limburger« bekannte Käse kommt nicht aus Limburg an der Lahn, sondern aus Limbourg in Belgien.

Lit.: Walter Zerlett-Olfenius: Aus dem Stegreif, Berlin 1943.

Lindbergh
Charles Lindbergh hat als erster den Atlantik überflogen

Der amerikanische Postflieger Charles Lindbergh (1902-1974) war nicht der erste, sondern der 67. Mensch, der den Atlantik überflogen hat.

Der erste Transatlantikflug, in einem NC-4 Wasserflugzeug namens »Lame Duck« (lahme Ente), gelang dem amerikanischen Fliegeroffizier Albert C. Read mit fünf Besatzungsmitgliedern im Mai 1919. Read war in 57 Stunden von Rockport im amerikanischen Bundesstaat New York nach Plymouth im Süden Englands geflogen, allerdings mit Zwischenstops in Massachusetts, Neuschottland (Kanada), Neufundland, den Azoren, Portugal und Spanien; die eigentliche rund 1200 Seemeilen weite Atlantiküberquerung dauerte dabei 15 Stunden. Der erste Nonstop-Flug, von St. Johns in Neufundland nach Clifden, Irland, gelang den Engländern John Alcock und Arthur Whitton Brown im Juni 1919; später wurden sie für diese Tat geadelt. Der erste Transatlantikflug mit einem Zeppelin, von Schottland nach New York, gelang dem

John Alcock und Arthur W. Brown.
Diese Männer haben als erste nonstop den Atlantik überflogen

englischen Luftschiff R-34 mit 31 Mann Besatzung einen Monat später, und der erste Transatlantikflug eines deutschen Zeppelins, ZR-3 von Friedrichshafen nach Lakehurst, geschah 1924. Alles in allem hatten 1927, als sich Charles Lindbergh mit seinem »Spirit of St. Louis« von New York nach Paris auf die Reise machte, schon 66 Männer den Atlantik überflogen (keine Frauen).

Der einzige Rekord, den Lindbergh reklamieren kann, ist der erste Alleinflug von West nach Ost, von Kontinent zu Kontinent. Aber das hätte wohl kaum für seinen großen Nachruhm ausgereicht; den hat er vor allem den Medien und der Tatsache zu danken, daß er nicht in Plymouth, sondern in Paris gelandet ist.

Lit.: David Wallechinsky, Irving Wallace und Amy Wallace: The book of lists, New York 1977; Stichwort »Aviation« im Microsoft CD-ROM Encyclopädie Encarta, 1994.

Linkshändigkeit 1
Linkshändigkeit ist nicht normal

Warum weltweit rund 80 Prozent aller Menschen die rechte und nur 20 Prozent die linke Hand bevorzugen, ist noch immer ungeklärt. Fest steht allein, daß Linkshändigkeit rein medizinisch »nicht negativ« zu werten ist, wie ein Leitartikel in der Münchener Medizinischen Wochenschrift formuliert, und daß die in verschiedenen Studien festgestellte höhere Anfälligkeit für Unfälle sowie die geringere Lebenserwartung von Linkshändern andere Gründe hat als die Linkshändigkeit an sich.

Ein sofort ins Auge springender Grund für die höhere Unfallhäufigkeit bei Linkshändern ist etwa die immer noch auf Rechtshänder ausgerichtete Arbeitswelt, und die Tatsache, daß »geborene«, aber auf Rechtshändigkeit umtrainierte Linkshänder notwendig etwas ungeschickt mit Werkzeugen hantieren. Zugleich erklärt diese erzwungene Rechtshändigkeit auch einen großen Teil der vermeintlich kleineren Lebenserwartung von Linkshändern: Auf diese kleinere Lebenserwartung wurde nämlich aus dem mit wachsendem Alter abnehmenden Anteil der Linkshänder in der Bevölkerung quasi indirekt zurückgeschlossen (in den USA z. B. umfassen die Linkshänder 15% aller zehnjährigen, aber nur 5% aller Fünfzigjährigen, und bei den Achtzigjährigen sinkt der Anteil der Linkshänder sogar auf 1%), aber wenn mit wachsendem Alter immer mehr Menschen ihre angeborene Linkshändigkeit ablegen, so muß es in den höheren Altersklassen natürlich prozentual immer weniger »offizielle« Linkshänder geben. Aber nicht, weil sie früher sterben, sondern weil sie ihre wahre »Händigkeit« verleugnen.

Lit.: Marianne Regard: »Nicht regelkonform, aber nicht negativ zu werten«, Münchener Medizinische Wochenschrift 135, 1993, S. 286; Marian Annett: »The fallacy of the argument for reduced longevity in lefthanders«, Perceptual and Motor Skills 76, 1993, 295-298; »Lefties live just as long«, Chance 2/1993, S. 6.

Linkshändigkeit 2
Linkshändigkeit ist genetisch programmiert

Die meisten Menschen entwickeln kurz nach der Geburt eine Vorliebe für die linke oder rechte Hand, aber diese Vorliebe ist nach neueren Erkenntnissen nicht durch die Gene festgelegt. Z.B. findet man unter eineiigen Zwillingen, die die gleichen Gene haben, oft sowohl Links- wie Rechtshänder; unter eineiigen Zwillingspaaren kommen Linkshänder-Rechtshänder-Kombinationen genauso häufig vor wie unter anderen Geschwisterpaaren auch. Sollte also die Vorliebe schon bei der Geburt bestehen, kann es nicht an den Genen liegen.

Lit.: »Sinister evolution«, The Economist, 26. 8. 1995, S. 73.

Lizenzen
Lizenzen schützen den Verbraucher

Die Schranken vor allen möglichen Berufen, ob Prüfungen, Diplome, Erlaubnisscheine oder Lizenzen, werden seit jeher genauso monoton wie falsch mit dem Schutz des Publikums begründet. Wenn etwa der Zentralverband der Fußpfleger Deutschlands auf strenge Gesetze für die Berufsausübung der Fußpfleger drängt, so offiziell, um uns vor unqualifizierten Fußpflegern zu schützen, und weil es »beschämend [sei], daß man in diesem Land mit einer miesen Ausbildung am menschlichen Körper arbeiten darf«; wenn der deutsche Zentralverband der Krankengymnasten mindestens drei Ausbildungsjahre für alle Berufsanfänger fordert, dann allein »im Interesse der krankengymnastisch zu betreuenden Patienten«. Von Frisören über Immobilienmakler und Taxifahrer bis zu Rechtsanwälten und Schornsteinfegern: wenn es darum geht, das Publikum vor Scharlatanen und Nichtskönnern zu schützen, kennen unsere Standesfunktionäre keine Gnade.

Wie aber die Indizien zeigen, ist dieser Schutz des Kunden immer nur vorgeschoben; in Wahrheit geht es einzig und allein um die Interessen der etablierten Anbieter, die sich »ihre Honorarsuppe nicht verdünnen« lassen wollen, wie ein deutscher Ärztefunktionär das einmal in seltener Offenheit formulierte. Denn diese Qualitätskontrollen werden immer nur für Neulinge gefordert; ist ein Arzt, Apotheker, Anwalt, Schornsteinfeger erst einmal in Amt und Würden, kann er machen was er will.

Ein weiteres Indiz: Es sind immer die Anbieter selber, nie die Kunden, die Lizenzen und Berufsbarrieren fordern, und damit ist auch klar, wen diese Schutzmaßnahmen wirklich schützen: Selten das allgemeine Publikum, immer aber die, die diese Forderung erheben. »Die offizielle Rechtfertigung ist immer die gleiche«, schreibt Wirtschafts-Nobelpreisträger Milton Friedman, »nämlich den Konsumenten zu schützen. Die wahren Motive werden aber durch die Lobbies deutlich, die in den gesetzgebenden Körperschaften für Zulassungsbeschränkungen kämpfen. Denn diese Lobbyisten sind unweigerlich Vertreter der jeweiligen Anbietergruppe selbst und nie deren Kunden. Natürlich wissen Klempner besser als andere, vor was ihre Kunden zu schützen sind. Trotzdem fällt es nicht leicht, nur altruistische Motive in den Bestrebungen dieser Berufsgruppe zu sehen, zu bestimmen, wer eine Klempner sein darf und wer nicht.«

Lit.: Milton Friedman: Capitalism and freedom, Chicago 1982 (besonders das Kapitel »Occupational licensure«); Walter Krämer: Wir kurieren uns zu Tode, Frankfurt 1993 (besonders das Kapitel »Geschlossene Gesellschaft«).

Lloyd's
Lloyd's versichert alles

Der als »Lloyd's of London« bekannte Verband von Versicherungsgesellschaften, von dem es heißt, er würde jedes Risiko versichern, versichert längst nicht alles. Z.B. bietet Lloyd's keine Lebensversicherungen an.

Lit.: Stichwortartikel »Lloyd's« in Encyclopaedia Britannica Chicago 1994.

Lotto
Lottospielen lohnt sich nicht (s.a. »Gesetz der Großen Zahl«)

Anders als viele glauben, kann man beim Lotto auch auf lange Sicht gewinnen – also nicht allein durch pures Glück, durch einen Zufallstreffer sozusagen, sondern auch im Durchschnitt über viele Spiele.

Das klingt zunächst paradox, weil ja die Hälfte aller Einsätze an den Staat bzw. an die Lottogesellschaft gehen. Damit verbleiben für die Spieler nur 50 Pfennig von jeder eingesetzten Mark. Aber das bedeutet eben *nicht*, wie viele glauben, daß wir, ganz gleich wie wir auch tippen, auf lange Sicht auf jeden Fall die Hälfte unseres Einsatzes verlieren werden. Denn die übliche Berechnung des mittleren Verlustes funktioniert nur bei Lotterien mit festen Gewinnen: Sechs Richtige bringen sagen wir 3 Millionen Mark, fünf Richtige mit Zusatzzahl bringen 100 000 Mark etc. So waren z. B. die Vorgänger des modernen Lotto konstruiert, etwa die berühmte Genueser Zahlenlotterie »5 aus 90« aus dem 16. Jahrhundert, die es noch heute in Italien gibt. Hier bringt bzw. brachte schon eine einzige richtige Zahl dem Gewinner das 14-fache des Einsatzes, zwei Richtige brachten das 240-fache, drei Richtige das 4800-fache und vier Richtige das 60 000-fache (auf fünf Richtige wurden keine Wetten angenommen, weil kein Buchmacher den Gewinner hätte auszahlen können).

Bei solchen Lotterien berechnet man den mittleren alias »erwarteten« Gewinn, indem man die möglichen Gewinne mit den zugehörigen Wahrscheinlichkeiten malnimmt und das ganze addiert. Diesen erwarteten Gewinn vergleicht man dann mit dem Einsatz, und weiß, was man auf lange Sicht verliert.

So funktioniert das moderne Lotto aber nicht. Erstens ist die Auswahlmenge kleiner (49 statt 90 Zahlen in Deutschland, 45 Zahlen in Österreich und der Schweiz), und zweitens sind die Gewinne für drei-vier-fünf-sechs Richtige alles andere als fest. Sie richten sich vielmehr ganz entscheidend nach den Mitspielern, nach den Einsätzen und Tips der anderen, und das unterscheidet das Lotto des deutschen, österreichischen und Schweizer Typs ganz wesentlich von anderen Lotterien.

Nehmen wir das alte deutsche Zahlenlotto »6 aus 49«. Hier gab es bis Ende 1991 die folgenden Gewinnklassen: 6 Richtige, 5 Richtige plus Zusatzzahl, 5 Richtige, 4 Richtige, 3 Richtige. Aber wer jetzt denkt: »6 Richtige! Also ab in die Bahamas!« kann sich – wie etwa die Hauptgewinner am 18. Juni 1977 – ganz gewaltig irren. Damals gab es für 6 Richtige ganze 31000 Mark. Denn im deutschen, österreichischen und Schweizer Lotto wird der für jede Gewinnklasse vorgesehene Gesamtgewinn unter allen Gewinnern aufgeteilt, und wenn es viele Gewinner gibt – an jenem denkwürdigen Samstag des Jahres 1977 waren es allein in der höchsten Gewinnklasse über 200 – gewinnt der einzelne eben weniger.

Das ist für die Spieler sowohl gut wie schlecht. Es ist schlecht für Spieler, die so tippen wie viele andere. Es ist gut für Spieler, die so tippen wie wenige andere. Denn wer so tippt wie viele andere, muß seinen Gewinn, falls er gewinnt, mit vielen teilen; wer so tippt wie wenige andere, hat den Gewinn, falls er gewinnt, für sich allein. Und deshalb können diese Spieler auf lange Sicht durchaus ihren Einsatz zurückholen – und vielleicht noch mehr.

Denn das ist das Besondere am Zahlenlotto: hier spielt man nicht nur gegen den Zufall und die Lottogesellschaft, hier spielt man auch gegen die anderen Lottospieler! Die Lottogesellschaft kassiert auf jeden Fall die Hälfte aller Einsätze, aber um die andere Hälfte dürfen sich die Lottospieler raufen. Und dabei können die Klugen durchaus von den Dummen profitieren.

Wenn die Gewinne in den verschiedenen Klassen (die sogenannten Quoten) nicht vorher feststehen, sondern von der Anzahl der Gewinner abhängen, ändert sich die Formel für den mittleren alias erwarteten Gewinn; beim deutschen Zahlenlotto etwas müssen wir jetzt die Wahrscheinlichkeiten für die insgesamt sechs Gewinnklassen, von »6 Richtige plus Superzahl« bis »3 Richtige«, mit den jeweiligen Quoten malnehmen, und diese Quoten sind nicht fest, sie hängen von unserem Tipverhalten ab.

Den Wahrscheinlichkeiten in dieser Formel sind wir hilflos ausgeliefert; sie beträgt etwa für 6 Richtige plus Superzahl 1:139 Millionen, und damit weit weniger als die Wahrscheinlichkeit, vom Blitz getroffen oder zum Papst gewählt zu werden (für männliche Katholiken). Aber die übrigen Zutaten in dieser Formel, also die Quoten alias die Gewinne, falls gewonnen wird, haben wir als Spieler durchaus in der Hand. Denn indem wir populäre Tips vermeiden, können wir zwar die Gewinnwahrscheinlichkeit nicht verbessern – aber wir können den Gewinn verbessern, falls wir überhaupt gewinnen. Und das hat für den erwarteten Gewinn den gleichen Effekt, als würde die Wahrscheinlichkeit erhöht.

Wenn wir dagegen populäre Zahlen wählen, verlieren wir langfristig sogar mehr als die Hälfte des Einsatzes: Der erwartete Gewinn beträgt nicht 50 Pfennig pro eingesetzte Mark, sondern weniger. Sehr beliebt sind etwa Kombinationen, die früher oder andernorts bereits gezogen worden sind: die 200

Hauptgewinner an jenem Samstag 1977 hatten etwa die holländischen Lottozahlen der Vorwoche getippt. Gern getippt werden ferner auch Geburtstage, weswegen die Zahl 19 regelmäßig den Gewinn verdirbt. Sehr beliebt sind auch Muster, wie die Zahlen 1 bis 6, oder Diagonalen und andere regelmäßige Figuren auf dem Tippfeld so wie rechts:

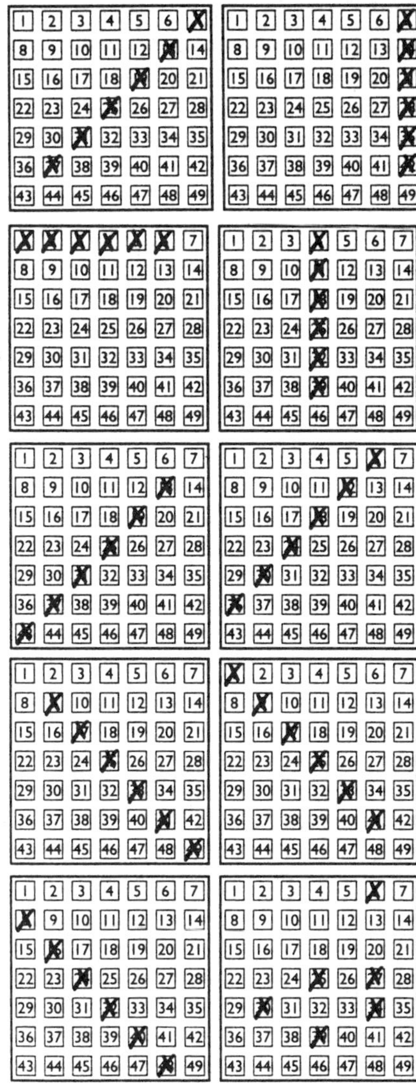

Diese Muster werden im deutschen Samstagslotto mehr als 30 000 mal getippt

Solche geometrischen Muster garantieren also nur Verluste. Je nach dem Arrangement der Zahlen, ob quadratisch wie in den meisten Bundesländern oder in einer einzigen langen Zeile wie in Nordrhein-Westfalen angeordnet, ändern sich dabei die populären Muster – am besten meidet man sie alle miteinander. Denn sollte eines Samstag abends wirklich eines dieser Muster aus der Lottotrommel rollen, wird der bisherige Rekord von 200 Hauptgewinnern noch beträchtlich übertroffen.

Am leichtesten kann man den »Normalspieler« schlagen, also die Waisenkinder unter den 13 983 816 möglichen 6-aus-49-Kombinationen finden, indem man an den Zufall appelliert: Die Zahlen 1 bis 49 auf Papierschnitzel geschrieben, gut durchgemischt, und 6 Zahlen zufällig gezogen. So arbeiten grob gesagt die bekannten Spielgemeinschaften wie Faber etc., die im Prinzip nichts anderes sind als Waisenkinder-Detektive (und ihren Mitgliedern tatsächlich in dem Umfang, wie sie unbespielte Zahlenmuster finden, auf Dauer höhere Gewinne garantieren).

Diese Strategie hat natürlich nur dann Erfolg, wenn weiterhin die meisten Tipper die bekannten Muster produzieren. Kreuzen alle Lottospieler ihre

Zahlen mittels Zufall an, ist auch der erwartete Gewinn für alle wieder gleich, nämlich genau 50 Pfennig für jede eingesetzte Mark.

Lit.: Klaus Lange: Zahlenlotto, Ravensburg 1980; Hans Riedwyl: Zahlenlotto: Wie man mehr gewinnt, Bern 1990; Karl Bosch: Lotto und andere Zufälle, Braunschweig 1994; Walter Krämer: Denkste! Trugschlüsse aus der Welt des Zufalls und der Zahlen, Frankfurt 1995.

Lucifer
Lucifer ist ein Name für den Teufel

Dieser populäre Name für den Teufel kommt in der Bibel nirgends vor. Lucifer war in der Antike ein Name für den Morgenstern alias für den Planeten Venus; er hatte mit dem Teufel nichts zu tun.

Vermutlich beruht die Gleichung »Lucifer=Teufel« auf Jesaja 14,12, wo es mit Bezug auf den König von Babylon heißt: »Ach, du bist vom Himmel gefallen, du strahlender Sohn der Morgenröte. Zu Boden bist du geschmettert, du Bezwinger der Völker.« Darin haben dann viel später die Kirchenväter eine Anspielung auf den »echten« Satan gesehen, und Satan = König von Babylon = Sohn der Morgenröte = Morgenstern = Lucifer« gesetzt.

Lit.: Die Bibel – Einheitsübersetzung, Stuttgart 1980; Stichwort »Lucifer« im Microsoft CD-ROM Encyclopädie Encarta, 1994.

Lucrezia Borgia
Lucrezia Borgia war eine männermordende, herzlose Tyrannin

Wie viele historische Figuren erscheint uns auch die berühmte Lucrezia Borgia (1480-1519) in einem falschen Licht (nämlich als der neuzeitliche Inbegriff von Inzucht, Maß- und Zügellosigkeit).

Diesen schlechten Ruf hat sie vermutlich aber unverdient, quasi in Sippenhaft von ihrem Vater, dem spanischen Kardinal Rodrige Borgia und nachmaligem Papst Alexander VI., und ihrem Bruder Cesare Borgia, zwei selbst für damalige Verhältnisse ungewöhnlichen Wüstlingen und Machtmenschen mitbekommen, die Lucrezia als weiblichen Bauern auf dem politischen Schachbrett Italiens, ohne sie zu fragen, hin- und hergeschoben hatten, mal mit diesem, mal mit jenem Edelmann verlobten, zum ersten Mal, als Lucrezia gerade elf Jahre zählte, und so deren schlechten Ruf begründeten.

Schon mit der ersten Heirat fing die Legende von der wüsten Lucrezia an, denn ihr erster Ehemann, dessen Beistand gegen den König von Neapel sich

Bruder und Vater mit dieser Heirat erkaufen wollten, wechselte bald die Fronten und wäre Lucrezia gerne losgeworden. Er ließ die Ehe anullieren, und weil er dafür Gründe brauchte, fing er an, Lucrezia zu verleumden und ihr Inzucht mit dem Vater nachzusagen. Und auch mit dem nächsten Gatten hatte Lucrezia kein Glück – dieser wurde wegen eines weiteren Frontwechsels, diesmal des Papstes, selber inopportun und den damaligen Sitten entsprechend von päpstlichen Mördern umgebracht (Lucrezia soll davon nichts gewußt und lange um ihren Mann getrauert haben). Erst mit dem dritten und letzten Ehemann, dem Herzog von Ferrara, lebte Lucrezia dann glücklich und zufrieden 19 Jahre lang, wenn man ihrem Mann und anderen zeitgenössischen Quellen glauben darf, bis sie mit 39 Jahren als Mutter von 8 Kindern, zurückgezogen auf dem Land und tief betrauert von allen, die sie kannten, starb.

Lucrezia Borgia – Hausfrau und Mutter

Lit.: Stichwortartikel »Borgia, Lucretia« in: Personenlexikon, Dortmund 1988.

Luftverschmutzung
Unsere Luft ist heute schlechter als vor 20 Jahren

Die folgende Tabelle aus dem Statistischen Jahrbuch für die Bundesrepublik Deutschland zeigt die Emission der wichtigsten Luftverunreiniger in der Bundesrepublik (alte Bundesländer, in Millionen Tonnen):

	1970	1990
Kohlendioxyd	757,0	727,0
Kohlenmonoxyd	14,6	7,3
Schwefeldioxyd	3,8	1,0
Methan	3,8	3,1
Stickstoffoxyde	2,6	2,6
flüchtige org. Verb.	2,7	2,3
Staub	1,3	0,5
Ammoniak	0,5	0,6

Der Schadstoffausstoß hat also querbeet abgenommen; nur Stickstoffoxyde und Ammoniak haben 1990 die Luft genauso stark verpestet wie 1970. Bei allen anderen Schadstoffen lag die Belastung zum Teil deutlich tiefer.

Inzwischen sind nochmals einige Jahre vergangen, und wie jeder Leser sich durch einen Blick in das Statistische Jahrbuch selber überzeugen kann, ist unsere Luft seit 1990 nochmals sauberer geworden.

Lit.: Statistisches Jahrbuch für die Bundesrepublik Deutschland, verschiedene Jahre; Umwelt-Bundesamt: Daten zur Umwelt 1992/1993, Berlin 1994.

Lusitania
Die Versenkung der Lusitania durch deutsche U-Boote war ein reiner Terrorakt

Am 7. Mai 1915 um halb drei Uhr nachmittags versenkt ein deutsches U-Boot den englischen Passagierdampfer »Lusitania«. Mehr als 1000 Passagiere ertrinken, darunter auch 128 Amerikaner; beinahe wären die USA deshalb schon 1915 gegen Deutschland in den Krieg getreten (der letztendliche Kriegseintritt der USA geschah erst zwei Jahre später, im Juni 1917).

Anders, als die durchaus verständliche Propaganda der Engländer behauptete, war die Lusitania aber kein reines Passagierschiff; sie transportierte heimlich auch noch Munition, und war nach internationalem Recht daher als Kriegsschiff einzustufen.

Der Beweis ist allerdings nicht leicht zu führen, denn für die letzte Reise der Lusitania existieren vier verschiedene Fassungen der Ladepapiere, davon drei auf jeden Fall gefälscht, vermutlich aber alle vier – da neutrale Staaten nach internationalem Recht kein Kriegsmaterial an die kriegführenden Parteien liefern durften, mußten solche Lieferungen so gut es geht verschleiert werden. Zu diesem Zweck waren alle britischen Handels- und Passagierschiffe, auch

Die Lusitania: Neben Passagierschiff auch noch Munitionstransporter

die Lusitania, verpflichtet, auf Anforderung des Kriegsministers auch militärische Frachten mitzuführen, die dann als harmlose Konsumgüter getarnt an bestochenen Hafenmeistern und oft auch an der ahnungslosen Besatzung vorbei nach England kamen.

Im Fall der Lusitania waren vermutlich mehrere Tonnen Dynamit an Bord, denn nur so läßt sich die ungewöhnlich heftige Detonation nach dem Torpedotreffer erklären.

Die deutsche Botschaft in Washington wußte von dieser Fracht und warnte mehrfach, daß solche Schiffe ohne Warnung angegriffen würden. Jedoch hielt der Kapitän der Lusitania sein Schiff für schnell genug, den U-Booten auszuweichen – ein Irrtum, wie sich dann erwies, den mehr als tausend Menschen mit dem Leben büßen mußten.

Lit.: Wie geschah es wirklich? Stuttgart 1990; Stichwortartikel »Lusitania« in Microsoft CD-ROM Encyclopädie Encarta, 1884.

Luther
Martin Luther hat seine Thesen an eine Kirchentür angeschlagen (s.a. »Ablaß«)

»Nur wenige Säulen der Allgemeinbildung scheinen so unverrückbar festzustehen wie Luthers Anschlag der 95 Thesen an die Schloßkirche zu Wittenberg«, schreibt der Historiker Gerhard Prause. Aber wie so viele Säulen unserer Allgemeinbildung steht auch diese auf sehr wackeligen Füßen.

Mit großer Wahrscheinlichkeit hat dieses denkwürdige Ereignis nämlich niemals stattgefunden. Augenzeugen gibt es keine, Luther selbst hat niemals etwas derartiges behauptet, und auch andere Zeitgenossen können sich an diesen Thesenanschlag nicht erinnern. Einziges Zeugnis ist ein lateinisch abgefaßter, handschriftlicher Bericht von Luthers Famulus Agricola, der lange falsch übersetzt und mißverstanden wurde und korrekt so heißt: »Im Jahre 1517 legte Luther in Wittenberg an der Elbe nach altem Universitätsbrauch gewisse Sätze zur Disputation vor, jedoch in bescheidener Weise und ohne damit jemanden beschimpfen oder beleidigen zu wollen.«

Von einem Anschlag an die Kirchentür ist weder hier noch in irgendeinem anderen zeitgenössischen Schriftstück die Rede; auch Luther selber hat an keiner Stelle seines eigenen umfangreichen Werkes jemals darauf Bezug genommen – daß er seine Thesen so dramatisch präsentiert hätte, dieser i-Punkt ist erst weitaus später aufgekommen.

Vermutlich hat der Humanist und Reformator Philipp Melanchthon diese Legende in die Welt gesetzt, als er kurz nach Luthers Tod in der Vorrede zum zweiten Band von dessen Werken schrieb: »Luther, brennend von Eifer für die rechte Frömmigkeit, gab Ablaßthesen heraus ... Diese hat er öffentlich an der Kirche in der Nähe des Wittenberger Schlosses am Vortage des Festes Allerheiligen 1517 angeschlagen.«

Über die Quelle dieses Fehlers können wir nur mutmaßen. Zum Zeitpunkt des fraglichen Ereignisses wohnte Melanchthon in Tübingen, und so ist denn diese Behauptung in den gleichen Topf zu werfen wie die vielen anderen Fehler, die Melanchthon in dieser Vorrede unterlaufen sind (etwa, der Ablaßprediger Tetzel habe Luthers Thesen öffentlich verbrannt, oder Luther hätte Vorlesungen über Physik gehalten, oder er sei 1511 in Rom gewesen.

In Wahrheit hat Luther seine Thesen auf dem ganz normalen »Dienstweg« vorgetragen; handgeschrieben, nicht gedruckt und mit durchaus ehrerbietigen Erläuterungen versehen: an den Erzbischof von Mainz, der für die in Luthers Thesen angegriffenen Praktiken der Ablaßprediger verantwortlich war, sowie an den Bischof von Brandenburg, Luthers klerikalen Vorgesetzten. Erst später, im Januar 1518, ließen Freunde Luthers diese Thesen drucken; so konnte sie auch außerhalb des klerikalen Dienstwegs Leser finden.

Aber auch nach dieser Drucklegung ist von einem Anschlag an die Kirchenpforten keine Rede; daß ein Professor der Wittenberger Universität eigenhändig Flugblätter an Kirchentüren nagelt, wäre dem durchaus auf »law and order« bedachten Martin Luther niemals in den Sinn gekommen.

Lit.: Gerhard Ritter: Luther, Frankfurt 1985; Gerhard Prause: Niemand hat Kolumbus ausgelacht, Düsseldorf 1986 (besonders das Kapitel »Luthers Thesenanschlag ist eine Legende«).

»Die sogenannten Wahrheiten habe ich doch ein wenig im Verdacht der Unbeständigkeit.«
Wilhelm Busch

M

Machiavelli
Machiavelli predigte Zynismus und Menschenverachtung

Der italienische Schriftsteller und Staatstheoretiker Niccolò Machiavelli (1469-1527) teilt mit vielen anderen historischen Figuren einen unverdienten schlechten Ruf.

Wenn man den historischen Quellen glauben darf, war Machiavelli ein warmherziger und um das Gemeinwohl tief besorgter Mensch, der sich in einer unruhigen und kriegerischen Zeit nach einem geeinten und starken Land als Garant für Sicherheit und Frieden sehnte. Und da er die Menschen so sah, wie sie sind, nicht wie sie sein sollen, und als Florentiner Diplomat schon früh erkennen mußte, daß diese Ziele durch moralische Appelle nicht erreichbar waren, riet er u.a. auch zu Methoden, die in unserer aufgeklärten Neuzeit Stirnrunzeln erzeugen, aber unter den damaligen Umständen wohl das kleinere von verschiedenen Übeln waren; es schien keine andere Wahl zu geben. Und außerdem hat Machiavelli diese Mittel immer nur als Medizin und nie als Selbstzweck angesehen.

Aber Medizin hin oder her – auf jeden Fall widersprechen Machiavellis Ansichten den eher moralbasierten Staatstheorien sowohl mittelalterlicher wie moderner Utopisten, und diese Zweifel an das letztendlich Gute im Menschen haben ihm beide Lager bis heute nicht verziehen.

Lit.: George Bull: Einleitung zu The Prince, London 1961; M. Brion: Machiavelli und seine Zeit, Düsseldorf 1957, Thomas Macauly: Machiavelli, Heidelberg 1994.

Made in Germany
»Made in Germany« ist seit jeher als Qualitätssiegel bekannt gewesen

Das Siegel »Made in Germany« war ursprünglich zur Kennzeichnung minderwertiger Produkte vorgesehen, so wie heute etwa »Made in China«; es geht auf den englischen »Merchandise Marks Act« von 1887 zurück, nach dem alle ausländischen Waren eine deutliche Bezeichnung des Herkunftslandes tragen mußten, um sie besser von englischen Qualitätsprodukten zu unterscheiden.

Daß deutsche Waren damals *keine* Qualitätsprodukte waren, bezeugt etwa der deutsche Ingenieur und Maschinenbauer Franz Reuleaux, der als Direktor der Berliner Gewerbeakademie in der Jury der Weltausstellung in Philadelphia 1876 saß: »Billig und schlecht« sei fast alles, was aus Deutschland zu der Ausstellung geliefert werde (siehe seine im gleichen Jahr veröffentlichten »Briefe aus Philadelphia«).

Unter anderem auch aufgrund dieser Berichte von Reuleaux setzte dann in den Fabriken und Betrieben des Deutschen Reiches eine landesweite Qualitätskampagne ein, die mit der Zeit auch sehr erfolgreich war. Aber bis deutsche Produkte auf den Weltmärkten allein schon wegen ihrer Herkunft einen Bonus hatten, sollten noch mehrere Jahrzehnte vergehen.

Lit.: Georg Büchmann: Geflügelte Worte, München 1977.

Magnetfeld
Das Magnetfeld der Erde zeigt seit jeher in die gleiche Richtung (s.a. »Kompaß«)

Das Magnetfeld der Erde hat nicht immer seine aktuelle Richtung von Süden nach Norden gehabt. In den letzten 4 Millionen Jahren hat es mindestens neunmal seine Richtung gewechselt, das letzte Mal vor 730 000 Jahren; das kann man etwa aus Eisenpartikeln in erstarrter Lava sehen. Mit anderen Worten, wäre damals ein Seefahrer stur der Kompaßnadel nachgefolgt, wäre er genau am Südpol angekommen.

Auch heute steht der magnetische Nordpol alles andere als still – allein in diesem Jahrhundert hat er sich rund 500 Kilometer Richtung Westen (von Europa aus gesehen) fortbewegt.

Lit.: Allan Cox u.a.: »Reversals of the earth's magnetic field«, Scientific American, Febr. 1967.

Makrobiotische Ernährung
Makrobiotische Ernährung ist gesund (s.a. »Reis«)

Die makrobiotische Ernährung überträgt das Yin und Yang des Zen-Buddhismus auf das Essen. Nach dieser Lehre ist das Verhältnis von Yin und Yang in unserer »normalen« Nahrung viel zu wenig ausgewogen. Optimal ist es allein in Reis und Vollkorngetreide; diese Nahrungsmittel bilden deshalb die Grundlage der makrobiotischen Küche.

Entgegen einer weit verbreiteten Überzeugung ist diese Ernährung aber alles andere als gesund. »Als Dauerernährung ist eine radikal durchgeführte Makrobiotik gesundheitlich bedenklich und deshalb abzulehnen«, schreibt die Stiftung Warentest. Und wer den makrobiotischen Speiseplan buchstabengetreu erfüllt, riskiert sogar sein Leben. »Dies betrifft vor allem die Eiweißversorgung, ... es betrifft die Mineralstoffe Calcium, Magnesium, Eisen und Zink, deren Aufnahme zum Teil durch den hohen Phytingehalt der extrem reichlich bemessenen Getreidekost behindert wird«, so Warentest. »Es betrifft auch bestimmte Vitamine: Vitamin B12 und D, die sich nur in tierischen Produkten finden, und Vitamin C.«

Lit.: Michio Kushi: Der makrobiotische Weg, München 1990; Stiftung Warentest: Test Spezial Ernährung, 1993.

Mark Twain
»Mark Twain« ist das Originalpseudonym des Autors von »Tom Sawyer« und »Huckleberry Finn«

Der als »Mark Twain« bekannte Autor von Tom Sawyer und Huckleberry Finn hat dieses Pseudonym nicht selbst erfunden. Vor ihm gab es schon einen anderen Mark Twain, einen Mississippi-Lotsen namens Isaiah Seller, der unter diesem Künstlernamen allerlei Historien aus seinem Lotsen-Leben publizierte. Diese hatte der als Samuel Clemens geborene nachmalige zweite Mark Twain in einer Zeitung parodiert (sie sollen es verdient haben), worauf der erste Mark Twain nie wieder etwas publizierte. Vielleicht wollte der zweite Mark Twain als eine Art Wiedergutmachung zumindest den Namen seines Opfers weiterleben lassen.

Lit.: Frank Muir: The Oxford book of humorous prose, Oxford 1990.

Massage
Massagen können Fettzellen aufbrechen

Auch wenn die amerikanische Filmschauspielerin Linda Evans in ihrem Schönheitsbuch das Gegenteil behauptet: Massagen können keine Fettzellen aufbrechen (die dann, so Frau Evans, mit der Verdauung ausgeschieden würden). Fettzellen, die der Körper einmal hat, behält er auch. Wir können sie zwar wachsen oder schrumpfen, aber niemals mehr verschwinden lassen.

Medizin 1
Die Medizin war schon immer ein Segen für die Menschheit

Bis zum Ende des 19. Jahrhunderts waren die typischen Ärzte für ihre Patienten gefährlicher als die meisten Krankheiten. Erst um das Jahr 1910 herum, so meinen Medizinhistoriker, wurde die Wahrscheinlichkeit größer als 50 Prozent, daß ein zufällig ausgewählter Kranker durch einen ebenfalls zufällig ausgewählten Arzt gesundheitlich profitiert – bis dahin hätten Ärzte also im Durchschnitt mehr Schaden als Nutzen angerichtet (kein Wunder, wenn man noch tausend Jahre nach Hippokrates die Leber für das Zentrum des Blutkreislaufs und das Händewaschen vor einer Operation für eine Zumutung gehalten hat).

Bis weit in die Neuzeit haben daher nur Roßnaturen die Wohltaten der Medizin überlebt. Wer heute auf alten Bildern den Barbieren und Feldschern früherer Zeiten bei der Arbeit zusieht, erkennt auf einmal, warum »Kunstfehler« eine Wortschöpfung des 20. Jahrhunderts ist – entweder war man früher nach der Behandlung tot, oder der Körper half sich selbst und der Patient war bald auch ohne Medizin gesund.

Lit.: Walter Krämer: Wir kurieren uns zu Tode, Frankfurt 1993.

Medizin 2
Mediziner werden heute im Vergleich zu früher schlechter ausgebildet

Mit diesem Argument versuchen etablierte Ärzte schon seit langem, den Numerus clausus an den Medizinischen Fakultäten zu verschärfen. Aber in Wahrheit war die Ausbildung zum Mediziner vermutlich noch nie so gut und gründlich wie gerade heute.

Wahr ist: Bei steigenden Studentenzahlen und bei einer Konstante aller anderen Faktoren muß die Qualität der Ausbildung natürlich sinken. Jeder Volksschullehrer weiß, welchen Unterschied es macht, ob er 10 oder 20 Schüler in der Klasse hat, und genauso wäre auch die Medizinerausbildung zu verbessern, müßten unsere Professoren nur halb so viele oder am besten gar nur einen einzigen Studenten unterrichten.

Offenbar ist das aber eine müßige Spekulation, denn eine Ausbildung, ganz gleich wozu, ist nie so gut, wie sie theoretisch sein könnte. Wenn wir stattdessen fragen, ob die Medizinerausbildung heute schlechter ist als früher, heißt die Antwort aber eher nein. Denn in den vergangenen Jahrzehnten sind ja nicht nur die Studentenzahlen in der Medizin gestiegen – auch die Zahl der Professoren und wissenschaftlichen Mitarbeiter ist gewaltig angewachsen. Wenn es heute also sehr viel mehr Studenten gibt, so gibt es auch sehr viel mehr Lehrkräfte, die sich um sie kümmern. Bei nur 7 Prozent der Studienplätze (verglichen mit mehr als 30 Prozent vor 100 Jahren) kamen der Medizin in Deutschland etwa 30 Prozent, seit Mitte der 70er Jahre sogar mehr als 40 Prozent der Gesamtinvestitionen im Hochschulbau zugute, und wenn heute in der deutschen Hochschullandschaft von Sparen geredet wird, so bleiben die medizinischen Fakultäten in der Regel ausgenommen. Kein anderes akademisches Ausbildungsfach wird von unseren Bildungspolitikern so verwöhnt wie die Medizin, nirgends fließen Personal und Sachmittel für Lehre und Forschung so ungehemmt wie hier. Trotz vereinzelter Engpässe, etwa bei geeigneten Patienten für gewisse Abschnitte der klinischen Ausbildung, fällt es also schwer, an einen Niveauverlust der Ausbildung zu glauben. Unsere Medizinerausbildung ist sicher nicht so gut, wie sie theoretisch sein könnte (das gilt für die Ausbildung unserer Lehrer, Busfahrer, Piloten oder Fluglotsen ebenso), aber genauso sicher auch nicht schlechter als vor 10 oder 20 Jahren.

Auch die Sorge von Bundesärztekammer-Präsident Vilmar, im Kielwasser eines »erbarmungslosen Konkurrenzkampfes« im Gesundheitswesen könnte ein »revolutionäres Potential« heranwachsen, das unser freiheitliches Gesellschaftssystem »tiefgreifend verändern«, ja »die Grundfesten unseres Staates ins Wanken bringen« könne, ist nicht ganz ernst zu nehmen. Offenbar hat Herr Vilmar noch nie im Lebensmittel-Einzelhandel oder im Taxi-Gewerbe gearbeitet, wo »erbarmungsloser Konkurrenzkampf« seit jeher zum Alltag der Anbieter gehört, ohne daß unser Land daran zugrunde geht. Konkurrenz und Wettbewerb, vor denen Ärzte sich so fürchten wie der Teufel vor dem Weihwasser, sind ganz im Gegenteil das Lebenselixier jeder freien Gesellschaftsordnung, und es ist allerhöchste Zeit, daß auch der Medizinbetrieb selbst einen Schluck von dieser Medizin erhält.

Lit.: Walter Krämer: Wir kurieren uns zu Tode, Frankfurt 1993.

Medizin 3
Gute Mediziner therapieren gleiche Leiden auf die gleiche Weise

Viele Menschen halten gute Medizin für international identisch – was in Deutschland richtig ist, ist auch in Frankreich, England und Italien richtig, und das weiß ein guter Arzt, und danach handelt er.

In Wahrheit differieren Therapien für identische Beschwerden aber ganz beträchtlich, auch zwischen Ländern mit ansonsten vergleichbarem Sozialgefüge; diese Unterschiede sind zum Teil so groß, daß eine Behandlungsmethode, die in einem Land zum Standard zählt, im Nachbarland womöglich als Behandlungsfehler gilt. Aggressive Chemotherapie bei Krebs gilt hier als zwingend vorgeschrieben und da als grausam gegen den Patienten, ein in Amerika als zu hoch diagnostizierter Blutdruck gilt in England vielfach als normal, oder eines der gängigsten Arzneimittel in Frankreich, ein Medikament zur Erweiterung der Blutgefäße, wird in Amerika für wirkungslos gehalten.

Auf der anderen Seite müßten viele Patienten auf amerikanischen Operationstischen anderswo noch längst nicht unters Messer (Blinddarm ausgenommen, wo deutsche Mediziner weltweit führend sind), oder verschreiben deutsche Ärzte sechs- bis siebenmal soviel Digitalis wie ihre Kollegen in England, dafür aber viel weniger Antibiotika, während französische Ärzte siebenmal häufiger als amerikanische Arzneien in Zäpfchenform verordnen (letztere Darreichungsform ist in Amerika so ungewohnt, daß man immer wieder Anekdoten hört, wie Amerikaner auf Europareise ihre Zäpfchen essen).

Und selbst in ein- und derselben Gesellschaft variieren Therapien je nach Kunde ganz beträchtlich. Nach einer Statistik des Gesundheitsamtes des Schweizer Kantons Tessin z. B. werden nicht mit einem Arzt verwandte Patienten 46 Prozent öfter an den Mandeln, 53 Prozent öfter wegen Leistenbrüchen, 83 Prozent öfter wegen Hämorrhoiden und 84 Prozent häufiger an der Gallenblase operiert; nur eine einzige Berufsgruppe, nämlich die Juristen, kommt genauso selten unter das Messer wie die Ärzte selbst.

»Trotz weltweit immer engerer Kommunikation«, schreibt dazu der »Spiegel«, »ist die vermeintlich längst standardisierte Medizin in Wahrheit ein verwirrendes Flickwerk geblieben, gleichsam ein Siechenhaus mit vielen Sälen, in denen die Heiler hartnäckig ihren jeweils kulturbedingten Vorlieben frönen.«

Lit.: Lynn Payer: Andere Länder, andere Leiden, Frankfurt 1993.

Mehltau
Mehltau hat etwas mit Mehl zu tun

Dieser schimmelartige, weiße Überzug auf Pflanzenblättern sieht zwar aus wie Mehl, hat seinen Namen aber von dem mittelhochdeutschen »miltou«, wobei die erste Silbe von »melit« = Honig stammt. Auf Englisch heißt Mehltau »mildew«.

Lit.: Etymologisches Wörterbuch des Deutschen, 2. Auflage, Berlin 1993.

»Mens sana in corpore sano«

Diese Worte des römischen Dichters Juvenal werden oft mit »In einem gesunden Körper wohnt ein gesunder Geist« übersetzt und haben so Generationen von teutonischen Turnfeldwebeln als Lizenz gedient, ihre Schüler mit vormilitärischen Übungen zu traktieren.

In Wahrheit hat Juvenal aber etwas ganz anderes gemeint. In seinen Satiren, aus denen der obige Spruch nur unvollständig übernommen ist, schreibt er ausführlicher: »Orandum est ut sit mens sana in corpore sano«, oder auf deutsch: »Es wäre zu wünschen, daß in einem gesunden Körper auch ein gesunder Geist stecken möge.« Das war aber nicht als Lobeshymne, sondern eher als Angriff auf den damaligen, von Juvenal zutiefst mißbilligten Kult um körperliche Fitness zu verstehen. In moderner Umgangssprache wäre sein Kommentar zu den gesalbten Gladiatorenmuskeln der Römerzeit etwa wie folgt zu lesen: »Ach wie wäre es doch schön, wenn diese Muskelaffen auch noch denken könnten.«

Lit.: Georg Büchmann: Geflügelte Worte, Ausgabe Ex Libris, 6. Auflage, Frankfurt 1991.

Meuterei auf der Bounty
Der Kapitän der Bounty war ein alter Miesepeter

Die meisten Menschen denken bei dem Stichwort »Meuterei« und »Bounty«, falls überhaupt an irgendetwas, an Fletcher Christian alias Marlon Brando und an seinen unausstehlichen Kapitän, den miesepetrigen, am Ende einer strapaziösen Südseereise von seiner Mannschaft entmachteten und mit ein paar Getreuen ausgesetzten alten William Bligh, dessen Karriere mit dieser Meuterei zu Ende war.

An dieser Legende sind aber mindestens drei Dinge falsch. Erstens war Bligh nur Leutnant und nicht Kapitän, zweitens war er zur Zeit der Meuterei erst 33 Jahre alt und damit keineswegs der alte verknöcherte Miesepeter, wie wir ihn in Filmen immer wieder sehen, und drittens war seine Karriere mit dieser Meuterei durchaus noch nicht zu Ende (diese Meuterei war die erste von mindestens dreien, an denen er passiv beteiligt war).

Denkmal für Admiral Bligh in Sydney

Nach seiner ersten Meuterei, der auf der Bounty, erreichte Bligh mit seiner Barkasse, in der ihn die Meuterer ausgesetzt hatten, mitsamt einigen Getreuen die Insel Timor (soviel wissen wir noch aus dem Kino) und wird offiziell zum Kapitän ernannt (das erfährt man meistens nicht). Diese Fahrt in einer Nußschale quer über den halben Pazifik dauerte sechs Wochen und gilt als eine der größten nautischen Leistungen aller Zeiten. Obwohl bald danach bei einer anderen Meuterei nochmals an Land gesetzt, werden die Bligh anvertrauten Schiffe immer größer; er wird Kommandant des Doppeldeckers »Glatton« und nimmt unter Nelson an der Seeschlacht von Kopenhagen teil. Dann wird er im Jahr 1805 in Sydney, wo heute noch ein Denkmal für ihn steht, Gouverneur von New South Wales. Als auch die Siedler in Sydney meutern und Bligh in Ketten nach England schicken, kann er die englische Regierung von den üblen Motiven der Meuterer überzeugen und wird zum Admiral befördert. Und als Admiral Bligh ist er dann auch am 7. Dezember 1817 in London gestorben.

Lit.: Stichwortartikel »Bligh, William« in Encyclopaedia Britannica, Ausgabe 1968; Günter Sachse: Die Meuterei auf der Bounty, München 1989.

Midlife-Crisis
Jeder Mensch hat seine Midlife-Crisis

Viele Psychologen halten die sogenannte »Midlife Crisis« für ein Hirngespinst; statt einer Zeit der Unsicherheit und des Zweifels sehen sie heute in der Lebensmitte eher eine »Periode des Aufblühens«, einen kompetenteren Umgang mit dem Lebenspartner, einen mit der Einsicht in die eigenen Grenzen einhergehenden Abbau von Streß und Arbeitswut, den Beginn eines weniger von Illusionen getrübten bewußten zweiten Lebens.

Die Legende von der Krise in der Lebensmitte kam durch eine Forschungsstrategie zustande, bei der die Autoren eine Stichprobe vom Umfang 1 – sich selbst – zum Ausgang ihrer Analyse nahmen (siehe etwa Alexander Mitscherlichs Begründung seiner These, daß »der Übergang in die zweite Lebenshälfte notwendig krisenhaft« verlaufe: »Ich habe das selber durchgemacht«).

In Wahrheit machen nur rund fünf Prozent der Menschen beim Übergang in die zweite Lebenshälfte eine Krise durch – einerseits die besonders aggressiven, die das Leben »nach kriegswissenschaftlichen Methoden« angehen und dann merken, daß sie immer noch nicht Vorstandschef von Daimler-Benz geworden sind, und andererseits die Überängstlichen, die gerne alle Schwierigkeiten weiträumig umgehen und irgendwann vor diesen Schwierigkeiten nicht mehr weiter fliehen können. »Gemeinsam ist den beiden Typen,« so der amerikanische Psychologe Ronald Kessler, »daß sie zu einer realistischen Wirklichkeitswahrnehmung und einer Verhaltensanpassung an die Gegebenheiten unfähig sind ... Im Alter zwischen 40 und 50 steht solch ein Mensch schließlich vor einem ganzen Berg von Schwierigkeiten, und dann hat er seine Krise.«

Die anderen 95 Prozent der Bevölkerung, die sich nicht so überschätzen oder nicht so vor Problemen fliehen, haben dann auch keine Krise.

Lit.: »Krise in der Lebensmitte«, Spiegel-Titelgeschichte, Nr. 30/1976; »Middle and late life transitions«, Themenheft der »Annals of the American Academy of Political and Social Science«, Nov. 1982; »Heilsamer Knick: War die berüchtigte Midlife-Crisis nur eine Erfindung?« Spiegel 24/1993.

Mieterschutz
Der Mieterschutz schützt den Mieter (s.a. »Wohnraummangel«)

Wenn man eine Stadt gründlich zerstören will, gibt es laut Wirtschafts-Nobelpreisträger Gunnar Myrdal zwei Möglichkeiten: eine Atombombe darauf zu werfen, oder die Mieten einzufrieren ...

Im Jahr 1992 legte die American Economic Association ihren Mitgliedern verschiedene Thesen zur Zustimmung bzw. Ablehnung vor, um zu sehen, ob diese notorisch uneinige Zunft nicht vielleicht doch zu irgendetwas einer Meinung wäre, und danach sind sich rund 94% der professionellen amerikanischen Ökonomen sicher, »daß Mietpreiskontrollen sowohl die Qualität wie die Quantität des Wohnungsangebotes reduzieren«. Das war die höchste Zustimmungsrate unter allen vorgelegten Thesen.

Der beste Schutz des Mieters, so die Mehrheitsmeinung aller Ökonomen auch außerhalb Amerikas, ist ein großes Wohnungsangebot, und dieses große

Wohnungsangebot wird durch Mietkontrollen und Kündigungsschutzgesetze gleich zweifach ausgehebelt und behindert: potentielle Wohnungen bleiben aus Mangel an Erträgen ungebaut, und bereits fertige Wohnungen und Häuser werden aus Furcht vor Mietern, die man nicht mehr loswird, nicht vermietet; sie stehen stattdessen leer. Die Autoren dieses Wörterbuches haben schon in manchen Ländern zur Miete gewohnt – in Deutschland, in Österreich, in England, in den USA, in Australien und in Kanada. Am schwersten zu finden und am teuersten zu bezahlen sind bzw. waren die Wohnungen da, wo man die Mieter am konsequentesten »beschützt«, in Deutschland und in Österreich. Am leichtesten zu finden und am preiswertesten waren die Wohnungen da, wo man das Wort »Mieterschutz« nicht kennt, in den USA und Kanada. Dort wurden wir auf die Annonce »Familie mit Kind sucht preiswertes Haus in Uni-Nähe« mit Angeboten nur so zugeschüttet.

Ein konsequenter Mieterschutz schützt allenfalls die Mieter, die schon eine Wohnung haben, und selbst die nur auf sehr kurze Sicht. Denn auf Dauer richten sich die Mieten nach Angebot und Nachfrage: Je höher das Angebot, desto niedriger die Mieten; je niedriger das Angebot, desto höher die Mieten. Das wissen die Anbieter auf anderen Märkten, unsere Bauern, Galeristen, Taxifahrer, Rechtsanwälte, aber auch internationale Großkonzerne wie der Diamantenproduzent DeBeers in Südafrika seit langem. Denn DeBeers hält seine riesigen Bestände nicht ohne Absicht gut verschlossen hinter dicken Türen in den Kellern. Käme dieses Angebot zum Tragen, würden die Diamantenpreise drastisch fallen, und genauso würden bei einem steigenden Angebot an Wohnraum auch die Mieten fallen (wie das ja auch schon mehrfach in verschiedenen deutschen Städten in Zeiten hohen Angebots beobachtet werden konnte).

Aber dieses steigende Angebot wird durch den Mieterschutz verhindert. Wenn wir also aktuell in Deutschland mit die höchsten Wohnungskosten auf dem ganzen Globus zahlen, so können wir uns dafür auch bei unserem Mieterschutz bedanken.

Lit.: J. Eekhoff: »Zur Kontroverse um die ökonomischen Auswirkungen des zweiten Wohnraumkündigungsgesetzes«, Zeitschrift für die gesamte Staatswissenschaft 137, 1981, 62-77; Frankfurter Institut für wirtschaftspolitische Forschung: Mehr Markt im Wohnungswesen, Bad Homburg 1984; Robert Schwager: »On the West German tenant's protection legislation: a comment«, Zeitschrift für die gesamte Staatswissenschaft 150, 1994, 411-418; »Surely not rent controls?« The Economist, 8. 4. 1995, S. 94.

Milch 1
Milch wird durch Gewitter sauer (s.a. »Korrelation«)

Dieser Aberglaube folgt aus dem Trugschluß, daß von zwei Ereignissen, die immer zusammen auftreten, eines das andere verursachen müsse. Und da saure Milch nur schwer für Blitz und Donner sorgen kann, bleibt hier nur die andere Kausalbeziehung übrig.

Der wahre Grund für die saure Milch ist die feuchtwarme Luft; diese fördert säureproduzierende Bakterien, gleichzeitig aber auch die elektrische Spannung zwischen Erdboden und Atmosphäre, die dann schließlich zu Gewittern führt. Wir haben hier ein weiteres Musterbeispiel für einen falschen Schluß von Korrelation auf Kausalität: keine der beiden Variablen beeinflußt die andere, vielmehr hängen beide von einer dritten Variablen ab.

Milch 2
Milch im Badewasser macht weiche Haut

Auch wenn Kleopatra und Sophia Loren etwas anderes behaupten: Milch im Badewasser macht die Haut nicht weich. Zwar mag das Badewasser dadurch durchaus weicher werden – unsere Haut aber ganz sicher nicht.

Mindestlöhne
Mindestlöhne sichern den Verdienst von ungelernten Arbeitskräften

Mindestlöhne sind Jobkiller. Sie sichern nur die Löhne derjenigen, die ihren Job behalten; die anderen Löhne drücken sie auf Null. Denn in einer Marktwirtschaft kann ein Unternehmen nur dann überleben, wenn seine Beschäftigten mehr erwirtschaften als sie kosten, und das hat für Arbeitsverhältnisse an der Grenze zur ökonomischen Rentabilität gewisse Konsequenzen: Hier heißen die Alternativen nicht: »Mindestlohn oder weniger als Mindestlohn«, sondern »weniger als Mindestlohn oder gar kein Lohn«. Solange Unternehmen nicht gezwungen werden können, Arbeitskräfte einzustellen, können und werden sie auf lange Sicht nur solche Arbeitskräfte halten, die mehr produzieren als sie kosten. Und wenn die Kosten künstlich hoch gehalten werden, heißt das eben, auf Kräfte an der Rentabilitätsgrenze zu verzichten.

Diese Problematik ist vor allem in den USA akut, wo es seit jeher staatlich festgesetzte Mindestlöhne gibt, die vor allem das große Heer der ungelernten Aushilfskräfte in diversen Dienstleistungsbetrieben schützen sollen (Putzkolonnen, Fast-Food-Ketten etc). Nach Ansicht der meisten Ökonomen haben diese Mindestlöhne zwar die Verdienste der nicht entlassenen Arbeitskräfte aufgebessert, auf der anderen Seite aber Hunderttausenden von Aushilfs-Arbeitskräften ihren Job gekostet, die entweder entlassen oder gar nicht erst beschäftigt worden sind.

Lit.: Ch. Brown et al.: »The effect of the minimum wage on employment and unemployment«, Journal of Economic Literature 20, 1982, 487-528; D. Card und A. Krueger: »Minimum wages and unemployment«, American Economic Review 84, 1994, 772-793.

Mona Lisa
Die Mona Lisa im Pariser Louvre zeigt die Mona Lisa del Giocondo

Die Mona Lisa von Leonardo da Vinci ist kein Portrait der Mona Lisa del Giocondo. Wenn man den Indizien und der Mehrheit der modernen Kunsthistoriker glauben darf, zeigt das Bild die Herzogin Isabella von Aragon, Enkelin des Königs von Neapel und Witwe des Herzogs von Mailand, die wie Leonardo selbst gegen Ende des 15. Jahrhunderts am Hof von Mailand lebte.

Seinen heutigen und, wie wir jetzt wissen, falschen Namen hat das Bild vermutlich von dem italienischen Kunsthistoriker Vasari, der um 1550, 30 Jahre nach Leonardos Tod, zum ersten Mal davon berichtet: Leonardo habe ein wunderschönes Portrait der Frau des Kaufmanns Francesco del Giocondo gemalt, welches sich nunmehr im Besitz des Königs von Frankreich befinde, ein Bild von solcher Ausdruckskraft, daß kein anderer Maler jemals hoffen dürfe, zu solchen Höhen aufzusteigen.

Nun hat Leonardo tatsächlich den Kaufmann del Giocondo porträtiert (das Bild ist heute verschollen), vermutlich bei dieser Gelegenheit auch dessen schöne junge Frau gemalt, aber dieses Bild ist ebenfalls verschollen; mit der Mona Lisa aus dem Louvre ist es nicht identisch. Allein schon die weitere Beschreibung, die Vasari von der Mona Lisa gibt, läßt vermuten, daß er von einem ganz anderen Gemälde spricht: ausdrucksvolle Augenbrauen (fehlen auf dem Bild im Louvre), der halbfertige Zustand des Gemäldes (das Bild im Louvre ist alles andere als halbfertig), das paßt kaum zu dem Bild wie wir es heute kennen, ganz abgesehen von den Dingen, die Vasari *nicht* erwähnt, wie die wunderschön gefalteten Hände oder den seltsamen Kontrast des weichen

Frauengesichts mit den harten Bergen im Hintergrund. Vielleicht hat Vasari das Objekt seiner Bewunderung nie selbst gesehen, vielleicht auch zwei Beschreibungen verwechselt, vielleicht ein wenig phantasiert – auf jeden Fall hat er Gemälde und Person sehr fahrlässig und falsch einander zugeordnet.

Denn die Indizien sprechen für Isabella von Aragon. Leonardo lebte jahrelang in ihrer Nähe, zeitweise sogar im gleichen Schloß, und es wäre mehr als ungewöhnlich gewesen, hätte er als Hofmaler nicht auch die Herzogin gemalt. Vermutlich hat er das sogar mehrfach getan, denn es existieren mindestens zwei Vorstudien für das Bild, das heute im Louvre hängt, beide einige Jahre älter, und es ist kaum anzunehmen, daß Leonardo in allen Fällen immer die gleiche Kaufmannsfrau aus dem fernen Florenz gemalt haben sollte. Nimmt man dann noch die Ähnlichkeit der Mona Lisa mit anderen, eindeutig identifizierten Porträts der Isabella hinzu, bleibt nur die Konsequenz, daß diese Mona Lisa eben kein Bild der Mona Lisa del Giocondo ist.

Lit.: Robert Payne: Leonardo, New York 1978.

Mord und Totschlag
Die meisten Morde gibt es in den USA

Die Wahrscheinlichkeit, durch Mord und Totschlag umzukommen, ist am größten auf den Bahamas; sie führen mit rund 500 Morden pro Jahr und eine Million Einwohner die Tabelle der Nationen an. Es folgen die Philippinen mit 300, Guatemala mit 280, und irgendwo im Mittelfeld die USA mit 100. Noch sicherer lebt man in Deutschland, Österreich oder in der Schweiz mit 10 bis 20 Morden pro eine Million Einwohner und Jahr.

Lit.: »Salvage Operation«, The Economist, 7. 5. 1994.

Morsetelegraph
Der Morsetelegraph ist eine Erfindung von Samuel Morse (s.a. »Zeppelin«)

Wie viele andere Erfindungen trägt auch der Morsetelegraph seinen Namen nicht zu Recht. Denn der berühmte Samuel Morse (1791-1872) hat weder das Morsealphabet noch den Morsetelegraphen erfunden – dazu hatte er als Professor für Literatur und Kunst an der Universität von New York weder Talent noch Zeit. Er hat nur zwei Ingenieuren, Joseph Henry und Alfred Vail, von einem gerade in Europa erfundenen Apparat erzählt, in dem eine Spule aus Kupferdraht aus der Ferne elektrisch magnetisiert wird und so Impulse überträgt; dann beauftragte er die beiden, daraus einen »Fernschreiber« zu entwickeln. Weder wußte Morse mit elektrischem Strom und Stromimpulsen umzugehen, noch diese Impulse in irgendwelche Zeichen umzuwandeln. Die Idee mit den bekannten Punkten und Strichen kam von Vail, und auch die konkrete Konstruktion des ersten Telegraphen, der 1845 zwischen Washington und Baltimore zum Einsatz kam, geschah weitgehend ohne Morse; er war eher indirekt, als Organisator und Geldgeber beteiligt. Aber das Patent für diesen Telegraphen erhielt er ganz alleine, und so trägt der Apparat noch heute seinen Namen.

Lit.: Gerhard Prause: Tratschkes Lexikon für Besserwisser, München 1986 (besonders der Abschnitt: »Morse: Den Telegraphen ließ er sich erfinden«); Stichwort »Morse« in Microsoft CD-ROM Encyclopädie Encarta, 1994.

Motten
Motten fressen Löcher in Textilien

Nur Motten*larven* fressen Kleider; ausgewachsene Motten sind für Textilien völlig ungefährlich.

Mozart 1
Mozart hieß mit Vornamen Wolfgang Amadeus

Mozart erhielt bei seiner Taufe die Vornamen Johannes Chrysostomus Wolfgangus Theophilus. Das griechische »Theophilus« heißt auf deutsch Gottlieb und auf lateinisch Amadeus; das klingt von allen dreien noch am besten, und deshalb hat Mozart dann später die lateinische Version bevorzugt.

Mozart 2
Mozart trug einen Mozartzopf

Zur Zeit Mozarts gab es weder Mozartkugeln noch Mozartzöpfe. Dieser dicke, von Frauen im Nacken getragene Zopf kam erst um 1900 auf. Mozart selbst trug einen kurzen weißen Perückenzopf, wie er auch bei Soldaten der preußischen und französischen Armeen üblich war.

Lit.: Fritz C. Müller: Wer steckt dahinter, Eltville 1964.

Mozart 3
Mozart war ein armer Schlucker

Mozart war alles andere als ein armer Schlucker. Er gilt zwar vielen als klassisches Beispiel, wie große Künstler von den Herrschenden ausgebeutet, schlecht bezahlt und schließlich fallengelassen werden, aber diese Legende hält den Tatsachen nicht stand.

Nach heutigen Maßstäben war Mozart ganz im Gegenteil ein Großverdiener. Er berechnete für eine Klavierstunde zwei Gulden Honorar (zum Vergleich: Mozarts Magd bekam 12 Gulden für das ganze Jahr); für einen öffentlichen Auftritt als Pianist bekam er nach eigenen Angaben »wenigstens 1000 Gulden«, was bei durchschnittlich 6 Auftritten pro Jahr zusammen mit seinen anderen Einkünften ein Jahreseinkommen von rund 10 000 Gulden ergab, nach heutiger Kaufkraft etwa eine Viertelmillion Mark.

Daß er dennoch oft in Geldverlegenheiten steckte und Bettelbriefe schreiben mußte, lag einfach daran, daß er zwar viel einnahm, aber noch mehr ausgab, von seiner Frau Constanze bestens unterstützt. Die Mozarts hielten sich in guten Zeiten ein Dienstmädchen, eine Köchin und einen eigenen Friseur, und wenn Mozart bei seinem Tod so hohe Schulden hatte, daß seine Frau das Erbe ausschlug und ihren Mann in einem Armengrab bestatten ließ, so war das nicht die Schuld des Kaisers oder anderer böswilliger Notabeln, es war vor allem eine Folge seiner eigenen häuslichen Mißwirtschaft, gepaart mit einer Leidenschaft für Kartenspiel und Billard, wo er vermutlich (denn er war ein schlechter Billardspieler) mehr Geld verlor als er durch seine Musik verdienen konnte.

Lit.: Uwe Kraemer: »Wer hat Mozart verhungern lassen?«, Musica, Heft 3, 1976.

Müll
Das Sortieren von Hausmüll ist ökonomisch und ökologisch immer sinnvoll

Das moderne Sortieren von Haushaltsabfällen (Normalmüll, Biomüll, Kunststoff, Papier, Buntglas, Weißglas, ...) ist nach Meinung vieler Experten weit weniger sinnvoll, zumindest in der exzessiven Weise, wie es manche Umweltfreunde heutzutage praktizieren, als die meisten Müllsortierer glauben. Es kostet oft mehr Geld als es einbringt, spart, falls überhaupt, Ressourcen an der falschen Stelle, beruhigt aber trotzdem unser Umweltgewissen und hat so direkt und indirekt, wie ein amerikanischer Umweltschützer einmal formulierte, »der Umweltbewegung mehr geschadet als alles andere, an was ich denken kann«.

Was moderne Umweltfreunde oft vergessen: Das Wiederverwerten von Abfällen ist keine Tugend an sich. Es ist ein Mittel, die begrenzten Ressourcen unseres Planeten besser zu verwalten, und wenn die Hausmülltrennung dazu beiträgt, sollten wir den Hausmüll trennen. Wenn nicht, dann nicht. Denn wenn statt einem Müll-Lastwagen auf einmal vier oder fünf den Verkehr aufhalten und mit ihren Abgasen die Luft verpesten, dann ist das ebenfalls ein Umweltschaden, der gegen den gesparten Deponieraum aufgerechnet werden muß, genauso wie die Extragelder für die Müllabfuhr, mit denen man vielleicht besser eine Kläranlage oder einen Kraftwerkfilter hätte bauen können (um nur einige der indirekten Kosten der Hausmülltrennung aufzulisten). Aber von einer solchen Umwelt-Gesamtrechnung sind wir noch weit entfernt.

Lit.: Jeff Bailey: »The recycling myth: How a series of misperceptions snowballed into a costly national delusion«, The Wall Street Journal, 19. 1. 1995.

München
In München wird das meiste Bier gebraut

Die Bierhauptstadt Deutschlands ist nicht München, sondern Dortmund. Pro Jahr werden dort rund 6 Millionen Hektoliter Bier gebraut, verglichen mit 5,5 Millionen Hektolitern in München. Damit hält Dortmund den Rekord nicht nur in Deutschland, sondern in ganz Europa.

Inzwischen (seit 1991) hat das Sauerland (Warsteiner) mit mehr als 8 Millionen Hektoliter sowohl Dortmund als auch München abgehängt. Allerdings kommt das sauerländische Bier nicht aus einem einzigen Ort.

Lit.: Statistisches Jahrbuch für das Land Nordrhein-Westfalen, verschiedene Jahre.

»Die einen möchten das begreifen, was sie glauben,
und die anderen das glauben, was sie begreifen.«
Stanisław Jerzy Lec, Das große Buch der unfrisierten Gedanken

N

Nachtigall
Nachtigallen singen nachts

Nachtigallen singen tags wie nachts. Aber wegen der geringeren Konkurrenz bei Dunkelheit fällt ihr Gesang dann eher auf.

Lit.: R. Gerlach: Wie die Vögel singen, Frankfurt 1965.

Nachtwache
Rembrandts »Nachtwache« zeigt eine Nachtwache

Dieses berühmteste aller Rembrandtschen Gemälde war zunächst als »Die Gesellschaft des Frans Banning Cocq« bekannt; es zeigt dessen Schützen-

Rembrandts »Nachtwache«: In Wahrheit ein Auszug der Soldaten im hellen Mittagslicht

kompagnie im hellen Mittagslicht, beim Aufbruch zu einer Parade oder zu einem Schützenfest.

Zur »Nachtwache« ist das Bild erst am Kamin des Amsterdamer Rathauses geworden, wo es lange Jahre hing und durch den Rauch und Ruß des Feuers seinen vom Künstler keineswegs gewollten nächtlich-düsteren Gesamteindruck erwarb.

Heute hängt das Bild im Rijksmuseum Amsterdam.

Napoleon
Napoleons Rußlandfeldzug wurde vor allem durch den harten Winter zu einer großen Katastrophe

Napoleon hat seinen Rußlandfeldzug nicht durch den harten Winter, sondern durch seine eigenen Fehler verloren; seine bekannte Entschuldigung für das Desaster – »Unser Untergang war der Winter; wir sind das Opfer des Klimas«, war nur ein Versuch, das eigene Versagen zu bemänteln.

In Wahrheit war des Wetter über den größten Teil des Feldzuges kaum kälter als üblich, eher wärmer. Wie überlieferte Wetterdaten zeigen, betrug die mittlere Temperatur in Kiew und Warschau im Oktober, zu Beginn des Rückzugs, zehn Grad plus, in Reval und Riga sieben Grad plus; selbst Ende November, beim berühmten Übergang über die angeblich eisstarrende Beresina, war der Fluß noch überhaupt nicht zugefroren; die bekannten Bilder von schneeverwehten, mit gewaltigen Eisschollen kämpfenden französischen Soldaten sind reine Erfindungen. Wenn der Napoleon-Biograph André Maurois von russischen Granaten schreibt, die das Eis des Flusses aufgerissen hätten, ist er dabei dem Kaiser genauso auf den Leim gegangen wie der Rest der Welt.

»Die Kälte nahm plötzlich zu«, behauptet Napoleon in seinem Bulletin vom 3. Dezember, »und in der Nacht vom 14. auf den 15. [November] zeigte das Thermometer 16 bis 18 Grad unter dem Gefrierpunkt. Die Wege waren mit Glatteis überdeckt; die Kavallerie, Artillerie und Trainpferde fielen jede Nacht in Menge um, nicht zu Hunderten, sondern zu Tausenden ... Wir mußten einen großen Teil unserer Kanonen im Stich lassen und zerstören, sowie einen großen Teil unseres Kriegs- und Mundvorrats ... «

In Wahrheit hatte die Kälte tatsächlich zugenommen, aber erst viel später. Die enormen Materialverluste auf dem Rückweg waren vor allem schlechter Planung und nicht der Kälte zuzuschreiben. Beim Aufbruch aus Moskau hatte die Armee nur Pferdefutter für eine Woche, und vor allem deshalb, also aus Futtermangel, und nicht des Frostes wegen »fielen die Trainpferde jede Nacht zu Tausenden«. Selbst im November betrugen die mittleren Temperaturen in Kiew noch plus zwei Grad, wie einschlägige Aufzeichnungen zeigen, und selbst die kälteste überlieferte Novembernacht, mit minus 8 Grad bei Smolensk, liegt noch weit über den Horrorfrösten, von denen Napoleon berichtet hat.

Daß seine Märchen trotzdem geglaubt wurden, liegt an der großen Kälte, die dann schließlich wirklich ausbrach, wenn auch erst im Dezember, lange nach der eigentlichen Katastrophe. Die wenigen Heimkehrer, die u.a. auch von klirrendem Frost auf dem Rückweg berichteten, schienen Napoleons Ausrede zu bestätigen; daß dieser Frost erst nach dem Untergang der »Grande Armee« ausbrach, wurde dabei übersehen.

Lit.: Vincent Cronin: Napoleon, Frankfurt 1975; Gerhard Prause: Tratschkes Lexikon für Besserwisser, München 1986 (vor allem das Kapitel »Nicht der Winter verursachte die Rußland-Katastrophe«).

Nero
Kaiser Nero hat seine eigene Hauptstadt Rom in Brand gesetzt

Von allen römischen Kaisern hat Lucius Domitius Ahenobarbus, besser bekannt als Nero, heute die schlechteste Presse. Zusammen mit Hitler, Stalin und Pol Pot wird er gern dem Spitzenquartett humaner Monster zugerechnet – ein hemmungsloser Lüstling, Mutter-, Vater-, Frauen-, Brudermörder, Christenverfolger, Brandstifter, Sadist, ein einziger Ausbund an Scheußlichkeit und Perversion.

Nicht daß Nero an diesem Image schuldlos wäre – nach heutigen Maßstäben von Menschlichkeit und gutem Benehmen gehörte er zweifellos in einen Zoo. Aber nicht alles, was man ihm heute zuschreibt, hat er wirklich auch getan. Und verglichen mit seinen Vorgängern Caligula, Tiberius, Augustus und Cäsar war Nero eher ein harmloser Idiot.

Insbesondere ist der große Brand von Rom im Jahr 64 nach Christus, die bis dahin und wohl auch für alle Zeiten größte Katastrophe der römischen Stadtgeschichte, entgegen allen Gerüchten und Legenden vermutlich doch nicht Neros Werk gewesen. Damals lebten in Rom, der größten Stadt der Erde, über eine Million Menschen, dichtgedrängt in Holzbaracken oder Mietskasernen, so wie heute in Hongkong oder in Rio de Janeiro; Zehntausende verloren alles was sie hatten. Fünf Tage und fünf Nächte wütete das Feuer, zehn von damals vierzehn Stadtbezirken wurden angegriffen, drei komplett vernichtet, Chaos, Durcheinander ohnegleichen. »Dazu das Wehgeschrei der verängstigten Frauen, die schwachen Greise und die kleinen Kinder, dazu die Leute, die sich selbst und anderen helfen wollten, die Kranke wegschleppten oder auf sie warteten, das Zögern der einen, die Eile der anderen«, lesen wir bei Tacitus. »Oft wurden Leute, die nach rückwärts schauten, von den Flammen von der Seite oder von vorne umzingelt. Und man floh nur bis in die nächsten Gassen, so wurden auch diese vom Feuer ergriffen. Selbst auf Straßen, von denen man glaubte, sie seien sicher, lauerte plötzlich dieselbe Gefahr. Schließlich wußte keiner mehr, wo es gefährlich, wo noch einigermaßen sicher war. Menschenmassen füllten die Straßen, andere warfen sich auf den Feldern hin. Manche hatten ihre ganze Habe verloren und nicht einmal für einen Tag zu essen.«

Eine solche Katastrophe braucht natürlich einen Schuldigen, und so begann man schon bald nach dem Brand zu tuscheln, Nero selber hätte ihn gelegt, aus architektonischem Größenwahn, um Platz für einen neuen Palast zu schaffen. »Nero behauptete, der Anblick der häßlichen alten Häuser und der engen gewundenen Straßen beleidige sein Auge, und ließ daraufhin die Stadt in Brand stecken« (Sueton). »Nero schickte unter der Hand einige

Diese Szene hat sich niemals zugetragen: Nero das brennende Rom besingend

Leute aus, die sich betrunken stellten oder so, als wollten sie irgendeinen schlechten Streich ausführen. Diese legten dann das Feuer, die einen da, die anderen dort ...« (Cassius Dio). Diese und ähnliche Gerüchte machten schnell die Runde.

Jedoch wurden diese Verdächtigungen von Kennern der Szene niemals richtig ernst genommen. Denn Nero hatte durch dieses Feuer mehr als jeder andere verloren: seinen eigenen Palast, seine geliebte Kunstsammlung, und sehr viel Bargeld obendrein, denn er war als Kaiser für Obdach und Ernährung seiner Untertanen höchstpersönlich selbst verantwortlich – nach dem Brand war Nero finanziell fast völlig ruiniert. »Wir können heute davon ausgehen, daß die Brandstiftertheorie von Sueton in die Welt gesetzt wurde, einem Autor, der nicht Geschichte aufzeichnete, sondern Geschichten, und mitunter unkritisch Gerüchte und Anekdoten kolportierte, die ihm zu Ohren kamen«, schreibt der Nero-Biograph Philipp Vandenberg.

Auch die in verschiedenen Hollywood-Filmen verewigte Legende, Nero hätte sogar, das brennende Rom zu Füßen, dramatische Gesänge vorgetragen, ist höchstwahrscheinlich frei erfunden. Zwar hielt sich Nero in der Tat für einen großen Sänger und hatte vielleicht in seiner Vorliebe für Griechenland und alles Griechische im brennenden Rom das brennende Troja aus der Ilias des Homer gesehen, aber singend vorgetragen hat er diese Gedanken sicher nicht, allein schon deshalb, weil fast alle später gern zitierten Vortragsstätten selbst in hellen Flammen standen (oder von dort das brennende Rom überhaupt nicht sichtbar war).

»Die ersten frühchristlichen Autoren hätten gute Gründe gehabt, die Brandstiftung durch Nero zu erwähnen, aber offensichtlich waren sie selbst nicht von Suetons Darstellung überzeugt«, schreibt Vandenberg. »Erst mit wachsendem zeitlichen Abstand kamen im vierten Jahrhundert Legenden um die Märtyrer der Urchristen auf. Und dazu brauchte man Nero als mutwilligen Brandstifter, der die Verantwortung anschließend auf die Christen abschob.«

Denn ein Schuldiger mußte gefunden werden, und dazu eignet sich am besten eine unbeliebte Minderheit – damals zufällig die Christen. Falsche Ankläger und Denunzianten waren ohne Schwierigkeiten aufzutreiben, es gab die ersten Märtyrer, und damit war Neros Nachruhm unausweichlich ruiniert; diese Verfolgungen hat ihm das siegreiche Christentum niemals mehr verziehen.

Obwohl also Nero – »für römische Verhältnisse im ersten Jahrhundert eigentlich ungewöhnlich normal« Vandenberg – zur Zeit der Christenprozesse gerade Griechenland bereiste und von den Verfolgungen unter Umständen überhaupt nichts wußte, obwohl vor ihm und nach ihm andere Imperatoren weit schlimmer wüteten, weit mehr Gesetze mißachteten, und weit mehr unschuldige Menschen auf dem Gewissen hatten, obwohl Nero seine Rolle als römischer Kaiser weit weniger mißbrauchte als viele andere vor ihm und nach ihm, stand er von nun an reichlich unverdient als größtes Monster der Geschichte da.

Lit.: Philipp Vandenberg: Nero: Kaiser und Gott, Künstler und Narr, München 1981. Die wichtigsten Originalquellen sind die antiken Historiker Tacitus (55-116 n.Chr.), Sueton (70-150 n.Chr.) und Cassius Dio (150-235 n.Chr.), die Nero vor allem als abschreckendes Beispiel herausstellen und damit neben der christlichen Kirche nicht unwesentlich zu seinem verzerrten Nachruf beigetragen haben.

Neumond
Der Neumond entsteht durch den Schatten der Erde

Man sollte es nicht glauben, aber wenn man seine Freunde und Bekannten fragt: »Wie kommt es, daß man den Mond manchmal total (Vollmond), nur zur Hälfte (Halbmond) oder gar nicht (Neumond) sieht?«, so erhält man oft die Antwort: »Das hängt mit dem Erdschatten zusammen (oder so ähnlich).«

In Wahrheit entstehen die Mondphasen natürlich dadurch, daß wir immer nur den von der Sonne angestrahlten Teil der uns zugekehrten Mondseite sehen. Steht der Mond genau zwischen Erde und Sonne, haben wir Neumond – die Sonne strahlt den Mond von hinten an (von der Erde aus gesehen). Bei Halbmond bilden die Linien Erde-Mond und Mond-Sonne einen rechten Winkel, die Sonne beleuchtet gerade eine Hälfte der uns zugewandten Seite des Mondes, und bei Vollmond liegen Sonne, Mond und Erde ungefähr auf einer Linie, die Sonne strahlt die volle uns zugewandte Seite des Mondes an (daß dabei zuweilen die Erde dazwischentritt und einen Schatten wirft, steht auf einem anderen Blatt; eine derartige Mondfinsternis kommt auch zuweilen vor, hat aber mit dem Neumond nichts zu tun).

New York 1
New York ist die Hauptstadt von New York

Die Hauptstadt des US-amerikanischen Bundesstaates New York heißt Albany. Sie hat 115 000 Einwohner und liegt 200 km nördlich von der Stadt New York.

New York 2
In New York steht die Freiheitsstatue

Die berühmte Freiheitsstatue im Hafen von New York steht nicht auf New Yorker Boden, weder dem der Stadt noch dem des Staates; ihr Standort (das Liberty Island, vormals Bedloe's Island) gehört zum Bundesstaat New Jersey.

Die Freiheitsstatue heißt auch nicht »Statue of Liberty«, sondern offiziell »Liberty enlightening the world.« (Zumindest wurde sie von den Franzosen, die sie 1885 den Amerikanern schenkten, so genannt).

Lit.: Stichwort »Statue of Liberty« in Encyclopaedia Britannica, 15. Auflage, Chicago 1976.

New York 3
In New York leben Alligatoren im Kanalsystem

So war etwa im »Spiegel« nachzulesen. Aber weder in New York noch sonstwo auf der Erde wurde jemals ein Alligator im Kanalsystem entdeckt.

Dieser Irrtum gehört zur Klasse der sogenannten »Großstadtmythen«; er taucht wie andere Anekdoten dieser Klasse periodisch auf den Seiten »Vermischtes« und »Aus aller Welt« in unserer Presse auf. Der Dauerbrenner unter diesen Phantasie-Geschichten ist die entführte Oma-Leiche: Der Freund eines Freundes ist mit Familie und Oma auf Urlaub in Spanien unterwegs. Fürchterliche Hitze im Auto, und dann -Hitzschlag – stirbt auch noch die Großmutter. Die Familie steht mitten auf der Landstraße, kein Mensch weit und breit, also ab in die nächste Stadt, einen Totenschein besorgen, um die arme Frau zu beerdigen. Doch den Kindern ist die Tote auf dem Rücksitz unheimlich – sie wollen nicht daneben sitzen bleiben. Man berät und überlegt, schließlich wickelt man die tote Oma in eine Zeltplane und legt sie auf das Dach zum Dachgepäck.

In der Stadt angekommen, geht der Freund des Freundes auf die Wache, um die Sache zu erklären. Es dauert und dauert – der Freund des Freundes kann kein Spanisch, die Polizei kein Deutsch, und die Frau geht mit den Kindern los, ein Eis zu kaufen. Doch als sie zurückkommt, ist das Auto weg – gestohlen, mit Gepäck und toter Großmutter! Und weder das Auto noch die Großmutter sind jemals wieder aufgetaucht.

Und weil die Großmutter nicht offiziell gestorben ist, kann die Familie auch das Erbe nicht antreten, das nebenbei bemerkt nicht unbeträchtlich ist . . .

Diese »wahre Begebenheit« war oft in Zeitungen zu lesen; sie kursiert in Dutzenden von Varianten auf allen Kontinenten dieser Erde. Einmal muß ein Perserteppich, einmal eine Mahagonikiste, einmal der Kofferraum zum Transport der armen Oma dienen. Das Auto verschwindet vor einer Polizeiwache, auf einer Autobahnraststätte oder bei der Grenzkontrolle, während die Familie en bloc kurz auf die Toilette muß. Zuweilen wird auch nicht das ganze Auto, sondern nur der Teppich mit der Großmutter gestohlen, oder liegt die Schwieger- statt die Großmutter darin.

Die Ratte in der Pizza, der Pudel in der Mikrowelle, die Spinne in der Yucca-Palme: Hier kommen Wünsche, Ängste oder Aggressionen ungestraft ans Tageslicht, hier können wir unseren heimlichen Gefühlsschrott scheinbar ganz legal entladen. Indem wir solche Erzählungen anhören und verbreiten, können wir ohne schlechtes Gewissen und ohne Angst, dem offiziellen Zeitgeist hinterherzuhinken, unser Unbehagen gegen Ausländer, unsere Frustration mit einer viel zu gutmütigen Justiz, unseren Widerwillen gegen lockere Moralbegriffe oder auch nur Neid und Schadenfreude formulieren, ohne daß wir deshalb den Hütern des korrekten Umgangstones eine Angriffsfläche böten: Ein erboster Bauer kippt seine Mistfuhre in ein seinen Feldweg versperrendes Ferrari-Cabrio (Neid). Oder die Freundin einer Freundin, die einen nagelneuen Mikrowellenherd am Straßenrand entdeckt (Schadenfreude): Sie packt ihn in den Kofferraum und denkt sich noch: Wer wirft nur solche Sachen weg, bis tatü-tata eine Polizeistreife sie einholt und die Mikrowelle wiederhaben will. Weil es nämlich gar keine Mikrowelle, sondern eine Radarfalle ist ...

So erfüllt auch die gestohlene Großmutter eine sinnvolle Funktion: kein Platz für alte Menschen in der Kleinfamilie, was soll man nur tun? Da kommt der Diebstahl gerade recht, der einen geheimen Wunsch erfüllt, ohne daß die Angehörigen sich deshalb etwas vorzuwerfen haben. Denn schließlich wird die Oma ja gestohlen ...

Lit.: Bengt af Klingberg: Die Ratte in der Pizza, Kiel 1990; Rolf Wilhelm Brednich: Die Spinne in der Yucca-Palme, München 1990; Achim Schwarze: Das Krokodil auf dem Rastplatz, Frankfurt 1993. Eine Spezialsammlung mit mehr als 60 wahren Begebenheiten, nur mit gestohlenen toten Großmüttern, liefert die Volkskundlerin Linda Degh in ihrem Aufsatz »The runaway grandmother« in Indiana Folklore 1968, Seite 46-77.

Nitroglyzerin

Dieser Sprengstoff wurde nicht, wie die Legende berichtet, von dem Schweden Alfred Nobel (1833-1896), sondern von dem Italiener Sobrero in Paris erfunden. Damals war Nobel gerade 14 Jahre alt.

Später, nach einer Ausbildung zum Ingenieur, versuchte Nobel das Nitroglycerin zum Sprengen zu benutzen, wobei er durch Zufall entdeckte, daß Nitroglyzerin mit Kieselgur ein relativ ungefährliches transportfähiges Gemisch bildet, das eine kontrollierte Detonation ermöglicht – Dynamit. Die Möglichkeiten dieses neuen Sprengstoffs wurden schnell erkannt, zunächst für friedliche Zwecke beim Bau von Straßen, Tunneln und Kanälen, bald aber auch für das Militär.

Nobel wurde durch seine Entdeckung zum reichen Mann und stiftete dann, um diese ungewollten Konsequenzen seiner Erfindung zumindest teilweise zu mildern, die begehrten Nobelpreise mit dem Friedensnobelpreis an der Spitze. Aber der eigentliche Sprengstoff in seinem Dynamit stammt nicht von ihm.

Lit.: Tad Tulleja: Fabulous Fallacies, New York 1982.

»Ich habe das schon oft bemerkt, die Leute von Profession wissen oft das beste nicht.«
Georg Christoph Lichtenberg

O

Obst
Nach dem Genuß von Obst soll man kein Wasser trinken

So haben wir als Kind von unserer Mutter oft gehört: »Junge, nicht immer nach dem Apfel so viel Wasser trinken, davon kriegst du Bauchweh!«.

Diese Warnung ist aber überholt, wenn wir der Bundesforschungsanstalt für Ernährung glauben dürfen. Denn Wasser als solches ist mit Obst durchaus verträglich. Früher enthielt unser Trinkwasser auch noch alle möglichen Keime, die brachten die Früchte im Magen zum Gären, mit den bekannten Folgen Bauchweh, Blähungen und Durchfall. Das ist aber bei dem weitgehend keimfreien modernen Trinkwasser nahezu ausgeschlossen.

Ohrwurm 1
Ohrwürmer sind Würmer

Ohrwürmer sind Insekten, keine Würmer.

Ohrwurm 2
Der Ohrwurm verkriecht sich gern in unseren Ohren

Ohrwürmer (englisch »earwig«, französich »perce-oreille«, spanisch »gusano del oido«) kriechen niemals freiwillig in unsere Ohren – sie können unser bitteres Ohrschmalz nicht vertragen und würden auch in den Ohren der Menschen nichts zu fressen finden (sie leben von Blättern und anderen Insekten). Ihren Namen haben sie von ihren Hinterflügeln, die einem Menschenohr sehr ähnlich sehen.

Lit.: Stichwort »Earwig« in Microsoft CD-ROM Encyclopädie Encarta, 1994.

Öko-Bewußtsein
Grün-Wähler sind besonders umweltbewußt

Über 26 Prozent der Grün-Wähler starteten 1992 mit dem Flugzeug in den Urlaub, in der Gesamtbevölkerung nur 23 Prozent. 7 Prozent der Anhänger der Grünen kennen die Karibik, in der Gesamtbevölkerung nur 4 Prozent. 20 Prozent der Leser von »Natur« bestellen in Restaurants häufig Menus für über 75 Mark, in der Gesamtbevölkerung nur 13 Prozent. Und fast ein Drittel der Leser dieses Umweltmagazins bekennen sich dazu, »auch unnötige Dinge zu kaufen«, in der Gesamtbevölkerung nur 26 Prozent.

Diese »unnötigen Dinge«, diese Reisen in die Karibik, die pro Person mehr Treibstoff kosten als ein Manta-Fahrer auf 10 000 Autobahnkilometern braucht, diese Feinschmeckermenus in Luxusrestaurants, die inklusive des kostspieligen Antransports der Zutaten die Umwelt weitaus stärker belasten als Dutzende von Big Mac's bei McDonald's, diese Extras, die sich Grün-Wähler aufgrund ihres höheren Einkommens öfter als andere gerne gönnen und gönnen können, gleichen die Pinkeltaste auf der Toilette und den Dreiwegkatalysator im Familienauto mehr als aus.

PS: Über 50 Prozent der Grün-Wähler in unserem persönlichen Bekanntenkreis fahren Autos mit sechs Zylindern oder mehr.

Lit.: Gunnar Sohn: Die Öko-Pharisäer, Frankfurt 1995.

Ölkrise
Die Ölkrise der 70er Jahre war eine historische Premiere

Die Ölkrise der 70er Jahre war weder die erste noch die letzte Rohstoffkrise auf der Erde; solche Krisen begleiten die Menschen, seit es Menschen gibt.

Nehmen wir die große Holzkrise im England des 16. Jahrhunderts; damals war Holz wie heute Öl die wichtigste Energie- und Rohstoffquelle überhaupt; man heizte mit Holz, man baute mit Holz, man lebte mit Holz, und als das Holz zu Ende ging, schien das Ende der englischen Volkswirtschaft gekommen. Oder die große Bronzeknappheit im vor-antiken Griechenland, der komplette kriegsbedingte Ausfall von Rohstoffen wie Salpeter oder Kautschuk im Deutschland des ersten und im Amerika des zweiten Weltkriegs, oder die bisher größte Rohstoffkrise aller Zeiten: die große Nahrungsknappheit vor rund 10.000 Jahren, als prozentual mehr Menschen weltweit Hungers starben als jemals vorher oder nachher auf der Erde.

Aber genau wie die Ölkrise wurden auch diese Krisen durch neue Produktionsmethoden (Ackerbau und Viehzucht statt Jagen und Sammeln, Eisen statt Bronze, Kohle statt Holz, Kunstdünger statt Salpeter etc.) ohne große Mühen überstanden.

Lit.: Charles Maurice und Charles W. Smithson: The doomsday myth: 10.000 years of economic crisis, Stanford 1984.

Olympische Spiele
Die Olympischen Spiele der Neuzeit wurden zur Förderung des Spitzensports ins Leben gerufen

Die modernen Olympischen Spiele waren bei ihrer Gründung nur indirekt dem Spitzensport gewidmet, trotz ihres Mottos »Citius, Altius, Fortius« (lateinisch für »schneller, höher, stärker«), waren sie, zumindest nach den Plänen ihres Gründers, in erster Linie zur Förderung des Breitensports gedacht.

Als Pierre de Coubertin die moderne olympische Bewegung 1894 auf einem Kongreß an der Pariser Sorbonne ins Leben rief (sehr zur Überraschung der übrigen Kongreßteilnehmer übrigens, die vor allem zwecks Diskussion von Amateurstatuten angereist waren und von den Plänen Coubertins nichts ahnten), wollte er die Olympischen Spiele vor allem als Ansporn für den Sport der breiten Masse sehen: »Ihr Zweck ist die Ehrung und Hervorhebung der Athleten, deren außergewöhnliche Leistungen den für allgemeine sportliche Betätigungen nötigen Ehrgeiz und Wetteifer nähren.« Denn »um zu erreichen, daß hundert sich den Leibesübungen widmen, müssen fünfzig Sport treiben. Damit fünfzig Sport treiben, müssen zwanzig sich spezialisieren. Damit zwanzig sich spezialisieren, müssen fünf erstaunlicher Leistungen fähig sein.«

Auch die Aufgabe des Internationalen Olympischen Komitees sah Coubertin in erster Linie darin, möglichst viele Menschen hin zum Sport zu führen: »Wir müssen daran arbeiten, den Sport im Alltag zu erleichtern, die günstigen, den einzelnen anregenden Gelegenheiten zu vermehren, unnütze Hindernisse aus dem Weg zu räumen und komplizierte Regeln zu vereinfachen. Laßt uns überall das Sportgerät in Sichtweite aufstellen, seiner Vervollkommnung wie seiner billigen Herstellung unsere Aufmerksamkeit schenken.«

Den Lärm, »der wegen gewisser Champions gemacht wird«, hat Coubertin dagegen von Anfang an mit Mißtrauen verfolgt; nach den ersten Spielen schreibt er einem Freund: »Ich kann von mir kaum sagen, daß ich zufrieden bin. Der Glanz der Olympischen Spiele blendet mich ganz und gar nicht.« Tief enttäuscht vom Rummel um die Spitzensportler trat er deshalb 1925 als Präsident des IOC zurück.

Lit.: Willi Daume: »Die Olympischen Spiele: Idee und Wirklichkeit«, Meyers Enzyklopädisches Lexikon, Mannheim 1976, Band 17, 641-644.

Optische Täuschungen

Daß man sich nicht allein durch Denken, sondern auch durch Sehen täuschen kann, beweisen die zahlreichen optischen Illusionen, die uns per Umweg über die Augen an der Nase herumführen (wenn diese semi-mißglückte Metapher hier einmal gestattet ist). Hier sind drei davon:

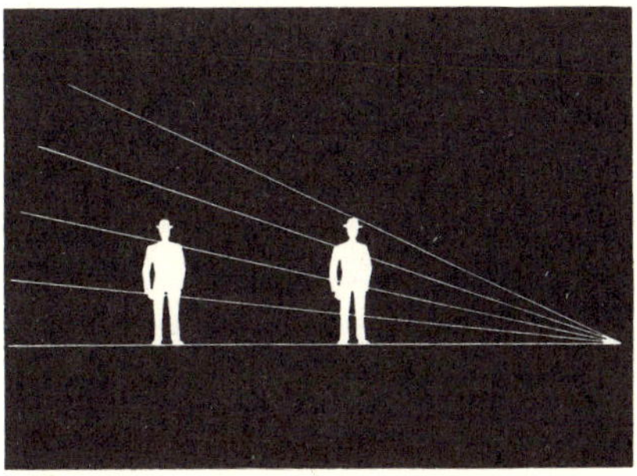

Beide Figuren sind gleich groß, aber die rechte erscheint größer

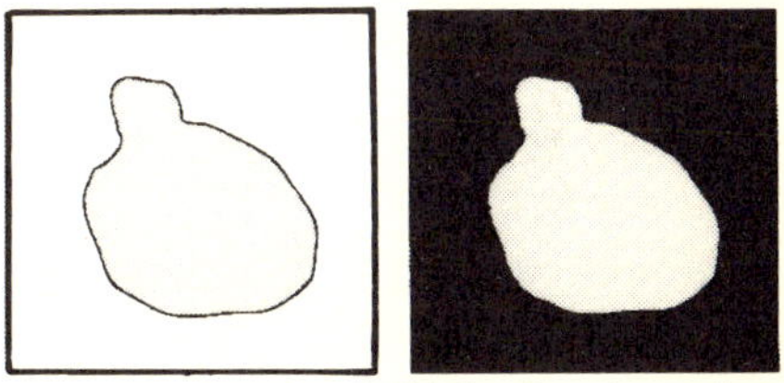

Beide Grautöne sind gleich, aber der rechte erscheint heller

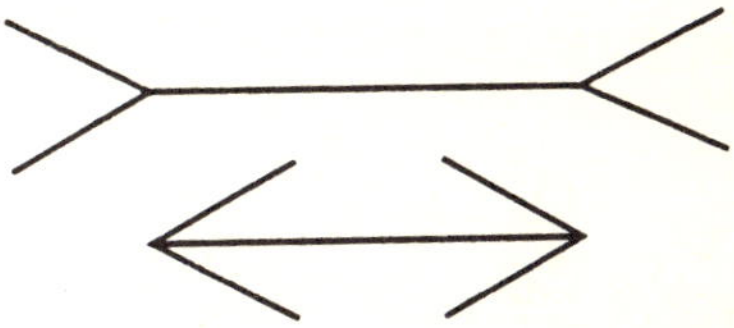

Beide Strecken sind gleich lang, aber die obere erscheint länger (sog. »Müller-Lyer-Längenillusion«)

Lit.: Walter Krämer: So überzeugt man mit Statistik, Frankfurt 1994

Optionen
Das Put/Call-Verhältnis ist ein gutes Börsenbarometer

Wer oft die Börsensendungen des Deutschen Fernsehens sieht (Telebörse, n-tv, 3Sat Börse etc.), bekommt viel ungereimtes Zeug zu hören. Insbesondere scheint vielen Moderatoren nicht recht klar zu sein, welche Botschaften in den Umsätzen zu Puts und Calls verborgen sind.

Ein Put alias eine Verkaufsoption ist ein Wertpapier, welches dem Besitzer das Recht einräumt, eine bestimmte Aktie zu einem bestimmten Preis bis zu einem bestimmten Tag zu *verkaufen*. Solche Papiere werden gern von Anlegern gekauft, die einen Kursverfall befürchten – falls die Kurse dann tatsächlich fallen, muß der Geschäftspartner – der sog. Stillhalter – die Aktien zu dem vorher garantierten Preis abnehmen. In diesem Sinn sind Verkaufsoptionen also eine Versicherung gegen den Verfall der Kurse.

Ein Call alias eine Kaufoption dagegen verbrieft das Recht, eine bestimmte Aktie bis zu einem bestimmten Tag zu einem bestimmten Kurs (dem Basiskurs) zu *kaufen*. Er wird gern von Anlegern erworben, die einen Kursanstieg erwarten. Falls die Kurse dann tatsächlich steigen, muß der Partner die Papiere zu dem vorher festgelegten Preis abgeben, und der Käufer macht einen entsprechenden Gewinn. In diesem Sinn ist eine Kaufoption also eine Versicherung gegen das Verpassen einer Hausse.

Wie bei fast allen Börsengeschäften kann auch hier immer nur einer der Partner gewinnen. Der Käufer eines Calls gewinnt, wenn die Kurse steigen, der Verkäufer (der sogenannte »Stillhalter«), wenn die Kurse fallen. Dito Puts: Der Käufer gewinnt, wenn die Kurse fallen, der Verkäufer, wenn die Kurse steigen. Mit anderen Worten, bei jedem Optionsgeschäft, ob Put ob Call, ist immer einer der Partner Optimist, der andere Pessimist. Beim Call glaubt der Käufer, daß die Kurse steigen, der Verkäufer, daß sie fallen, beim Put ist es umgekehrt. Auf jeden Fall gehört zu jedem Optimisten immer genau ein Pessimist, und damit gibt es von jeder Sorte auch genau gleich viel.

Damit wollen wir nicht behaupten, daß Optionsmärkte und was dort geschieht keine Rückschlüsse auf die Stimmung der Börsenteilnehmer erlauben. Aber ganz so einfach, wie manche Journalisten glauben, ist die Sache leider nicht ...

Lit.: Walter Krämer: »Black-Scholes-Formel«, in: Börsenlexikon, München 1995.

Organischer Dünger
Organischer Dünger ist besser für die Pflanzen
(s.a. »Bio-Nahrungsmittel«)

Ohne damit etwas über die anderen Argumente pro und contra biologisch-organischen Landbau auszusagen (Pflanzengifte, Umweltschäden etc.): Unter dem reinen Aspekt der Nährstoffzufuhr für die Pflanze gibt es zwischen natürlichen und künstlichen Düngern keine Unterschiede.

Anders als Tiere oder Menschen können Pflanzen Kuhmist nicht von Kunstmist unterscheiden. Denn alle Nährstoffe, die ein Pflanze aufnimmt, werden unabhängig von ihrer Herkunft zunächst chemisch »gleichgeschaltet«; ihre Herkunft ist dann nicht mehr festzustellen. In dieser Hinsicht sind also »organisch« angebaute und gedüngte landwirtschaftliche Produkte keinen Deut besser als synthetisch gedüngte. Und in dem Umfang, wie die »hysterische Propagandakampagne gegen chemische Düngemittel in der Landwirtschaft« (Nobelpreisträger Norman Borlaug) das Düngen generell verhindert, kann man wie viele Ernährungswissenschaftler in dem obigen Irrtum sogar eine regelrechte Gefahr für den Frieden und den Fortbestand der Menschheit sehen.

Lit.: Das Zitat des Nobelpreisträgers Borlaug ist aus der Times vom 9. 11. 1971.

Österreich
Die Österreicher sind die Weltmeister im Kaffeetrinken

Auch wenn es in einem guten Wiener Kaffeehaus 15 Sorten Kaffee gibt – rein mengenmäßig trinkt man anderswo weit mehr davon: der Verbrauch an Bohnenkaffee ist am höchsten in Schweden und Finnland mit jeweils mehr als 11 Kilogramm pro Kopf und Jahr. Es folgen Holland, Norwegen und Dänemark mit jeweils rund 10 Kilogramm, danach Deutschland und Österreich mit jeweils 8.

Lit.: Statistisches Jahrbuch der Vereinten Nationen, New York 1990.

»Die meisten Glaubenslehrer verteidigen ihre Sätze nicht, weil sie von der Wahrheit derselben überzeugt sind, sondern weil sie diese Wahrheit einmal behauptet haben.«
Georg Christoph Lichtenberg

P

Panama-Hut
Panama-Hüte kommen aus Panama

Die echten Panama-Hüte kommen aus den Bergen des südamerikanischen Staates Ecuador; dort werden sie angeblich nur nachts aus Stroh gewebt (weil es dann kühler ist und sich die Fäden dichter weben lassen). In guten Hutgeschäften sind sie für tausend bis dreitausend Mark zu haben.

Über die Verbindung zu Panama gibt es mehrere Theorien. Vermutlich haben Arbeiter und Ingenieure nach dem Bau der Panama-Kanals einige Exemplare nach Europa eingeführt. Vielleicht hat aber auch ein Fabrikant gemeint, daß »Panama-Hut« besser klingt als »Hut aus Ecuador«.

Lit.: Peter Mayle: Expensive habits, London 1991.

Panama-Kanal
Der Panama-Kanal verläuft von Ost nach West

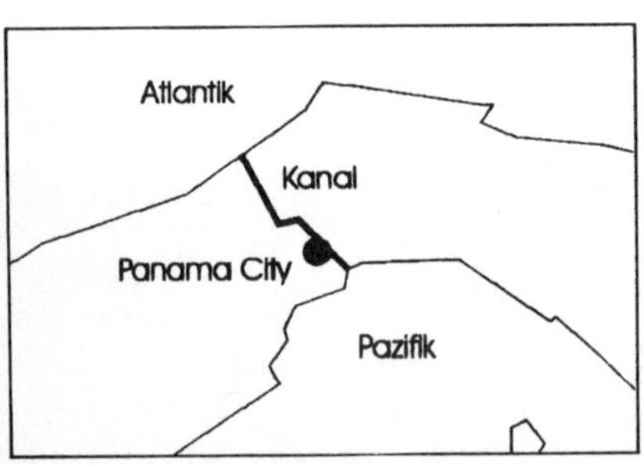

Der Panama-Kanal: Die Reise vom Atlantik zum Pazifik verläuft von West nach Ost

Eine Reise durch den Panama-Kanal vom atlantischen in den pazifischen Ozean führt nicht von Ost nach West, sondern von West nach Ost. Vom Atlantik führt der Kanal zunächst von Nord nach Süd, dann nach Südost, so daß der Eintritt in den Pazifik östlich vom Austritt aus dem Atlantik erfolgt. Genau an dieser Stelle macht nämlich die Landbrücke zwischen Nord- und Südamerika einen Bogen, so daß Schiffe, die vom Osten nach dem Westen wollen, einen Teil des Weges ostwärts fahren müssen.

Papageien
Papageien leben länger als Menschen

Eine bestimmte Papageienart, der Kakadu, wird tatsächlich bis zu 100 Jahre alt. Aber das sind immer noch 20 Jahre weniger als der menschliche Rekord.

Der Vogel, dessen Alter noch am ehesten das des Menschen erreicht, ist nicht der Papagei, sondern die Krähe. Die einzigen Tiere, die länger leben als Menschen, sind die Riesenschildkröte und der Stör; beide werden bis zu 150 Jahre alt.

Lit.: The Guiness Book of Records.

Peitsche
Eine Peitsche knallt durch die Reibung der Peitschenschnur

Beim Schlagen einer Peitsche erreicht das Ende der Schnur Geschwindigkeiten von mehr als 1100km/h; das ist schneller als der Schall, und so, durch das Durchbrechen der Schallmauer, entsteht der Peitschenknall.

Perserkriege

Die durch die Schlachten bei den Thermopylen, Marathon und Salamis bekannten Perserkriege werden immer wieder als ein verzweifelter Abwehrkampf der zahlenmäßig unterlegenen Griechen gegen riesige Barbarenhorden aus dem Osten angesehen. (Laut Auskunft des griechischen Geschichtsschreibers Herodot z. B. zählte das Heer des Perserkaisers Xerxes exakt 5 283 220 Mann, und diese Angabe wurde in vielen Geschichtsbüchern späterer Zeiten recht kritiklos übernommen.)

In Wahrheit hat sich aber alles anders zugetragen. Erstens ist die Zahl des Herodot viel zu genau; sie soll vermutlich nur das Nichtwissen des Autors übertünchen, der diesen Bericht ein halbes Jahrhundert nach den fraglichen Ereignissen niederschrieb und die Perserkriege nur vom Hörensagen kannte. Und zweitens hätte ein solches Heer gar nicht auf das Schlachtfeld gepaßt, auf dem die Perser dann den Griechen gegenüberstanden. »Ich habe berechnet«, schreibt der Historiker Hans Delbrück, »daß, wenn wir uns dieses Landheer hintereinanderweg auf einer Straße marschierend denken, der Zug 420 Meilen lang gewesen wäre, d. h. daß, als die ersten vor Thermopylä ankamen, die letzten gerade aus Susa ausmarschieren konnten ... «

In Wahrheit zählten die Perser rund 15 000 Krieger, wie Delbrück durch einfache Überlegungen zu Nachschub und Verpflegung ausgerechnet hat; sie waren in beiden Perserkriegen den Griechen zahlenmäßig unterlegen.

Lit.: Hans Delbrück: Geschichte der Kriegskunst, Berlin 1896.

Pflanzenschutzmittel
Chemische Pflanzenschutzmittel sind grundsätzlich schädlich

»Die Nebenwirkungen des DDT-Verbots haben mehr Menschen das Leben gekostet als die DDT-Nebenwirkungen« (Hubert Markl, Präsident der Deutschen Forschungsgemeinschaft, in der *Zeit* vom 6. 12. 1991, S. 94).

Piloten
Flugzeugpiloten sterben früh

Nach einer Meldung in der Londoner Times sterben 60 Prozent aller zivilen Luftfahrtpiloten noch vor ihrem 65. Lebensjahr.

Diese Meldung beruht vermutlich auf einem statistischen Fehlschluß; mit großer Wahrscheinlichkeit sterben Piloten im Durchschnitt nicht früher und auch nicht später als andere Menschen. Für die obige Statistik wurde einfach aufgezeichnet, wie alt alle bisher verstorbenen Piloten geworden sind, aber das ist irreführend, wie man an einem anderem Beispiel sehr schön sieht. Denn mit dieser Methode, also indem wir allein das Alter derjenigen betrachten, die bisher bereits verstorben sind, können wir auch »beweisen«, daß der Beruf des Bundesligafußballspielers noch weit gefährlicher ist: von diesen sterben sogar 90 Prozent vor ihrem 65. Lebensjahr.

Und wie könnte es auch anders sein. Die Fußball-Bundesliga existiert seit 1963, so daß es heute erst wenige alte Profikicker gibt. Wann immer also einer davon stirbt, sei es durch Unfall, Krankheit oder Mord, ist er in aller Regel nicht sehr alt. Vermutlich liegt das Durchschnittsalter der bisher verstorbenen noch unter 50.

Genausowenig aber, wie die Stichprobe der bisher verstorbenen Fußballprofis einen Rückschluß auf die Lebenserwartung aller Fußballprofis erlaubt, genausowenig können wir aus der Stichprobe der bisher verstorbenen Piloten auf die Lebenserwartung aller Piloten schließen. Beide Stichproben sind extrem »verzerrt«, wie die Experten sagen: sie sind kein Querschnitt der jeweils relevanten Menge von Personen, sondern bevorzugen die früh verstorbenen und schließen die lange lebenden grundsätzlich aus.

Lit.: »Pilot death statistics provoke new study«, The Times, 30. 3. 1990; Walter Krämer: So lügt man mit Statistik, Frankfurt 1995.

Ping-Pong
Das Wort Ping-Pong kommt aus dem Chinesischen

Die Bezeichnung Ping-Pong für Tischtennis wurde um 1900 in England geprägt, und zwar in Anlehnung an die typischen Geräusche, die bei der Ausübung dieses Sports entstehen.

Lit.: Etymologisches Wörterbuch des Deutschen, 2. Auflage, Berlin 1993.

Planeten 1
Die Planeten bewegen sich in Kreisen um die Sonne

Die Planeten bewegen sich nicht in Kreisen, sondern in Ellipsen um die Sonne (und auch das nicht perfekt: die Bahnen sind nur annähernd Ellipsen). Die Entfernung der Erde von der Sonne variiert z. B. zwischen 147 Millionen und 152 Millionen Kilometern. Noch weiter schwanken die Abstände des Planeten Pluto: zwischen 4,43 und 7,38 Milliarden Kilometern.

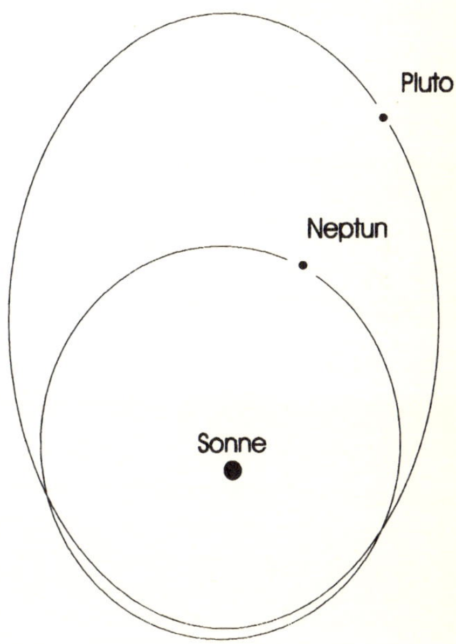

Ein grobes Bild der Umlaufbahnen von Neptun und Pluto: zuweilen ist Pluto näher an der Sonne

Planeten 2
Von allen Planeten hat Pluto die größte Entfernung zu der Sonne

Der Planet Pluto ist nicht immer der äußerste unter den Planeten unserer Sonne. Während wir diese Zeilen schreiben, befindet sich der Planet

Neptun näher an der Sonne als Pluto, und dieser Zustand wird noch bis 1999 dauern (sich dann aber erst wieder von 2227 bis 2247 wiederholen).

Der Grund für Plutos aktuell größere Nähe zur Sonne ist seine stark elliptische Umlaufbahn: Seine Distanz zur Sonne schwankt von 4,43 Milliarden im nächsten Punkt (dem sogenannten »Perihel«) bis zu 7,38 Milliarden Kilometer im entferntesten Punkt (dem sogenannten »Aphel«). Der Planet Neptun dagegen zieht eine viel kreisförmigere Bahn mit einem Perihelabstand von 4,46 Milliarden Kilometern, 30 Millionen Kilometer mehr als Pluto. Damit kommt Pluto periodisch näher an die Sonne als Neptun; für diese Zeit gibt Pluto also die rote Laterne des letzten Planeten ab.

Lit.: Isaac Asimov: Wenn die Wissenschaft irrt ..., Bergisch-Gladbach 1990.

»Play it again, Sam!«

Diesen berühmten Satz aus dem berühmten Spielfilm »Casablanca« hat weder Humphrey Bogart noch eine andere Figur in diesem Drama je gesagt. An einer Stelle sagt Ingrid Bergman: »Play it once, Sam, for old time's sake«, und an einer anderen sagt Bogart: »You played it for her, you can play it for me. Play it.« Aber so wie oben sucht man diesen Satz in diesem Film vergebens.

Lit.: Nigel Rees: Quote... Unquote, London 1978.

Plumpudding

Der englische Plumpudding, wie auch die anderen englischen Puddings, hat mit dem deutschen Pudding nichts zu tun. Ein »black pudding« ist z. B. eine Blutwurst, ein »Yorkshire pudding« ist ein heißer Pastetenteig, den man als Beilage zu Fleischgerichten ißt, und der berühmte Plumpudding ist eine Art Christstollen aus Mehl, Nierenfett, Weißbrot, Eiern, Dörrobst, Nüssen sowie Sherry oder Kognak; er ist als traditionelles Weihnachtsdessert bekannt und wird oft mit heißer Vanille- oder Himbeersoße gegessen, manchmal vorher noch flambiert. Am besten soll er mehrere Wochen nach dem Backen schmecken.

Lit.: Paul Fischer und Geoffrey P. Burwell: Kleines England Lexikon, München 1988.

Poker
Poker ist ein typisch amerikanisches Kartenspiel

Das Pokerspiel entstand nicht im amerikanischen Wilden Westen, sondern 3000 Jahre früher im alten Persien. Das Spiel hieß »As« und kannte schon die meisten Blätter des modernen Poker wie Paar, Drilling, Full House oder Vier von einer Sorte. Genauso war auch das Bluffen, die eigentliche Würze des modernen Poker, damals schon bekannt. Mit den Kreuzfahrern kam dieses Spiel dann nach Europa; in Italien hieß es »Primero«, in Frankreich »Boullotte«, und von Frankreich kam das Spiel auch nach Amerika: es wurde von französischen Kolonisten nach Louisiana mitgenommen und verbreitete sich von dort entlang des Mississippi schnell im ganzen Westen.

Lit.: Le livre mondial des inventions, Paris 1982.

Pompeji
Die Stadt Pompeji wurde unter den Lavamassen des Vesuv begraben

Das antike Pompeji wurde nicht von der Lava, sondern von der Asche und anderem Explosionsgestein des Vesuvs begraben, das bei dem großen Ausbruch am 24. August des Jahres 79 in die Luft geschleudert wurde. Seine Bewohner kamen auch nicht in erster Linie durch die unmittelbare Gewalt des Vulkans, sondern indirekt durch Atemnot oder giftige Gase zu Tode, die bei diesem Ausbruch in großen Mengen ausgestoßen wurden.

Wäre Pompeji so wie das benachbarte Herculaneum von heißer Lava zugeschüttet worden, hätte es nicht so unbeschadet die 17 Jahrhunderte bis zu seiner Wiederentdeckung überstanden. Aber unter einem sieben bis acht Meter dicken Schutzmantel aus Asche, die durch einen schweren Regen bald nach der Katastrophe fest zusammenpappte, wurde es für die Nachwelt quasi zugeschweißt.

Potemkinsche Dörfer

Dieses Sinnbild für Lug und Trug tut dem russischen Fürsten Gregor Alexandrowitsch Potemkin (1739-1791), Feldmarschall aller russischen Streitkräfte, Großadmiral des Schwarzen Meeres und wichtigster Berater der Zarin

Katharina, großes Unrecht an. Auf einer Inspektionsreise durch die Krim soll Potemkin, so die Sage, seiner Zarin blühende Kulissendörfer, wie man sie beim Film verwendet, als echte Siedlungen vorgeführt haben, um seine Mißerfolge bei der Besiedlung des Landes zu vertuschen.

Dieser Hofklatsch wurde von Feinden Potemkins in St. Petersburg verbreitet, um den Günstling in Mißkredit zu bringen. Weder die Zarin selbst, die viel zu clever war, um sich auf so plumpe Weise betrügen zu lassen, noch andere Zeitgenossen haben jemals daran geglaubt. Erst als ein sächsischer Diplomat namens Helbig in seinen 1797 veröffentlichten Memoiren davon als einer tatsächlichen Begebenheit sprach, hat diese Anekdote ihren Weg auch in seriöse Geschichtsbücher gefunden. Aber da waren die Zarin und Potemkin lange tot.

Lit.: Gerhard Prause: Tratschkes Lexikon für Besserwisser, München 1986 (besonders den Abschnitt »Potemkin: Seine Dörfer waren keineswegs aus Pappe«); Stichwort »Potemkin« in: Das Große Personenlexikon, Dortmund 1988.

Prävention 1
Vorbeugen ist billiger als heilen (s.a. »Raucher«)

Vorbeugen ist vielleicht besser, aber nicht billiger als heilen. Von einer rein wirtschaftlichen Warte aus gesehen, die ja die Verfechter der These »Vorbeugen ist billiger als heilen« implizit immer einnehmen, ist der größte Teil des immer wieder angemahnten Mehraufwands für Prävention in unserem Gesundheitswesen eine reine Geldverschwendung.

Der Grund ist so trivial wie unangenehm: Auch Nichtraucher müssen sterben, genau wie Müsli-Freunde oder Anti-Alkoholiker, und eine per Prävention verhinderte Krankheit macht uns leider nicht unsterblich, wie viele Präventionsverliebte offenbar zu glauben scheinen, sondern in erster Linie doch nur Platz für eine andere Krankheit.

Die letztendliche Sterblichkeitsrate bleibt immer 100 Prozent, da kann die Medizin machen was sie will. Sterben wir nicht an Krebs A, dann an Krebs B, und sterben wir nicht an Krebs, dann an Alzheimer und Herzinfarkt, und damit sind wir auch schon bei den Kosten angelangt. Denn ob die erfolgreiche Vorbeugung einer bestimmten Krankheit das Gesundheitsbudget entlastet oder nicht, hängt doch entscheidend davon ab, was billiger ist: die verhinderte Krankheit oder die, die man stattdessen kriegt, und diese »Ersatzkrankheit« wird in vielen Studien, die der Prävention einen rein ökonomischen Nutzen bescheinigen, ganz einfach übersehen.

Das Musterbeispiel einer solchen Milchmädchenrechnung ist die folgende Werbung für Kreislauf-Präventivkuren aus dem Deutschen Ärzteblatt: Ein 45jähriger, leicht übergewichtiger Mann mit mäßig überhöhtem Blutdruck, der täglich 20 Zigaretten raucht, wird mit 32prozentiger Wahrscheinlichkeit innerhalb der nächsten sechs Jahre einen Herzinfarkt erleiden (d. h. pro hundert Männer werden im Durchschnitt 32 Infarkte auftreten). An diesen Zahlen besteht leider kaum Anlaß zu zweifeln. Dieses Risiko, so rechnen die Autoren, sänke nach einer 3 000 Mark teuren Präventivkur auf nur noch 4 Prozent. Bei hundert Kuren folgen daraus Gesamtkosten von 300 000 Mark. Dem stehen durchschnittlich 29 verhinderte Herzinfarkte gegenüber, deren Therapie pro Fall rund 24 000 Mark, zusammen also 29 mal 24 000 = 696 000 Mark verschlingen würde (wiederum nach den Berechnungen der Autoren, die wir, obwohl inzwischen schon veraltet, als korrekt unterstellen wollen). Ergo sparen solche Kuren den Krankenkassen Geld. Zumindest sieht das auf den ersten Blick so aus. Hundert Kuren kosten 300 000 Mark, ersparen aber Kosten von 696 000 Mark – ein scheinbarer Nettogewinn für die Krankenkassen von 396 000 Mark.

In Wahrheit wird dieser Gewinn sehr schnell zu heißer Luft, wenn wir an Ersatzkrankheiten denken. Allein schon in den sechs Jahren, auf die sich die Kalkulation bezieht, und danach erst recht können die vor Herzinfarkt bewahrten Männer alle möglichen anderen Krankheiten bekommen, für die, wären sie am Infarkt verstorben, die Kasse keinen Pfennig zahlen müßte. Ein einziger AIDS-Fall unter den Geretteten, und die Kassen legen netto zu ...

»Denn man darf nicht übersehen«, konstatiert Hanns Peter Wolff, Vorsitzender des Wissenschaftlichen Beirats der Bundesärztekammer, im Deutschen Ärzteblatt, »daß Kostenersparnis durch Prävention eine Illusion ist, jedenfalls in diesem Jahrhundert, denn Lebensverlängerung durch Gesundheitserziehung und Früherkennung verlangen ihren ökonomischen Preis, oft durch medikamentöse Langzeitbehandlung frühzeitig diagnostizierter Leiden, stets durch Vermehrung der altersabhängigen Krankheitslast.« Das Fazit einer Globalbetrachtung, die auch indirekte Effekte berücksichtigt, ist immer, so der Hannoveraner Sozialmediziner F. W. Schwartz, ein vehementer Verfechter von mehr Prävention, wenn auch aus anderen Gründen als der Kostendämpfung, »daß Prävention dann, wenn sie vorzeitige Sterblichkeit vermeiden hilft, im wesentlichen nur zusätzliche Kosten und ansteigende Behinderungslast verursacht.«

Selbst in der Zahnmedizin, wo uns die Kostenargumente noch am ehesten überzeugen, sind die pro-Argumente längst nicht so wasserdicht wie viele glauben, denn die kurativen Eingriffe werden ja durch eifriges Zähneputzen nicht prinzipiell verhindert, sondern nur ein paar Jahre aufgeschoben. Statt mit 40 bekommt man dann sein Gebiß mit 70, aber zahlen muß die Kasse so oder so.

Oft ist Prävention sogar selbst schon teurer als die Behandlung, die man dadurch spart. So zweifelt Louise Russell in ihrem Buch *The economics of prevention* sogar den Spareffekt von Schutzimpfungen, aber auch anderer Präventionsprogramme an, bei denen man nicht vorher weiß, wer in der Risikogruppe die jeweilige Krankheit ohne Prävention bekommen hätte. Ungezählte Menschen werden nämlich geimpft, mit blutdrucksenkenden Medikamenten behandelt oder durch Vorsorgeuntersuchungen aller Art geschleust, die ohnehin die Krankheit nie bekommen hätten. Für diese ist das Geld für die Prävention also gewissermaßen zum Fenster hinausgeworfen. Bei akuten Fällen dagegen wird der Aufwand wirklich nur dort getrieben, wo er wirklich nötig ist. Wenn auch die Behandlung akuter Fälle pro Patient in der Regel teurer ist als Vorbeugung, so ist doch die Fallzahl und oft allein schon deshalb auch der Gesamtaufwand der Therapie, wie beispielhaft bei der Bekämpfung von Masern, erheblich kleiner. »Nur wenige Präventionsprogramme, falls überhaupt welche, tragen zur Kostenreduktion im Gesundheitswesen bei«, stellt Frau Russell daher als Fazit ihrer Untersuchung fest.

Lit.: G. B. Gori und Brian J. Richter »Macroeconomics of disease prevention in the United States«, Science 200, 1978, S.1124-1129; Louise B. Russell: The economics of prevention, Washington 1986; Michael Arnold, Christian v.Ferber und Klaus-Dirk Henke (Hrsg.): Ökonomie der Prävention, Gerlingen 1990; Walter Krämer: Wir kurieren uns zu Tode, Frankfurt 1993.

Prävention 2
Mehr Prävention bringt mehr Gesundheit

Es ist eine Illusion, daß wir durch mehr Prävention im Gesundheitswesen die Gesundheit nochmals wesentlich verbessern könnten. Wer das glaubt, wirft den Nutzen und den *Grenz*nutzen von Präventionsmaßnahmen im Gesundheitswesen durcheinander.

Fest steht: Durch bessere Hygiene und Ernährung, aber auch durch die erfolgreiche Prävention von Infektionskrankheiten wie Typhus, Pocken, Cholera und Pest, ist unsere Lebensspanne seit Anfang des Jahrhunderts von knapp 40 auf heute über 70 Jahre angestiegen. Dieser Erfolg der Prävention ist unbestritten klar.

Weit weniger klar ist aber die Wirkung *zusätzlicher* Präventionsmaßnahmen über das hinaus, was wir derzeit schon an Vorbeugung und Früherkennung treiben. Denn eine weitere Verdoppelung unserer Lebenserwartung, von 70 bis 80 auf 140 bis 160 Jahre, wäre auch bei einer (hypothetischen) Vorbeugung der heutigen Menschheitskiller Krebs und Kreislaufleiden völlig ausgeschlossen. Nach den leichten Siegen über die Infektionskrankheiten der Vergangenheit muß die Medizin für ihre Erfolge heute weitaus härter kämpfen, wobei es oft sowohl billiger wie für die Gesundheit besser ist, die Krankheit abzuwarten, als sie im Vorfeld zu bekämpfen.

Billiger, weil Therapie im Idealfall nur da angewendet wird, wo man sie wirklich braucht; bei Präventionsmaßnahmen dagegen werden ungezählte Personen untersucht, geröntgt, geimpft oder sonstwie durch die Mühlen des modernen Medizinbetriebs geschleust, die diesen Aufwand gar nicht brauchen. Für die Gesundheit besser, weil auch Prävention nicht ungefährlich ist, von den Röntgenstrahlen angefangen bis zur Blutdrucksenkung (manche Menschen bekommen davon Depressionen) oder bis zu manchen Schutzimpfungen, die unter dem Strich mehr Schaden als Nutzen stiften. Beispiele sind Impfungen gegen Keuchhusten – wegen möglicher Nebenwirkungen von vielen Kinderärzten nicht empfohlen, gegen Zecken – manche Ärzte meinen, daß die Impfungen gegen Zecken mehr Menschenleben fordern als die Zecken selber, oder gegen die Malaria: »Die Gefahr einer schweren gesundheitsschädlichen Nebenwirkung durch das eingenommene Malaria-Medikament ist genauso groß wie die Gefahr, in diesen sogenannten Low-Risk-Gebieten an Malaria schwer zu erkranken«, warnt ein Tropenmediziner alle Reisenden in nicht extrem gefährdete Gebiete. Besser sei es, sich behandeln zu lassen, wenn Malaria-Symptome aufträten.

Natürlich kann man nicht das Riesenspektrum medizinischer Präventionsmaßnahmen über einen einzigen Leisten schlagen; daß es auch viele sinnvolle Präventionsprogramme gibt, haben wir ja weiter oben selbst gesagt. Aber das vermeintliche Wundermittel gegen Krankheit und Kostenplage sind sie nun auch wieder nicht.

Lit.: Petr Skrabanek und James McCormick: Torheiten und Trugschlüsse in der Medizin, Mainz 1991; Walter Krämer: Wir kurieren uns zu Tode, Frankfurt 1993; James Le Fanu: Preventionitis – the exaggerated claims of health promotion, London 1994.

Präzise Zahlen
Präzise Zahlen garantieren Präzision

Viele Zahlen, die uns mit einem langen Gefolge von Ziffern beeindrucken, sind in Wahrheit äußerst unpräzise. Wenn wir lesen: »Im Zweiten Weltkrieg sind 13 165 233 Zivilpersonen umgekommen« (wie in dem Buch *Fighting with Figures* des englischen Statistischen Zentralamts ausgewiesen), so ist keine einzige der acht Ziffern dieser Zahl exakt: die im Zweiten Weltkrieg umgekommenen Zivilpersonen sind weder auf Millionen noch auf Tausend noch gar auf Hundert Menschen sicher anzugeben.

Trotzdem vertrauen wir solchen vielziffrigen Zahlen eher als runden, glatten Zahlen, wie: 20 Millionen, 30 Millionen etc.; wir denken völlig richtig: eine runde Zahl ist (fast) immer falsch, aber wir ziehen daraus den falschen Umkehrschluß, daß jede nicht runde Zahl exakt sein muß.

Weil viele moderne Datenhändler von diesem Trugschluß wissen, präsentieren sie uns ihre Ware gerne hinter einer dicken Schminke von Phantasieziffern, hinter denen die eigene fundamentale Unkenntnis verborgen werden soll: Die Kosten der Olympischen Spiele in Barcelona (DM 2 409 196 200), die Einwohner der Volksrepublik China (1 151 486 981), der jährliche Kalorienverbrauch des durchschnittlichen Bundesbürgers, die gestohlenen Fahrräder in der Bundesrepublik, das Alter der Erde, die Einfuhr von elektrischen Bügeleisen aus Hongkong und viele andere Zahlen mehr werden uns gerne bis auf die Person, die Mark, das Stück genau gemeldet, obwohl von allen diesen Ziffernreihen bestenfalls die erste Ziffer – und oft noch nicht einmal diese – richtig ist.

Lit.: Walter Krämer: So lügt man mit Statistik, Frankfurt 1995.

Preußische Beamte
Die Beamten im alten Preußen waren unbestechlich

Die Beamten im alten Preußen waren nach heutigen Maßstäben recht korrupt; wenn wir an die höhere Verwaltung im Preußen Friedrich Wilhelms oder Friedrichs des Großen die gleichen Maßstäbe anlegen wollten wie an höhere Regierungsbeamte heutzutage, müßte wohl die Mehrzahl der seinerzeitigen Staatsbeamten posthum hinter Gitter kommen.

Angefangen bei der ersten Kammerzofe über den königlichen Schloßverwalter bis hin zum ersten Staatsminister, der sich nacheinander von England, von Frankreich und schließlich im großen Stil vom Wiener Hof bestechen ließ, haben viele hohe Beamte in der Verwaltung des Soldatenkönigs Friedrich Wilhelm gegen Bargeld ausländischen Mächten ausgeholfen, sein eigener Sohn, der spätere König Friedrich, durchaus nicht ausgenommen. Denn um diverse Schulden zu bezahlen, hatte Friedrich hinter dem Rücken seines Vaters eine österreichische Jahrespension von 2500 Dukaten angenommen . . .

Davon liest man in Geschichtsbüchern nur wenig, vielleicht auch, weil durch die Reformen nach den Napoleonischen Kriegen die preußische Verwaltung tatsächlich ihrem modernen Ruf entsprechend sauber wurde. Aber das sollte niemand darüber hinwegtäuschen, daß lange Jahre auch in Preußen durchaus Sitten herrschten, die nach unseren Vorurteilen sonst vor allem auf dem Balkan gelten.

Lit.: Golo Mann: Deutsche Geschichte des 19. und 20. Jahrhunderts, Frankfurt 1958; Gerhard Prause: Tratschkes Lexikon für Besserwisser, München 1986 (besonders das Kapitel »Preußen: nicht immer waren seine Beamten unbestechlich«).

Protektionismus
Protektionismus sichert Arbeitsplätze

Protektionismus sichert nach aller Erfahrung der letzten Jahre keine Arbeitsplätze. Ein Land, das durch Zölle oder andere Importschranken gewisse seiner Industrien schützt, schadet so indirekt in aller Regel vielen anderen, mit einer Nettobilanz, die meistens rote Zahlen zeigt. Nach Schätzung amerikanischer Ökonomen hat die Reagan-Regierung mit ihren Zöllen auf ausländische Stahlimporte rund 17 000 Arbeitsplätze in der amerikanischen Stahlindustrie gerettet, gleichzeitig aber rund 53 000 Arbeitsplätze in stahlverarbeitenden Industrien vernichtet, die wegen dieser Zölle mehr als sonst für Stahl bezahlen mußten – netto ein Verlust von 36 000 Arbeitsplätzen.

Wenn also weltweit alle möglichen Anbietergruppen, von Autoproduzenten über Elektronikfirmen bis zu Zigarettenfabrikanten, mit dem Argument der Arbeitsplätze auf Schutz vor ausländischen Billiganbietern pochen, sollten wir sehr skeptisch sein: Schutz der Arbeitsplätze in der geschützten Industrie vielleicht – Schutz der Arbeitsplätze in der Volkswirtschaft als ganzes sicher nicht. Denn jeder Schutz eines inländischen Anbieters macht die Inlandspreise teurer, sowohl direkt als auch indirekt, durch die Verteuerung der Einkaufspreise anderer Unternehmen, und schadet so der Wirtschaft. So zahlen etwa japanische Konsumenten rund das doppelte für Kleider und Textilien als sie müßten, und für Brot und Reis das Drei- bzw. Siebenfache, von den Nahrungsmittel-Wahnsinnspreisen in Europa ganz zu schweigen, und diese hohen Konsumgutpreise, die sich in hohen Löhnen niederschlagen, treiben zusammen mit den unnötig hohen Materialkosten die inländischen Güter aus dem Markt.

Wenn also deutsche Autos heute außerhalb der Landesgrenzen immer schwerer zu verkaufen sind, so auch deshalb, weil VW und Daimler Benz das

Doppelte bis Dreifache für Stahl und Energie bezahlen müssen wie die Konkurrenz in anderen Ländern, deren Bergleute und Stahlarbeiter nicht so hermetisch vor Auslandskonkurrenz gesichert sind, und wenn die nächsten Entlassungswellen bei Ford und Opel über der Belegschaft zusammenbrechen, dann können sich diejenigen, die dann auf der Straße stehen, teilweise auch beim deutschen Zoll bedanken.

Lit.: Walter E. Williams: »What trade laws cost you«, Readers Digest, Mai 1993; Hannelore Weck-Hannemann: »Paradoxon des Protektionismus«, Wirtschaftsstudium, Juni 1993; Paul Krugman: »The narrow and broad arguments for free trade«, American Economic Review, Mai 1993.

Puritaner
Die Puritaner waren schon immer puritanisch

Die Puritaner, die im 17. Jahrhundert aus England nach Amerika zogen, lebten in ihrer neuen Heimat weit weniger puritanisch als wir heute meinen. Wenn wir dem Historiker Carl Degler glauben dürfen, der das Leben dieser frühen Amerikaner einmal auf seine sozusagen außerdienstlichen Aspekte abgeleuchtet hat, wußten diese die wenigen Sonnenseiten ihres kargen Lebens durchaus zu genießen. Die frühen Puritaner hatten an Sinnenfreuden, auch sexuellen, weltanschaulich wenig auszusetzen und sahen den Sinn des Lebens eher darin, sich in der Schöpfung Gottes zu bewähren, statt sich daraus auszuklinken.

Den modernen Ruf der Kostverächter erwarben sich die Puritaner erst im 19. Jahrhundert, als diese Gründerjahre in Vergessenheit gerieten und man mehr Zeit zum Frommsein und zum Beten hatte; erst jetzt wurden Sinnenfreuden und weltliche Genüsse zu den Stolpersteinen auf dem Weg ins Paradies, als die sie viele Puritaner auch noch heute sehen.

Lit.: Carl Degler: »Were the puritans puritanical?« in: N. Cords und P. Gerster: Myth and the American experience, Glencoe 1978.

Pyramiden 1
Die größten Pyramiden gibt es in Ägypten

Die größte Pyramide der Welt steht in Mexiko, bei Cholula de Rivadabia, 100 km südöstlich von Mexiko City. Sie wurde zwischen dem zweiten und sechsten Jahrhundert nach Christus zu Ehren des Aztekengottes Quetzalcoatl gebaut und hat mit 18 Hektar Grundfläche und 54 Meter Höhe einen Rauminhalt von 3,3 Millionen Kubikmetern, fast eine Million Kubikmeter mehr als die Cheops-Pyramide in Ägypten.

Lit.: The Guinness book of records.

Pyramiden 2
»Von diesen Pyramiden schauen vierzig Jahrhunderte auf euch herab« hat Napoleon seinen Soldaten vor der Schlacht bei den Pyramiden zugerufen

Nach den Aussagen von Zeitgenossen hat Napoleon vor der Schlacht bei den Pyramiden keine Ansprache gehalten; den obigen Satz hat er zwanzig Jahre später, beim Diktieren seiner Memoiren auf St. Helena, dazugedichtet.

Lit.: William Lewis Hertslet: Der Treppenwitz der Weltgeschichte, 11. Auflage, Berlin 1965.

»If you give up drinking,
smoking and sex, you don't live longer.
It just seems like it.«
Anonymus

R

Radioaktivität
Die moderne Strahlenbelastung ist vor allem Menschenwerk

Die moderne Strahlenbelastung, der wir von der Wiege bis zur Bahre unterliegen, ist weder modern noch Menschenwerk – es gab sie immer schon, und zwar in der Natur.

Die mit Abstand größte Strahlenquelle ist seit jeher das radioaktive, fast überall im Gesteinsmantel der Erde vorkommende Edelgas Radon; zusammen mit anderen Erdstrahlen ist es für durchschnittlich 50 Millirem Strahlenbelastung pro Jahr und Bundesbürger zuständig. Aus der anderen Richtung, nämlich aus dem Weltall, kommen nochmals 30 Millirem per annum auf uns zu (im Gebirge und bei Flugreisen noch weit mehr), und mit unserer Nahrung, etwa über natürliches radioaktives Kalium, setzen wir uns nochmals 30 Millirem Belastung aus. Verglichen damit ist die hausgemachte Belastung etwa durch Röntgengeräte, Farbfernseher und erst recht durch Atomkraftwerke minimal: die Strahlenbelastung für Anrainer von Atomkraftwerken liegt unter einem Millirem pro Jahr.

Lit.: Robert Gerwin: So ist das mit der Kernenergie (2. Aufl.), Düsseldorf 1978; Stichwortartikel »Radiation« in Microsoft CD-ROM Encyclopädie Encarta, 1994; »Wo die Erde strahlt«, Test 4/94, S. 82-83.

Raucher 1
Raucher machen das Gesundheitswesen teurer

Um eines gleich zu Anfang klarzustellen: keiner der Verfasser dieses Buches raucht (von einer gelegentlichen Zigarre nach dem Abendessen abgesehen). Genausowenig haben wir jemals Honorare von der Tabakindustrie bekommen, und deshalb erlauben wir uns, ohne rot zu werden, hier einmal deutlich auf die gern verdrängte Wahrheit hinzuweisen, daß Raucher unser Gesundheitswesen nicht verteuern, wie man ihnen immer nachsagt, sondern unter dem Strich mit großer Wahrscheinlichkeit verbilligen: die Extra-Kosten während eines durchschnittlichen Raucherlebens werden durch die eingesparten Ausgaben aufgrund des frühen Todes mehr als aufgewogen, stellt man die gesamten Ausgaben für Gesundheit über das ganze Leben eines Rauchers und eines Nichtrauchers nebeneinander, hat der Nichtraucher im allgemeinen mehr gekostet.

Zunächst ist klar: Raucher sind im Durchschnitt kränker und kosten ihre Krankenkassen pro Jahr gerechnet mehr als Nichtraucher – verglichen mit einem gleichaltrigen Nichtraucher kostet ein Raucher, der täglich 25 Zigaretten inhaliert, seine Krankenkasse pro Jahr mehr als tausend DM zusätzlich, wenn man verschiedenen einschlägigen Studien glauben darf. Er oder sie hat zweimal häufiger ein Herz- oder Leberleiden, dreimal häufiger ein Magengeschwür, und sechsmal häufiger Bronchitis als ein Nichtraucher, um nur einige der Krankheiten herauszugreifen, an denen die Freunde des Nikotins heute mehr als andere zu leiden haben. Das Rauchen macht pro Jahr rund 100 000 Bundesbürger zu Frühinvaliden, verursacht ein Drittel aller Krebsgeschwüre in Europa, bei Lungenkrebs sogar noch weitaus mehr, und ist heute mit großem Abstand vor Unfällen und Selbstmord die vermeidbare Todesursache Nummer eins.

Ein totales Rauchverbot hätte damit die folgenden Effekte (von der Arbeitslosigkeit für die 20 000 Beschäftigten der deutschen Tabakindustrie einmal abgesehen):

Erstens: Die Menschen lebten im Durchschnitt gesünder. Wenn die oben zitierten Statistiken stimmen – und trotz der einen oder anderen pädagogischen Übertreibung besteht leider wenig Anlaß, die grundsätzliche Gefahr des Rauchens anzuzweifeln –, würden in jeder Altersklasse weniger Menschen krank.

Zweitens: Die Menschen lebten im Durchschnitt länger. Auch wenn die Meinungen zum Umfang der möglichen Verlängerung des Lebens hier etwas auseinandergehen: Es scheint ohne Zweifel festzustehen, daß umso mehr Lebensjahre verlorengehen, je früher im Leben ein Raucher mit dem Rauchen beginnt, je mehr Zigaretten er täglich raucht, je tiefer er inhaliert und je nikotin- und teerhaltiger die Zigaretten sind. Nach Angaben der Bundeszentrale für gesundheitliche Aufklärung liegt die Lebenserwartung eines 30jährigen Rauchers mit einem täglichen Tabakkonsum von ein bis zwei Päckchen Zigaretten 6 Jahre unter der eines Nichtrauchers, und das Wissenschaftliche Institut der Ortskrankenkasse schätzt die durchschnittliche Lebensverkürzung eines starken Zigarettenrauchers sogar auf mehr als 12

Jahre, d. h. um soviel könnte die vormalige Risikogruppe bei einem totalen Rauchverbot langfristig länger leben.

Drittens und letztens: Die Krankheitskosten. Offenbar sind hier zwei gegenläufige Tendenzen auseinander zu halten. Auf der einen Seite gehen die Kosten pro Kopf und Jahr wegen der besseren Gesundheit mehr oder weniger zurück, aber auf der anderen Seite fallen in den zusätzlichen Lebensjahren auch zusätzliche Kosten an. Ein Raucher auf dem Friedhof kostet seine Krankenkasse nichts (oder um mit Woody Allen zu sprechen: »Death is a great way to cut down on expenses«), und wenn der Tod wie heute üblich erst im Rentenalter eintritt, gehen der Sozialversicherung auch keine Beiträge verloren. Nichtraucher dagegen liegen viele Jahre länger ihrer Krankenkasse auf der Tasche.

»Für die gesetzlichen Krankenkassen sieht die Rechnung beim Rauchen makaber günstig aus«, formuliert denn auch der Hannoveraner Sozialmediziner und Mitglied im Sachverständigenrat für die Konzertierte Aktion im Gesundheitswesen F. W. Schwartz. »Die Raucher sterben so viel früher, daß sie den Kassen wieder jene Kosten ersparen, die sie zuvor für die Behandlung von Gefäßverschlüssen, Infarkten, Krebs und Bronchitis gekostet haben.«

Ein konsequenter Nichtraucher wird doch nicht wie Jesus Christus oder die Jungfrau Maria am Ende seiner oder ihrer Tage einfach in den Himmel schweben, sondern statt an Lungenkrebs mit großer Wahrscheinlichkeit an einem dreimal so teuren Herzleiden sterben (so wie umgekehrt die Hälfte aller Herztoten sonst an Krebs gestorben wären). Die Zeiten sind lange vorbei, da wir Menschen uns am Abend ins Bett legten und am nächsten Morgen nicht mehr aufwachten; stattdessen wird in aller Regel vor dem Tod der Medizinbetrieb bemüht, fallen in aller Regel gerade in den letzten Lebensjahren die größten Gesundheitskosten an und heißt die Frage nicht: Kosten ja oder nein, sondern: Kosten jetzt oder später, so daß wir uns von einer nikotinfreien Gesellschaft vielleicht mehr Lebensjahre, aber auf keinen Fall weniger Gesundheitskosten versprechen dürfen.

Die Schweizer Ökonomen Robert Leu und Thomas Schaub haben diese Effekte für ihr Heimatland einmal in Schweizer Franken ausgerechnet, mit dem Ergebnis, daß die im Laufe eines Jahres geborenen Schweizer und Schweizerinnen im Laufe ihres Lebens, bis der letzte gestorben ist, immer die in etwa gleiche Menge an Gesundheitsgütern brauchen, ob sie nun rauchen oder nicht. Im ersten Fall verbrauchen sie mehr pro Lebensjahr, leben aber kürzer, im zweiten Fall verbrauchen sie weniger pro Lebensjahr und leben dafür länger. »Diese Resultate zeigen daher«, fassen Leu und Schaub ihre Untersuchung zusammen, »daß Rauchen die Gesundheitsausgaben nicht erhöht und daß man daher von einer Reduktion des Rauchens auch keine Reduktion der Ausgaben erwarten darf.«

Das ist eine Tatsache, die einfach einmal sine ira et studio als solche festgehalten werden muß. Die Alternative heißt doch nicht: hier Rauchen, dort Unsterblichkeit, sondern: hier Rauchen, mit dem Risiko eines verfrühten Todes, dort Nichtrauchen, mit der Option auf ein paar Extralebensjahre. Aber sterben müssen Nichtraucher wie Raucher gleichermaßen.

Im engeren Bereich des Gesundheitswesens kann man durch Verzicht auf Rauchen also keine Kosten sparen. Das ist für viele Präventionsverliebte schon unangenehm genug, aber eine noch viel unangenehmere Tatsache haben wir bisher noch gar nicht angesprochen: die Konsequenzen für die Renten. Würden alle Raucher heute ihren Nikotingenuß beenden, wäre unsere soziale Sicherung, so wie wir sie heute kennen, binnen kurzem unbezahlbar, müßten wir entweder die Renten drastisch senken oder die Beiträge drastisch erhöhen, denn die zusätzlichen Renten für die nicht gestorbenen Raucher würden unsere Gesetzliche Rentenversicherung, so wie wir sie heute kennen, binnen kurzem völlig ruinieren.

Die von Geschäftsleuten und nicht von Sozialutopisten geleiteten privaten Rentenversicherer haben dieses Faktum längst erkannt: »Wer sich durch neue Verträge im Alter von 65 Jahren durch eine Einmalzahlung eine Rente sichern will, muß ... höhere Prämien zahlen«, schreibt der Informationsdienst des Instituts der Deutschen Wirtschaft. »Wer als heute 35jähriger dreißig Jahre für eine Rente spart, muß einen Zuschlag von fast 14 Prozent akzeptieren.« Denn je länger die Rentner leben, desto teurer wird die Rente, desto größer ist für den Versicherer das Risiko.

In England, wo man anders als hierzulande seit jeher gewöhnt ist, die Dinge so zu sehen wie sie sind, bieten verschiedene Lebensversicherungen deshalb heute schon für Raucher billigere Policen an: Wer etwa bei der Firma »Stalward Assurance« eine Versicherung abschließt, die ab einem gewissen Lebensalter eine feste Summe jährlich ausschüttet (sog. »Annuitäten«), muß als Raucher 8 % weniger als ein gleichaltriger Nichtraucher bezahlen (die Versicherung erwägt zur Zeit, auch Billigprämien für Säufer und Übergewichtige anzubieten).

Das ganze Ausmaß dieser monetären Seite der Raucher-Nichtraucher-Problematik wird am besten deutlich, wenn wir einmal grob die Extrakosten überschlagen, die ein totaler Rauchverzicht für unsere Rentenkassen bringen würden, und dabei eine Lebenszeitverkürzung von fünf Jahren für durchschnittliche Raucher und Raucherinnen unterstellen (das ist eher weniger als die Anti-Raucher-Lobby sagt). Wenn wir weiter unterstellen, daß rund die Hälfte der

900 000 Menschen, die jährlich in Deutschland im Rentenalter sterben, Raucher waren (bei den jungen Menschen ist der Raucheranteil heute kleiner, aber für die aktuelle Rentnergeneration ist das sicher keine schlechte Schätzung), bedeutet das 5 x 450 000 = 2,25 Millionen Menschen zusätzlich im Rentenalter, bei aktuell rund 15 Millionen Rentnern und Rentnerinnen in Deutschland also einen Zuwachs von 15 Prozent, oder bei insgesamt rund 300 Milliarden DM Ausgaben für Renten jährlich (Stand Mitte der 90er Jahre) jährliche Zusatzausgaben für Renten in Höhe von 45 Milliarden Mark.

Dabei sind die Pensionen für unsere Beamten sowie Betriebsrenten noch nicht mitgezählt. Allein die Beamtenpensionen würden vermutlich nochmals fünf bis zehn Milliarden Extra-Mark verschlingen, so daß wir alles in allem mehr als 50 Milliarden Mark Mehrausgaben per annum nur für Renten und Pensionen hätten.

Natürlich gäbe es auch zusätzliche Einnahmen, nämlich durch die Extrabeiträge der bekehrten Raucher, die ansonsten noch vor dem Rentenalter gestorben wären und dann auch keine Beiträge geleistet hätten, aber wenn wir einmal amerikanische Modellrechnungen auf Deutschland übertragen, fallen diese zusätzlichen Einnahmen gegen die zusätzlichen Ausgaben kaum ins Gewicht – wie wir die Sache auch drehen und wenden, eine nikotinfreie Gesellschaft muß mit gewaltigen Mehrausgaben für ihre Renten und Pensionen rechnen.

Diese Rechnung ist allerdings auf zweifache Weise hypothetisch: erstens haben wir vorausgesetzt, alle aktuellen Raucher hätten nie geraucht, und zweitens sind wir davon ausgegangen, daß die Renten und Pensionen gleich geblieben wären. Aber es ist natürlich eine Illusion zu glauben, daß die Renten bei einem solchen Zuwachs an Rentenempfängern ihre alte Höhe halten könnten.

Und auch noch andere Dinge wären gegen unsere grobe Überschlagsrechnung einzuwenden: daß nicht der komplette Verlust an Lebenserwartung, den die Raucher haben, dem Rauchen angelastet werden kann (siehe dazu den nächsten Stichwortartikel), daß wir nicht einfach unterstellen können, die Renten der bekehrten Raucher wären gleich der aktuellen Durchschnittsrente (Raucher haben im allgemeinen niedrigere Löhne und Gehälter als Nichtraucher und damit später auch niedrigere Renten), oder daß wirklich die Hälfte der pro Jahr verstorbenen Menschen in Deutschland Raucher gewesen sind (wäre dieser Prozentsatz kleiner, wäre auch der hypothetische Zuwachs an Rentnern und Rentnerinnen kleiner). Aber als erster Anhaltspunkt für die versicherungstechnischen Folgen eines totalen Nikotinverzichts sollten uns die obigen Zahlen doch zu denken geben.

Lit: A. Atkinson und J. Townsend: »Economic aspects of reduced smoking«, Lancet, 3. 9. 1977, 492-495; Robert Leu und Thomas Schaub: »Does smoking increase medical care expenditures?« Social Science and Medicine 17, 1983, S. 1907-1914; dieselben: »More on the impact of smoking on medical care expenditures«, Social Science and Medicine 21, 1985, S. 825-827; V. Wright: »Will quitting smoking help medicare solve its financial problems?« Inquiry 23, 1986, S. 76-82; J.B. Shoven, O. Sundberg und J.P. Bunker: »The social security cost of smoking« in: D. A. Wise (Hrsg.): The economics of aging, Chicago 1989, S. 231-253; »Life company has no ifs or butts about smokers«, Financial Times, 8. 8. 1995; »Private Rentenversicherung: Längeres Leben erhöht Risiken«, Informationsdienst des Instituts der Deutschen Wirtschaft, Nr. 22/1995, S. 8.

Raucher 2
Raucher sterben wegen ihres Rauchens früher

Raucher sterben früher, aber nicht nur, weil sie rauchen. Raucher begehen auch häufiger Selbstmord als Nichtraucher, sie werden häufiger ermordet, auch häufiger von Autos überfahren.

Nach Meinung von Psychologen gibt es so etwas wie eine »Raucherpersönlichkeit«: Menschen, die in vielfacher Hinsicht gefährlicher als andere leben; sie würden auch ohne Tabak früher sterben. Diesen Anteil der verlorenen Lebensjahre muß man also herausrechnen, wenn man wissen will, wieviel Jahre uns der Tabak als solcher kostet.

Die schon weiter oben zitierten Ökonomen Leu und Schaub haben das für die Schweiz einmal getan und kamen zu dem Ergebnis, daß Raucher (männlich) im Durchschnitt 68, echte Nichtraucher 72 und »hypothetische« Nichtraucher 71 Jahre leben (basierend auf der seinerzeitigen und inzwischen überholten Schweizer Sterbetafel). »Echte« Nichtraucher sind dabei Personen, die ohnehin nicht rauchen, »hypothetische« Nichtraucher dagegen solche, die nur mangels Nikotin nicht rauchen. Mit anderen Worten, ein Viertel der verlorenen Lebensjahre der Raucher hat mit dem Rauchen nichts zu tun.

Lit.: Robert Leu und Thomas Schaub: »Der Einfluß des Rauchens auf die Mortalität und die Lebenserwartung der Schweizer Wohnbevölkerung«, Schweizerische Medizinische Wochenschrift 113, 1983, S. 3-14.

Raucher 3
Rauchen ist grundsätzlich ungesund

Der Netto-Schaden des Rauchens für unsere Gesundheit ist allgemein bekannt (siehe die beiden letzten Stichwörter). Dabei wird aber häufig übersehen, daß Rauchen auch Krankheiten wie z. B. Parkinson und Alzheimer *verhindern* kann. Wenn man einschlägigen Studien glauben darf, beeinflußt Zigarettenrauch möglicherweise den Alterungsprozeß der Gehirnzellen, und zwar positiv: sie sterben später ab als ohne Nikotin.

Der konkrete Mechanismus hinter diesem Phänomen ist zur Zeit noch unbekannt. Man vermutet ein Zusammenwirken zwischen dem Nikotin aus dem Zigarettenrauch und einer chemischen Substanz namens Acetylcholin, welche elektrische Impulse von einer Gehirnzelle zur anderen überträgt.

Damit ist natürlich noch nichts über den Nettoeffekt des Rauchens ausgesagt, der sicher weiter negativ zu Buche schlägt. Aber das ganze große Gesundheitsübel, als das Rauchen immer wieder angefeindet wird, ist es vielleicht doch nicht ganz.

Lit.: Ian Mundell: »Peering through the smoke screen«, The New Scientist, 9. 10. 1993.

Rechtsanwälte
Rechtsanwälte führen vor allem Prozesse

Nur rund 20 Prozent der Arbeit eines Rechtsanwaltes entfällt auf das Führen von Prozessen (für die meisten Anwälte übrigens ein Verlustgeschäft). Die restlichen 80 Prozent seiner Arbeitszeit verbringt ein Anwalt mit Beratung und Ausarbeitung von Verträgen.

Lit.: H. Weber: »Ein Meilenstein auf dem Weg zum Discount-Juristen«, Forschung und Lehre 6/1995, 309-312.

Regenwurm
Bei einem zertrennten Regenwurm leben beide Teile weiter

Bei einem in zwei gleich große Teile zertrennten Regenwurm kann nur der vordere Teil überleben. Der hintere Teil bildet an der Schnittstelle einen zweiten Schwanz, hat also dann zwei Schwänze, keinen Kopf, und muß sterben, da er keine Nahrung zu sich nehmen kann.

Wird dagegen nur einer kleiner Teil des Vorderstückes abgetrennt, so stirbt das abgetrennte Vorderstückes und der Rest bildet einen neuen Kopf. Wichtig ist, daß die regenerativen Organe zusammenbleiben, die zwischen dem neunten und fünfzehnten Segment des Regenwurmes liegen (insgesamt besteht der Körper des Regenwurms aus bis zu 180 Segmenten).

Lit.: G. Dircksen: Tierkunde (Bd. II: Wirbellose Tiere), Bayerischer Schulbuch Verlag, München, 1967.

Reichtum 1
Schon in der Bibel wird Reichtum als ein Übel angesehen

»Eher geht ein Kamel durch ein Nadelöhr, als daß ein Reicher in das Reich Gottes gelangt«, sagt Jesus in der Bibel (Matthäus 19,24 und Markus 10,25); daraus schließen viele übereinstimmend und falsch, daß Reichtum in der Bibel generell als etwas Übles gelte.

In Wahrheit wird Reichtum in der Bibel durchweg als eine eher wünschenswerte Sache, als eine Gabe Gottes und als Lohn für Gottesfurcht und gutes Tun geschildert. »Reichtum und Ehre sind bei mir, angesehener Besitz und Glück« (Sprüche 8,18), »Der Segen des Herrn macht reich« (Sprüche 10,22), »Die Faulen bringen es zu nichts, wer fleißig ist, kommt zu Reichtum« (Sprüche 11,16), »Der Lohn für Demut und Gottesfurcht ist Reichtum, Ehre und Leben« (Sprüche 22,4), »Mancher wird reich, weil er sich plagt« (Sirach 11,18). Diese Bibelstellen haben am Reichtum als solchem nicht viel auszusetzen.

Selbst Jesus hat in der vielzitierten Kamel-Nagelöhr-Passage nicht den Reichtum selber, sondern vor allem die *Gefahren* des Reichtums angegriffen, vor denen das Alte wie das Neue Testament an vielen Stellen warnen: Wer reich ist, trägt auch mehr Verantwortung, ist größeren Versuchungen ausgesetzt und sündigt leichter, er oder sie kommt deshalb schwerer als ein Armer in den Himmel.

Ähnlich Paulus im ersten Brief an Timotheus (6,9): »Wer aber reich werden will, gerät in Versuchungen und Schlingen, er verfällt vielen sinnlosen und schädlichen Begierden, die den Menschen ins Verderben und in den Untergang stürzen.« Daß Reichtum als solcher etwas Übles sei, wird in der Bibel nirgendwo gesagt.

PS: Es heißt auch nicht: »Reichtum ist die Wurzel allen Übels«, sondern: »*Geiz* ist die Wurzel allen Übels« (1. Tim. 6,10).

Lit.: Herbert Haag (Hrsg.): Bibel-Lexikon, Einsiedeln 1968; Die Bibel – Einheitsübersetzung, Freiburg 1980.

Reichtum 2
Reich wird man durch harte Arbeit

Nur die wenigsten der wirklich Reichen dieser Erde sind durch harte Arbeit reich geworden; diesbezüglich ist die Bibel widerlegt. Denn anders als in der Bibel führt der typische Weg zum Reichtum nicht über Gottesfurcht und harte Arbeit, sondern über Erbschaft und vor allem über Glück (um uns auf legale Wege zu beschränken).

Etwa die Hälfte aller großen Vermögen in der Fortune-500-Liste der reichsten Amerikaner ist ererbt. Die andere Hälfte gehört vor allem Neureichen wie dem derzeit reichsten Amerikaner Bill Gates, Gründer der Software-Firma Microsoft, die ihren Reichtum allen möglichen glücklichen Zufällen verdanken. Hätte etwa die Firma IBM, als sie noch marktbeherrschend war, ein anderes als das Microsoft-Betriebssystem MS-DOS zum internationalen Standard erklärt, so wäre Bill Gates heute ein mittelmäßig bezahlter EDV-Berater oder würde wie die meisten seiner ehemaligen Kommilitonen von der Harvard-Universität einen kleinen Software-Laden leiten. Diese folgenschwere Entscheidung der IBM hatte Herr Gates genauso seiner Tüchtigkeit zu danken wie ein Ölscheich seiner Quelle – beide hatten einfach Glück.

Der Reichtum der meisten Super-Reichen beruht auf Glück, nicht Können. Das sieht man z. B. daran, daß sie ihren ersten Erfolg in aller Regel niemals wiederholen können. »Wenn man sich die Fortune-Liste ansieht«, schreibt der MIT-Professor Lester Thurow, »so kann man niemanden finden, dessen Vermögen in mehr als einem Riesenschritt gewachsen wäre; das typische Muster ist ein einziger und einmaliger großer Sprung, gefolgt von einem normalen Wachstum wie bei jeder normalen Geldanlage auf der Bank.«

Wir wollen den Reichen ihren Reichtum durchaus gönnen; aber verdient haben sie ihn genauso wie ein Lottokönig.

Lit.: Arthur Louis: »The new rich«, Fortune 88, Sept. 1973, S. 170; Lester C. Thurow: The zero-sum society, New York 1981.

Reis
Natürlicher brauner Reis enthält alle Nährstoffe, die wir brauchen

Manche Nachzügler der makrobiotischen Eßwelle der 60er und 70er Jahre schwören immer noch auf braunen Reis. Brauner Reis, die Nahrung der siegreichen Vietkong-Rebellen, galt damals und gilt vielen 68ern noch heute als die Speise aller Speisen, als Vollwert-Nahrung, die alle anderen Lebensmittel überflüssig macht.

In Wahrheit ist brauner Reis als Solo-Nahrung eine einzige Gefahr für Leib und Leben – die Vitamine A, B12 und C fehlen völlig, und auch der Gehalt an Eisen und Calcium ist so niedrig, daß ein Mensch gewaltige Mengen (»tremendous amounts« R.M. Deutsch, S. 27) von braunem Reis verzehren müßte, um den Bedarf daran zu decken.

Die Zeitschrift *California's Health* zitiert eine Anhängerin des Makro-Biotik-Gurus George Ohsawa und seiner strikten Brauner-Reis-Diät: »Lieber Dr. Ohsawa«, schreibt die junge Dame, »ich bin 24 Jahre alt ... Seit Februar befolge ich Ihre makrobiotischen Anweisungen ... Diät Nr. 7 [brauner Reis] und etwas Gemüse ... Heute liege ich im Bett. So geht das nun schon drei Wochen ... ich habe 35 Pfund verloren ... Meine Beine tun weh, ich kann nicht mehr laufen... Aber ich bin sicher, bald geht es mir besser, und die Schmerzen hören auf... Über Ihren Rat würde ich mich sehr freuen. Makrobiotik ist für mich der Weg zu Freiheit, Glück und Gerechtigkeit. Ich bin Ihnen so dankbar, daß Sie uns diesen wunderbaren Weg gewiesen haben.«

Wenig später war die junge Dame tot – nach neun Monaten braunem Reis war sie an schwerer Skorbut und anderen Mangelerscheinungen gestorben; sie hatte 50 Pfund Gewicht verloren und war ein geistiges wie körperliches Wrack. Das wenige Gemüse, welches ihre Diät als einzigen Zusatz zum braunen Reis erlaubte, halte nicht für die nötigen Vitamine und Minerale ausgereicht.

Lit.: R. M. Deutsch: Realities of nutrition, Palo Alto 1976 (bes. Kap. 2); E. Williams: »Macrobiotics«, California's Health, Dezember 1971.

»Religion ist Opium für das Volk«

Dieses Bild ist von Novalis, nicht von Lenin oder Marx, wie viele glauben: »Ihre sogenannte Religion wirkt bloß wie ein Opiat: reizend, betäubend, Schmerzen aus Schwäche stillend«, schreibt Novalis 1798.

Auch die meisten anderen geflügelten Worte, die man heute den Marxisten zuschreibt, wurden in Wahrheit von anderen geprägt: »Die Arbeiter haben nichts zu verlieren als ihre Ketten« (geht ursprünglich zurück auf den durch seine Badewanne berühmt gewordenen Jean-Paul Marat), »Proletarier aller Länder, vereinigt euch!« (Karl Schapper), »Die Diktatur des Proletariats« (Blanqui), »Jeder nach seinen Fähigkeiten, jedem nach seinem Bedürfnissen« (Louis Blanc) und verschiedene andere Sentenzen mehr.

Lit.: Paul Johnson: Intellectuals, London 1988 (besonders das Kapitel über Karl Marx); Georg Büchmann: Geflügelte Worte, Ausgabe Ex Libris, 6. Auflage, Frankfurt 1991.

Rhein 1
Der Rhein mündet in die Nordsee

Strenggenommen gibt es keinen Fluß namens Rhein, der in die Nordsee mündet – 30 km jenseits der deutschen Grenze gabelt sich der Rhein in den Waal und in den Pannerdens Kanaal (später Neder-Rijn und dann Lek genannt). Auch der Waal heißt später anders, z. B. Merwede, Neue Maas (Rotterdam) und Nieuwe Waterweg.

Rhein 2
Der Rhein wird immer schmutziger

Seit 1960, als einer der Autoren dieser Sammlung im Rhein bei Mainz das Schwimmen lernte, ist dieser Fluß nur sauberer geworden. Durch Kläranlagen auf der einen und Abwasservermeidung auf der anderen Seite nimmt die Belastung durch Industrieabwässer oder Schwermetalle (Quecksilber, Cadmium) seit den 70er Jahren ständig ab. Heute leben wieder 40 Arten Fisch im Rhein, von Aal und Barsch bis Lachs und Zander, und entspricht die Artenvielfalt wieder der vor 100 Jahren.

Lit.: Umweltbundesamt: Daten zur Umwelt 1992/93.

Ritter
Ritter waren ritterlich

Ein mittelalterlicher Ritter ist für uns ein »Ritter«: ein Mann zu Pferd, mit Helm und Panzer, Schwert und Lanze, der Abenteuer sucht und Minnelieder singt, die Witwen und die Waisen rettet und die Räuber straft.

In Wahrheit waren die meisten mittelalterlichen Ritter selber Räuber; sie waren eine wahre Plage. Sie schikanierten, tyrannisierten und massakrierten Jahrzehnte um Jahrzehnte und ungestört von jeder Obrigkeit, sie beraubten so gut sie konnten die durchreisenden Kaufleute, plünderten Pilger aus, und statt ihren Bauern die Neuerungen des Ackerbaues beizubringen, »nehmen sie ihnen noch das letzte Saatgut weg« (Maus).

Von höfischen Sitten und Gebräuchen keine Spur. »Zumal die kleinen Herren hockten dumpf auf ihren Burgen ohne jede Lebensart. Im Burghof Abfall und Unrat, dazwischen Schweine und Hühner, vor den Mauern Pferde und Rinder angepflockt – eine einzige Kloake. Die Fenster sind mit Tierhäuten

Ein deutscher Ritter des 11. Jahrhunderts – Witwen-/Waisenschänder und Schmarotzer

und Holzläden verschlossen, geheizt wird mit qualmenden Kohlebecken, geleuchtet mit Kienspänen.«

Erst mit dem »Allgemeinen Landfrieden« von Kaiser Barbarossa und mit den ersten Kreuzzügen bessert sich das Bild. »Jetzt sollen Ritter werden, die vordem nur Räuber waren. Jetzt sollen mit Recht gegen die Barbaren kämpfen, die zuvor gegen ihre Brüder und Verwandten gekämpft haben«, ruft Papst Urban die abendländischen Ritter auf. Und diese lassen hinfort ihre Aggressionen statt an den eigenen Landsleuten an den Barbaren des Morgenlandes aus.

Lit.: Otto Borst: Alltagsleben im Mittelalter, Frankfurt 1983; Hansjörg Maus: Kaiser Barbarossa – Mann des Friedens, Recklinghausen 1990.

Roland
Der Held des Rolandsliedes war ein junger Krieger und Neffe Karls der Großen

Anders als manche Denkmäler und Heldensagen uns glauben machen wollen, war der echte Roland weder jung noch ein Verwandter Karls des Großen.

Als Karl der Große im Jahre 778 nach einem mäßig erfolgreichen Feldzug gegen die Mauren über die Pyrenäen heim nach Frankreich zieht, wird seine Nachhut bei Roncevalles von Basken überfallen. In der von Karls Sekretär und Minister Einhard verfaßten Lebensbeschreibung des Kaisers heißt es dazu lapidar: »In diesem Kampf wurden der königliche Seneschall Eggibert, der Pfalzgraf Anshel, und Hruodland (=Roland), der Präfekt der Bretagne, mit mehreren anderen getötet.«

Aus diesen dünnen Fäden hat dann ein phantasiebegabter Dichter zwei bis drei Jahrhunderte später das berühmte Rolandslied gesponnen, in dem der erfahrene und deshalb wohl der Nachhut zugeteilte Präfekt der Bretagne zum jungen Neffen des Kaisers, und das vergleichsweise harmlose Scharmützel zu einem riesigen Desaster wird. Auch der genaue Ort des Überfalls, die Identität der Angreifer (im Rolandslied heidnische Mauren, in Wahrheit christliche Basken) sowie das berühmte Horn, mit dem der sterbende Roland die Hauptarmee zu Hilfe ruft, sind vermutlich frei erfunden.

In islamischen Quellen wird dieser Vorfall nirgendwo erwähnt, er dürfte daher bei den Mauren Spaniens keinen großen Eindruck hinterlassen haben. Daß ausgerechnet ein bis dahin kaum hervorgetretener bretonischer Markgraf auf diese Weise Unsterblichkeit erlangt und noch heute auf vielen Marktplätzen in Deutschland als Hüter des Reiches zu bewundern ist, gehört zu den zahlreichen Zufälligkeiten, mit denen uns die Geschichte immer wieder überrascht.

Lit.: Jacques D. de Bayac: Karl der Große : Leben und Zeit, Herrsching 1986. Wie geschah es wirklich? Stuttgart 1990.

Romadur
Dieser Käse stammt aus einer Stadt mit gleichem Namen

Ein Stadt oder ein Dorf »Romadur« gibt es in ganz Frankreich nicht. Romadur bedeutet vielmehr: »würziges Aroma«; damit meint man einen Käse aus Schafs- oder Ziegenmilch, den die Hirten in den Pyrenäen erfunden haben und noch heute produzieren.

Lit.: Walter Zerlett Olfenius: Aus dem Stegreif, Berlin 1943.

Roter Platz
Der rote Platz hat seinen Namen von den Bolschewisten

Das russische Wort »krasniy« heißt sowohl »rot« wie »schön«, und der rote bzw. schöne Platz in Moskau hieß schon lange vor den Bolschewisten so. Deshalb hat der Platz auch mit der roten Fahne oder der Parole »Der Osten ist rot« nichts zu tun.

Roulette
Roulette ist ein vergleichsweise faires Glücksspiel (s. a. »Zero«)

Ein europäisches Rouletterad hat 36 abwechselnd rote und schwarze Fächer mit den Zahlen 1 bis 36, und ein weiteres, in der Regel grünes Fach für die Zahl Null. Damit beträgt die Wahrscheinlichkeit für eine bestimmte Zahl, etwa für »13«, genau 1/37, und da die Bank bei einem Volltreffer das 36-fache des Einsatzes auszahlt, beträgt der mittlere alias erwartete Gewinn bei einem solchen Spiel »à plein« genau 36/37 des Einsatzes. Zieht man davon noch den Einsatz selber ab, verbleibt ein mittlerer Verlust pro Spiel von 1/37 für jede eingesetzte Mark.

»Verglichen mit 50 Prozent mittlerem Verlust beim Lotto ist eine mittlerer Verlust von 1/37 oder 2,7 Prozent doch eigentlich human«, sagen die Spielbanken. »Roulette ist weitaus fairer zu den Spielern als alle anderen Glücksspiele; bei keinem anderen Spiel ist der Verlust der Spieler so gering.«

Dieses Argument ist aber falsch, wie man allein schon an den Spielern und Spielerinnen sehen kann, die abends die mittlerweile 26 offiziellen Spielkasinos unserer Republik verlassen. Manche haben leicht gewonnen, einige darunter sogar mehr als leicht, aber die große Mehrzahl hat verloren, und zwar im Durchschnitt mehr als 2,7 Prozent. Denn dieser mittlere Verlust von 2,7 Prozent des Einsatzes bezieht sich nur auf ein einziges Spiel, auf einen einzigen Wurf der Kugel in den Kessel des Roulettes. Und welcher Spieler setzt an einem Abend nur ein einziges Mal!

Setzt man immer nur den gleichen Einsatz auf eine einzige Zahl, beträgt der mittlere Verlust nach zwei Spielen schon 5,4 Prozent, nach 3 Spielen 8,1 Prozent, und nach 20 Spielen schon 54 Prozent des Einsatzes – also nicht weniger als beim Lotto, sondern mehr. Und nach 37 Spielen hat man den ganzen Einsatz eingebüßt.

Etwas länger dauert der Verlust des Einsatzes bei den einfachen Chancen: gerade, ungerade, rot, schwarz, manque (1-18), passe (19-36). Hier kassiert die

Bank bei »Null« nicht alles, sondern nur die Hälfte, entsprechend einem mittleren Verlust von 1/74 oder 1,35 Prozent. Wer also immer nur auf diese Chancen wettet, braucht nicht 37, sondern 74 Spiele, um auf Dauer seinen Einsatz einzubüßen.

Auch mit variablen Einsätzen, wie sie in Dutzenden von Spielsystemen angepriesen werden, läßt sich auf Dauer kein Gewinn erzwingen. Das einfachste dieser Systeme funktioniert so: »Setze einen festen Einsatz auf eine einfache Chance, etwa rot. Kommt rot, kassiere den Gewinn. Kommt schwarz, verdopple den Einsatz. Kommt darauf rot, kassiere den Gewinn. Kommt wieder schwarz (was Gott verhüten möge), verdopple nocheinmal den Einsatz. Kommt rot, kassiere den Gewinn. Kommt dummerweise nochmal schwarz, verdopple wieder, und so weiter, bis irgendwann dann rot erscheint.«

Dieses System scheint idiotensicher: egal wann rot erscheint – und mit Wahrscheinlichkeit 1 erscheint irgendwann einmal rot –, der dann anfallende Gewinn reicht immer aus, alle bis dato angefallenen Einsätze zu decken, plus einen Nettogewinn in Höhe des Einsatzes beim ersten Spiel.

Leider scheitert dieses System jedoch an dem begrenzten Kapital des Spielers bzw. an dem Einsatz-Maximum: Bei einem Ersteinsatz von 10 Mark und einem Maximum von 1000 Mark z. B. wären wir schon nach 7 Runden bei 640 Mark und könnten daher nicht nochmals verdoppeln. Und selbst bei einem Maximum von 10 000 Mark wäre schon nach 10 Runden keine Verdoppelung des Einsatzes mehr möglich. Daß so oft hintereinander schwarz oder rot erscheint, ist zwar sehr unwahrscheinlich, aber dafür ist der dann aufgelaufene Verlust auch umso größer, so daß unter dem Strich auch bei dieser Strategie ein mittlerer Verlust verbleibt.

Lit.: Walter Krämer: Denkste! Trugschlüsse aus der Welt des Zufalls und der Zahlen, Frankfurt 1995.

Russell
Bertrand Russell war immer ein konsequenter Pazifist

Der große Philosoph und Mathematiker Bertrand Russell, der allgemein als großer Pazifist und Feind jeglicher Gewaltanwendung gilt, war durchaus nicht immer ein Gegner von Gewalt: Kurz nach dem Zweiten Weltkrieg hat Russell mehrfach in Wort und Schrift gefordert, die Amerikaner sollten doch, um das Gespenst des Kommunismus ein für allemal zu bannen, die russische Militärmacht atomar vernichten. Für Russell war Stalin gefährlicher als Hitler, und die amerikanische Atombombe erschien ihm wie die »Letzte

Chance der Menschheit« (»Humanity's last chance«, so die Überschrift eines Artikels von Russell in der Zeitschrift Cavalcade vom Oktober 1945).

Später, als Aushängeschild der Anti-Vietnam-Marschierer, wollte Russell von diesen Thesen nichts mehr wissen. Aber wer hinreichend Zeit und Muße hat, kann sie noch heute in Zeitungsarchiven finden.

Lit.: Paul Johnson: Intellectuals, London 1988 (besonders das Kapitel über Bertrand Russell).

Rütli-Schwur
Der Rütli-Schwur hat auf der Rütli-Wiese stattgefunden (s.a. »Wilhelm Tell«)

Der Rütli-Schwur hat seinen Namen von der Rütli-Wiese, jenem romantischen Fleckchen Erde am Urner See in der Schweiz, wo Ausgangs des 13. Jahrhunderts die Eidgenossen ihren Bund besiegelt haben sollen. Aber anders als viele Schweizer noch heute gerne glauben, hat diese Wiese mit dem Eid der Eidgenossen nichts zu tun.

»Als Ort scheidet das zu romantische Rütli leider aus«, schreibt der französische Historiker Bergier, »auch wenn ich damit sensible Gemüter ebenso enttäuschen muß wie jene ganze Tradition, die seit Rousseau bis auf den heutigen Tag demokratische Gesinnung und erhebende Gebirgslandschaft in innigstem Zusammenhang sieht.«

Für das Abfassen des berühmten Schweizer Bundesbriefes war der Ort ganz einfach ungeeignet: »Ausgehandelt, beschlossen und von einem Kleriker etwas ungeschickt (oder zu flüchtig) in Latein und zu Pergament gebracht wurde er an einem Ort, der sich besser dazu eignete als eine offene Wiese: wahrscheinlich in einem Haus in Brunnen, vielleicht auch in Schwyz, Flüelen oder Altdorf.«

Ein weiterer Irrtum in diesem Kontext betrifft die nachfolgende Erhebung gegen die Fremdherrschaft der Habsburger. Diese war nämlich längst nicht so friedlich und gewaltfrei wie die Legende wissen will. »Hier gibt es bezeichnende Widersprüche in den Erzählungen«, schreibt Bergier. »Ihre späteren Versionen ... betonen unermüdlich, die ersten Eidgenossen seien in ihrem Kampf jeglichem Blutvergießen abhold gewesen – lauter Pazifisten, Anhänger der Gewaltfreiheit.«

Doch dieser nachträglich aufgetragene Pazifismus täuscht, »er kaschiert mehr schlecht als recht die Wirklichkeit: Sie besteht aus einer ununterbrochenen Kette von Mord, Hinterlist, Brachialgewalt und Partisanenkampf, wo man ritterliche und höfische Sitten vergeblich sucht.«

Lit.: Jean-Francois Bergier: Wilhelm Tell: Realität und Mythos, München 1988.

Ruhrgebiet
Die Menschen an der Ruhr leben vor allem von der Industrie

In Essen arbeiten 55 000 von 250 000 Beschäftigten in Bergbau und Industrie, in Dortmund 63 000 von 260 000. Die wichtigsten Arbeitgeber in beiden Städten sind der Handel und der Öffentliche Dienst (in Dortmund auch Versicherungen).

Im Sauerland arbeiten prozentual mehr Menschen in der Industrie als im Ruhrgebiet – im Hochsauerlandkreis 46 000 von 120000, im Märkischen Kreis sogar 113 000 von 214 000.

Lit.: Statistisches Jahrbuch Nordrhein-Westfalen.

»Was dem Herzen widerstrebt,
läßt der Kopf nicht ein.«
Arthur Schopenhauer

S

Salome
Die Herodes-Tochter Salome hat den Tod von Johannes dem Täufer auf dem Gewissen

Hier sind gleich zwei Irrtümer auf einmal auszuräumen. Erstens kommt der Name »Salome« in der Bibel im Kontext des Todes von Johannes nirgends vor. »An seinem Geburtstag lud Herodes seine Hofbeamten und Offiziere zusammen mit den vornehmsten Bürgern von Galiläa zu einem Festmahl ein«, schreibt der Evangelist Markus. »Da kam die Tochter der Herodias [die Frau des Herodes] und tanzte, und sie gefiel dem Herodes und seinen Gästen so sehr, daß der König zu ihr sagte: Wünsch dir, was du willst: ich werde es dir geben, und wenn es die Hälfte meines Reiches wäre. Sie ging hinaus und fragte ihre Mutter: Was soll ich mir wünschen? Herodias antwortete: Den Kopf des Täufers Johannes.«

Aber weder im Evangelium des Markus noch im Evangelium des Matthäus, der einzigen weiteren einschlägigen Quelle, wird der Name des Mädchens genannt: »Als aber der Geburtstag des Herodes gefeiert wurde, da tanzte die Tochter der Herodias vor den Gästen.« Auch hier keine Salome.

Zweitens ist es äußerst unwahrscheinlich, daß sich Herodes von seiner Tochter, wie auch immer sie geheißen haben mag, in seine Staatsgeschäfte hineinreden ließ. Daß Herodes den Johannes umbringen ließ, ist zwar historisch einwandfrei gesichert, aber der Grund war wohl kaum der Schleiertanz der Tochter, sondern der gleiche, weswegen Diktatoren schon zu allen Zeiten Aufwiegler ermordeten: um einen unbequemen »trouble-maker« aus dem Weg zu räumen.

Daß dennoch dieses Salome-Motiv die Jahrhunderte überlebte und immer wieder Maler, Bildhauer und Literaten zu neuen Interpretationen anregte (u.a. Tizian, Picasso, Slevogt, Heine, Wilde und Stuck, um nur eine kleine Auswahl aufzuzählen), liegt wohl an der ewig fazinierenden Kombination von »Sex und Crime«, der auch viele andere wahre und erfundene Begebenheiten (Judith und das Haupt des Holofernes, Maria Stuart, Mata Hari etc.) ihre konstante Frische verdanken – dieses Gegenspiel von Tanz und Tod ist ein

Salome und der geköpfte Johannes – ein reines Phantasieprodukt

Ventil für Tabus, verdrängte Ängste und uneingestandene Begierden, hier treten Leben, Liebe, Sterben, also die Dinge, die uns wohl zutiefst am Herzen liegen, quasi simultan auf eine Bühne, und diesen Kunstgriff, um den Leser aufzuwecken, haben auch die Evangelisten Markus und Matthäus schon gekannt. Indem sie den Johannes nicht einfach als politischen Gefangenen, sondern als Opfer einer Sex-Intrige sterben ließen, haben sie den Tod des Täufers den Christen für immer ins Gedächtnis eingegraben. Und da dieses Eingraben noch weit besser funktioniert, wenn alle Personen eines Dramas Namen haben, hat man später die im Evangelium noch namenlose Tochter des Herodes Salome getauft (Herodes soll tatsächlich eine Tochter dieses Namens gehabt haben; zuweilen wurde die Tänzerin aber auch Herodias genannt, das war Herodes' Frau).

Lit.: Gerhard Prause: Tratschkes Lexikon für Besserwisser, München 1986; Erika Wäcker: »Die Darstellung der tanzenden Salome in der bildenden Kunst zwischen 1870 und 1920«, Dissertation Berlin, 1993.

Salz 1
Wer viel schwitzt, braucht viel Salz

»Ein Märchen, das böse Folgen haben kann«, schreibt Michael Furmanek in der Hörzu. »Salz entzieht nach Wasserverlust dem Körper noch zusätzlich Flüssigkeit. Zuviel Salz unter solchen Bedingungen kann sogar zum Hitzschlag führen.«

Lit.: Michael Furmanek: »Die 15 großen Lügen übers Essen«, Hörzu 31/1995.

Salz 2
Gefrorenes und dann aufgetautes Meerwasser ist nicht trinkbar, weil es Salz enthält

Eis im Meerwasser besteht entweder aus Gletscherteilen oder aus gefrorenem Meerwasser selbst. Da die Gletscher aus Süßwasser entstanden sind, kann man das Eis der ersten Sorte problemlos auftauen und trinken. Was aber viele nicht wissen: auch Treibeisschollen aus Meerwasser kann man auftauen und trinken.

Beim Abkühlen von nichtgesättigten Lösungen unter ihren jeweiligen Gefrierpunkt wird das Lösungsmittel abgeschieden – hier das Wasser. Voraussetzung ist nur, daß Salz und Lösungsmittel keine sogenannten »Mischkristalle« bilden. Und da Wasser eines dieser Lösungsmittel ohne Mischkristalle ist, scheidet es sich beim Gefrieren ab; es kann ohne weiteres nach dem Auftauen getrunken werden.

Sandwich
Das Sandwich ist eine Erfindung des Earl of Sandwich

Diese beliebte Zwischenmahlzeit ist keine Erfindung des vierten Earl of Sandwich (1718-1792), wie man immer wieder liest. Zwar hatte der Earl als leidenschaftlicher Kartenspieler öfter keine Zeit bzw. keine Lust gehabt, zum Essen den Spieltisch zu verlassen, hatte stattdessen ohne das Spiel zu unterbrechen ein zwischen zwei Brotscheiben eingeklemmtes Stück kaltes Fleisch gegessen, aber das haben mehr als 1000 Jahre früher auch die Römer schon getan.

Daß diese Mahlzeit dennoch mit dem Earl of Sandwich eng verbunden blieb und heute seinen Namen trägt, ist ein Zufall; vermutlich haben seine Spielkumpane diese Sitte übernommen und, wenn wegen schlechter Manieren angegriffen, alles auf den Earl geschoben.

Schattenmorelle
Schattenmorellen brauchen Schatten

Diese Sauerkirschenart braucht alles andere als Schatten. Ihren Namen hat sie von »Château Moreille«, wo sie zuerst gezüchtet wurde.

Nach anderen Quellen leitet sich das Wort Morelle (engl. morello, ital. amarello) vom lateinischen »amarus« (bitter) her.

Lit.: Walter Zerlett-Olfenius: Aus dem Stegreif, Berlin 1943.

Schlangen 1
Schlangen wickeln sich um Äste oder Bäume

Schlangen wickeln sich nicht um Äste oder Bäume – sie liegen obenauf. Die bekannten Szenen aus der Verfilmung des Dschungelbuchs, die die böse Schlange Kaa um einen Ast herumgewickelt beim Bezirzen des kleinen Mogli zeigen, entsprechen nicht dem wirklichen Verhalten dieser Tiere.

Lit.: Philip Ward: A dictionary of common fallacies, New York 1978.

Schlangen 2
Klapperschlangen klappern vor dem Beißen

Wenn Klapperschlangen klappern, wollen sie ihre Feinde warnen: Hau ab, sonst ... Und wenn der Feind dann wirklich Reißaus nimmt, wird die Klapperschlange auch nicht beißen.

Lit.: Stichwort »Rattlesnake« in Microsoft CD-ROM Encyclopädie Encarta, 1994.

Schlangen 3
Riesenschlangen würgen ihre Opfer zu Tode

Riesenschlangen wie etwa die Boa Constrictor verwenden auf das Erlegen ihrer Beute weit weniger Kraft als viele glauben. Das Opfer wird nämlich zunächst ganz locker umschlungen, wobei sich die Schlinge bei jedem Atemzug der Beute mehr zusammenzieht, solange bis deren Blutkreislauf und Atmung zum Stillstand kommen. Das geht aber alles recht gemütlich vor sich und hat mit einem wilden Gewürge nichts zu tun.

Schlangen 4
Schlangen züngeln, um zu drohen

Mit ihrer schnellen Zunge fächelt sich die Schlange Luft zu – nicht zur Kühlung, sondern um besser riechen zu können und damit ihre Beute besser zu erkennen. Schlangen haben keine Nase, sondern in einer Vertiefung an der Vorderseite des Gaumens das sogenannte »Jacobsonsche Organ«, ein chemisch besonders empfindliches sog. »Riechepithel«, und diesem wedeln sie die Duftmoleküle durch das Züngeln zwecks besseren Erkennens zu. In abgeschwächter Form gibt es dieses Jacobsonsche Organ auch in den Mundhöhlen von einigen Amphibien, Eidechsen und Säugetieren.

Lit.: Stichwortartikel »Jacobson's Organ« in Encyclopaedia Britannica, Chicago 1985.

Schlangen 5
Die meisten Schlangen sind giftig

Nur rund 400 der insgesamt rund 2500 bekannten Schlangenarten sind giftig (mit Giftzähnen ausgestattet). Davon wiederum kommen nur neun in Europa, und nur zwei, die Kreuzotter und die Aspisviper, in Deutschland vor.

Schlangen 6
Die Schlange des Schlangenbeschwörers hört die Flötentöne ihres Meisters

Wenn ein Schlangenbeschwörer auf den Märkten Arabiens oder Indiens seinen Korb auf den Boden stellt, den Deckel hebt und zu flöten beginnt, entrollt sich die Schlange, hebt den Oberkörper aus dem Korb und bewegt ihn aufgerichtet vor der Flöte hin und her. Anders als die meisten Zuschauer vermutlich glauben, kann sie aber diese Flöte überhaupt nicht hören.

Schlangen haben kein Gehör; sie nehmen Schallwellen, falls überhaupt, nur indirekt über die Schwingungen des Erdbodens auf, nie direkt durch die Luft – sie können Töne höchstens »fühlen«. Mit ihrem Hin- und Herbewegen begleitet die Schlange des Schlangenbeschwörers also nicht dessen Flötentöne – sie verfolgt mit ihrem Kopf nur die Bewegungen der Flöte.

Lit.: Stichwort »Snake« in Microsoft CD-ROM Encyclopädie Encarta, 1994.

Schokolade 1
Schokolade macht süchtig

Schokolade macht nicht süchtig. Sie enthält zwar gewisse Stoffe wie Theobromin oder Methylxantin, die auch in Tee und Kaffee vorkommen und die durchaus eine Aufputschwirkung haben können; bei den winzigen Mengen in der Schokolade müßte man von letzterer aber schon ganze Berge essen, um diese Wirkung zu verspüren. Und das schafft niemand, denn lange vorher wird es uns von solchen Mengen Schokolade schlicht und einfach schlecht.

Der große Reiz der Schokolade liegt in ihrer in gewisser Weise optimalen Mischung von Fett und Zucker, weswegen sie den meisten Menschen so gut schmeckt. Zugleich gilt sie aber als Dickmacher, so daß wir beim Schokoladenessen oft ein schlechtes Gewissen haben. Und wie jeder Amateurpsychologe weiß, vergrößert das die Lust darauf – manche Menschen haben das Gefühl, sie müßten dauernd Schokolade essen. Aber anders als bei echten Suchtmitteln geht dieses Verlangen, wenn man ihm ohne Schuldgefühle nachgibt, bald zurück.

Lit: M. Schuman et al.: »Sweets, chocolate, and atypical depressive traits«, Journal of nervous and mental disease 175, 1987, 491-495.

Schokolade 2
Die Kalorien in der Schokolade kommen aus dem Zucker

Die Kalorien in der Schokolade kommen zum größten Teil aus Fett, nämlich zu mehr als 50 Prozent, und nur zu 40 Prozent aus Zucker.

Schokolade 3
Schokolade hat keinen Nährwert

Daß Schokolade reichlich Zucker, Fett und Kalorien enthält, wissen wir sowieso. Daneben enthält sie aber auch noch die Vitamine A, B1, B2, Eisen, Calcium, Kalium und Phosphor, und zwar je nach Sorte mehr als ein Apfel, ein Becher Yoghurt oder eine Portion Hüttenkäse, also mehr als Lebensmittel, die ansonsten als gesünder gelten.

Lit.: Sandra Boynton: Chocolate: The consuming passion, London 1982.

Schokolade 4
Schokolade ist schlecht für die Zähne

Auch daß Schokolade unsere Zähne schädigt, scheint nicht ganz zu stimmen, wenn man einer Studie des Massachusetts Institute of Technology glauben darf: »Im Gegensatz zu populären Vorurteilen hat Kakaopulver, wenn in Tierversuchen karieserzeugenden Substanzen zugesetzt, einen signifikanten kariesverhindernden Effekt gezeigt.«

Lit.: Vincent J. Paolino: »The effect of cocoa on dextransucrose activity in Strep. Mutans«, Vortrag vor der International Association for Dental Research 1978.

Schokolade 5
Von Schokolade bekommt man Pickel

Das ist wohl der am weitesten verbreitete Irrtum über Schokolade. Daß es ein Irrtum ist, wurde Ende der 60er Jahre von dem amerikanischen Mediziner Fulton und Kollegen in einer Studie nachgewiesen, in der sie über mehrere Wochen Dutzende von Teenagern täglich bis zum Erbrechen mit Schokolade fütterten – die eine Hälfte mit echter Schokolade, die andere mit einem Kunstprodukt, das genauso schmeckt und aussieht, aber keine Schokolade ist.

Der Effekt bezüglich Akne: Null.

Damit ist nicht ausgeschlossen, daß gewisse Bestandteile von Schokolade zusammen mit anderen Chemikalien bei gewissen Personen Akne bilden können, aber das sind Einzelfälle. Der große Pickelmacher, als der die Schokolade und der Zucker immer noch verschrieen werden, sind sie beide sicher nicht.

Lit.: J. Fulton et al: »Effect of chocolate on Acne Vulgaris«, Journal of the American Medical Association 210, 1969, 2071-2074.

Schulden
Männer haften für die Schulden ihrer Frauen
(s.a. »Zugewinngemeinschaft«)

Ehegatten haften grundsätzlich nicht für die Schulden des anderen. Insofern sind also Annoncen des Inhalts »Übernehme keine Haftung für die Schulden meiner Frau, Fritz Meier« die man zuweilen in der lokalen Presse liest, völlig überflüssig: Auch ohne diese Anzeige müßte Fritz Meier die Schulden seiner Frau nicht zahlen, noch Frau Meier die Schulden ihres Mannes Fritz.

Nach deutschem Recht bleibt jeder Ehepartner Alleineigentümer seines Vermögens, ob während oder vor der Ehe angeschafft, und zwar unabhängig davon, ob bei der Eheschließung Gütertrennung vereinbart wurde oder nicht. Deshalb haftet auch jeder allein für alle Verbindlichkeiten, die er oder sie selbst in seinem bzw. ihrem Namen eingegangen ist.

Ausgenommen sind allein Geschäfte, die zur sog. »angemessenen Deckung des Lebensbedarfs« beitragen, wie der Kauf von Lebensmitteln, Kleidern, Möbeln oder Fernsehapparaten. Hier geht der Gesetzgeber davon aus, daß solche Käufe mit Einverständnis des Ehepartners geschehen und daß deshalb auch beide Partner für eventuelle Schulden haften.

Was konkret unter »angemessener Deckung des Lebensbedarfs« zu verstehen ist, hängt von den Eheleuten ab. Wenn er oder sie regelmäßig mit Rolls-Royce und Chauffeur zum Einkauf fährt, darf der Feinkosthändler davon ausgehen, daß 10 Kisten Champagner angemessen sind. Mit anderen Worten, kann der Gatte nicht bezahlen, muß die Gattin seine Schulden übernehmen. Geht jedoch die Import-Export-Firma der Gattin in Konkurs, darf der Gatte seinen Rolls-Royce behalten: für Schulden aus Geschäftsbeziehungen außerhalb der »angemessenen Deckung des Lebensbedarfs« muß er nicht geradestehen.

Die bekannten öffentlichen Erklärungen sind also nur zum Schutz vor einem Ehepartner nötig, der seine Verschwendungssucht bei Artikeln des »angemessenen Lebensbedarfs« austobt. Dazu muß man sie in das Güterrechtsregister des zuständigen Amtsgerichtes eintragen und im Mitteilungsblatt dieses Amtsgerichtes – meistens die lokale Tageszeitung – publizieren.

Lit.: Michael Scheele und Reinhard Wetter: Ratgeber Recht, 2. Auflage, München 1988.

Schwan
Schwäne können singen

Schwäne können genausowenig singen wie andere Vögel; ihr für menschliche Ohren wenig angenehmes Krächzen und Zischen paßt gar nicht zu diesen ansonsten schönen Tieren. Allenfalls der nordeuropäische Singschwan und der Zwergschwan können hinsichtlich Stimme mit unseren Singvögeln konkurrieren.

Die Legende von den singenden Schwänen stammt aus dem alten Griechenland; dort galten die Schwäne als Geschöpfe Apolls, die beim Tod zu seinen Ehren sängen. Apoll, der Gott der Musik, soll bei seinem Tod in einen Schwan verwandelt worden sein. Und Plato läßt in seinem Stück »Phaedo« den Helden Sokrates verkünden: Schwäne singen bei ihrem Tod nicht vor Kummer und Leid, sondern weil sie von Apoll inspiriert sind, und weil sie die schönen Dinge vorausahnen, die ihr Gott für sie bereithält.

Diese Vorstellung wurde dann von neuzeitlichen Künstlern übernommen, von Schriftstellern wie Shakespeare (in »Der Kaufmann von Venedig« und »Die Schändung der Lukretia«), Carlyle und Byron, aber auch von Musikern wie Schubert, die alle gern und ohne viel darüber nachzudenken das Bild des in Würde sterbenden, singenden Schwans in ihren Werken für die Nachwelt festgehalten haben.

Lit.: Roland Michael: Wie, Was, Warum?, Augsburg 1994.

Schwarzes Meer
Das Schwarze Meer hat seinen Namen von der dunklen Farbe seines Wassers

Das Schwarze Meer hat seinen Namen von den heftigen Stürmen und den dichten Nebelschwaden, die es zuweilen zu einer sehr unfreundlichen Gegend machen – «schwarz« im Sinn von öde und bedrohlich. Im alten Griechenland hieß es deshalb auch »Pontus Axenus« – ungastliches Meer. Sein Wasser hat keine besondere Färbung und ist bei Sonnenschein von schönstem Blau so wie das von anderen Meeren auch.

Lit.: Stichwort »Schwarzes Meer« in Brockhaus Enzyklopädie, 19. Auflage, Mannheim 1994.

Schwarzpulver
Das Schwarzpulver hat seinen Namen von Berthold Schwarz

Das Schwarzpulver hat seinen Namen von der schwarzen Farbe.

Es mag zwar stimmen, daß »die chunst aus püchsen zu schyessen« von einem Franziskaner namens Berthold Schwarz (Bertoldus Niger) verbessert worden ist (das soll um 1380 herum geschehen sein), aber zu dieser Zeit kannten die Chinesen das Pulver schon mehrere Jahrhunderte; auch in Europa waren Feuergeschütze schon seit 1326 in Gebrauch.

Lit.: Fritz G. Müller: Wer steckt dahinter? Namen, die Begriffe wurden, Eltville 1964.

Schwein
»Das kann kein Schwein lesen«

Diese Redensart hat mit Schweinen nichts zu tun. Sie wird vielmehr der Familie Swyn aus dem Dithmarschischen zugeschrieben, deren Mitglieder durchaus angesehene und kluge Leute waren. Hatte selbst ein Swyn Probleme mit dem Entziffern eines Schriftstücks, so hieß es bei den Bauern: »Dat kann kein Swyn lesen«, woraus dann unser populärer Spruch entstanden ist.

Die Redensart: »Der (oder die) hat ein Schwein« im Sinne von Glück haben, geht auf einen Brauch bei Schützenfesten zurück, dem schlechtesten Schützen als Spottpreis ein Ferkel zu überreichen.

Lit.: Walter Zerlett-Olfenius: Aus dem Stegreif, Berlin 1943.

Schwerter zu Pflugscharen

Dieser Appell hat nicht, wie viele glauben, seinen Ursprung in der Bibel. Zwar heißt es in Jesaja 2,4: »Dann schmieden sie Pflugscharen aus ihren Schwertern und Winzermesser aus ihren Lanzen«, aber hier hat der Übersetzer das Original etwas vergewaltigt. Als dieser Text mehrere Jahrhunderte vor Christus im Nahen Osten geschrieben wurde, gab es in diesem Teil der Erde überhaupt noch keine Pflüge.

Schwimmen
Es ist ungesund und gefährlich, nach dem Essen zu schwimmen

Dieses Märchen wurde vor rund 50 Jahren durch das Amerikanische Rote Kreuz geboren; in einer Broschüre zu Schwimmen und Gesundheit hatte es vom Schwimmen nach dem Essen abgeraten – man könnte davon Magenkrämpfe bekommen und möglicherweise ertrinken.

Es ist nicht bekannt, wie diese Theorie zustandekam; auf jeden Fall hält sie einer empirischen Überprüfung nicht stand, wenn wir dem amerikanischen Sportarzt Arthur Steinhaus glauben dürfen. Steinhaus hatte zahlreiche Schwimmer und Schwimmtrainer nach Eßgewohnheiten und Training ausgefragt mit dem Ergebnis, daß viele Leistungs- wie auch Hobbyschwimmer regelmäßig auch nach schwerem Essen schwimmen. Dabei wurde keine einziger Fall von Magenkrampf beobachtet, und es ist auch noch niemand wegen eines vollen Bauchs ertrunken. Die Warnung vor dem Schwimmen nach dem Essen kommt daher in neueren Broschüren des Roten Kreuzes nicht mehr vor.

Natürlich kann angestrengtes Schwimmen nach einem ausgiebigen Essen bei manchen Menschen eine leichte Übelkeit erzeugen; aber das gilt für Treppensteigen, Holzhacken und Dauerlaufen ebenso.

Lit.: Arthur H. Steinhaus: »Evidence and opinions related to swimming after meals,« Journal of health, physical education and recreation, 1961.

Selbstbeteiligung
Die Selbstbeteiligung an den Krankheitskosten trifft allein die Nachfrager nach Gesundheitsgütern (s.a. »Arbeitgeberbeitrag«)

Manche Kritiker, die meinen, wir dürften den Versicherten der Krankenkassen nicht auch noch eine Selbstbeteiligung an den Krankheitskosten zumuten, scheinen zu glauben, die rund 500 Milliarden Mark im Jahr, die wir in Deutschland jährlich für die Gesundheit ausgeben, würden von der UNO oder von der OPEC überwiesen.

In Wahrheit wird jede Mark davon von uns selbst, von den Versicherten getragen, sei es indirekt über Beiträge, Prämien oder Steuern, sei es direkt in die Kassen der Ärzte, Heilpraktiker oder Apotheker. Ob wir für unsere Gesundheit direkt zahlen oder indirekt, zahlen müssen wir auf jeden Fall. Wie schon der Mythos vom sogenannten »Arbeitgeberbeitrag« dient also auch dieser Mythos nur dazu, unsere wahre Belastung zu vertuschen.

Lit.: Walter Krämer: »Babylonische Sprachverwirrung«, Arbeit- und Sozialpolitik 42, 9/1988, 290-292;

Selbstmord
Junge Menschen sind besonders selbstmordgefährdet

Die Zeit der ersten Liebe gilt für junge Menschen als gefährlich: nicht erst seit Goethes Werther treibt eine Enttäuschung viele in den Tod. Daraus wird dann oft geschlossen, daß junge Menschen mehr als ältere zum Selbstmord neigen.

In Wahrheit ist jedoch genau das Gegenteil der Fall. Die Selbstmorde pro Jahr und Altersklasse steigen monoton mit unserem Älterwerden an, von weniger als 5 pro 100 000 in der Gruppe der unter 20-jährigen bis auf fast 50 pro 100 000 bei den über 70-jährigen. Je älter wir werden, desto eher scheiden wir aus freien Stücken aus dem Leben, und zwar zu allen Zeiten und in allen Ländern.

Daß dennoch die Selbstmorde gerade bei Jugendlichen eine solch prominente Rolle spielen, liegt daran, daß Jugendliche eben generell nur selten sterben. Sie haben keinen Krebs und keine Kreislaufleiden, keine Altersschwäche und kein Alzheimer, und auch Schlaganfälle oder Leberschäden kommen unter Jugendlichen selten vor. Mit anderen Worten, in diesen Altersklassen sind Unfall, Mord und Selbstmord fast die einzigen möglichen Todesursachen, so daß der hohe Anteil von Selbstmord überhaupt nicht überrascht.

Lit.: Helmut Swoboda: Knaurs Buch der modernen Statistik, München 1971; Walter Krämer: Denkste! Trugschlüsse aus der Welt des Zufalls und der Zahlen«, Frankfurt 1995.

Sex
Sex vor Sport ist leistungshemmend

Dieser Irrtum geht vielleicht auf Sigmund Freud zurück, der lehrte, daß wir Menschen nur ein gewisses Quantum Energie besäßen (sehr vergröbert dargestellt) – was wir für den einen Zweck benutzen, muß an anderer Stelle fehlen. Und natürlich haben auch so manche Trainer an diesem Mythos mitgestrickt, der ihnen das Kontrollieren der Athleten so viel leichter machte.

In Wahrheit soll Geschlechtsverkehr vor Sportwettkämpfen unsere Fitness nicht beeinträchtigen, weder die der Frauen noch die der Männer, wenn man den wenigen seriösen Studien glauben darf, die es zu diesem Thema gibt. Wer nach einer langen Liebesnacht am nächsten Morgen schlecht ausgeschlafen antritt und deshalb unter seinem oder ihrem Leistungslimit bleibt, sollte also diese schlechte Leistung nicht dem Sexualverhalten in die Schuhe schieben.

Lit.: J. L. McCary: Sexual myths and fallacies, New York 1971; M. H. Anshel: »Effect of sexual activity on athletic performance,« Physician and Sportsmedicine 1981, 65-68.

Sicherheitsgurte
Sicherheitsgurte retten Menschenleben

Damit wir uns nicht mißverstehen: Wer mit einem Auto gegen eine Mauer fährt, ist ohne Gurt wahrscheinlich tot. Mit Sicherheitsgurt dagegen (oder noch besser: mit Airbag) hätte er oder sie vielleicht den Unfall überlebt. In diesem Sinn sind Gurte sicher Lebensretter ...

Darüber vergessen viele aber die Wahrscheinlichkeit, überhaupt eine

Mauer anzufahren. Diese Wahrscheinlichkeit wird nämlich mit Gurt in aller Regel größer. Oder wie die Verhaltensforscher das ausdrücken (die sogenannte Theorie der »Risiko-Homöostasie«, siehe Wilde): Wir gleichen, ob bewußt oder unbewußt, unser Verhalten derart an geänderte Risiken an, daß das gesamte Risiko sich nur wenig ändert. Nehmen die Gefahren zu, nimmt auch unsere Vorsicht zu, und nehmen die Gefahren ab, so nimmt auch unsere Vorsicht ab. Die Gesamtwahrscheinlichkeit, bei einem Autounfall umzukommen, setzt sich also zusammen aus der Wahrscheinlichkeit, überhaupt einen Unfall zu erleiden, und der Wahrscheinlichkeit, bei einem Unfall umzukommen, falls man einen Unfall hat (die sogenannte bedingte Todeswahrscheinlichkeit), wobei nur die zweite Komponente sich durch Airbag, ABS und Gurte reduziert. Die erste Komponente nimmt dagegen zu.

Wenn man etwa einschlägigen Untersuchungen aus den USA vertrauen darf, werden die reduzierten Todesfälle bei Unfall durch die erhöhte Zahl der Unfälle im großen und ganzen aufgewogen, so daß die tödlichen Verkehrsunfälle insgesamt durch die Anschnallpflicht nicht abgenommen haben (für eine Teilmenge aller Verkehrsteilnehmer, nämlich für die Radfahrer und Fußgänger, haben sie sogar zugenommen). Demnach wäre also der erfreuliche Rückgang der tödlichen Verkehrsunfälle, den wir seit einigen Jahrzehnten in fast allen westlichen Industrienationen beobachten, nicht auf die Gurtpflicht, sondern auf andere Faktoren wie etwa größere und stabilere Autos oder breitere Straßen zurückzuführen ...

Der amerikanische Wirtschaftsprofessor Armen Alchian von der Universität von Kalifornien hat dieses Prinzip der Risiko-Homöostasie einmal auf die Spitze getrieben und vorgeschlagen, statt Airbags spitze Speere in die Lenkkonsolen unserer Autos einzubauen: bei jedem Aufprall ist der Fahrer sofort tot. Nach Alchians Rechnung würde so die Zahl der Verkehrsunfälle in den USA ganz drastisch sinken ...

Lit.: Sam Peltzmann: »The effect of automobile safety regulation«, The Journal of Political Economy 83, 1975, 677-725; G. Wilde: »The theory of risk homeostasis: implications for safety and health«, Risk Analysis 2, 1983, 209-225; A. Harvey und J. Durbin: »The effects of seat belt legislation on british road casualties«, Journal of the Royal Statistical Society A 149, 1986, 187-227; Steven E. Landsburg: The armchair economist, New York 1993 (besonders Kapitel 1: How seatbelts kill).

Silbergeld
Unser Silbergeld enthält Silber

Die bundesdeutschen 1-Mark, 2-Mark und 5-Mark Münzen enthalten kein Gramm Silber, und haben mit Ausnahme der 5-Mark Münze auch niemals

Silber enthalten; letztere bestand von 1951 bis 1974 aus 62,5% Silber und 37,5% Kupfer. Alle anderen »Silbermünzen« sind Kupfer-Nickel-Legierungen (i.d.R. 75% Kupfer, 25% Nickel).

Eine Ausnahme bilden die sogenannten Gedenkmünzen, die den selben Silbergehalt wie die alten 5-DM-Stücke haben. Sie sind zwar anerkanntes Zahlungsmittel, haben aber eine derart beschränkte Auflage, daß sie de facto nur in den Alben der Münzsammler zu finden sind.

Lit.: Deutsche Bundesbank: Münzen der Bundesrepublik Deutschland, Frankfurt a.M., 1991.

Silhouetten

Scherenschnitte oder »Silhouetten« sind keine Erfindung des französischen Grafen Etienne de Silhouette (1709-1767). Schon lange vorher hatte man Profile von Personen nach deren Schatten aufgezeichnet.

Die Verbindung des Grafen mit Scherenschnitten kam auf andere Weise zustande: Silhouette war nämlich auch oberster französischer Steuereintreiber; dabei übertrieb er seine Ansprüche an die Geldbeutel der Untertanen so sehr, daß man ihn entlassen mußte. Später wurde dann der Name »Silhouette« zum Stellvertreter für das Reduzieren auf das Nötigste.

Skalp
Skalpieren ist eine Erfindung der Indianer

Die Kopfhaut als Trophäe des Triumphes war schon im Altertum bekannt – schon die Skythen sollen ihren Feinden die Kopfhaut abgeschnitten haben, wenn wir dem griechischen Historiker Herodot vertrauen dürfen. Aber auch einige westsibirische Völker und die Perser der Antike kannten diese Sitte.

Bei den amerikanischen Indianervölkern war das Skalpieren dagegen weniger verbreitet; einige Historiker bezweifeln sogar, daß die Indianer vor der Ankunft des Weißen Mannes überhaupt von dieser Praxis wußten. Denn es waren vor allem die Weißen, nicht die Roten, die im frühen Wilden Westen ihren Gegnern die Kopfhaut abgeschnitten haben (um die für getötete Indianer ausgesetzte Prämie zu kassieren, brauchte man den Skalp zum Beweis).

Anfangs war das Skalpieren nur im Osten der jetzigen USA, am unteren St.Lorenzstrom und am Gran Chaco in Südamerika bekannt; von dort verbreitete es sich auf ganz Zentral- und Nordwest-Amerika. Für die Indianer waren die erbeuteten Skalps Ausdruck ihrer Kriegerwürde; sie wurden den

Opfern oft noch bei lebendigem Leibe entrissen. (Und wie die Gestalt des Sam Hawkins in Karl Mays »Winnetou« zeigt, haben verschiedene Opfer den Verlust ihrer Kopfhaut sogar lebend überstanden.)

Lit.: Stichwortartikel »Scalping« in Encyclopaedia Britannica, Chicago 1985.

Sklaven 1
Die Befreiung der Sklaven war der Anlaß des amerikanischen Bürgerkrieges

Der Auslöser des amerikanischen Bürgerkrieges (1861-1865) war nicht die Sklavenfrage, zumindest nicht direkt. Der amerikanische Bürgerkrieg wurde vor allem durch den eisernen Entschluß des Nordens ausgelöst, die Vereinigten Staaten von Amerika intakt zu halten und keine Abspalter zu dulden.

Zu Beginn des Krieges hatte Präsident Lincoln vor allem eins im Sinn: die Einheit der Nation. An die Befreiung der Sklaven in den abtrünnigen Südstaaten dachte er dabei, falls überhaupt, nur ganz am Rand. Es fällt heute nicht leicht, nachdem gerade eine andere Staatengemeinschaft, die Union der Sozialistischen Sowjetrepubliken, relativ friedlich zerfallen ist, diesen Fanatismus zu begreifen, mit dem Lincoln an den Vereinigten Staaten festhielt – dafür hätte er auch Sklaverei geduldet. In seiner berühmten »House divided«-Rede von 1858 formulierte er das so: »Ein Haus, das in sich selbst geteilt ist, kann nicht stehen. Ich glaube, daß unser Regierungssystem – halb für die Sklaverei, halb gegen sie – nicht von Dauer sein kann. Ich erwarte nicht, daß die Union der Vereinigten Staaten sich auflöst; ich erwarte nicht, daß das Haus fallen wird. Aber ich erwarte, daß es aufhören wird, geteilt zu sein. Es wird ganz das eine sein oder ganz das andere.«

Lincoln war durchaus kein Abolitionist, wie sich die Skavenbefreier nannten. Mehrfach hat er den separationswilligen Südstaaten versprochen, sich nicht in deren Angelegenheiten einzumischen, auch nicht in die Sklavenfrage; um die Einheit der Nation zu wahren, garantierte er ihnen die Einhaltung der Sklavenfluchtgesetze auch im Norden, wo es keine Sklaverei mehr gab. »In euren Händen, meine mißvergnügten Landsleute, und nicht in meinen liegt die ungeheure Frage eines Bürgerkrieges«, formulierte er in seiner Antrittsrede. »Die Regierung wird euch nicht angreifen. Ihr könnt keinen Kampf haben, ohne selbst der Angreifer zu sein. Von euch kennt man im Himmel keinen Eid, mit dem ihr euch verpflichtet hättet, die Regierung zu zerstören, während ich den feierlichsten Eid geleistet habe, sie zu erhalten, zu beschützen und zu verteidigen.«

Und genau das, die Zentralregierung gegen regionale Sonderinteressen zu verteidigen, sah Lincoln als sein höchstes Ziel. Zwar war ihm Sklaverei zuwider, aber deswegen hätte er nie Krieg geführt. Noch im August 1862, ein Jahr nach Ausbruch des Bürgerkrieges, schrieb er in einem Brief: »Könnte ich die Union erhalten, ohne auch nur einen Sklaven zu befreien, würde ich es tun, könnte ich sie erhalten, indem ich alle Sklaven befreite, würde ich es tun; und wenn ich sie erhalten könnte, indem ich einige befreite und einige nicht, ich würde es gleichfalls tun. Alles, was ich in Bezug auf die Sklaverei und die farbige Rasse unternehme, tue ich, weil ich glaube, es könnte helfen, die Union zu retten.«

Folgerichtig wurde die Sklavenbefreiung erst dann zum Kriegsziel, als sich Lincoln davon einen Vorteil für die Union versprach, nämlich Ende 1862, als klar war, daß die abtrünnigen Südstaaten mit guten Worten nicht mehr heimzuholen waren. Um die Großmächte Europas, die fast durchweg mit den Südstaaten sympathisierten, auf seine Seite zu ziehen, erließ Lincoln eine Verordnung, nach der ab 1. Januar 1863 alle Sklaven in den Rebellenstaaten freie Leute waren. Obwohl diese Verordnung nur für die Rebellenstaaten galt, nicht jedoch für die loyalen Sklavenstaaten, die nicht abgefallen waren, hatte Lincoln damit das Weltgewissen auf seiner Seite: keine europäische Macht konnte es sich von da an leisten, mit dem Süden zu paktieren, der Krieg war gewonnen.

Lit.: Werner Richter: Geschichte der Vereinigten Staaten, Frankfurt 1966; Marcus Junkelmann: Der amerikanische Bürgerkrieg 1861-1865, Augsburg 1992.

Sklaven 2
Die europäischen Kolonialmächte waren die größten Sklavenhändler und -besitzer

Die größten Sklavenhändler und -besitzer der Menschheitsgeschichte waren die Araber. Die Versklavung afrikanischer Neger durch die Araber hat früher angefangen, länger angedauert und vor allem: sie hat weit mehr Opfer gefordert als die vergleichbare Wüterei der Europäer. Der Sklavenhandel der Araber begann schon im 7. und endete erst im 19. Jahrhundert; insgesamt hat er nach Schätzung von Historikern zwischen 14 und 15 Millionen Opfer gefordert, davon 8 bis 9 Millionen allein nach 1500.

Die Versklavung durch die Europäer begann später und endete früher (das erste Sklavenschiff verließ Afrika Anfang des 16. Jahrhunderts) und hat weit weniger Afrikaner die Freiheit gekostet (Historiker schätzen 10 Millionen) als die Beutezüge der Araber. Daß trotzdem heute die Europäer und nicht die Araber weltweit als der Prototyp des Sklavenhalters gelten, liegt paradoxerweise an der besseren Behandlung der Sklaven durch die Europäer: weit mehr Sklaven haben bei den Europäern überlebt. Während die geraubten Neger von den Europäern allein schon aus Eigeninteresse vergleichsweise pfleglich behandelt wurden, mußten sie in den arabischen Ländern früh und meistens auch ohne Kinder sterben (viele männliche Sklaven wurden kastriert), so daß dort heute kaum noch Nachkommen der Negersklaven leben.

Lit.: B. Etemard: »L'ampleur de la traité négrière«, Bulletin du Département d'Histoire Economique, Genf 1989.

Sonne
Die Sonne bewegt sich nicht

Natürlich bewegt sich die Sonne, genau wie alle anderen Sterne – relativ zum Mittelpunkt der Milchstraße z. B. mit rund 250 km pro Sekunde.

Was viele aber nicht wissen: die Sonne bewegt sich zusätzlich auch noch um ihre eigene Achse; einmal in 27 Tagen am »Äquator« und einmal in 31 Tagen an den Polen (diese Unterschiede entstehen dadurch, daß die Sonne kein fester Körper à la Erde ist; sie dreht sich am Äquator schneller).

Lit.: Stichwort »Sun« in Microsoft CD-ROM Encyclopädie Encarta, 1994.

SOS
SOS steht für »Save our souls«

Der Notruf »SOS« steht weder für »Save our souls« noch für »Save our ship« noch für »Stop other signals« noch für sonst irgendwelche Wörter, allein schon deshalb, weil nicht alle potentiellen Helfer Englisch können. Man hat sich Anfang des Jahrhunderts international auf diese Buchstaben geeinigt, weil sie so leicht als Morsezeichen übertragbar sind: . . . – – – . . . (dreimal kurz, dreimal lang und dreimal kurz).

Lit.: William und Mary Morris: Dictionary of word and phrase origins, New York 1962.

Sozialpolitik
Eine »progressive« Sozialpolitik hilft vor allem Kleinverdienern

Die größten Nutznießer der progressiven Sozialpolitik der 70er Jahre waren die deutschen Zahnärzte: ihr Einkommen hat sich von durchschnittlich 115 000 Mark im Jahr 1972 auf durchschnittlich 230 000 Mark im Jahr 1982 exakt verdoppelt. In der gleichen Zeit stieg das Einkommen eines Industriearbeiters von durchschnittlich 18 000 Mark auf durchschnittlich 33 000 Mark im Jahr.

In den folgenden zehn Jahren, also während des »Sozialabbaus« unter der Regierung Kohl, fiel das Einkommen der Zahnärzte von 230 000 Mark auf durchschnittlich 206 000 Mark im Jahr, das Einkommen der Industriearbeiter stieg von 33 000 Mark auf durchschnittlich 49 000 Mark im Jahr.

Lit.: Deutsches Institut für Wirtschaftsforschung: »Das Einkommen der freiberuflich tätigen Zahnärzte im alten und neuen Bundesgebiet 1992«, Wochenbericht 5/1994; Statistisches Bundesamt: Fachserie 14 (Finanzen und Steuern), Reihe 7.1: Einkommensteuer; sowie Statistisches Jahrbuch für die Bundesrepublik Deutschland, Tabelle Löhne und Gehälter in der Industrie.

Sozialversicherung
Die moderne Sozialversicherung wurde von Reichskanzler Bismarck eingeführt

Als Geburtsstunde unseres modernen sozialen Netzes gilt gemeinhin die sog. »Kaiserliche Botschaft« von 1881; sie empfahl dem Reichstag auf Veranlassung von Bismarck die obligatorische Einführung einer Kranken- und Unfallversicherung für alle Arbeiter. Ob aus Nächstenliebe oder politischer Berechnung: damit fing in Deutschland der Sozialstaat an.

Dabei wird aber häufig übersehen, daß es abseits staatlicher Zwangsbeglückung schon lange vorher Hilfsvereine und Versicherungen aller Art gegeben hat, wie den Gesundheitspflegeverein der Deutschen Arbeiterverbrüderung oder kirchliche (Ketteler) und private Gruppen, die den Menschen bei sozialen Nöten halfen. Die einzige von Bismarck eingeführte Neuerung war die Überführung dieser Aufgaben in die Hände des Staates, der sich bis dato aus solchen Fragen herausgehalten hatte.

Die Leistungen der damaligen staatlichen Zwangsversicherung erscheinen aus heutiger Sicht auch recht bescheiden: versichert waren zunächst nur Arbeiter, und das auch nur gegen den Einkommensverlust bei Krankheit, Invalidität und Unfall. Altersrenten waren nicht vorgesehen. Nur weil man annahm, daß ein Arbeiter mit 70 ohnehin nicht mehr arbeiten könne, wurden zur Vereinfachung der Verwaltung alle Arbeiter über dieser Altersgrenze als invalide und damit rentenberechtigt eingestuft. Daß jemand nur aus Altersgründen das Recht auf eine Rente haben könnte, ist Bismarck niemals in den Sinn gekommen.

Spaghetti
Spaghetti kommen aus Italien

Spaghetti wurden erst nach dem 13. Jahrhundert in Italien populär. Ursprünglich stammen sie aus China; von dort hatte sie Marco Polo auf einer seiner beiden großen Reisen mitgebracht.

Spanferkel
Spanferkel haben ihren Namen von den Holzspänen, über denen sie gebraten werden

Das »Span« in »Spanferkel« hat mit einem Holzspan nichts zu tun; es bezeichnet die Zitze einer Muttersau, und »Spänen« ist auch ein anderes Wort für Säugen. Werden Ferkel mit drei Monaten schlachtreif, saugen sie noch am Span.

Lit.: Walter Zerlett-Olfenius: Aus dem Stegreif, Berlin 1943.

Spekulanten 1
Spekulanten sind ein Destabilisierungsfaktor im modernen Wirtschaftsleben (s.a. »Eigennutz«)

Spekulanten sind Menschen, die Güter oder Wertpapiere nicht um ihrer selbst willen, zum Konsumieren, Produzieren bzw. wegen der Zinsen oder Dividenden kaufen, sondern weil sie auf eine Steigerung des Preises hoffen; sie kaufen, weil sie glauben, irgend etwas sei besonders billig und sie könnten das Gekaufte später mit Gewinn veräußern. Wegen dieses Desinteresses an den Gütern und Wertpapieren selbst werden Spekulanten oft als Parasiten und Störenfriede angesehen, die sich erstens ohne eigene Leistung auf Kosten anderer bereichern (dazu im nächsten Stichwort mehr) und zweitens bei diesem Bereichern auch noch den Gang der Wirtschaft durcheinanderbringen.

In Wahrheit sind Spekulanten durchaus nützliche Geschöpfe; sie sind alles andere als Parasiten, die die üblichen Schwankungen der Wirtschaft noch verstärken, sondern sie sind ganz im Gegenteil ein ausgleichendes Element, eine Art Stoßdämpfer, der die Erschütterungen abschwächt und die Wirtschaft effizienter laufen läßt als sie es ohne Spekulanten könnte.

»Auf einem gut organisierten Wettbewerbsmarkt herrscht zu jeder Zeit und an jedem Ort ein einziger Preis. Dies ist eine Folge der Aktivitäten professioneller Spekulanten oder ›Arbitrageure‹. Sie legen ihren Finger an den Puls des Marktes, und sobald sie von irgendwelchen Preisdifferenzen erfahren, kaufen sie zum niedrigeren Preis und verkaufen zum höheren, wobei sie selbst einen Gewinn erzielen und gleichzeitig zum Preisausgleich beitragen« (Wirtschafts-Nobelpreisträger Paul Samuelson).

Dieses durchaus unbeabsichtigte Ausbügeln von Preisdifferenzen macht sich ganz besonders auch im Zeitverlauf – bei den Preisen gestern, heute, morgen für die Wirtschaft – positiv bemerkbar. Oder um mit Wirtschafts-Nobelpreisträger Samuelson fortzufahren, der das ganze an den Preisen für Getreide vorführt:

»Damit zu keinem Zeipunkt eine Phase der Entbehrungen eintritt, muß sichergestellt werden, daß die Ernteerträge das ganze Jahr über reichen. Da aber niemand ein Gesetz zur Regelung der Getreidebevorratung erläßt, erhebt sich die Frage, wie dieses erstrebenswerte Ziel zu erreichen ist. Die Antwort lautet: durch das Bestreben der Spekulanten, Gewinne zu machen.«

Denn »wenn es keine Spekulanten gäbe, die genau wissen, daß sie einen Gewinn erzielen können, wenn sie (1) im Herbst einen Teil der Ernte zu niedrigen Preisen aufkaufen, (2) ihn lagern und vom Markt fernhalten und ihn (3) zu einem späteren Zeitpunkt, wenn der Preis gestiegen ist, wieder an den Markt abgegeben«, dann würden die Preise im Herbst noch stärker fallen, »und wenn dann ein paar Monate später fast kein Getreide mehr auf den Markt käme, würden die Preise ins Unermeßliche steigen«.

Lit.: Paul Samuelson und William Nordhaus: Volkswirtschaftslehre, 8. deutsche Auflage, Köln 1987.

Spekulanten 2
Spekulanten leben auf Kosten anderer Leute

Spekulanten beziehen ihre Gewinne in aller Regel von anderen Spekulanten – das Geschäft mit der Unsicherheit ist, wie die Experten sagen, ein »Nullsummenspiel«: was die einen gewinnen, müssen die anderen verlieren, und umgekehrt. Unter dem Strich bleibt alles in der Familie.

Die Gelder, die dennoch netto aus dem Rest der Wirtschaft auf das Konto der Spekulanten fließen, lassen sich als Honorar für die Bereitschaft deuten, diesem Rest der Wirtschaft einen Teil der Unsicherheit abzunehmen, der mit allem Wirtschaften verbunden ist. Das ist eine Dienstleistung wie Taxifahren oder Haareschneiden, und hat wie Taxifahren oder Haareschneiden auch ein Honorar verdient.

Sphinx 1
Die Sphinx hat ihre Nase durch Witterung und Erosion verloren

Die fehlende Nase der Sphinx von Giseh ist kein Opfer der Wettererosion; sie wurde ihr im 19. Jahrhundert von türkischen Soldaten bei Zielübungen mit Kanonen abgeschossen.

Zuweilen wird dieser »Vandalismus« (zu den Anführungszeichens siehe den Stichwortartikel »Vandalismus«) auch den Truppen Napoleon Bonapartes angelastet, die während des Feldzugs 1798/99 auf die Sphinx geschossen haben sollen; diese Version erscheint aber angesichts der Kulturbeflissenheit Napoleons recht unwahrscheinlich.

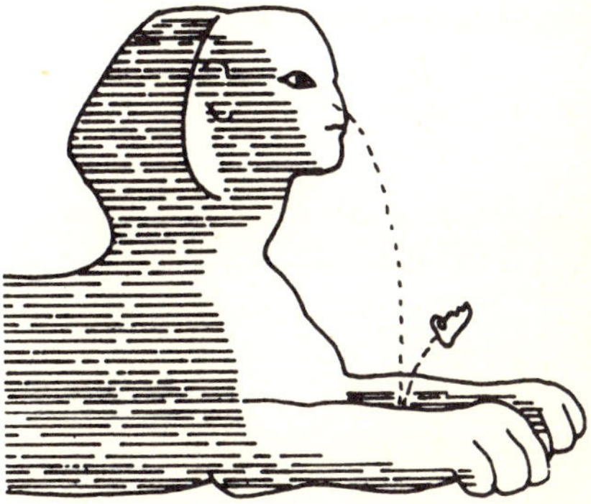

Die nasenlose Sphinx von Giseh: nicht das Wetter, die Türken sind die Bösewichte

Lit.: C. W. Ceram: Götter, Gräber und Gelehrte, Reinbek 1972.

Sphinx 2
Die Sphinx von Giseh war schon immer so zu sehen wie heute

Die Sphinx wurde vor rund 4500 Jahren aus einem Fels herausgemeißelt, und bot anfangs, von der Nase abgesehen, in etwa den gleichen Anblick wie heute. Dann aber wurde sie im Lauf der Jahrhunderte von Wüstensand begraben, so daß bis Anfang des 20. Jahrhunderts meistens nur der Kopf zu sehen war – der rund 70 Meter lange Leib kam erst 1920 wieder an das Tageslicht.

Spinat
Spinat ist ganz besonders eisenhaltig

Spinat enthält kein Atom Eisen mehr als viele andere Nahrungsmittel. Wäre es Popeye vor allem auf das Eisen angekommen, hätte er besser statt des Spinats die Dose aufgegessen:

Eisengehalt pro 100 Gramm ausgewählter Nahrungsmittel (im Milligramm)

Spinat (gekocht und entwässert)	2,2 mg
Eier	2,2 mg
Weißbrot	2,3 mg
Spinat (frisch)	2,6 mg
Bohnen (gekocht)	2,7 mg
Sojabohnen	2,7 mg
Ölsardinen	3,1 mg
Rindfleisch (gekocht)	3,3 mg
Mandeln	4,6 mg
Leberwurst	5,9 mg
Schokolade	6,7 mg
Pistazien	7,3 mg

Statt des Spinats hätte er besser die Dose aufgegessen …

Millionen deutscher Nachkriegsbabies wurden also grundlos mit Spinat gefüttert (und nicht nur deutsche Babies: nach einer Inschrift auf einem Denkmal in der dankbaren texanischen Spinatmetropole Crystal City ist mit dem Erscheinen dieses wackeren Seemanns der amerikanische Spinatkonsum um ein Drittel angestiegen).

Der Mythos vom reichlichen Eisen im Spinat entstand durch einen simplen Tippfehler: in einer der ersten Analysen wurde ein Komma versehentlich eine Stelle zu weit rechts gesetzt; damit war im Handumdrehen der Eisengehalt verzehnfacht. Obwohl dieser Fehler schon in den 30er Jahren dieses Jahrhunderts bemerkt und berichtigt wurde, ist das Vorurteil vom Eisen im Spinat seit damals nicht mehr auszurotten.

Lit.: A. J. Hamblin: »Fake!«, British Medical Journal 1981, Nr. 283, S. 1671; R. M. Deutsch: Realities of Nutrition, Palo Alto 1976.

Spinnen
Spinnen sind Insekten

Spinnen sind keine Insekten. Sie gehören zur Klasse der Arachniden, die sich von Insekten in mehrfacher Hinsicht unterscheiden: Anders als Insekten haben sie keine Fühler bzw. »Antennen«, und sie haben vier und nicht wie die Insekten drei Paar Beine. Mit den Insekten haben sie soviel gemeinsam wie die Schlangen mit den Vögeln.

Lit.: Stichwort »Spider« in Microsoft CD-ROM Encyclopädie Encarta, 1994.

Sport 1
Sport und körperliche Arbeit sind die besten Kalorienkiller

Anders als viele Menschen glauben, sind Sport und körperliche Arbeit keine großen Kalorienkiller. So soll z. B. der komplette erste Marathonlauf den Boten Pheidippides keine 3000 Kalorien gekostet haben, soviel wie manche Leser dieses Buchs an einem Nachmittag verspeisen. Die folgende Tabelle – eine grobe Daumenpeilung für einen Mann von etwa 70 kg – zeigt für ausgewählte Tätigkeiten einmal an, wieviele Kalorien sie uns kosten (bei schwereren Männern ist der Verbrauch leicht höher, bei leichteren Männern etwas niedriger, bei Frauen im allgemeinen nochmals niedriger):

Tätigkeit (eine Stunde)	Kalorien-verbrauch	entspricht
Klavierspielen	100	ein Apfel
langsames Radfahren	140	ein Glas Bier
Staubsaugen	150	zwei gekochte Eier
schnelles Gehen	210	zwei Glas Coca-Cola
Tischtennis	280	ein Thunfisch-Sandwich
Treppensteigen	320	ein Schweinekotelett

Tätigkeit (eine Stunde)	Kalorien-verbrauch	entspricht
Tennis	340	vier Scheiben Schinken
schnelles Radfahren	500	vier Pfannkuchen + Sirup
schnelles Schwimmen	520	zehn Schokoladen-Plätzchen
Cross-country-laufen	590	eine halbe Käsepizza

Lit.: R. M. Deutsch: Realities of Nutrition, Palo Alto 1976.

Sport 2
Durch Sport nimmt man nicht ab

Wie die obige Tabelle zeigt, verbraucht man beim Sport nicht viele Kalorien. Aber das ist nur die halbe Wahrheit. Denn solche Rechnungen vernachlässigen den indirekten, mittelbaren Effekt von Sport und körperlicher Anstrengung, der auf lange Sicht für unseren Kalorienhaushalt mindestens genauso wichtig ist. Je mehr Muskelmasse unser Stoffwechsel bei sonst gleichem Gewicht versorgen muß, desto mehr Kalorien braucht er dazu, da die riesige Chemiefabrik alias Menschenkörper auch dann hochtourig arbeitet, wenn wir es gar nicht merken. Das Atmen und Verdauen, das Zirkulieren des Blutes, ja sogar das Träumen und das Denken brauchen rund um die Uhr Energie, und bei durchtrainierten mehr als bei schlappen Körpern, so daß etwa ein sportlicher Mann von 80 kg Gewicht selbst dann rund 1500 Kalorien pro Tag verbrennt, wenn er sich überhaupt nicht aus dem Bett erhebt. Ein gleichgroßer und gleich schwerer, aber untrainierter Zeitgenosse verbraucht dagegen nur sagen wir 1300 Kalorien, d. h. wenn beide 1400 Kalorien zu sich nehmen und das Bett nicht verlassen, nimmt der eine zu und der andere ab.

Wer also liest, daß einmal auf den Großen Feldberg steigen und zurück soviel Kalorien abzieht wie ein gutes Mittagessen wieder einbringt, und sich sagt: »Muß ich mir das wirklich antun? Dann laß' ich lieber das Mittagessen aus«, hat zwar kurzfristig den gleichen Effekt erreicht, langfristig aber Kalorien zugelegt.

Lit.: Garrow, J.S.: Treat obesity seriously, London 1981.

Staatsverschuldung 1
Eine hohe Staatsverschuldung schadet der Wirtschaft

Schulden gelten sehr zu Unrecht als ein wirtschaftliches Übel. Denn wenn niemand Schulden machen würde, könnte auch niemand, weder Unternehmen noch private Haushalte noch der Staat, einen Überschuß erwirtschaften. Des einen Defizit ist notwendigerweise des anderen Überschuß, und wenn niemand in einer Volkswirtschaft mehr Geld ausgibt als er einnimmt, kann auch niemand mehr Geld einnehmen als er ausgibt.

Die privaten Haushalte in der Bundesrepublik Deutschland sparen jährlich mehr als 100 Milliarden Mark. Darauf sind nicht wenige gewaltig stolz – um soviel übersteigt das deutsche Volkseinkommen den Konsum. Was aber viele dabei übersehen, ist die Konsequenz daraus. Denn dieser Überschuß der Einnahmen über die Konsumausgaben muß schließlich irgendwie verwendet werden. Mit anderen Worten, es sind Wirtschaftssubjekte gesucht, andere Privathaushalte, Firmen, das Ausland, aber auch der Staat, die bereit sind, dieses Geld zu leihen (und natürlich irgendwann zurückzuzahlen).

Es gibt gute Gründe, den Staat als Schuldner dabei skeptisch zu betrachten, etwa die notorische Ineffizienz und Verschwendungssucht der öffentlichen Verwaltung, die wir mit unseren Spargroschen vielleicht nur weiter unterstützen. Aber auf der anderen Seite würden viele, die jetzt noch über hohe Staatsverschuldung klagen, sehr dumm gucken, wenn der Staat das Schuldenmachen plötzlich bleiben ließe.

Lit.: Paul Samuelson: Economics, 9. Auflage, New York 1973; Wolfram Engels: »Staatsverschuldung« in: Axel Buchholz et al. (Hrsg.): Wohlstand für keinen, Frankfurt 1982, S. 72-84. Robert Eisner: Deficits: Which, how much, and so what? American Economic Review 1992, 295-298.

Staatsverschuldung 2
Eine hohe Staatsverschuldung belastet künftige Generationen

Weder ist eine hohe Staatsverschuldung für sich allein betrachtet etwas Schlechtes, noch belastet sie, wie viele glauben, automatisch unsere Kinder. Denn die gleichen Kinder, die unsere Schulden erben, erben auch unsere Vermögen. Eine hohe Staatsverschuldung heißt doch nichts anderes, als daß die übrigen Teilnehmer des Wirtschaftslebens, also Firmen, Ausland und private Haushalte, einen exakt gleich großen Überschuß besitzen. Die Summe aller Schulden ist per definitionem immer genauso groß wie die Summe aller Guthaben, und wenn die Schulden wachsen, wachsen die Guthaben im Gleichschritt mit.

Das mittlerweile beträchtliche Geldvermögen der deutschen Privathaushalte wäre undenkbar ohne einen Partner, der dieses Vermögen schuldet, und deshalb ist es zunächst wenig sinnvoll, die eine Seite der Münze zu bewundern und die andere zu bespucken. Wenn wir in der Presse lesen, die deutsche Staatsverschuldung betrage pro Bürger heute mehr als 3000 Mark, so können wir das auch umdrehen und sagen: jeder Bürger hat beim deutschen Staat ein Konto von im Mittel mehr als 3000 Mark. Wenn wir das Ausland einmal ignorieren, kann der Staat Schulden machen wie er will – netto ist die Belastung immer Null. Wenn Frau Meier ihrem Gatten 500 Mark für einen neuen Rasenmäher leiht, bleibt das Geld in der Familie. Denn niemand käme hier auf den Gedanken zu sagen: Familie Meier hat 500 Mark Schulden. Und genauso kann auch ein Staat als ganzes keine Schulden machen: was wir aus der einen Tasche herausnehmen, stecken wir in die andere wieder hinein, und netto gleicht sich alles aus.

Der Effekt einer hohen Staatsverschuldung für künftige Generationen liegt also durchaus in einer Umverteilung, aber nicht zwischen Gegenwart und Zukunft, sondern zwischen Steuerzahlern und Staatspapier-Besitzern. Die Erben all der Bundesschatzbriefe und -anleihen oder Kommunalobligationen profitieren, die Steuerzahler zahlen. Aber die zukünftige Generation als Ganzes hat durch die aktuelle Schuldenpolitik weder Vorteile noch Nachteile.

Allenfalls auf indirekte Weise kann die Staatsverschuldung unseren Kindern schaden. In dem Umfang etwa, wie durch Schulden finanzierte Staatsprojekte das Wachstum eines möglicherweise profitableren Realkapitals in der freien Wirtschaft behindern, ist die künftige industrielle Infrastruktur weniger günstig als sie es ansonsten wäre. Und da natürlich die heute gemachten Schulden morgen zurückgezahlt werden müssen, schränken die Schulden von heute den staatlichen Handlungsspielraum morgen ein. Aber verglichen mit den Horrorvisionen künftiger, vor allem in Wahlkampfzeiten durch die deutschen Medien geisternder Elendsmassen, die ihr Schicksal unserer aktuellen Schuldenpolitik verdanken, sind diese Wirkungen doch sehr gelassen zu ertragen.

Lit.: E. J. Mishan: Twenty-one economic fallacies, London 1968 (besonders Kap. 5: The national debt is a burden); W. Buster and K. Kletzer: Who's afraid of public debt? In: American Economic Review 1992, 290-294.

Stars
Stars sterben jünger

»Stars leben durchschnittlich nur 63 Jahre – 13 Jahre weniger als der Durchschnittsbürger«, schreibt die Bild-Zeitung, und gibt auch gleich die Gründe an: »Drogen, Alkohol, Selbstmord«.

Wir wollen diesen Zusammenhang auch nicht bestreiten, weisen aber auch auf eine Kausalbeziehung in der umgekehrten Richtung hin: viele Menschen werden durch den frühen Tod überhaupt erst zu einem Star! Vielleicht würde heute kaum noch jemand von Stars wie James Dean, Buddy Holly oder Jimmy Hendrix wissen, wenn diese Herren nicht so jung gestorben wären. Denn durch diesen Tod in der Blüte der Jahre wird das jugendliche Heldenimage für alle Zeiten quasi eingefroren, es ist deshalb immer frisch.

Als weiteres Manko der obigen Statistik ist zu konstatieren, daß viele Stars nur in den besten Jahren diesen Titel führen. Viele heute alte Stars von früher sind dagegen längst vergessen und gehen deshalb in die Statistik der Star-Todesfälle auch nicht ein.

Stern von Bethlehem
Der Stern von Bethlehem war ein Komet
(s.a. »Heilige Drei Könige«, »Kindermord von Bethlehem« und »Jesus«)

Anders, als in vielen Weihnachtskrippen gestaltet, war der Stern von Bethlehem vermutlich kein Komet. Wenn man modernen Astronomen glauben darf, war der Stern von Bethlehem vielmehr ein dreimaliges sukzessives Zusammentreffen (eine Tripel-Konjunktion) der Planeten Saturn und Jupiter.

Den wichtigsten Hinweis auf den Stern von Bethlehem verdanken wir dem Evangelium nach Matthäus: »Als Jesus zur Zeit des Herodes in Bethlehem in Judäa geboren war, kamen Sterndeuter aus dem Osten nach Jerusalem und fragten: Wo ist der neugeborene König der Juden? Wir haben seinen Stern gesehen und sind gekommen, um ihm zu huldigen.«

Aber seltsamerweise konnte außer den Sterndeutern selber niemand den Stern sehen, d. h. ein Komet oder eine Supernova scheinen damit ausgeschlossen (falls man das Evangelium des Matthäus wörtlich nehmen darf). Auch Meteore oder andere kurzlebige Himmelsphänomene sind sehr unwahrscheinlich, denn die Weisen folgten ihrem Stern über eine längere Zeit hinweg: »Und der Stern, den sie hatten aufgehen sehen, zog vor ihnen her bis zu dem Ort, wo das Kind war; dort blieb er stehen.«

Falls der Stern von Bethlehem also nicht erfunden oder eine Collage von mehreren zeitlich getrennten Objekten auf einmal war (Komet, Supernova, Meteor), spricht vieles für das folgende Szenario: Die Sterndeuter kamen aus dem Zweistromland Mesopotamien, mit seiner langen jüdischen Kulturgeschichte; dort hatten die Astrologen schon lange auf die Ankunft des Messias gewartet. Für das Jahr 7 vor Christus war aber eine Tripel-Konjunktion von Saturn und Jupiter in dem eng mit dem jüdischen Volk verbundenen Sternbild der Fische vorausgesagt, mit Jupiter als Glücksbringer und Saturn als Stern der Juden, so daß eine Interpretation dieses Ereignisses im Sinn der Prophezeiungen des Alten Testamentes durchaus nicht unwahrscheinlich ist. Die Tripel-Konjunktion des Jahres 7 vor Christus war am 29. Mai, am 29. September und am 4. Dezember zu beobachten. Am 12. April gingen die Planeten zum erstenmal zusammen im Sternbild der Fische auf, die Sterndeuter hatten also genügend Zeit, die lange Reise vorzubereiten, und die Fische waren in den Sommernächten des Jahres 7 vor Christus gut zu sehen.

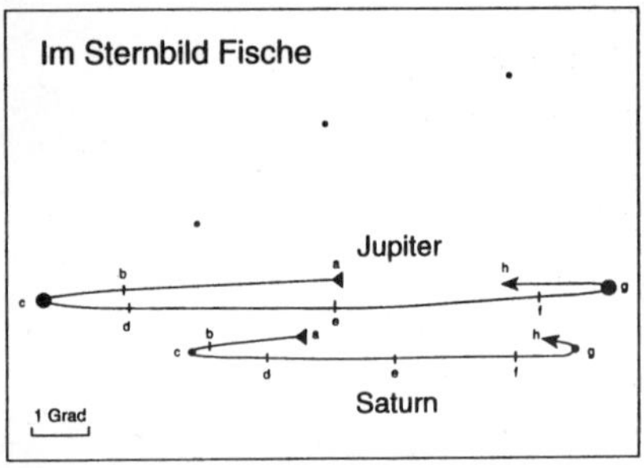

Lit.: David W. Hughes: »The star of Bethlehem«, Nature, 9. Dez. 1976; Leserbriefe dazu in Nature, 11. August 1977; Konradin Ferrari d'Occhieppo: Der Stern von Bethlehem in astronomischer Sicht – Legende oder Tatsache? Gießen 1994.

So sahen die Sterndeuter die Bewegung und den Stillstand der Planeten: die scheinbare Bewegung von Saturn und Jupiter im Sternbild der Fische von Mai bis Dezember 7 v. Chr. (nach Ferrari d'Ochieppo, S. 149)

Steuben
Der Baron von Steuben war ein preußischer General

Der in Amerika viel gefeierte Baron von Steuben, Drillmeister der amerikanischen Armee, Held des amerikanischen Unabhängigkeitskrieges, war weder ein Baron noch ein preußischer General, erst recht nicht Vertrauter und »intimer Freund« des großen Preußenkönigs Friedrich, als der er in alten Romanen und Geschichtsbüchern noch heute weiterlebt.

In Wahrheit hieß Steuben eigentlich Steube; mit den adligen von Steubens war er nicht verwandt. Er war zwar preußischer Offizier, aber nie preußischer General; nach dem Siebenjährigen Krieg gegen Österreich und Rußland wurde er als Kapitän entlassen. Auch einen Orden »Pour le Mérite« oder eine andere hohe preußische Auszeichnung hat er nie erhalten.

Nach seiner Entlassung aus der preußischen Armee arbeitete von Steuben alias Steube eine Weile als Hofmarschall beim Fürsten von Hohenzollern-Hechingen. Dann zog er nach Paris, wo ihn ein Freund zur Übersiedlung in die frisch gegründeten Vereinigten Staaten von Amerika überredete. Dort angekommen, trat Steuben in die Dienste Washingtons und machte schnell Karriere – kein Wunder in einer Armee von Amateuren, die diesen Profi gut gebrauchen konnten.

Steubens Verdienste um die amerikanische Unabhängigkeit sind also unbestritten; er starb hochgeachtet als amerikanischer, wenn auch nicht preußischer General im Jahr 1794 auf seinem Landsitz bei New York.

Lit.: Gerhard Prause: Tratschkes Lexikon für Besserwisser, München 1986; Stichwort »Steuben« in: Großes Personenlexikon, Dortmund 1988.

St. Gotthard
Der St. Gotthard-Paß war schon immer ein beliebtes Tor in den Süden

Zwischen der Regierungszeit Ottos I. im 10. Jahrhundert und dem sog. Interregnum, der kaiserlosen Zeit, im 13. Jahrhundert haben die deutschen Kaiser rund 80mal die Alpen überquert – kein einziges Mal über den St. Gotthard. Heinrich der Vierte auf seinem Weg nach Canossa zog über den Mont Cenis, genauso wie vermutlich schon Hunderte Jahre früher Hannibal; andere Kaiser zogen über den Großen oder Kleinen St. Bernhard, über den San Bernardino, den Lukmanier, den Simplon oder weiter im Osten über den Brenner; nur über den viel bequemeren St. Gotthard zogen sie nicht.

Der Grund war die berühmte, das Ursenental flußabwärts von Uri abriegelnde Schöllenenschlucht, ein damals völlig unüberwindliches Hindernis. »Schon in der zweiten Hälfte des 12. Jahrhunderts mögen Kaufleute dieses Hindernis als ärgerlich empfunden haben«, schreibt der Historiker Bergier. »Wären nicht diese teuflische Schlucht, diese paar nicht zu machenden Schritte gewesen, der Weg über den St. Gotthard hätte eine wunderbar kurze und bequeme Verbindung von der Lombardei nach Norden geboten.«

Dann wurde die berühmte Teufelsbrücke bei Göschenen gebaut (von wem genau weiß man nicht), die diese unpassierbare Talenge überwand. Über das

genaue Datums schweigen sich die Quellen aus, aber seit Mitte des 13. Jahrhunderts gibt es schriftliche Berichte von Reisen über den St. Gotthard. Erst seit dieser Zeit, seit dem Bau der ersten Teufelsbrücke, ist der St. Gotthard das große Tor zum Süden, als das wir ihn heute alle kennen.

Lit.: Jean-François Bergier: Wilhelm Tell, München 1988 (besonders Kapitel 10: Die Erfindung des Gotthardpasses).

Erst diese Brücke öffnete den St.-Gotthard-Paß

Stiere 1
Stiere mögen keine rote Farbe

Stiere sind praktisch farbenblind, sie können rot von anderen Farben nur sehr schwer unterscheiden. Deshalb reagieren sie auf rote Tücher nicht anders als auf grüne oder blaue, nämlich im Grunde überhaupt nicht (es sei denn, die Tücher würden wild geschwenkt). Manche Zoologen glauben sogar, daß man, um einen Stier zu reizen, besser weiße Tücher nehmen sollte.

Die bunte Kleidung und die roten Tücher der spanischen Toreros sind also eher für das Publikum gedacht. Die Stiere reagieren wütend nur auf das Herumgerenne und -geschwenke, nicht aber auf die rote Farbe.

Stiere 2
Der Stierkampf ist eine spanische Erfindung

Stiere wurden in vielen Ländern des Altertums wegen ihrer Stärke und Fruchtbarkeit verehrt; Stierkämpfe gab es schon bei den Römern, Griechen und Ägyptern, ja sogar im alten China wurden frühe Varianten eines Stierkampfs nachgewiesen.

Auf welchen Wegen der Stierkampf nach Spanien gekommen ist, weiß man nicht genau – vermutlich mit den Mauren. Aber von wem auch immer die Spanier den Stierkampf übernommen haben, erfunden haben sie ihn nicht.

Lit: Rudolf Brasch: How did sports begin? McKay, 1974.

Stuhlgang
»Man muß täglich müssen!«

»Man muß nicht täglich müssen«, lesen wir in einer Apothekerzeitschrift. »Der Wiener Sozialmediziner Prof. Dr. Michael Kunze fand bei Befragungen und Untersuchungen heraus, daß die Selbst-Diagnose Verstopfung von vielen Menschen, besonders von Frauen, zu früh bzw. zu oft gestellt wird in der Annahme, Stuhlgang sei täglich notwendig.« In Wahrheit sei eine Fixierung auf eine Verdauung im 24-Stunden-Takt nur ein Relikt aus unseren Kleinkindtagen mit ihrer überkommenen Sauberkeitserziehung, als viele von uns für eine vollen Topf gelobt und für einen leeren Topf getadelt wurden; dieser 24-Stunden Rhythmus sei aber nicht gottgegeben, die Art und Häufigkeit des Stuhlgangs hänge vielmehr eng mit der Beschaffenheit und dem Rhythmus unserer Ernährung zusammen. »Dreimal täglich kann ebenso normal sein wie dreimal die Woche.«

Süßigkeiten
Süßigkeiten machen Kinder ›hippelig‹

»Das wird immer wieder behauptet«, schreibt der Präsident der Deutschen Gesellschaft für Ernährung. »Bewiesen ist es nicht. ... Manche Kinder werden allerdings ›erträglicher‹, wenn die Eltern verständnisvoll versuchen, sie von Süßigkeiten fernzuhalten. Dieser Effekt wird darauf zurückgeführt, daß sich die Eltern dann natürlich intensiv mit dem Kind befassen müssen – sozusagen ein therapeutischer Effekt durch vermehrte Zuwendung.«

Lit.: »Machen Bananen glücklich?« in Test Spezial: Ernährung, 1993.

Syphilis
Die Syphilis wurde von spanischen Seefahrern nach Europa eingeschleppt

Wenn es gilt, die Schuld an Mißgeschicken auf andere zu schieben, waren die Menschen schon immer sehr erfinderisch. So glauben etwa viele Europäer, die Syphilis wäre erst durch heimkehrende Seefahrer von Amerika nach Europa gekommen (so wie umgekehrt viele Amerikaner den Europäern die Schuld an der Tbc zuschieben – zu Unrecht, wie unter dem einschlägigen Stichwort nachzulesen).

In Wahrheit gab es die Syphilis in Europa schon lange vor Kolumbus – nur wurde sie nicht so genannt. Aber die Symptome – Geschwüre, Knoten, großflächige Hautausschläge, zuweilen auch Heiserkeit und Haarausfall – waren schon lange vorher bei berühmten und weniger berühmten Menschen aufgetreten, die dann an Syphilis gestorben sind, ohne es zu wissen.

Zum ersten Mal taucht das Wort »Syphilis« in einem Gedicht des Jahres 1530 auf, in dem ein unglücklicher Schäfer namens Syphilus besungen wird, der während einer großen Hitzewelle die Sonne verfluchte. Zur Strafe schlugen ihn die Götter mit einer »neuen« Krankheit, die dann in der Folklore den Namen ihres ersten Opfers annahm. Und da sich dieser Name zeitgleich mit der Eroberung Amerikas verbreitete, kamen die Menschen wie so oft in solchen Fällen auf den Gedanken, daß hier ein Zusammenhang bestehen müsse.

Lit.: Karl Sudhoff: Kurzes Handbuch der Geschichte der Medizin, Berlin 1922.

»Was sich nie und nirgends hat begeben,
das allein veraltet nie.«
Friedrich Schiller, An die Freude

T

Tbc
Die Tuberkulose wurde von Europäern nach Amerika gebracht

Eine bis vor kurzem unter Medizinhistorikern unbestrittene Lehrmeinung besagte, erst die europäischen Eroberer hätten die Menschheitsgeißel Tbc nach Amerika gebracht, und zwar mit den Matrosen des Kolumbus.

In Wahrheit gab es Tbc schon lange vorher in Amerika: vor kurzem haben amerikanische Pathologen in der Lunge einer mehr als tausend Jahre alten Mumie aus Kolumbien einen verkalkten Tuberkuloseherd gefunden.

Lit.: Wilmar L. Salo u.a.: »Identification of Myobacterium tuberculosis DNA in a pre-columbian Peruvian mummy«, Proceedings of the National Academy of Science, 91, 1994, 2091-2094.

Teflon
Teflon ist ein Produkt der Raumfahrtindustrie

Die Raumfahrtindustrie mag viele nützliche Alltagsutensilien erfunden haben – das berühmte Teflon, das ihr oft zugeschrieben wird, das etwa auf Bratpfannen so schön das Anbrennen verhindert, ist nicht dabei.

Teflon gehört zu den sogenannte »Fluorkohlenstoffen«, das sind Moleküle, bei denen die freien Wertigkeiten eines Kohlenstoffrings oder einer Kohlenstoffkette mit Fluoratomen besetzt sind; es wurde erstmals 1938, 20 Jahre vor dem Beginn der Weltraumfahrt, als »Polytetrafluorethylen« erzeugt, und war unter dem modernen Namen Teflon ab 1950 käuflich zu erwerben.

Die berühmte Teflonpfanne wurde 1954 von dem Franzosen Marc Gregoire erfunden, und zwar eher zufällig, als er an seinen Angelruten bastelte. Zwei Jahre später gründete Gregoire die Firma Tefal, und brachte seine Pfanne auf den Markt (aber auch schon vorher sollen in Amerika Bratpfannen mit Teflon beschichtet worden sein).

Lit.: Stichwortartikel »Plastics« im Microsoft CD-ROM Encyclopädie Encarta, 1994.

Terms of trade
Das reale Austauschverhältnis von Importen und Exporten ist für Entwicklungsländer heute ungünstiger als früher
(s.a. »Ausbeutung« und »Dritte Welt«)

Das ist eine der vielen modernen Mythen zu Entwicklungsländern: sie wären unter anderen auch deshalb arm, weil sie für ihre Produkte immer weniger real erlösen.

In Wahrheit ist das Gegenteil der Fall; das Tauschverhältnis von Im- und Exporten, im Fachjargon auch »terms of trade« genannt, hat sich in den letzten hundert Jahren ganz im Gegenteil für die Dritte Welt *verbessert*: Für ihre wichtigsten Exporte – Südfrüchte, Kaffee, Tee, Rohstoffe aller Art – erhält sie heute *mehr* und nicht weniger Industrieprodukte als vor 50 oder 100 Jahren, sie muß heute für Autos, Fernseher und Waschmaschinen *weniger* eigene Produkte liefern als für vergleichbare Importe am Anfang des Jahrhunderts.

Diese für die Entwicklungsländer erfreuliche Verbessererung des Tauschwertes ihrer Güter ist eine Folge der enorm gestiegenen Arbeitsproduktivität in den Industrienationen; dadurch werden die Weltmarktpreise für Industrieprodukte relativ zu vielen Agrarprodukten wie Tee und Kaffee gedrückt, die nicht so einfach rationeller herzustellen sind, deshalb braucht ein Kaffeepflanzer in Kolumbien heute weniger Kaffee als vor 50 Jahren, um ein Radio, ein Auto oder eine Schreibmaschine einzutauschen.

Nur bei einigen wenigen Agrarprodukten wie Zucker oder Weizen ist das reale Tauschverhältnis für die Produzenten heute schlechter. Bei Zucker, weil das noch bis Ende des letzten Jahrhunderts dominierende Zuckerrohr durch die Zuckerrübe eine billige Konkurrenz erhielt, bei Weizen, weil durch die riesigen neuen Anbauflächen im Westen der USA das Angebot auf Dauer billiger geworden ist. Aber im großen und ganzen müssen die Entwicklungsländer die Schuld für ihre Armut an anderer Stelle als bei den Weltmarktpreisen ihrer eigenen Produkte suchen.

Lit.: Paul Bairoch: The economic development of the Third World since 1900, London 1977.

Tetanus
Man kann durch einen Tritt auf einen rostigen Nagel Tetanus bekommen

Tetanus alias Wundstarrkrampf wird allein durch das Bakterium »Clostridium Tetani« übertragen; dieses gedeiht vor allem in der Darmflora von pflanzenfressenden Tieren und kommt mit deren Kot auch auf den Erdboden. Wenn unser Rostnagel also auch im Kuhmist lag, oder sonstwie mit Schmutz in Berührung kam, kann man davon Tetanus bekommen – der Rost als solcher hat nichts mit Wundstarrkrampf zu tun.

Lit.: Stichwort »Tetanus« in Brockhaus Enzyklopädie, Wiesbaden 1990.

Todesträume
Todesträume sind Zeichen übersinnlicher Wahrnehmung

Todesträume gelten zu Unrecht als der große Kronzeuge für übersinnliche Wahrnehmungen. Jemand träumt, daß jemand anderes stirbt – und der andere stirbt. »Einer meiner Bekannten sieht und erlebt im Traum den plötzlichen und gewaltsamen Tod eines Freundes, mit charakteristischen Merkmalen«, schreibt etwa C. G. Jung. »Der Träumer befindet sich in Europa und sein Freund in Amerika. Ein Telegramm am nächsten Morgen bestätigt den Tod, und ein Brief etwa zehn Tage später die Einzelheiten.«

Oder der Schauspieler Alec Guinness, zu Besuch in Hollywood, bekommt das neue Auto von James Dean gezeigt. »Ich weiß nicht wieso, aber das Auto gefällt mir nicht«, sagt Alec Guinness zu James Dean. »Fahre besser nicht damit. Sonst bist du nächste Woche tot.« Und wie wir wissen, war James Dean die nächste Woche tot.

Solche Ereignisse seien derart unwahrscheinlich, so Jung, daß der Zufall als Erklärung ausscheide und man nach anderen Ursachen suchen müsse, etwa den von Jung propagierten »akausalen« oder »telepathischen« Koinzidenzen, welche quasi als Verbindungsfenster für mehrere von Jung vermutete parallele Welten dienen, in denen wir Menschen, von unseren parallelen Existenzen nichts wissend, gleichzeitig und mehrfach existieren. So soll etwa der französische Psychologe Dariex errechnet haben, daß die Wahrscheinlichkeit einer »telepathischen« Todeswahrnehmung nur eins zu vier Millionen betrage, woraus Jung dann schließt, daß »die Erklärung eines derartigen Falles als Zufall ... mehr als viermillionenmal unwahrscheinlicher [ist] als die ›telepathische‹, bzw. als die akausale, sinngemäße Koinzidenz«.

Dieses Argument ist aber falsch. Selbst wenn wir die Dariexsche Wahrscheinlichkeit einmal gelten lassen, und uns auch an ihrer seltsamen Behandlung durch Jung nicht weiter stören – diese Zahl ist kein Beweis für Telepathie. Im Gegenteil. Wenn wir die eins zu vier Millionen einmal so interpretieren, daß ein Todesfall unter vier Millionen von jemand anderem geträumt wird, so können wir bei neunhunderttausend Todesfällen jedes Jahr in Deutschland alle vier bis fünf Jahre mit einer solchen wundersamen Ahnung rechnen.

Vermutlich gibt es aber »wahre« Todesträume noch viel öfter. Wenn wir einmal sehr vorsichtig schätzen, daß jeder Bundesbürger im Durchschnitt einmal im Leben vom Tod eines anderen, ihm oder ihr bekannten Menschen träumt, kommen bei achtzig Millionen Menschen in Deutschland pro Nacht mehr als zweitausend Todesträume vor – ungefähr so viele wie tatsächlich Menschen sterben. Wenn wir weiter einmal unterstellen, die Opfer in den Todesträumen wären zufällig unter allen Bundesbürgern ausgewählt, so beträgt die Wahrscheinlichkeit rund acht Prozent, daß mindestens ein Todesfall eines bestimmten Tages in der Nacht zuvor von jemand anderem geträumt wird, was pro Jahr an durchschnittlich dreißig Tagen zu einer wahren Todesahnung führt.

Diese Todesahnungen sind aber ein lupenreines Produkt des Zufalls und haben mit übersinnlichen Wahrnehmungen oder mit irgendeiner Vorsehung nicht das mindeste zu tun. Sie sind so häufig oder selten wie zweiköpfige Kälber, Tod durch Blitzschlag oder Schnee im Juni – in einem konkreten Einzelfall sehr unwahrscheinlich, aber irgendwann und irgendwo mit Sicherheit zu finden.

In Wahrheit sind die nur durch Zufall wahren Todesträume vermutlich sogar noch häufiger als oben ausgerechnet. Denn in dieser Rechnung haben wir angenommen, die Todesträume wären zufällig auf alle achtzig Millionen Bundesbürger verteilt; außerdem habe wir nur solche Träume gezählt, deren »Opfer« gleich am nächsten Tag versterben, und weiter angenommen, daß jeder Mensch im Mittel nur einmal im Leben vom Tode eines anderen träumt. Wenn wir zusätzlich noch erlauben, daß Menschen vielleicht mehr als einmal im Leben Todesträume haben, oder daß Menschen in Lebensgefahr öfter in den Todesträumen ihrer Mitmenschen auftreten als andere, und wenn wir auch solche Todesträume mitzählen, deren »Opfer« erst binnen einer Woche oder binnen eines Monats nach dem Traum versterben, so werden wahre Todesträume nochmals häufiger; sie werden sozusagen fast alltäglich, so selten wie Regen im April.

Lit.: C. G. Jung und W. Pauli: Naturerklärung und Psyche, Zürich 1952; Walter Krämer: Denkste! Trugschlüsse aus der Welt des Zufalls und der Zahlen, Frankfurt 1995.

Totes Meer
Das Tote Meer ist biologisch tot

Das Tote Meer ist gar nicht so tot; es beherbergt verschiedene Mikroorganismen, die sich u.a. von Zellulose ernähren, sowie Salzwasserkrabben und eine bestimmte Art von Fliegen, deren Eier als Futter für Tropenfische dienen, auch Pflanzen, die sogenannten Halophyten, die in salziger oder alkalischer Umgebung gedeihen.

Daneben waren lange Zeiten auch noch die folgenden Irrtümer zum Toten Meer im Umlauf, an die aber heute vermutlich niemand auf der Welt mehr glaubt: daß Ziegelsteine auf dem Toten Meer nicht untergehen (falsch: das Tote Meer mit seinem Salzgehalt von fast 30% trägt zwar besser als Süßwasser, aber Ziegelsteine nicht), daß Vögel beim Überfliegen des Meeres sterben, daß das Tote Meer das Tor zur Hölle sei (verständlich angesichts des Schwefelgestanks, der allerdings aus ganz natürlichen Mineralquellen aufsteigt), oder daß die am Ufer wachsenden Früchte brennen können ohne aufzuhören.

Außerdem: Der Name »Totes Meer« kommt in der Bibel nirgends vor; sein Schöpfer ist vermutlich der Heilige Hieronymus (um 347 bis 420).

Lit.: Andrew D. White: A history of the warfare of science with theology in christendom, London 1955; Stichwort »Death sea« in Encyclopaedia Britannica, Chicago 1985.

Traubenzucker
Traubenzucker entsteht aus Trauben

Traubenzucker (alias Glucose, $C_6 H_{12} O_6$) wird heute vor allem aus Kartoffeln oder Mais gewonnen. Er kommt zwar auch in Trauben vor, genauso wie in anderen süßen Früchten, auch in Bienenhonig und in diversen Wurzeln, aber nicht in solchen Mengen, daß sich eine Großgewinnung lohnen würde.

Lit.: Stichwort »Traubenzucker« in Brockhaus Enzyklopädie, Wiesbaden 1990.

Trauerkleidung 1
Das Schwarz der Trauerkleidung steht für Trauer

Der Brauch, bei Trauerfeiern Schwarz zu tragen, hat seinen Ursprung weniger darin, daß wir um die Toten trauern, sondern darin, daß wir uns vor ihnen fürchten. Getarnt durch schwarze Kleidung glaubte man, vom Geist des Toten nicht erkannt zu werden, der einen vielleicht verfolgen könnte. Mit anderen Worten, das Motiv für schwarze Kleider war weniger die Trauer um den fremden Tod als die Furcht vor dem eigenen.

Lit.: R. Brasch: Dreimal schwarzer Kater, Wiesbaden 1968.

Trauerkleidung 2
Die universelle Trauerfarbe ist das Schwarz

Bei den Chinesen ist die Trauerfarbe vielfach weiß oder rotviolett, bei den Ägyptern gelb, bei den Persern braun, bei den Zigeunern rot.

Tulpen
Tulpen kommen aus Holland

Tulpen gehören zu Holland wie Käse, Holzschuhe und Windmühlen. Darüber wird dann oft vergessen, daß diese Blumen nicht holländischen, sondern türkischen Ursprungs sind. Der Name kommt von »Tuliband« = türkisch für Turban, weil die Blüte an einen Turban erinnert. Erst im 16. Jahrhundert haben die Tulpen den Weg vom Bosporus an die Nordsee gefunden, wo sie dann sehr schnell sehr populär geworden sind und seither als geistiges Eigentum der Niederländer gelten.

Lit.: Robert S. Lemmon und Charles L. Sherman: Flowers of the world, New York 1958.

»Zwischen der sozialistischen DDR und der imperialistischen BRD gibt es keine Einheit und kann es keine Einheit geben. Das ist so sicher und so klar wie die Tatsache, daß der Regen zur Erde fällt und nicht zu den Wolken hinauffließt.«
Erich Honecker

U

Überalterung
Vor allem das Altern der Bevölkerung treibt die Kosten im Gesundheitswesen in die Höhe

Die Menschen in den westlichen Industrienationen werden im Durchschnitt immer älter, und ihre Krankenkassen immer teurer. Daraus ziehen viele dann den Schluß, das eine wäre die Ursache für das andere, und dieser Schluß ist falsch.

Richtig ist, daß in fast allen Ländern dieser Erde ein überproportionaler Anteil der Gesundheitsgelder für ältere Menschen ausgegeben wird, in Deutschland etwa pro Kopf fünfmal mehr für Menschen über 65, verglichen mit Menschen unter 25, und dieser Mehrverbrauch nimmt mit wachsendem Alter weiter zu.

Aber diese Kostenprogression im Lauf des Lebens gab es immer schon; die sogenannten Altersprofile der Ausgaben für ambulante Behandlung oder Medikamente von 1960 und von heute gleichen sich fast bis aufs Haar, nur daß die absoluten Kosten heute höher sind. Und damit kann die überproportionale Kostenbelastung durch alte Menschen allein die absolute Höhe der Gesundheitsausgaben in einer gegebenen Rechnungsperiode, nicht aber deren Wachstum im Zeitverlauf erklären. Hält man die sogenannte »altersspezifische Morbidität« und den Stand der Medizin konstant, geht vielmehr nur ein sehr kleiner Teil der vergangenen und künftigen Ausgabensteigerungen auf die Altersverschiebung der Bevölkerung zurück. Lefelmann und Borchert (1983) etwa beziffern den allein durch demographische Faktoren bedingten Ausgabenanstieg der realen bundesdeutschen Pro-Kopf-Gesundheitsausgaben von 1980 bis zum Jahr 2000 auf weniger als 6 Prozent. Soviel verursachen andere Faktoren, in erster Linie der medizinische Fortschritt, in einem Zehntel dieser Zeit, und auch in vielen anderen Untersuchungen entpuppen sich die Ausgabenzuwächse im Gesundheitswesen als eher unsensibel gegen die Alterspyramide der Bevölkerung.

Die Betonung liegt dabei auf Ausgaben*zuwächse*. Mag die absolute Höhe der Gesundheitsausgaben in einer gegebenen Rechnungsperiode auch durchaus den alten Menschen zuzurechnen sein, mit deren Wachstum im Zeitablauf haben sie nichts bzw. nur am Rand zu tun.

Lit.: B. Camphausen (1983): Auswirkungen demographischer Prozesse auf die Berufe und die Kosten im Gesundheitswesen, Berlin 1983; G. Lefelmann und G. Borchert: »Bevölkerungsentwicklung und Krankheitskosten«, Sozialer Fortschritt, 1983, 173-175; G. Pedroni und P. Zweifel: Alter-Gesundheit-Gesundheitskosten, Basel 1989.

Übergewicht

Übergewicht ist ungesund (s.a. »Diät« und »Essen«)

»Fettsucht ist tödlicher als Krebs« schreibt ein deutsches Gesundheitsmagazin. Und das amerikanische »National Institute of Health« hat sogar beschlossen, jedwedes Übergewicht als Krankheit anzusehen: jedes Pfund zuviel, ob 5 oder 50, schade der Gesundheit und sei besser abzubauen.

Diese Diagnose ist jedoch aus mehreren Gründen bedenklich und vermutlich falsch. Zunächst hängt sie offenbar entscheidend davon ab, wo das Normalgewicht aufhört und das Übergewicht anfängt, und das ist alles andere als klar. So hat etwa das Idealgewicht (»desirable Weight«, etwa zu verstehen als das Körpergewicht, welches die Restlebenserwartung maximiert), auf das amerikanische Ärzte ihre Übergewichts-Diagnose gründen, in den letzten 30 Jahren um mehrere Kilo zugenommen, und auch die Brigitte-Formel »Größe minus 100 minus 10%« (bei Männern) bzw. »Größe minus 100 minus 15%« (bei Frauen) ist viel zu grob. Außer Körpergröße und Geschlecht wirken nämlich noch viele andere Faktoren wie Alter, Erbanlagen und Stoffwechsel-Besonderheiten auf das Idealgewicht, und wenn alle diese zusätzlichen Determinanten in die Rechnung einbezogen werden, reicht der Rahmen möglicher Idealgewichte so weit – bei einer 158 cm großen Frau etwa von 51 bis 67 Kilogramm –, daß er schon wieder nutzlos ist.

Aber auch abseits dieser Definitions- und Meßprobleme gehört die Diagnose »Übergewicht = krank« als »bedauerliche Fehlinformation auf den großen Müllhaufen der ärztlichen Irrtümer gekehrt« (Der Spiegel). Denn eine weitere Quelle dieser »Fehlinformation« ist die Falle »Korrelation = Kausalität«, die auch schon verschiedene andere in diesem Buch aufgelistete Irrtümer auf dem Gewissen hat und die auch bei dem Schluß von Übergewicht auf Krankheit nicht immer ausgeschaltet worden ist: Dicke Menschen leiden öfter als andere an Diabetes, Bluthochdruck, Herz-Kreislaufbeschwerden, Krebs, Arthritis, etc., ergo muß Übergewicht der Grund für diese Übel sein.

Dieser Schluß ist aber nicht notwendig richtig. Schließlich glauben wir ja auch nicht, nur weil Männer mit Glatzen nachweislich höhere Einkommen haben als Männer ohne Glatze, daß man durch Kahlrasieren des Kopfes sein Einkommen erhöhen könne (und genausowenig, daß vom Geldverdienen die Haare ausfallen). Vielmehr hängen sowohl Einkommen wie Haarpracht von einer dritten Variablen, dem Lebensalter ab (mit dem Alter werden die Kopfhaare im allgemeinen weniger und die Einkommen größer), und genauso könnte zumindest ein Teil der positiven Korrelation von Körpergewicht und Krankheit auf eine gemeinsame dritte Ursache zurückzuführen sein. So ist etwa seit langem bekannt, daß Übergewicht vor allem ein Problem der unteren sozialen Schichten ist, und in dem Umfang, wie man hier z. B. auch mehr raucht, muß die positive Korrelation zwischen Übergewicht und Krebs durchaus nicht die Schuld des Übergewichtes sein. Vielmehr sind beide eine Folge der dritten Variablen »soziale Klasse«. Ein übergewichtiger Raucher, der weniger ißt, um sein Krebsrisiko zu senken, hätte damit die gleichen Erfolgsaussichten wie eine unterbezahlter Angestellter, der sich zur Erhöhung des Einkommens die Haare abrasiert.

Aber selbst die einfache Korrelation zwischen Übergewicht und Krankheit ist durchaus nicht so gesichert wie die Damen und Herren vom National Institute of Health uns glauben machen wollen. Wie so oft gibt es auch hier für fast jede Studie, die eine positive Korrelation zwischen Übergewicht und anderen Krankheiten feststellt, eine andere mit dem gegenteiligen Ergebnis. So leiden mäßig Übergewichtige nach deutschen Krankheits- und Sterbestatistiken seltener als Dünne an Magen- oder Darmgeschwüren; sie bringen sich auch nicht so häufig selber um. Gordon und Doyle (1988) fanden sogar heraus, daß Männer mit 10 kg Übergewicht nicht kürzer sondern länger leben als Zeitgenossen mit dem sogenannten »Idealgewicht«, und wenn es stimmt, wie andere Forschungen an der Rockefeller Universität in New York ergeben haben, daß vor allem Übergewichtige mit abnormalen Fettzellen durch Abnehmen gesünder werden, Übergewichtige mit »normalen« Fettzellen dagegen durch Abnehmen der Gesundheit eher schaden, liegt hier nicht nur eine Korrelation, sondern sogar eine Kausalbeziehung vor.

Abgesehen von den rund 5 Prozent aller deutschen Erwachsenen, die so übergewichtig (»adipös«) sind, daß ihre Gesundheit wirklich leidet, können also die meisten Übergewichtigen hierzulande ruhig schlafen. Denn das eigentliche Ziel dieses Kreuzzugs gegen unsere Gürtellinie sind nicht unsere Fettzellen, sondern unsere Freiheit und unser Geldbeutel. Mit Gesundheit hat das alles nur am Rand zu tun. Solange »die Indizien, daß etwas Fett zuviel der Gesundheit schadet, nur sehr dünn und für geringes Übergewicht sogar nur eingebildet sind« (Skrabanek und McCormick), muß kein Dicker sich davon die gute Laune stören lassen.

Lit.: G. Kolata: »Obesity declared a disease«, Science, vol 227, 1985, S. 1019-1020, und »Why do people get fat?«, Science, vol 227, 1985, S. 1327-1328; »Schrei aus der Tiefe des Bauches«, Der Spiegel 15/1985, S. 36-52; T. Gordon und S. T. Doyle: »Weight and mortality in men: the Albany study«, International Journal of Epidemiology 17, 1988, S. 77-81; P. Skrabanek und J. McCormick: Torheiten und Trugschlüsse in der Medizin, Mainz 1991.

Umfragen
Zu heiklen Themen können Umfragen nur falsche Resultate liefern

Mittels moderner Interviewmethoden, den sogenannten »randomized response«-Techniken, kann man heute den Befragten auch peinliche Wahrheiten entlocken. Wieviele Eltern schlagen ihre Kinder? Wieviele Bundesbürger sind dem Alkohol verfallen? Wieviele Frauen betrügen ihre Männer? Auf solche und verwandte Fragen geben wir bei der folgenden Prozedur viel lieber als bei einer direkten Frage eine wahre Antwort: Der oder die Interviewte wählt zufällig und hinter dem Rücken des Interviewers aus mehreren Fragen eine aus. Nur eine der Fragen ist von eigentlichem Interesse, die übrigen sind harmlos, etwa »Trinken sie lieber Tee als Kaffee?« oder »Waren Sie schon einmal in Italien?«. Der Interviewer weiß nicht, auf welche Fragen der oder die Befragte antwortet; er weiß nur: mit Wahrscheinlichkeit so und so antwortet er oder sie auf die erste Frage, mit Wahrscheinlichkeit so-und-so auf die zweite Frage, und so weiter. Daraus kann man dann mit Methoden, die uns hier nicht weiter interessieren, auf die gesamten »Ja-Quoten« bei den Einzelfragen rückschließen; auch wenn im Einzelfall nur die Befrager selber die Fragen zu den Antworten kennen, und auch wenn diese Fragen nicht den Befragten zugeordnet werden können, das Kollektivverhalten läßt sich trotzdem aus den Antworten mit großer Sicherheit ermitteln.

So geben etwa in den USA bei direkter Befragung 3,5 Prozent der Eltern zu, ihre Kinder zu schlagen, verglichen mit 15 Prozent bei randomized response. Und bei der Frage »Wieviele Drinks genehmigen Sie sich in der Woche?« steigt die Zahl von durchschnittlich 3,9 bei direkter Befragung auf 8,7 bei randomized response.

Lit.: S. Schneider, Optimale Designs für randomized response. Dortmund 1995.

Unabhängigkeitserklärung
Die amerikanische Unabhängigkeitserklärung geschah am 4. Juli 1776

Mit ihrer berühmten Unabhängigkeitserklärung sagten sich dreizehn britische Kolonien in Nordamerika von England los, aber nicht wie allgemein geglaubt am 4. Juli 1776.

In Wahrheit wurde der Abfall von England schon zwei Tage früher von den Mitgliedern des sogenannten »2. Kontinentalkongresses« beschlossen. Den Tag darauf wurde diese Erklärung in verschiedenen Zeitungen veröffentlicht, und einen weiteren Tag später, am 4. Juli, auch vom Kongreß übernommen. Die offizielle Proklamation vom Balkon des »Independence House« war am 8. Juli. (Eigentlich müßten die Amerikaner deshalb nicht nur einen Tag, sondern eine ganze Woche feiern.)

Außer dem Datum ist auch der Name der Erklärung nicht korrekt. Denn das Wort »Unabhängigkeit« oder auf englisch »independence« kommt in dieser »Declaration of Independence« nirgends vor. Der offizielle Titel der Erklärung heißt: »Die einmütige Erklärung der dreizehn Vereinten Staaten von Amerika« (»The unanimous Declaration of the thirteen United States of America«).

»Und sie bewegt sich doch!« (s.a. »Galilei«)

Diesen berühmten Spruch hat Galileo Galilei nie getan. Weder in den Prozeßakten des Inquisitionsverfahrens, an dessen Ende Galilei dieses trotzige Schlußwort geäußert haben soll, noch in Galileis eigenen Briefen und Schriften noch in anderen zeitgenössischen Quellen ist davon je die Rede.

Die erste urkundliche Erwähnung dieser Gegenrede Galileis findet sich mehr als 100 Jahre später in den notorisch ungenauen »Querelles Litteraires« des französischen Abbé Iraílli, der sie entweder selbst erfunden oder dem wahren Erfinder nachempfunden hat. Ihre außergewöhnliche Popularität speist sich aus einer verbreiteten Animosität gegen die katholische Kirche, verbunden mit dem Bestreben, deren Gegner und Opfer zu Märtyrern zu machen.

Lit.: Giorgio de Santillano: The crime of Galileo, London 1958.

Unfehlbarkeit
Der Papst in Rom reklamiert für sich Unfehlbarkeit

Das Dogma von der Unfehlbarkeit des Papstes bezieht sich nur auf sozusagen »amtliche« Verlautbarungen »ex cathedra«, also auf Aussagen zu zentralen Glaubensfragen; es wurde seit der Mitte des letzten Jahrhunderts nur zweimal angerufen: zur Bestätigung der jungfräulichen Empfängnis (durch Pius IX. im Jahr 1854) und zur Proklamation der Himmelfahrt Mariens (durch Pius XII. im Jahr 1950).

Dieser Unfehlbarkeitsglaube leitet sich aus einem anderen Glauben ab, nämlich daß Gott selbst seine Kirche in Glaubensdingen vor Irrtümern bewahre. Dementsprechend gilt nicht nur der Papst, sondern auch die Gesamtheit aller Bischöfe wie auch ein Konzil als unfehlbar, sofern sie einstimmig entscheiden.

Dieser Glaube ist so alt wie die katholische Kirche selbst. Er wurde nicht erst 1870 auf dem Ersten Vatikanischen Konzil verkündet, wie viele glauben; hier wurden nur die Bedingungen für die Unfehlbarkeit geklärt.

Ferner ist dieser Unfehlbarkeitsanspruch in Glaubensdingen auch nicht auf die römisch-katholische Kirche beschränkt; auch die griechisch und russisch orthodoxe Kirche halten ihre Konzilsbeschlüsse in Glaubensdingen für unfehlbar.

Lit.: Stichwort »Infallibility« in Microsoft CD-ROM Encyclopädie Encarta, 1994.

Ungeheuer von Loch Ness

Vermutlich haben nur die Wurstverkäufer am Ufer jemals an das Ungeheuer von Loch Ness geglaubt (und auch nur solange Touristen in der Nähe waren). Aber erst im Jahr 1993 wurde das berühmte Foto des Monsters als Kunstprodukt entlarvt.

Dieses Foto zeigt kein Monster, sondern eine etwa 30 cm hohe und 45 cm lange Seeschlange aus Holz, die auf einem bei Woolworth's in London gekauften Spielzeugunterseeboot befestigt ist. Die Konstrukteure, der Schauspieler Marmaduke Wetherell mit seinen beiden Söhnen und zwei weiteren Helfern, sind inzwischen tot.

Lit.: »Nessie photo was a fake«, Sydney Morning Herald, 12. 11. 1993.

Dieses Ungeheuer war aus Holz und Pappe

Ungleichheit
In sozialistischen Ländern ist die Ungleichheit der Einkommen kleiner als in kapitalistischen Ländern

Die Autoren dieses Wörterbuches verdienen als Hochschullehrer rund 80 % mehr als ihre Mitarbeiter; als einer davon (W. Krämer) einmal als Gastprofessor in der Volksrepublik China weilte, mußte er sich sagen lassen, daß chinesische Professoren das drei- bis sechsfache Gehalt ihrer Assistenten beziehen.

Noch grotesker waren die Unterschiede der Realeinkommen in der ehemaligen Sowietunion: dort verdiente ein mittlerer Parteifunktionär in einem Industriebetrieb real (d. h. wenn man alle nichtmonetären Vergünstigungen wie Datscha, Dienstwagen oder Urlaub auf Staatskosten dazurechnet) mehr als das fünfzigfache eines Fließbandarbeiters, verglichen mit einem Faktor vier bis fünf für vergleichbare Positionen in westlichen Industrienationen. (Die geradezu obszönen Gehälter der absoluten Spitzenleute hier im Westen sind ein anderes Kapitel; aber das betrifft weniger als vielleicht tausend Leute. Für den Rest der arbeitenden Bevölkerung ist und war die Ungleichheit der Einkommen im Sozialismus zumindest nicht kleiner und eher größer als in einer Marktwirtschaft.)

Empirische Untersuchungen, die etwas anderes ergeben, vernachlässigen in aller Regel die »inoffiziellen« Komponenten des Einkommens sozialistischer Spitzenfunktionäre, die aber zusammen bis zu einem Drittel des Volkseinkommens ausmachen können. Zählt man nämlich alle »offiziellen« Haushaltseinkommen in einer sozialistischen Planwirtschaft zusammen, kommt man in der Regel nur auf rund zwei Drittel des Volkseinkommens – mit anderen Worten: ein Drittel wird »versteckt« verteilt (als Datscha, Urlaub, Dienstwagen), und natürlich schwerpunktmäßig an die Leute, die an der Tränke, sprich: an den Partei-Kommandohebeln sitzen.

Deshalb muß man alle Studien mit Mißtrauen betrachten, die entsprechend der reinen Lehre tatsächlich ein »equality gap« zwischen sozialistisch und marktwirtschaftlich gelenkten Volkswirtschaften finden: Zählt man die versteckten Vergünstigungen so wie es sich gehört zum Einkommen dazu, ist diese Lücke in aller Regel verschwunden, so wie in einem Vergleich aus den 80er Jahren der alten Bundesrepublik mit dem damals noch sozialistischen Polen: »Was als sichere Aussage erhalten bleibt«, schreiben die Autoren einer einschlägigen Studie, »ist folglich, daß ... die Disparität der Nettoeinkommen in der Bundesrepublik ungefähr der Disparität der Nettoeinkommen in der Volksrepublik Polen entspricht. Damit kann ... die These vom ›equality gap‹ hinsichtlich der Disparität der Nettoeinkommen in sozialistischen Planwirtschaften und in marktwirtschaftlich organisierten Volkswirtschaften für den Vergleich der Bundesrepublik Deutschland und der Volksrepublik Polen nicht gestützt werden.«

Lit.: Renate Schubert und Marian Wisniewski: »Die Einkommensdisparität in der Bundesrepublik Deutschland und in der Volksrepublik Polen – Zur Aussagekraft eines Vergleichs«, Allgemeines Statistisches Archiv 72, 1988, S. 171-191.

Unterschrift
Nur Analphabeten unterschreiben mit einem Kreuz

Über viele Jahrhunderte unterschrieben auch gelehrte Leute in Europa mit einem einfachen Kreuz. Rechts oder links daneben wurde dann noch der volle Name ausgeschrieben, aber von einem Zeugen, nicht von dem Unterschriftsleistenden selbst.

Ab dem 16. Jahrhundert fanden aber immer mehr Menschen das Zeichen des Kreuzes für profane oder kommerzielle Zwecke wenig opportun, und sie unterzeichneten Dokumente stattdessen mit ihren Initialen oder auch mit ihrem vollen Namen.

»Das einzige Mittel,
den Irrtum zu vermeiden, ist die Unwissenheit.«
Rousseau, Émile

V

Vampire
Vampire saugen Blut

Die als »Vampir« bekannten Fledermäuse (Vampyrus sektrum Linnaeus) mögen überhaupt kein Blut; sie leben von Früchten und Insekten, genauso wie die übrigen rund 30 Arten Fledermäuse, die es in Europa gibt (als europäisches Mekka der Fledermäuse gilt übrigens Berlin; hier leben 16 Arten Fledermäuse).

Aber auch die wenigen »blutsaugenden« Fledermäuse saugen das Blut nicht, sie lecken nur. Mit ihren Schneidezähnen durchbeißen sie des Opfers Haut und lecken das Blut, das aus der Wunde quillt, mit ihrer Zunge auf. Vor allem in den tropischen Regionen Südamerikas sind diese rund sieben Zentimeter großen, als »Große Blutsauger« bekannten Fledermäuse für Menschen und Tiere eine wahre Plage. »Er war ein düsterer Mann von abweisendem Äußeren«, schreibt Gabriel García Márquez über eine seiner Romangestalten, »von lilienhafter Blässe durch den Blutverlust, den ihm die Fledermäuse im Schlaf beibrachten.«

Lit.: Gabriel García Márquez: Von der Liebe und anderen Dämonen, Köln 1994; »Nur eine Fledermausart saugt Blut«, Hannoversche Allgemeine Zeitung, 2. 6. 1995.

Vandalismus
Die Vandalen haben durch ihre blinde Zerstörungswut den Begriff des »Vandalismus« geprägt

Die Vandalen waren eigentlich gar keine Vandalen. Zumindest ist dieser germanische Volksstamm, als er während der großen Völkerwanderung aus Schlesien und Westpolen durch Europa nach Nordafrika zog, seinen Zeitgenossen nicht durch Vandalismus aufgefallen.

Auch als die Vandalen, nach langen Wanderungen in Nordafrika seßhaft geworden, anläßlich eines Ausflugs nach Italien die Stadt Rom besetzten und plünderten, benahmen sie sich nach damaligen Maßstäben recht moderat: Sie haben weder die Mauern noch die Stadt zerstört, und da sie die Stadt kampflos besetzen konnten, fielen auch die sonst üblichen Gemetzel aus. Nur alles nicht Niet- und Nagelfeste haben die Vandalen mitgenommen, so wie die Römer zu anderen Zeiten und in anderen Städten selber auch.

Der eigentliche Schock war nicht diese Plünderung als solche, sondern die neue Verteilung der Rollen: Die einstmals stolzen Römer als Besiegte, die ungebildeten Barbaren als die Sieger, und vor allem deshalb blieb dieses Ereignis in der kollektiven Erinnerung des Abendlandes so verwurzelt. Schon in altfranzösischen Heldengedichten, aber auch bei Schubart (1772) treten die Vandalen als Zerstörer auf, und als dann der Bischof von Blois in einer Rede vor dem französischen Nationalkonvent, die Plünderung der Schlösser und die Zerstörung von Kunstwerken durch die Jakobiner angreifend, dieses Verhalten »vandalisme« nannte, war es um das Image der Vandalen geschehen – ab dato hat sich »Vandalismus« als Synonym für sinnlose Zerstörung peu à peu auch in viele andere Sprachen eingeschmuggelt.

Lit.: Gerhard Prause: Tratschkes Lexikon für Besserwisser, München 1986; Georg Büchmann: Geflügelte Worte, Ausgabe Ex Libris, 6. Auflage, Frankfurt 1991.

Vegetarische Ernährung
Eine vegetarische Ernährung ist natürlich, und Fleisch essen ist unnatürlich (s.a. »Vollwertkost«)

Freunde der vegetarischen Ernährung verweisen gern auf die »Natürlichkeit«: Ursprünglich, d. h. vor der Zähmung des Feuers und vor der Erfindung von Waffen und Kochgeräten, hätten wir Menschen nur von Pflanzen und Früchten gelebt; anders als Fleischfresser wie Hunde oder Katzen seien Menschen weder durch Verdauungsapparat noch durch körperliche Fähigkeiten zum Jagen und Verzehren anderer Tiere geeignet (viel zu langsam, viel zu kleine Zähne etc); erst durch allerlei von der Natur nicht vorgesehene technische Hilfsmittel hätten unsere Vorfahren auch Tiere jagen, töten und verzehren können, und so eine quasi gottgewollte vegetarische Ernährungsform verlassen.

Das ist aber nicht ganz richtig; in Wahrheit hat die Spezies Homo sapiens schon immer Fleisch gegessen, so wie alle anderen Säugetiere zunächst auch. Erst nach und nach, und unter großem Protest ihrer Verdauungsorgane, haben die ersten Säugetiere vor 50 bis 80 Millionen Jahren ihre Nahrung auf Früchte, Beeren oder Gräser ausgeweitet, ohne aber jemals ihre Basisnahrung Fleisch ganz aufzugeben. Insbesondere haben auch die Urwaldaffen, von denen wir abstammen, neben Blättern und Früchten mit großem Appetit auch rohe Käfer, Frösche oder Eidechsen gegessen, sofern sie ihrer habhaft werden konnten. Und als dann unsere Vor-Vorfahren vor rund 10 Millionen Jahren die Urwälder verließen, um in freier Steppe eine bessere Zukunft für sich und ihre Nachkommen zu suchen, konnten sie ohne Fleisch überhaupt nicht überleben, ja man kann sogar behaupten, daß die Spezies Homo sapiens erst durch den Zwang des gemeinsamen Fleisch-Erjagens überhaupt entstanden ist: Wenn man Zoologen wie Desmond Morris glauben darf, war es gerade die natürliche Unterlegenheit der Urwaldaffen anderen Fleischfressern wie Hunden, Katzen oder Wölfen gegenüber, welche diese Urwaldaffen zwang, sich auf andere Qualitäten als reine Körperkräfte zu besinnen.

Wenn man will, kann man also das Argument der Vegetarier genau umdrehen und sagen, daß allein die natürliche Lust auf Fleisch die Menschen zu dem gemacht hat, was sie heute sind.

Lit.: Peter Andries: Der Vegetarismus und die Einwände seiner Gegner, Leipzig 1893.; Desmond Morris: The naked ape, London 1967.

Verhaftung
Nur Polizei und Staatsanwaltschaft dürfen Verhaftungen vornehmen

Nicht nur die Polizei, sondern jeder kann einen Tatverdächtigen verhaften, also seiner Freiheit berauben und vorläufig festnehmen: ein Kaufhausdetektiv, der einen Ladendieb erwischt, darf diesen durchaus mit Gewalt festhalten, genauso wie jeder Leser und jede Leserin dieser Zeilen berechtigt ist, einen im Keller überraschten Einbrecher in diesem Keller einzusperren.

Verlobung
Eine Verlobung ist nur eine unverbindliche Absichtserklärung

Eine Verlobung, ob schriftlich oder mündlich, ob heimlich oder in der Zeitung aller Welt bekannt gegeben, ist ein Vertrag wie jeder andere. Man kann ihn zwar nicht einklagen, aber einen ohne »gute Gründe« abgesprungenen Partner kann man durchaus für Schäden haftbar machen. Eine Frau, die in Erwartung der baldigen Heirat eine gutdotierte Stelle kündigt, ein Mann, der mit der Aussicht, demnächst bei der Frau zu wohnen, seine Wohnung aufgibt, beide können von einem wortbrüchigen Partner Schadenersatz verlangen.

»Gute Gründe« für eine Auflösung der Verlobung sind: Bruch der Verlöbnistreue, Lieblosigkeit, Verzögerung der Eheschließung, Geschlechtskrankheiten, aber auch »Unfähigkeit zu wirtschaften« oder die Nichteinhaltung des Versprechens, die Religion des Partners anzunehmen. Kein guter Grund ist das plötzliche Entflammen für jemand anderen – in diesem Fall kann der oder die Zurückgelassene den anderen oder die andere zur Kasse bitten.

Einzige Voraussetzung ist, daß beide Partner bei der Verlobung »geschäftsfähig« sind, insbesondere also mehr als 18 Jahre zählen. Verlobungen zwischen Minderjährigen sind nur rechtskräftig, wenn die gesetzlichen Vertreter zustimmen.

Lit.: Michael Scheele und Reinhard Wetter: Ratgeber Recht, 2. Auflage, München 1990.

Verlorene Generation

So hat die amerikanische Dichterin Gertrude Stein angeblich die Zeitgenossen Ernest Hemingways genannt (die Veteranen des I. Weltkriegs). Zumindest schreibt Hemingway ihr diese Worte (»lost generation«) auf dem Umschlag eines seiner Bücher zu.

In späteren Jahren, nachdem sein Verhältnis zu Frau Stein eher kühl geworden war, rückte Hemingway von dieser Variante aber wieder ab, und er stellte die Entstehung dieser Worte anders dar: weder von Gertrude Stein gesprochen noch als Beschreibung einer entfremdeten Weltkriegs-Generation, so wie in Hemingways Roman, sondern recht alltäglich: als Wutausbruch eines Werkstattleiters, der Frau Steins Auto reparieren sollte. »Als wir aus Kanada zurückgekommen waren und in der Rue Notre-Dame-des-Champs wohnten und Miss Stein und ich noch gute Freunde waren, machte Miss Stein die Bemerkung über die verlorene Generation«, schreibt Hemingway in *Paris – ein Fest fürs Leben.* »Sie hatte mit dem alten Ford-T-Modell, das sie damals fuhr, Ärger mit der Zündung, und der junge Mann, der in der Garage arbeitete und im letzten Kriegsjahr beim Militär gewesen war, hatte keine Erfahrung oder hatte die Priorität der anderen Fahrzeuge nicht durchbrochen, um Miss Steins Ford zu reparieren. Auf jeden Fall war er nicht *serieux* gewesen und war auf die Beschwerde von Miss Stein hin von dem *patron* der Garage ernsthaft zurechtgewiesen worden. Der *patron* hatte zu ihm gesagt: ›Ihr seid alle eine *génération perdue.*‹«

Und dann entspann sich zwischen Gertrude Stein und Ernest Hemingway eine längere Debatte des Inhalts, ob alle Weltkriegskämpfer Säufer wären oder nicht.

Lit.: Ernest Hemingway: The sun also rises, New York 1926; Ernest Hemingway: Paris – ein Fest fürs Leben, Hamburg 1971.

Versorgungsqualität
Unter dem Zustrom junger Ärzte leidet die Qualität der ambulanten ärztlichen Versorgung

Manche Beobachter des deutschen Gesundheitswesens fürchten, daß die vielen unerfahrenen Jungärzte, die im Gefolge der sog. »Ärzteschwemme« ohne lange Vorbereitung in die freie Praxis strömen, die Qualität der ambulanten Versorgung gefährden. Diese Furcht ist unbegründet.

Dazu zerlegen wir die ambulante Versorgung einmal in eine qualitative und in eine quantitative Komponente. Die qualitative Komponente steht für die Qualität einer ärztlichen Maßnahme, vorausgesetzt, eine solche findet überhaupt statt. Natürlich ist hier das Beste gerade gut genug, wobei aber durchaus offen ist, wer wirklich »besser« ist – ein nach dem letzten Stand der Wissenschaft ausgebildeter, wenn auch unerfahrener Jungarzt oder ein nur mäßig an Fortbildung interessierter Mediziner mit Vorkriegsapprobation. Außerdem werden viele Jungärzte unter dem Druck steigender Kosten vermehrt bislang verpönte Gruppenpraxen gründen, und auch das kann die qualitative Komponente der Versorgung nur verbessern. Ärzte, die Kollegen konsultieren, machen weniger Fehler; sie tauschen Erfahrungen aus, machen sich gegenseitig auf Neuerungen aufmerksam und kontrollieren sich damit auch – etwas in der ambulanten Praxis bislang völlig Unerhörtes. »Damit wird erwartet«, schreibt der Gesundheitsökonom Dietrich Nord, »daß Gruppenpraxen dazu beitragen können, mittelfristig die sich aus der vergleichsweise geringen Praxiserfahrung bei vielen der sich künftig niederlassenden Ärzte ergebenden Nachteile aufzufangen.«

Die quantitative Komponente kann man als die Wahrscheinlichkeit verstehen, daß im Bedarfsfall schnell ein Arzt zur Stelle ist. Wer schon einmal Stunden in einem vollen Wartezimmer abgesessen oder nächtelang auf einen Notarzt gewartet hat, weiß wie wichtig diese Komponente ist. Denn im Notfall ist ein unerfahrener Arzt immer noch besser als überhaupt kein Arzt. Völlig unabhängig von der qualitativen Komponente kann also diese quantitative Komponente der ambulanten Versorgung durch zusätzliche Ärzte nur besser werden, ob diese nun eine Assistentenzeit im Krankenhaus hinter sich haben oder nicht. Haben sie eine solche Weiterbildung mitgemacht – umso besser. Wenn nicht, so ist das (fachlich korrekte) freie Praktizieren immer noch besser als nichts zu tun, nicht nur für den Arzt, sondern genauso für das Publikum. Denn diese unerfahrenen Ärzte treten ja nicht anstatt, sondern *zusätzlich* zu den weitergebildeten Kollegen auf den Plan. Kein Patient ist gezwungen, einen Berufsanfänger aufzusuchen – wer lieber vom Professor selbst beraten werden möchte, hat dazu die gleiche Möglichkeit wie vorher auch.

Das sehen Mediziner übrigens genauso (im Abstrakten, und sofern es ihr Einkommen nicht berührt). Wie anders ist etwa der Beifall in der Standespresse für die in drei Monaten ausgebildeten »Barfußärzte« in der Volksrepublik China zu erklären? Niemandem scheint aufzufallen, wie unglaubwürdig damit die Warnungen vor medizinischen Hochschulabsolventen mit sieben Jahren Studium werden müssen. Oder meinen deutsche Ärzte allen Ernstes, das chinesische Gesundheitswesen sollte besser seine Barfuß-Doktoren aus dem Verkehr ziehen und zukünftige Patienten, falls überhaupt, nur noch von ausgebildeten Hochschulmedizinern behandeln lassen? Das wäre genauso absurd wie das Ansinnen an alle Autofahrer, in Zukunft entweder gar nicht oder nur noch mit Rolls-Royce zu fahren.

Vielleicht haben die niedergelassenen Ärzte für ihre Patienten dann auch mehr Zeit, mehr als die maximal 10 Minuten, nach denen heute 90 von 100 Arztkontakten schon zu Ende gehen. Wie der große Zulauf zu Heilpraktikern und Selbsthilfegruppen zeigt, wo Patienten offenbar etwas bekommen, was sie beim niedergelassenen Arzt vermissen, bleibt das Bedürfnis vieler Patienten nach Kontakt und Zuwendung durch diese Fließbandabfertigung weitgehend unbefriedigt. Nach Auskunft von Dietrich Nord haben nur rund 15 bis 20 Prozent der Patienten einer durchschnittlichen Kassenpraxis »echte« Krankheiten im Sinne von Organ- oder Stoffwechselstörungen, Unfallfolgen oder ähnlichem. Die anderen kommen in erster Linie, um mit jemandem zu reden. »Das würde aber bedeuten«, folgert Nord, »daß ein erheblicher Prozentsatz von Patienten einen niedergelassenen Arzt mit unspezifischen oder ›ökonomischen‹ Bagatellerkrankungen aufsucht, bzw. vielen Arztbesuchen ausschließlich ein mehr oder weniger stark ausgeprägtes Kontaktbedürfnis zugrundeliegt, ein Bedürfnis, das die meisten Ärzte aus Zeitgründen oft nicht ausreichend befriedigen können.«

Zur Befriedigung solcher Kontaktbedürfnisse braucht ein Kassenarzt aber keine lange Lehre in einem Krankenhaus. Eigentlich müßte er dafür noch nicht einmal Medizin studieren.

Lit.: Walter Krämer: Wir kurieren uns zu Tode, Frankfurt 1993.

Verträge
Rechtsgültige Verträge müssen immer schriftlich sein

Mündliche Absprachen sind für die Beteiligten genauso bindend wie schriftliche. Einzige Ausnahmen sind Schenkungsversprechen, Bürgschaftserklärungen, Teilzahlungsvereinbarungen oder Ausbildungsverträge, wo das Gesetz die Schriftform vorschreibt. In allen anderen Fällen reicht im Prinzip ein Telefonanruf.

Daß trotzdem so viele Verträge schriftlich festgehalten werden, liegt vor allem an der besseren Beweisbarkeit. Denn um einen Vertrag notfalls auch gegen einen renitenten Partner durchzusetzen, reicht die Gültigkeit nicht aus – man muß das alles auch beweisen können.

Lit.: Michael Scheele und Reinhard Wetter: Ratgeber Recht, 2. Auflage, München 1990.

Vitamine 1
Vitamin E macht jünger

Die meisten Wirkungen der Wunderdroge Vitamin E existieren nur in der Werbung der Hersteller bzw. in der Phantasie der Käufer. Die Extrarationen an Vitamin E, die wir über den täglichen Mindestbedarf hinaus konsumieren, freuen weniger unseren Körper als unseren Apotheker. Weder macht Vitamin E müde Männer wieder munter, noch Runzelfalten glatter oder alte Körperzellen jünger, noch wurde sonst eine seiner Wunderwirkungen bisher wissenschaftlich nachgewiesen.

Vitamin E ist nötig für den Fettstoffwechsel: Es bewahrt die Fettsäuren vor der Zerstörung und schützt so Zellwände, Hormone und Enzyme, an deren Aufbau die Fettsäuren beteiligt sind. Aber dieses tägliche Mindestquantum bekommt ein durchschnittlicher Bundesbürger schon mit der »normalen« Nahrung, durch Pflanzenöle, Butter, Margarine, Haferflocken, durch Leber, Milch, Gemüse und Salate, so daß an Extrapillen aus der Apotheke normalerweise kein Bedarf besteht.

Weil diese Extrapillen bei manchen Tierversuchen Wirkung zeigen, etwa unfruchtbare Ratten fruchtbar machen, glauben viele, wir Menschen müßten genauso reagieren. So sollen etwa gewisse Vitamine (neben E noch C und Beta-Carotin) als eine Art Zellpolizei den Schutz vor sog. freien Radikalen übernehmen, das sind sauerstoffhaltige Molkekül-Bruchstücke, die unsere Körperzellen reizen und im Extremfall sogar töten, aber diese Debatte ist zur Zeit noch nicht entschieden. Und selbst wenn eine Wirkung zuverlässig nachgewiesen werden könnte – sie hätte mit der Nährstoffrolle der Vitamine nichts mehr zu tun und müßte in das Gebiet der Pharmazie verwiesen werden. Und da ist es ist schon sehr verblüffend anzusehen, wie leichtgläubig eine sonst so medikamentenkritische Öffentlichkeit in diesem Fall die Fronten wechselt.

Lit.: »Trübe Quelle«, Der Spiegel Nr. 11/1985.

Vitamine 2
Von Vitaminen kann man nie genug bekommen

Vitamine sind lebenswichtig. Und weil ein Mangel an Vitaminen krankmacht, glauben viele Menschen, ein Übermaß an Vitaminen macht gesund. »There is a popular belief that a kind of ›super nutrition‹ is possible through the gulping of extra large doses of vitamins« (R. M. Deutsch).

Dieser Glaube beruht jedoch auf einem Irrtum. »Studien mit Vitaminpräparaten und Leerpräparaten haben gezeigt, daß Vitamine nur das Wohlbefinden solcher Personen heben, die unzureichend versorgt sind«, schreibt der Präsident der Deutschen Gesellschaft für Ernährung. »Es hilft nicht, Vitamine zusätzlich nach dem Motto ›viel hilft mehr‹ einzunehmen.« Denn ganz gleich wieviele Extra-Karotten wir essen – wegen ihres hohen Gehalts an dem Vitamin-A-Rohstoff Karotin oft als Mittel gegen schlechte Augen angesehen –, unsere Augen werden dadurch niemals besser. Genausowenig können wir durch Extragaben an Vitamin B Krampfadern oder Pickel heilen, und ganz gleich wieviele Vitamin-C-Tabletten wir auch schlucken, weder der Schnupfen noch der hohe Blutdruck noch das Zahnfleischbluten werden dadurch weniger, um nur einige heute gern geglaubte Schein-Wirkungen zu nennen.

Ein Automotor ohne Öl stirbt nach kurzer Zeit an einem Kolbenfresser, aber wenn wir Motoröl über die Nachfüllmarke hinaus ersetzen, läuft er deswegen kein bißchen schneller. Genauso hat auch unser Körper einen Sollbedarf an Vitaminen, ohne den er krank wird oder sogar stirbt, aber ein Überschuß an Vitaminen hilft ihm genausowenig wie ein Überschuß an Motoröl einem Automotor hilft. »In extra doses ... vitamins and minerals cure scarcely anything« (Deutsch. S. 250).

Überdosen können ganz im Gegenteil sogar schaden. Hohe Überdosen an Vitamin A etwa erzeugen bei manchen Menschen Durchfall, Haarausfall und Kopfschmerzen, mehr Vitamin D als nötig kann zu Übelkeit, Muskelschwäche, Erbrechen, Gliederschmerzen, ja sogar zum Tode führen, und selbst das beliebte Vitamin C ist in hohen Dosen gar nicht ungefährlich – zu den bekannten Nebenwirkungen gehören Nierensteine, Durchfall oder Wahnzustände.

Lit.: R. M. Deutsch: Realities of nutrition, Palo Alto 1976; S. K. Gaby et al.: Vitamin intake and health: a scientific review, New York 1991; D. A. Bender: Nutritional biochemistry of the vitamins, Cambridge 1992; Stiftung Warentest: Test Spezial Ernährung, 1993.

Vögel 1
Amsel und Drossel sind verschiedene Vögel

Wegen des bekannten Liedes: »Amsel, Drossel, Fink und Star und die ganze Vogelschar ... « halten viele Menschen die Amseln und Drosseln für verschiedene Vögel. In Wahrheit ist aber jede Amsel zugleich auch eine Drossel. Die Familie der Drosseln hat über 200 Arten, und unsere bekannte Amsel ist eine davon, die sogenannte Schwarzdrossel. Die größte Drossel ist die 27 cm lange Misteldrossel, durch deren Kot die Mistel sich verbreitet. Weit verbreitet sind auch noch die Singdrossel mit ihrem braunen Rücken und der gelblichen Brust sowie der Steinrötel und die Blaumerle, die in Südeuropa gern in Felsen nisten.

Lit.: Stichwortartikel »Amsel« in Brockhaus Enzyklopädie, 19. Auflage, Mannheim 1986.

Vögel 2
Vögel können im Winter erfrieren

Die steifgefrorenen und toten Vögel, die man in einem harten Winter zuweilen unter Hecken oder Bäumen findet, sind nicht erfroren, sie sind verhungert. Erst dann hat der Frost sie eingefroren.

Vogel Strauß 1
Der Strauß steckt bei Gefahr seinen Kopf in den Sand

Der Strauß (Struthio camelis) gilt als eines der dümmsten Tiere überhaupt, aber so dumm, um vor seinen Feinden den Kopf im Sand zu vergraben, ist er nun auch wieder nicht.

Vermutlich kommt diese üble Nachrede durch die Gewohnheit des Strauß' zustande, sich bei nahender Gefahr zu Boden zu ducken. So wird er mit seinen bis zu drei Metern Körpergröße nicht so leicht gesehen. Und naht dann trotzdem die Gefahr, nimmt der Strauß wie jedes andere Tier Reißaus.

Vogel Strauß 2
Strauße fressen alles

Auch der Ruf eines Allesfressers, den der Strauß seit jeher besitzt, beruht auf einem Mißverständnis. Denn Strauße fressen Steine und andere feste Materialien aus Berechnung, nicht aus Gier: Diese Dinge helfen, die »richtige« Nahrung im Magen besser zu zerkleinern. Aus dem gleichen Grund schlucken etwa auch Hühner und Gänse neben Körnern kleine Kieselsteine.

Volkskammer
In der DDR-Volkskammer hatte die SED die absolute Mehrheit

In der Volkskammer der ehemaligen DDR hatte die SED in der Regel kaum mehr als ein Viertel aller Sitze.

Die DDR-Volkskammer umfaßte »500 Abgeordnete, die von den wahlberechtigten Bürgern für einen Zeitraum von jeweils fünf Jahren in freier, allgemeiner, gleicher und geheimer Wahl gewählt werden .... Alle in der Nationalen Front vereinigten Parteien und Massenorganisationen nehmen durch die von ihnen nominierten und von den Wählern gewählten Abgeordneten an der Arbeit der Volkskammer teil.«

Bei der Volkskammerwahl 1978 z. B. ergab sich daraus die folgende Sitzverteilung (wobei die Gleichheit der Sitze für die sogenannten »Blockparteien« nicht durch Wählerwillen, sondern dem Namen gemäß durch die Vorab-Vergabe ganzer Blöcke zustandekam):

	Anzahl	%
SED	127	25,4
DBD	52	10,4
CDU	52	10,4
LDPD	52	10,4
NDPD	52	10,4
FDGB	68	13,6
DFD	35	7,0
FDJ	40	8,0
KULTURBUND	22	4,4

Trotzdem brauchte die SED um ihren Einfluß nicht zu fürchten: Viele Abgeordnete der anderen Fraktionen waren Strohmänner oder wie die Abgeordneten der FDJ oder des FDGB sogar Mitglieder der SED.

Lit.: Handbuch Deutsche Demokratische Republik, Leipzig 1979.

Vollmond
Der Vollmond wirkt auf unsere Psyche

Diese These wird immer wieder gern geglaubt, konnte aber bisher wissenschaftlich nicht bestätigt werden. Es gibt zwar immer wieder Studien, die einen signifikanten Effekt des Vollmonds auf Mord und Selbstmord, Geburten, Ehedramen und Gott-weiß-was finden, aber diese Effekte entpuppen sich bei näherer Betrachtung meist als ein Kunstprodukt der folgenden Forschungsstrategie: »Wollen wir doch mal sehen, ob es bei Vollmond mehr Verkehrsunfälle gibt?« Also werden die Unfallstatistiken aller 16 Bundesländer ausgewertet, und siehe da, in Niedersachsen fahren bei Vollmond 10% mehr Männer gegen Straßenbäume als an anderen Tagen. Und schon ist die Schlagzeile perfekt.

Daß in allen anderen Bundesländern kein Effekt beobachtet wurde, oder daß es diesen Effekt nur bei Männern gibt, wird dabei unterschlagen. Mit anderen Worten, wir glauben, hier ist ein System im Spiel, während in Wahrheit nur der Zufall wirkt.

Genauso haben sich bisher fast alle in wissenschaftlichen Journalen publizierten »Vollmondeffekte« als Kunstprodukte einer verzerrten Stichprobe herausgestellt: Versucht man den gleichen Effekt auch anderswo zu finden, ist er auf einmal nicht mehr da.

Daß viele Menschen dennoch an die Macht des Vollmonds glauben, liegt vermutlich daran, daß wir uns an Ereignisse aus Vollmondnächten besonders gut erinnern. »Ich habe so Zahnweh, ich kann die ganze Nacht nicht schlafen!« murmelt der Ehemann um drei Uhr morgens. »Ist ja Vollmond«, sagt die Gattin, und wenn der Ehegatte das nächste Mal bei Vollmond Zahnweh hat, und sei es in zwanzig Jahren, erinnert sie sich noch daran. Bei Neumond oder auch nur bei bedecktem Himmel wäre ihr zum Mond nichts aufgefallen.

Lit.: A. D. Pokorny und J. Jachimzyk: »The questionable relationship between homicides and the lunar cycle«, American Journal of Psychology 131, 1974, S. 827-829; J. Rotton und I.W. Kelly: »Much ado about the full moon«, Psychological Bulletin 97, 1985, S. 286-306; R. Martens et al.: »Lunar phase and birthrate«, Psychological Reports 63, 1988, S. 923-934.

Vollwertkost
Vollwertkost ist nährstoffreicher (s. a. »Bio-Nahrungsmittel«)

Rohes Gemüse, Nüsse, frische Milch, Mineralwasser oder Trockenobst sind von sich aus weder gesünder noch nährstoffreicher als Coca-Cola, Bic-Macs oder synthetische Vitamine: die Endverbraucherzellen in unserem Körper, die als letzte Glieder der Verdauungskette unser Essen in Energie, Fett oder Muskeln umwandeln, können weder die Quellen der Nahrungsbestandteile erkennen noch unterscheiden, ob diese synthetisch oder »natürlich« angeliefert worden sind, und auch den übrigen Abteilungen der riesigen Chemiefabrik »Menschenkörper« ist die Herkunft der Materialien, die dort be- und verarbeitet werden, im wesentlichen einerlei.

Insbesondere spielt auch der Grad der Verarbeitung von Lebensmitteln für deren Qualität nur eine kleine Rolle. Viel wichtiger, so die Deutsche Gesellschaft für Ernährung, sind die Zusammensetzung der Nährstoffe und hygienisch-toxikologische Aspekte, die von Vollwert-Fetischisten gerne übersehen werden: Schadstoffe, Bakterien, Rückstände und Gifte aller Art kommen in Vollwertprodukten genauso vor wie in behandelten, in manchen unbehandelten sogar mehr, wie in Vorzugsmilch oder in frischen Nüssen, so daß man allein mit dem Argument »Gesundheit« oder »Nährstoffreichtum« eine Vollwertnahrung nicht begründen kann.

Daher speist sich ein Großteil der Energie der Vollwert-Bewegung aus anderen, besonders aus ideologischen Quellen, oder wie A. Luhrmann einmal formulierte: »Many people discovered the occult at about the same time they discovered the benefits of bean sprouts.« Und dagegen ist auch überhaupt nichts einzuwenden. Denn es durchaus nicht irrational, eine Vorliebe für Vollwertnahrungsmittel mit einer anderen Anbauweise oder nicht gewinnorientierten Vertriebskanälen zu begründen; aber dann erschiene es uns ehrlicher, diesen Kreuzzug gegen McDonald's, Unilever oder Nestlé auch politisch und nicht mit imaginären Vitaminen oder Spurenelementen auszufechten.

Lit.: Werner Kollath: Die Ordnung unserer Natur, Stuttgart 1952; Claus Leitzmann, Karl von Koerber und Thomas Männle: Vollwerternährung, 5. Auflage, Heidelberg 1986; Deutsche Gesellschaft für Ernährung: 10 Regeln für eine vollwertige Ernährung, Frankfurt 1989; A. Luhrmann: Persuasions of the witch's craft, Oxford 1989.

»Die Irrtümer eines großen Geistes sind belehrender als die Wahrheiten eines kleinen.«
Börne

W

Waldbrände
Waldbrände sind grundsätzlich schädlich

Nicht alle Waldbrände sind schädlich. Und nicht alle Katastrophenbilder voller Rauch und Feuer, die uns nach heißen Sommerwochen auf dem Fernsehschirm erschrecken, sind wirklich Zeichen einer Katastrophe.

Man muß hier unterscheiden zwischen den aufgeräumten und gepflegten Wäldern etwa in Europa, ohne Unterholz und tote Bäume, und den großen Naturwäldern im Westen Amerikas, in Rußland oder in Australien. In diesen Naturwäldern kann nämlich ein gelegentliches Feuer durchaus die Rolle des Forstarbeiters übernehmen, also Platz für neues Leben schaffen und den Kreislauf der Natur beschleunigen. Löscht man dagegen diese Naturfeuer sofort aus, wie sie etwa durch Blitzeinschlag entstehen, baut sich ein Riesenreservoir an Trocken-Brennstoff auf, und es entstehen die wirklich großen Katastrophen, wie im Sommer 1988 im Yellowstone-Nationalpark in den USA oder im Januar 1994 rund um Sydney in Australien, die man durch gelegentliche kleine Brände ohne weiteres vermeiden könnte.

Lit.: William H. Romme und Don G. Despain: »The Yellowstone Fires«, Scientific American, November 1989, S. 21-29.

Wahrscheinlichkeit für zwei Mädchen

Wir treffen einen alten Bekannten, wir wissen, er hat zwei Kinder, wir fragen: »Ist darunter auch ein Mädchen?« Er sagt ja. Mit welcher Wahrscheinlichkeit sind beide Kinder Mädchen?

Diese Wahrscheinlichkeit ist nicht 1/2, wie hier die meisten glauben, sondern 1/3. Das Argument: »Wenn ich weiß, ein Kind ist ein Mädchen, und wenn Jungen wie Mädchen gleich wahrscheinlich sind, dann ist mit Wahrscheinlichkeit 1/2 das zweite Kind ebenfalls ein Mädchen« ist in dieser Allgemeinheit falsch. Es gilt nur, wenn wir wissen, daß ein ganz bestimmtes Kind ein Mädchen ist; es ist falsch, wenn wir nur wissen, daß mindestens eins der beiden Kinder ein Mädchen ist.

Bei zwei Kindern gibt es insgesamt die folgenden vier Möglichkeiten

(Junge, Junge), (Junge, Mädchen), (Mädchen, Junge), (Mädchen, Mädchen),

die alle gleich wahrscheinlich sind (stimmt nicht exakt, da Jungengeburten geringfügig wahrscheinlicher sind, kann aber als erste Näherung so stehen bleiben). Daher beträgt die Wahrscheinlichkeit für »zwei Mädchen«, wenn wir nur wissen, daß unser Freund zwei Kinder hat, genau 1/4.

Wenn wir wissen, daß mindestens eines der Kinder ein Mädchen ist, fällt die erste Variante weg. Da die drei übrigen Varianten alle gleich wahrscheinlich sind, und nur eine davon aus zwei Mädchen besteht, beträgt die Wahrscheinlichkeit für »Zwei Mädchen« jetzt 1/3.

Anders dagegen, wenn wir wissen, daß das erste Kind ein Mädchen ist (und ganz analog, wenn wir wissen, daß das zweite Kind eine Mädchen ist). Jetzt fallen die ersten beiden Paare aus, und da von den verbleibenden zwei Pärchen genau eines aus zwei Mädchen besteht, beträgt die Wahrscheinlichkeit für »zwei Mädchen« jetzt 1/2.

Lit.: Walter Krämer: Denkste! Trugschlüsse aus der Welt des Zufalls und der Zahlen, Frankfurt 1995.

»Wann bitte geht der nächste Schwan?«

Diese Frage wird oft dem Tenor Leo Slezak zugeschrieben, als Reaktion auf einen übereifrigen Bühnenarbeiter, der in einer Aufführung von Lohengrin den Schwan mit Boot, aber ohne Slezak, auf die Bühne schob.

In Wahrheit ist diese Anekdote auch schon von diversen Vorgängern von Slezak überliefert. Der erste Lohengrin, dem diese schlagfertige Reaktion auf den eiligen Schwan einfiel, war vermutlich der erste Sänger dieser Rolle überhaupt, der Tenor Joseph Tichatschek (1807-1886).

Lit.: Tom Burnam: The dictionary of misinformation, New York 1976.

Wasserfälle

Anders als viele Trivial-Pursuit-Besitzer glauben, sind nicht die Angel-Falls in Venezuela mit ihrer Fallhöhe von fast einem Kilometer die höchsten Wasserfälle auf der Welt. Und auch die Guaira-Fälle an der Grenze zwischen Brasilien und Paraguay, mit einem Volumen von durchschnittlich 13000 Kubikmetern in der Sekunde, die gemeinhin als die wasserreichsten gelten, tragen diesen Titel nicht zu Recht (genausowenig wie die Niagarafälle in Amerika oder die Viktoriafälle in Afrika). Keiner dieser Fälle kommt an Höhe und Volumen an die enormen Wassermassen heran, nämlich rund fünf Millionen Kubikmeter pro Sekunde, die sich zwischen Island und Grönland, durch die sogenannte Dänemarkstraße, auf einer Breite von 200 Kilometern mehrere tausend Meter in die Tiefen des Atlantik stürzen.

Kein Mensch hat diese Wasserfälle je gesehen, denn sie finden unterhalb der Meeresoberfläche statt. Nichtsdestoweniger sind es echte Wasserfälle, denn das kalte und deshalb dichte und schwere Nordpolwasser stürzt am wärmeren Atlantikwasser vorbei genauso in die Tiefe wie die Wasser oberhalb des Meeresspiegels.

Weitere unterseeische Wasserfälle gibt es noch um die Antarktis, in der Nähe des Äquators und hinter der Straße von Gibraltar.

Lit.: John A. Whitehead: »Giant ocean cataracts«, Scientific American, Februar 1991, S. 36-43.

Waterloo
Nur wegen der Preußen hat Napoleon die Schlacht bei Waterloo verloren (s. a. »Ich wollte, es wäre Nacht...«)

An einem verregneten Junitag des Jahres 1815 versuchen 70 000 Franzosen, mit Gewehren, Bajonetten und Kanonen eine etwa gleichgroße Armee von Engländern, Holländern und Belgiern, auch einigen tausend Deutschen, südlich des Dorfes Waterloo bei Brüssel in die Flucht zu schlagen. Der Versuch mißlingt.

Im Gegensatz zu manchen Darstellungen in deutschen Geschichtsbüchern waren die Preußen unter Blücher an dieser Schlacht nur minimal beteiligt. Zwar stellten sie eine von vier Armeen, welche den aus Elba zurückgekehrten Napoleon in Frankreich angreifen sollten, waren aber zwei Tage zuvor bei Ligny von Napoleon geschlagen worden, und kamen erst nach Waterloo, als die Entscheidung schon gefallen war.

Lange vor dem Eintreffen der Preußen, um 11 Uhr morgens, greifen die ersten französischen Infanterieregimenter die linke Flanke der Engländer an – sie wollen Wellington verleiten, zur Verteidigung seiner Flanke das Zentrum zu schwächen. Der Plan mißlingt – die Verteidiger behaupten ihre Stellung auch ohne Verstärkung. Darauf berennen die Franzosen mit voller Macht, zu Fuß, zu Pferd und mit Kanonendonner die alliierten Stellungen in der Mitte, werden aber ein um das andere Mal zurückgeschlagen. Und als dann selbst Napoleons Elitetruppe, die berühmte Garde, keinen Durchbruch schafft, wird das Durchbrechen der englischen Stellungen immer aussichtsloser, die ersten Franzosen beginnen zu fliehen, Napoleon und seine Generäle können ihre Männer nicht mehr halten, Panik entsteht, die Franzosen ziehen ab.

Diesen Sieg hatten die Alliierten vor allem der Entschlossenheit ihrer Truppen zu verdanken, vor den anstürmenden, anreitenden, schießenden, säbelschwingenden französischen Grenadieren und Dragonern nicht Reißaus zu nehmen. Die Preußen unter Blücher kamen erst am späten Nachmittag dazu, als die Franzosen schon entmutigt waren. Der berühmte Ausspruch Wellingtons »Ich wollte, es wäre Nacht oder die Preußen kämen«, ist so nie gefallen (allein schon deshalb nicht, weil die Preußen schon ab halb fünf Uhr nachmittags, also bei hellem Tag, am Rand des Schlachtfeldes zu sehen waren).

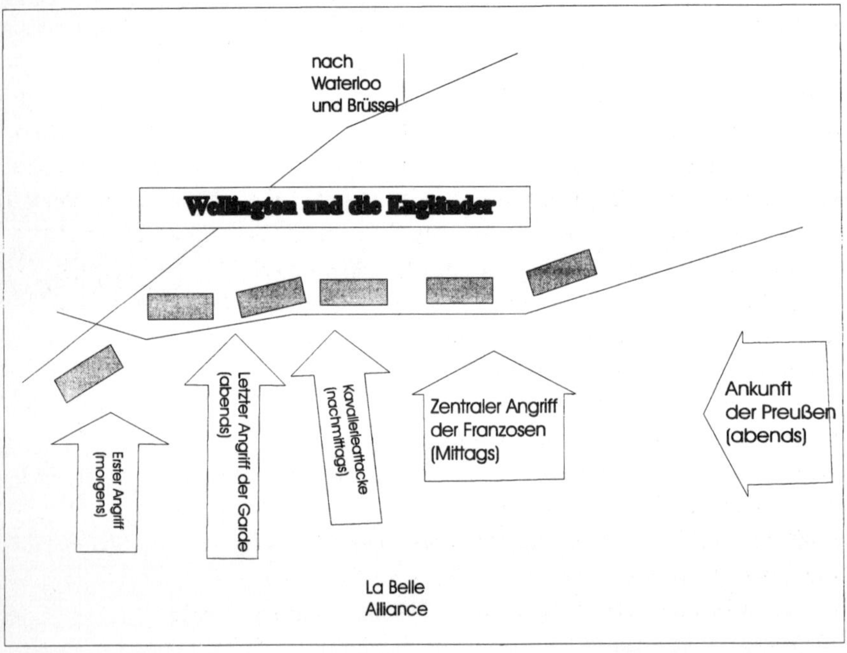

So verlief die Schlacht bei Waterloo: die Franzosen rennen immer wieder, aber vergeblich, gegen die englischen Linien an; die Preußen kommen erst dazu, als die Schlacht bereits entschieden ist

Natürlich haben die Reserven, die Napoleon den Preußen unter Blücher entgegenstellen mußte, gegen die Engländer gefehlt, aber diese hatten schon seit Stunden Angriff auf Angriff der Franzosen abgeschlagen, und deshalb ist es nur fair, ihnen auch den Sieg bei Waterloo zu lassen.

Mit dieser Schlacht ist das Schicksal Napoleons besiegelt: die politische Klasse Frankreichs entzieht ihm das Vertrauen, er muß fliehen, findet alle Häfen blockiert und ergibt sich schließlich dem Kapitän eines englischen Kriegsschiffs, das vor Rochefort im Atlantik patroulliert. Es folgen fünf Jahre Verbannung auf St. Helena, wo er als geschlagene Schachfigur vom Rand des Brettes den Fortgang der Partie betrachtet, dann ist Napoleon endgültig tot.

Lit.: John Keegan: The face of battle, New York 1976 (besonders das Kapitel über Waterloo).

Weihnachten
Weihnachten ist der Tag der Geburt von Jesus Christus

Der 25. Dezember wurde völlig willkürlich als Geburtstag Christi festgesetzt – genausogut hätte man auch den 1. Mai oder den 17. Juni nehmen können.

Und in der Tat hat man in den Anfängen des Christentums statt des 25. Dezembers auch verschiedene andere Tage wie den 6. Januar, den 28. März, den 20. April, den 20. Mai oder den 18. November als den Tag der Geburt des Herrn gefeiert. Der 25. Dezember wird erstmals Mitte des 4. Jahrhunderts ausgewiesen, mit folgender Begründung: Die Empfängnis fand am Jahresanfang statt, damals der 25. März, plus 9 Monate, ergibt den 25. Dezember. So schlug die Kirche zwei Fliegen mit einer Klappe – der 25. Dezember war ein etablierter heidnischer Feiertag (»dies solis invicti natalis«), und das Hickhack um die Geburt des Herren war beendet.

Warum allerdings die Empfängnis exakt am Jahresanfang stattgefunden haben sollte, konnte niemand recht begründen.

Gegen den 25. Dezember spricht aber nicht nur diese Willkür, sondern auch das Wetter. Denn am Geburtsort Jesu, so der Evangelist Lukas, »lagerten Hirten auf freiem Feld und hielten Nachtwache bei ihrer Herde«. Aber im Dezember ist es auch in Palästina kalt, das Vieh bleibt in den Ställen.

Lit.: J. Finnegan: Handbook of biblical chronology, Princeton 1964; Konradin Ferrari d'Occhieppo: Der Stern von Bethlehem in astronomischer Sicht, Gießen 1994.

Wein

Unglaublich, aber wahr: Deutscher Wein darf nicht als »Wein« vermarktet werden. Die Sektkellerei Deinhard mußte per Gerichtsbeschluß das Wort »Wein« auf ihren Weinflaschen entfernen (sie wollte damit deutlich machen, daß ausnahmsweise Wein und nicht wie üblich Sekt die Flaschen dieser Firma fülle). Denn auf deutschen Weinflaschen darf nur das draufstehen, was das deutsche Weinrecht offiziell erlaubt. Und zu diesen erlaubten Angaben, wie Lage, Jahrgang, Produzent etc., gehört das Wort »Wein« nun einmal paradoxerweise nicht. »Das Recht kommt zu seinem Recht«, schreibt die Frankfurter Allgemeine Zeitung. »Und Bacchus krümmt sich vor Lachen.«

Lit.: »Wein-Krampf,« Frankfurter Allgemeine Zeitung, 5. 3. 1994, S. 13.

Weißbrot
Weißbrot heißt soviel wie »weißes Brot«

Weißbrot kommt von »Weizenbrot«. Unsere Vorfahren nannten den Weizen »Weiße«, daraus entstand »Weißenbrot« und später Weißbrot, so wie wir es noch heute nennen.

Lit.: Walter Zerlett-Olfenius: Aus dem Stegreif, Berlin 1943.

Weltumseglung
Der erste Weltumsegler war der Portugiese Fernando Magellan

Der erste Weltumsegler war nicht der Portugiese Fernando Magellan (oder Magalhães, wie die Portugiesen selber schreiben). Denn Magellan hat nie die Welt umsegelt.

Magellan hat insgesamt zwei große Reisen unternommen, die erste im Jahr 1505 von Westen nach Osten, durch den Atlantik und den Indischen Ozean nach Indien, die zweite von 1519 bis 1521 von Osten nach Westen, durch den Atlantik, weiter durch die nach ihm benannte Magellanstraße in den Pazifik und dann zu den Philippinen, aber bei keiner dieser Reisen ist er um den Globus ganz herum gekommen.

Nur wenn man beide Reisen aneinanderhängt, wird eine Weltreise daraus: Die erste führte Magellan nach Osten bis zur Insel Banda, das sind 130° östlicher Länge. Die zweite Reise führe ihn nach Westen bis zur Mactan-Insel auf den Philippinen, das sind 124° östlicher Länge; dort wird Magellan bei Kämpfen mit den Eingeborenen getötet.

Der erste Mensch, der wirklich die Welt »in einem Rutsch« umsegelte, war Magellans Stellvertreter Juan Sebastian Delcano, der die 31 Überlebenden der Expedition auf der Vittorio zurück ins spanische Sevilla führt (und fortan die Aufschrift »Tu primus circumdedisti me« – «Du hast mich als erster umrundet« auf seinem Helm tragen darf). Der erste »echte«, von Anfang bis Ende kommandierende Weltumsegler, war der Engländer Sir Francis Drake.

Lit.: Decouvreurs et conquerants, Paris 1980 (Deutsche Übersetzung: Meilensteine der Entdeckungen, Herrsching 1986.

Wettbewerbsfähigkeit
Wir können unseren Lebensstandard nur im internationalen Wettbewerb behaupten (s. a. »Exporte«)

Der Lebensstandard, den die Menschen eines Landes sich erwerben, hängt nur zu einem sehr kleinen Teil von der internationalen Wettbewerbsfähigkeit ihres Landes ab, so wie sie üblicherweise gemessen wird: ob deutsche Autos, Leberwürste oder Druckmaschinen sich in Indonesien oder China besser oder schlechter verkaufen als Autos, Leberwürste oder Druckmaschinen aus Japan, Frankreich oder England, ist für den deutschen Lebensstandard reichlich unerheblich.

Daß trotzdem viele Menschen etwas anderes glauben, liegt an einem falschen Vergleich: Sie vergleichen Deutschland und Japan mit Daimler-Benz und Mitsubishi; sie glauben, daß der Konkurrenzkampf der Nationen dem Konkurrenzkampf einzelner Firmen gleicht.

So verhalten sich die Dinge aber nicht. Daimler-Benz und Mitsubishi konkurrieren auf dem Weltmarkt um die gleichen Käufer; der Gewinn des einen ist der Verlust des anderen, wer sich in diesem Wettbewerb nicht behauptet, muß die Segel streichen und vom Markt verschwinden.

Anders ganze Volkswirtschaften – sie können nicht vom Markt verschwinden. Denn anders als individuelle Produzenten produzieren sie einmal vor allem für den Hausgebrauch – während vielleicht jeder tausendste Mercedes an ein Mitglied der Belegschaft geht, verbrauchen die Menschen eines Landes den weitaus größten Teil ihres Sozialproduktes selbst. Und anders als bei individuellen Firmen muß das Wachstum eines Landes nicht auf Kosten eines anderen Landes gehen – gerade *durch* die ökonomische Verflechtung bekommt auch der Nachbar ein Stück vom Auftragseingang ab.

Unser eigener Lebensstandard hängt damit vor allem davon ab, wieviel und wie produktiv wir selber arbeiten. Punkt. Wenn wir mehr bzw. produktiver arbeiten, nimmt der Lebensstandard zu. Wenn wir weniger bzw. unproduktiver arbeiten, nimmt der Lebensstandard ab. Ob zur gleichen Zeit die Produktivität anderswo auf diesem Globus noch schneller zunimmt oder abnimmt, d. h. ob unsere internationale Wettbewerbsfähigkeit sich verbessert oder verschlechtert, ist für unseren eigenen Lebensstandard unerheblich (nicht dagegen für den *Abstand* unseres Standards von dem in anderen Ländern; aber das soll uns hier nicht bekümmern). Zwar mögen gewisse exportintensive Industrien leiden, wenn wir verglichen mit anderen an Produktivität verlieren, aber der dadurch ausgelöste industrielle Wandel ist nur ein laues Lüftchen verglichen mit den Stürmen, die der Fortschritt ohnehin, ob mit oder ohne Ausland, mit sich bringt.

Der mit Abstand wichtigste Faktor für unser eigenes wirtschaftliches Wohlergehen ist unser eigener Kapital- und Arbeitseinsatz. Für ein Land, das überhaupt nicht handelt, ist diese Einsicht trivial: Für eine Volkswirtschaft ganz ohne Außenhandel könnten Hongkong, Japan oder Taiwan auch jenseits des Andromeda-Nebels liegen – sie sind für das eigene Wohlbefinden so gut wie nicht vorhanden. Aber auch Länder mit Außenhandel hängen von der internationalen Wettbewerbsfähigkeit weit weniger ab als die meisten glauben. Ob Arbeiter in Singapur oder in Shanghai zweimal oder zehnmal so hart oder so produktiv arbeiten wie in Cleveland oder Duisburg geht die Arbeiter in Cleveland oder Duisburg wenig an; ihre Lohntüte wird voller, wenn sie produktiver werden, und leerer, wenn die Produktivität stagniert, und zwar mehr oder weniger unabhängig von der Produktivität der Arbeiter in anderen Ländern. Quer durch alle großen Industrienationen dieser Erde wird das Wachstum des heimischen Lebenstandards fast ausschließlich durch das Wachstum der heimischen Arbeitsproduktivität bestimmt, während die Exporterfolge auf den Weltmärkten den heimischen Wohlstand eher marginal berühren. Ja der durch die real zur Verfügung stehenden Güter gemessene Wohlstand eines Landes kann durch die Exporterfolge sogar *sinken*: Wenn nämlich diese Exportüberschüsse erst durch eine Abwertung der Währung möglich werden, kann es ohne weiteres geschehen, daß wir unsere Importe um soviel teurer bezahlen müssen, daß wir real betrachtet weniger für mehr bekommen: wenn wir nicht papierene Devisen, sondern echte Wirtschaftsgüter zählen, stehen wir trotz bzw. gerade wegen unserer Exporterfolge rein ökonomisch schlechter da . . .

Lit.: Peter von der Lippe: Wirtschaftsstatistik, 4. Aufl., Stuttgart 1990 (besonders Abschnitt X.7: Messung der internationalen Wettbewerbsfähigkeit); Lester Thurow: Head to head: The coming economic battle among Japan, Europe and America, New York 1992; Paul Krugmann: »Competitiveness: A dangerous obsession«, Foreign Affairs, März/April 1994, 28-44; Paul Krugman: »The end is not quite night«, The Economist, 29. 4. 1995, 117-118.

Wetter
Das moderne Wetter spielt verrückt

Angesichts verschiedener Jahrhundert-Hochwasser und Jahrtausend-Sommer vergessen viele Menschen: Nicht das *moderne* Wetter spielt verrückt, das Wetter generell ist immer schon verrückt gewesen.

Nur: diese früheren Kapriolen sind heute sehr schwer nachzuweisen – früher gab es keine Thermometer (sie wurden erst 1626 von dem italienischen Arzt Sanctorius erfunden). So ist im wesentlichen nur überliefert, ob Schnee gefallen ist (und er fiel schon immer zu den seltsamsten Jahreszeiten) oder ob Flüsse oder Seen zugefroren waren (vor tausend Jahren war der Nil z. B. zugefroren).

Mit der Verbreitung von Thermometern wurden dann aber auch zunehmend exakte Temperaturangaben überliefert, und so wissen wir z. B. heute, daß es nach der sogenannten »Kleinen Eiszeit« im 16. und 17. Jahrhundert in Deutschland zwischenzeitlich wärmer war als in den Jahrhundertsommern dieser Tage.

Lit.: Cornelia Block: »Das hat die Natur schon früher geboten«, Frankfurter Allgemeine Zeitung 3. 2. 1995.

Wilhelm Tell
Der Freiheitskämpfer Wilhelm Tell hat wirklich existiert (s.a. »Rütli-Schwur«)

Auch wenn unsere Schweizer Nachbarn das nicht gerne hören – ihr geliebter Freiheitskämpfer Wilhelm Tell hat niemals seine Pfeile durch die Schweizer Luft geschossen – nach der Mehrheitsmeinung der akademischen Historiker in- und außerhalb der Schweiz ist der berühmte Held von Schillers Drama und Rossinis Oper frei erfunden.

Die Folklore sieht das anders. »Anno domini 1307 ließ des römischen Königs Landvogt, der Geßler, am St. Jakobstag zu Altdorf am Platz bei den Linden, wo ein jeder vorbeigehen mußte, eine Stange aufrichten und einen Hut oben drauf setzen«, überliefert sie. »Und er ließ den Bewohnern des Landes bei Verlust von Leib und Gut gebieten, daß jeder, der dort vorbeikomme, dem Hut auf der Stange mit Verneigen und Hutabziehen Ehre und Reverenz erweisen müsse, als ob der König oder er selbst persönlich da wäre.«

Aber der »redliche und fromme Landmann von Uri, Wilhelm Tell genannt«, grüßt diesen Popanz nicht, und damit geht das Drama los: Tell wird angezeigt, muß zur Strafe einen Apfel vom Kopf seines Kindes schießen, tut das auch, wird dennoch verhaftet, weil er zugibt, daß er im Falle eines Fehlschusses als nächstes Geßler getötet hätte, wird per Schiff zu Geßlers Burg gebracht, kann bei einem Sturm entkommen (die berühmte Tellsplatte im Urner See zeigt heute noch die Stelle, wo Tell dem Boot des Landvogtes entsprungen sein soll), eilt dem Landvogt voraus, lauert ihm in der berühmten »hohlen Gasse« auf, und erschießt ihn dort.

Diese Legende gibt es in verschiedenen Versionen. In der ältesten, dem sogenannten »Tellenlied« aus der Mitte des 15. Jahrhunderts, wird Tell im See ertränkt; eine andere läßt Tell den Vogt sogleich nach seinem rettenden Sprung vom Schiff, noch von der Tellsplatte aus, erschießen. Und wieder andere Versionen machen Tell sogar zum Schwurgenossen, zum Mitglied des berühmten Geheimbundes, der die Schweizer Urkantone vom Joch der Habsburger befreien wollte.

Gemeinsam ist allen Varianten der Legende die zeitliche Entfernung – das Tellenlied entstand mehr als hundert Jahre nach den fraglichen Ereignissen –, der Mangel bzw. die völlige Abwesenheit von schriftlichen Zeugnissen, und eine Fülle von Widersprüchen in der Handlung, welche die Historiker schon früh an der Wahrheit dieser Überlieferung zweifeln ließen (so datiert etwa der Bundesbrief, in dem die Eidgenossen sich zu gegenseitigem Beistand verpflichten, aus dem Jahr 1291; der Landvogt Geßler starb dagegen 1307). Sehr verdächtig ist auch der berühmte Apfelschuß: Dieses zentrale Motiv der Tellgeschichte, der Befehl, einen Apfel vom Kopf des eigenen Kindes zu schießen, findet sich schon in verschiedenen nordischen Märchen, die weit vor 1300 zurückreichen, und könnte von durchreisenden Kaufleuten in den Schweizer Tälern überliefert worden sein. Denn »nördlich des 54. Breitengrades hat fast jedes Volk seinen Wilhelm Tell«, schreibt der französische Historiker Bergier. »Der Schweizer Tell ist bloß, allerdings mit weitem Abstand, der südlichste.« Und mit großer Wahrscheinlichkeit genauso erfunden wie die anderen Tellgestalten auch.

Lit.: Jean-François Bergier: Wilhelm Tell: Realität und Mythos, München 1988.

Wirtschaftswachstum 1
Das 19. Jahrhundert war die hohe Zeit des Wirtschaftswachstums

Die Volkswirtschaften Europas sind im 19. Jahrhundert zwar schneller gewachsen als in den Jahrhunderten davor – im Durchschnitt rund ein Prozent pro Kopf und Jahr –, aber verglichen mit dem rasanten Wachstum hundert Jahre später war das nur ein Schneckentempo: Während unsere Urgroßeltern noch rund 70 Jahre auf eine Verdoppelung ihres Realeinkommens warten mußten, schaffen wir das heute im Durchschnitt aller europäischen Industrienationen in nur 30 Jahren (bisher zumindest).

Lit.: Simon Kuznets: Modern economic growth, New Haven 1966.

Wirtschaftswachstum 2
Das Wirtschaftswachstum wird vor allem von kleinen Firmen angetrieben

Nach dem Motto »Small is beautiful« gelten vor allem kleine Firmen als Motor des Wirtschaftsfortschritts, als die großen Schaffer neuer Arbeitsplätze.

Nach einer Studie der OECD ist das aber etwas übertrieben, zumindest in betreff der Arbeitsplätze. Richtig ist, daß Firmen mit weniger als 100 Beschäftigten quer durch alle OECD-Länder mehr Arbeitskräfte netto neu beschäftigen als ihrem Anteil an allen Arbeitnehmern in der Volkswirtschaft entspricht: Während etwa Ende der 80er Jahre in fast allen OECD-Ländern die Arbeitsplätze in Betrieben mit mehr als 100 Beschäftigten zurückgingen, nahmen sie in Betrieben mit weniger als 100 Arbeitnehmern zu.

Aber diese Zunahme könnte auch andere Ursachen als die Dynamik kleiner Firmen haben, angefangen bei der trivialen Tatsache, daß eine Firma mit nur 10 Mitarbeitern nicht mehr als 10 Mitarbeiter entlassen kann. Oder anders ausgedrückt: kleine Firmen können viel wachsen, aber nur wenig schrumpfen. Und wenn eine kleine Firma während einer Konjunkturblase einmal über 100 Beschäftigte kommt, in der nächsten Konjunkturdelle dann aber wieder weniger als 100 Menschen beschäftigt, geht das Plus auf das Konto der Kleinen, das Minus auf das Konto der Großen. Dieses Phänomen ist anderswo in der Statistik als die »Regression zum Mittelwert« bekannt.

Weitere Gründe für die optische Überlegenheit der kleinen Firmen sind: (i) der Strukturwandel weg von der Industrie mit ihren Großbetrieben hin zu den Dienstleistungen mit ihren eher kleinen Firmen, wodurch die kleinen Firmen auch dann den Gesamtsieg davontragen könnten, wenn sie in jeder Einzelbranche unterlegen wären (das sogenannte »Simpson-Paradox«), sowie (ii) das zunehmende Auslagern von Vorarbeiten aus den Zentralen Großfertigungsbetrieben auf dezentrale Zulieferer, wie es etwa bei den Autobauern heute gang und gäbe ist: wenn VW und Opel ihre Sitzbezüge oder Autoaschenbecher heute außer Hauses fertigen lassen, so sieht das aus, als hätten VW und Opel Arbeitsplätze abgebaut und Kleinbetriebe Arbeitsplätze aufgebaut; in Wahrheit hängen auch weiter alle Arbeitsplätze an der Nabelschnur der großen Mutter.

Damit wollen wir den zahlreichen innovativen kleinen Firmen hierzulande durchaus nicht den wohlverdienten Lorbeer streitig machen; aber einige dieser Lorbeerblätter sind auch ein Produkt von falsch verstandener Statistik . . .

Lit.: Milton Friedman: »Do old fallacies ever die?« Journal of Economic Literature 30, 1992, 2192-2132; »Belittled«, The Economist, 23. 7. 1994, S. 62; Walter Krämer: Denkste! Trugschlüsse aus der Welt des Zufalls und der Zahlen, Frankfurt 1995 (besonders die Ausführungen zum Simpson-Paradox und zur Regression zum Mittelwert).

Wirtschaftswachstum 3
Wirtschaftswachstum ist ökologisch schädlich

Für die meisten Menschen dieser Erde, d. h. für die rund 5 Milliarden Menschen, die nicht in den reichen Industrieländern des Nordens leben, ist Wirtschaftswachstum die einzige Hoffnung, einer Umweltkatastrophe zu entkommen. In den Ländern der Dritten Welt sterben pro Jahr rund 5 Millionen Kinder durch verseuchtes Trinkwasser; insgesamt leiden mehr als eine Milliarde Erdenbürger derzeit an umweltbedingten Krankheiten, gegen dieses durch Armut und wirtschaftliche Unterentwicklung erzeugte Massenleiden und Massensterben wirkt unser Wohlstandsgejammer über Global Warming und Ozonloch einfach lächerlich.

Natürlich ist Wirtschaftswachstum für die Umwelt auch kein reiner Segen.

Aber um mit eben dieser Umwelt verantwortungsbewußter umzugehen, ist nach der Erfahrung der letzten hundert Jahre ein gewisser wirtschaftlicher Wohlstand nötig, den die meisten Menschen dieser Erde noch nicht haben. Insbesondere ist Wohlstand die beste Bremse der Bevölkerungsvermehrung, denn vor allem diese Bevölkerungsvermehrung und nicht das Wirtschaftswachstum ist es, was die Umwelt weltweit so belastet.

Lit.: Wilfred Beckermann: Small is stupid, London 1995.

Wirtschaftswachstum 4
Deutschland ist das Wirtschaftswunderland Europas

Die meisten Zeitungsleser wissen, daß unter allen großen Industrienationen dieser Erde nicht die Deutschen, sondern die Japaner in den Jahrzehnten nach dem zweiten Weltkrieg das größte Wirtschaftswachstum hatten (zwischen 1950 und 1990 real rund 7% pro Jahr). Was viele aber nicht wissen: selbst in Europa ist Deutschland nur der zweite Sieger; das größte Nachkriegs-Wirtschaftswachstum unter allen Ländern Westeuropas verzeichnete Italien (zwischen 1950 und 1990 real rund 5% pro Jahr; verglichen mit rund 4,5% in Westdeutschland).

Hierzu gäbe es sicher noch einiges zu sagen (siehe die Stichwortartikel über den Sinn und Unsinn des Bruttosozialprodukts als Maßstab wirtschaftlicher Leistung), aber ganz so einzigartig, wie viele Deutsche ihren Nachkriegs-Aufschwung gerne sehen, war dieser auch nun wieder nicht.

Lit.: The Economist 28. 8. 1993, S. 95.

Wohnraummangel
In der Bundesrepublik herrscht Wohnraummangel
(s.a. »Mieterschutz«)

Noch nie in der Geschichte Deutschlands gab es soviel Wohnraum wie zur Zeit. Im Jahr 1950 teilten sich 47 Millionen Menschen 10 Millionen Wohnungen mit zusammen 41 Millionen Zimmern und rund 800 Millionen Quadratmeter Wohnraum in der Bundesrepublik (alte Bundesländer; wegen der Unzuverlässigkeit der amtlichen Zahlen lassen wir die alte DDR hier außen vor). Das macht weniger als einen Raum und weniger als 20 Quadratmeter pro Kopf. Im Jahr 1990 teilten sich 60 Millionen Menschen rund 25 Millionen

Wohnungen mit mehr als 100 Millionen Räumen und mehr als zwei Milliarden Quadratmeter Wohnraum; das macht fast zwei Räume und mehr als 30 Quadratmeter pro Kopf. Sowohl in absoluten Zahlen als auch pro Kopf gerechnet hat der Wohnraum in der Bundesrepublik damit geradezu dramatisch zugenommen (und nimmt seit 1990 weiter zu).

Lit: Frankfurter Institut für wirtschaftspolitische Forschung: Mehr Markt im Wohnungswesen, Bad Homburg 1984; Statistisches Jahrbuch für die Bundesrepublik Deutschland, verschiedene Jahre; Expertenkommission Wohnungspolitik: Wohnungspolitik auf dem Prüfstand. Tübingen 1995.

Wölfe 1
Wölfe jagen gerne rudelweise

Wölfe leben von Mäusen, Eichhörnchen oder Kaninchen. Dazu müssen sie keine Rudel bilden. Nur im Winter, wenn das Futter knapper wird und sie mangels Mäusen auch größeren Tieren nachstellen, bilden Wölfe manchmal Rudel. Aber diese sind nie sehr groß, oft nur ein Ehepaar mit seinen Kindern, und eher die Ausnahme als die Regel.

Wölfe 2
Wölfe attackieren Menschen

Laut Isaac Asimov gibt es bis heute keinen bekannten Fall eines Angriffs eines Wolfs auf einen Menschen (tollwütige Tiere ausgenommen). Eine Zeitung im kanadischen Sault St. Marie, das in einer Wolfsgegend liegt, hatte jahrelang eine Belohnung ausgesetzt für jeden, der eine solche Attacke beweisen konnte. Die Belohnung wurde niemals abgeholt (nicht weil die Opfer sich nicht melden konnten, sondern weil es keine Opfer gab).

Nach langen Jahren des Exils werden Wölfe heute auch in Deutschland wieder heimisch. In Brandenburg gibt es schon einen festen Wolfsbestand, und man rechnet damit, daß sich die Wölfe entlang ihrer alten Wanderwege auch weiter westlich der Elbe wieder ausbreiten werden. »Das sind sehr scheue Tiere, die man normalerweise gar nicht zu Gesicht bekommt«, sagt der Artenschutzreferent des niedersächsischen Umweltministeriums dazu, und er empfiehlt: »die Wölfe in Ruhe lassen und nicht totschießen.«

Lit.: Isaac Asimov: Buch der Tatsachen, Bergisch-Gladbach 1981; »Ausgerottete Tierarten werden wieder heimisch«, Hannoversche Allgemeine Zeitung, 30. 6. 1995.

Wölfe 3
Wölfe haben Menschenkinder großgezogen

Seit der Sage von Romulus und Remus hält sich das Gerücht, daß Menschenkinder oft von Wölfen großgezogen werden. So soll etwa eine Wolfsmutter im Jahr 1912 in Indien ein kleines Kind gestohlen und sieben Jahre großgezogen haben – die eigentliche Mutter hatte den Säugling während der Feldarbeit irgendwo im Schatten abgestellt; als sie ihn am Abend mit nach Hause nehmen wollte, war das Baby weg. Es soll das gleiche Kind gewesen sein, das dann sieben Jahre später in einem Rudel Wölfe aufgefunden wurde; man brachte es in das Waisenhaus von Midnapore, wo es auf allen Vieren wie ein Wolf herumlief und 10 Jahre später starb.

Nach Meinung der meisten Zoologen ist diese Geschichte aber erfunden, genauso wie die Berichte über andere Wolfskinder in Indien, die Mitte des Jahrhunderts durch die westlichen Medien geisterten. Die meisten dieser Anekdoten beruhen allein auf den von keiner anderen Person bestätigten Berichten eines Reverend J.A.L. Singh aus Midnapore, der sich damit vermutlich nur wichtig machen wollte. Viel wahrscheinlicher ist die Deutung, daß die unter Wölfen aufgefundenen wie auch die angeblich von Wölfen verschleppten Kinder erstens nicht identisch sind und zweitens von ihren Eltern mit Absicht abgeschoben wurden – alle indischen Wolfskinder waren Mädchen, und wie leicht in Indien Mädchen einfach so »verschwinden«, ist leider nur zu gut belegt. Und weil man das Verschwinden des Kindes irgendwie erklären mußte, erfand man die Geschichte mit den Wölfen...

Wurde dann ein solches ausgesetztes Mädchen zufällig im Wald gefunden, und waren auch noch Wölfe in der Nähe, so war der Schluß auf ein Leben unter Wölfen auch nicht mehr sehr weit. Aber in Wahrheit hatten diese Kinder vermut-

Solche Szenen gibt es nur in der Legende: Romulus und Remus, von einer Wolfsmutter gesäugt

lich niemals engeren Kontakt zu Wölfen, von einem Säugen durch eine Wölfin ganz zu schweigen ...

Auch andere Geschichten von einem Leben unter Tieren entpuppen sich bei näherer Überprüfung schnell als Seifenblase, wie die erstaunliche Biographie des südafrikanischen Pavianmenschen Lucas (»Lukas the Baboon-Boy«), der mit seinen Erzählungen sogar wissenschaftliche Fachjournale foppen konnte (siehe etwa das *American Journal of Psychology* vom Januar 1940). Wie sich beim näheren Nachforschen ergab, war Lukas nicht unter Pavianen, sondern im Gefängnis großgeworden ...

Lit: Arnold Gesell: Wolf Child and Human Child, New York 1940; derselbe: »The biography of a wolf-child«, Harper's Magazine, Jan. 1941, 183-193 (hier ist die vermeintliche Lebensgeschichte des von indischen Wölfen entführten Säuglings nacherzählt).

Woodstock

Das berühmte Rock-Konzert von Woodstock aus dem Sommer 1969 fand gar nicht in Woodstock statt – dieses Städtchen im amerikanischen Bundesstaat New York ist rund 100 Kilometer vom Ort des legendären Großkonzerts entfernt. Die nächste Stadt heißt Bethel. Aber »Bethel« macht sich schlecht als Titel einer Langspielplatte, und deshalb hat man das Konzert in »Woodstock« umgetauft.

Ein weiterer Woodstock-Irrtum betrifft den eigentlichen Zweck des Ganzen. Anders als viele Rock-Nostalgiker gerne glauben, war das Festival nie als das kostenlose Friedens-Musik-Verbrüderungfest geplant, als das es in der einschlägigen Folklore weiterlebt. Erst als die Zuhörer-Massen die Kassenhäuser überrannten, wurde das Kassieren eingestellt. Eine Eintrittskarte für das Erinnerungsfestival im Sommer 1994 kostete mehr als 200 Mark.

Lit: »For love and profit«, The Economist, 9. Juli 1994.

»Nur der Irrtum ist das Leben,
und das Wissen ist der Tod.«
Friedrich Schiller

Z

Zeppelin
Der Zeppelin ist eine Erfindung des Grafen Zeppelin

Im Jahr 1670 entwarf der portugiesische Jesuitenpater Francesco de Lana-Terzi ein »Vakuum-Luftschiff«, ein an luftleer gepumpten Kugeln aufgehängtes Boot; dieses Luftschiff blieb eine Idee. Aber im Jahr 1852 stieg der französische Ingenieur Henry Giffard mit dem ersten wirklich manövrierfähigen Luftschiff, einem Gasballon mit dampfgetriebenem Propeller auf, und im Jahr 1884 gelang den Franzosen Renard und Krebs mit einem elektrisch betriebenen Propellerballon zum ersten Mal die Rückkehr zu ihrem Startpunkt auch bei Wind – alles vor dem Grafen Zeppelin.

Die eigentliche Neuerung, die das Luftschiff des Grafen Zeppelin von diesen Vorgängern unterscheidet, ist die starre Hülle: während andere mit Gasballons oder halbstarren, an einer Längsachse montierten weichen Gasbehältern flogen, schlug Zeppelin ein Luftschiff mit einer festen Außenhülle vor.

Aber auch diese Idee war nicht ganz neu: zeitgleich mit Zeppelin arbeitete der Ungar David Schwarz an einem Luftschiff mit einer festen Aluminiumhülle, das in einem von dem Sohn des Aluminium-Produzenten verfaßten Buch wie folgt beschrieben wird: »Die Gesamtlänge betrug 38,32 Meter. Das Luftschiff bestand aus einem 12 m breiten Cylinder von 24,32 m Länge, dessen vorderes Ende in einem 11 m langen spitz parabolischen Teil auslief, während das andere Cylinderende durch einen 3 m hohen Hohlkugelteil abgeschlossen wurde. Die äußere Hülle des Luftschiffes bestand aus langen Aluminiumblechen von 0,18 bis 0,20 mm Stärke, die luftdicht gefalzt und genietet über die Aluminium-Konstruktion gespannt waren. Um die Form des Luftschiffs zu erreichen und beizubehalten, wurde ein 24,32 m langer, 8 m breiter Rahmen zusammengebaut, der aus zwei Längsgitterträgern und zwei parallel damit verlaufenden Zwischenträgern und zehn Querträgern bestand, die alle in einer Ebene lagen ... Die Gondel des Luftschiffs war aus Aluminiumblech und 20x20x2 mm Doppelwinkeln hergestellt, sie hing ca. 4,4 m unterhalb des Luftschiffs an vier Gitterträgern, die von zwei starken Querträgern des Hauptrahmens ausgingen .... Der Daimlermotor hatte 16 PS und trieb

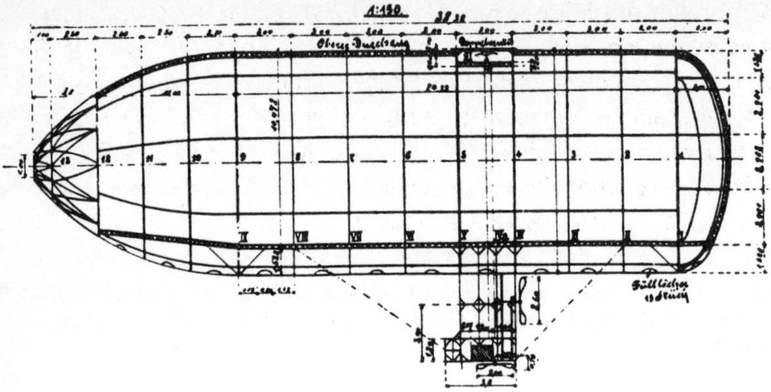

Ein Plan des Aluminium-Luftschiffs von David Schwarz

durch Riemen von der verlängerten Motorwelle je einen Propeller von 2 m Durchmesser mit horizontaler Achse . . . «

Dieses Luftschiff, von der Deutschen Reichsregierung finanziert, absolvierte am 3. November 1897 unter großer Anteilnahme von Militärs und Medien am Tempelhofer Flugfeld seinen Jungfernflug.

Jedoch war dieser Jungfernflug zugleich auch schon der letzte: Der Navigator verursachte eine Bruchlandung, und das Schwarzsche Luftschiff wurde kurz darauf verschrottet.

Das alles wußte Zeppelin, ein pensionierter württembergischer Reitergeneral, sehr wohl; er war vermutlich Augenzeuge des Schwarz-Desasters in Berlin und auch mit anderen Ideen zur Luft- und Ballonfahrt gut vertraut. Schon im amerikanischen Bürgerkrieg war Zeppelin als Gast in einem Militärballon geflogen, und auch die Versuche französischer und deutscher Flieger mit Lenkballons waren ihm bekannt. Aber anders als die meisten anderen setzte Zeppelin von Anfang an auf Größe und auf eine starre Außenhaut. Er schreibt 1874: »Das Fahrzeug würde auf die Dimensionen eines großen Schiffes auszurechnen sein. Die Gasräume so berechnet, daß das Fahrzeug bis auf ein geringes Übergewicht getragen wird. Die Erhebung wird dann erreicht durch das Angehen der Maschine, welche das Fahrzeug gewissermaßen auf die nach aufwärts gestellten Flügel treibt. In der gewollten Höhe werden die Flügel weniger steil gestellt, so daß das Luftschiff in der horizontalen Ebene bleibt. Zum Sinken stellt man die Flügel noch weniger steil und läßt die Geschwindigkeit abnehmen. Die Steuerung geschieht wohl am besten mit möglichst geringem Konstruktionsgewicht durch Segeltuchsteuer an Bug und Stern.«

Nach seinem Ausscheiden aus dem Militärdienst 1890 begann Zeppelin, diese Grundidee mit Hilfe verschiedener Ingenieure und mit einem beträchtlichen Familienvermögen im Hintergrund durchzusetzen. Dabei profitierte Zeppelin unter anderem auch von einigen Patenten seines weniger glücklichen Konkurrenten Schwarz; er hatte sie dessen Witwe abgekauft. Aber auch in anderen Dingen sah sich Zeppelin nie als großer Ingenieur und Erfinder – dazu fehlten ihm alle Voraussetzungen – mehr als Manager, und da er in dieser Rolle so erfolgreich war, hat er seinen Ruhm letztendlich auch verdient.

Lit.: Hans G. Knäusel: LZ1 – der erste Zeppelin, Bonn 1985; Michael Belafi: Ferdinand Graf von Zeppelin, 3. Aufl., Leipzig 1990; Stichwort »Airship« in Microsoft CD-ROM Enzyklopädie Encarta, 1993.

Zero
Die »Zero« ist die Gewinnzahl der Spielbank beim Roulette (s.a. »Roulette«)

Für die Spielbank ist die Null eine Zahl wie jede andere. Eine Spielbank macht Gewinne, weil sie auf lange Sicht von 37 eingesetzten Mark nur 36 an die Spieler wieder ausschüttet; mit der Null hat das nichts zu tun.

Angenommen, die Spieler plazieren auf jede der 37 Zahlen von 0 bis 36 einen Einsatz von zehn Mark, insgesamt 370 Mark. Ganz gleich welche Zahl dann gewinnt, ob 0, 7, 17 oder welche Zahl auch immer: der Gewinner erhält das 36fache seines Einsatzes, also 360 Mark, die anderen erhalten nichts, d. h. die Bank gewinnt auf jeden Fall 10 Mark.

Nun plazieren die Spieler ihre Einsätze natürlich nicht in jeder Runde so gleichmäßig wie in diesem Beispiel, aber dieses Prinzip wirkt langfristig auch bei ungleichmäßigen Einsätzen: da die Spielbank immer etwas weniger ausschüttet als es den Gewinnchancen der Spieler entspricht, ist sie auf lange Sicht immer im Vorteil, und zwar unabhängig von der Null.

Nur bei den sogenannten einfachen Chancen, also Rot, Schwarz, Gerade, Ungerade, bis 18, über 18 gewinnt die Bank bei Null – sie kassiert die Hälfte der Einsätze, oder langfristig eine Mark von 74, und macht so auch mit den für die Spieler »billigeren« einfachen Chancen einen Gewinn. Aber das große Geld gewinnt sie mit den Zahlenspielen, wofür sie im Prinzip die Null nicht braucht.

Lit.: Walter Krämer: Denkste! Trugschlüsse aus der Welt des Zufalls und der Zahlen, Frankfurt 1995.

Ziegentür
Die Tür zu wechseln lohnt sich nicht

Entgegen einem verbreiteten Vorurteil lohnt es sich doch, bei dem notorischen Luxusauto-Ziegen-Fernsehquiz die zuerst gewählte Tür zu wechseln.

Angenommen, wir haben in einem Fernsehquiz gewonnen – entweder ein teures Luxusauto oder aber eine Ziege. Man führt uns vor drei Türen, hinter einer das Auto und hinter den zwei anderen jeweils eine Ziege, und wir wählen aufs Geratewohl die erste Tür von links.

Um die Spannung zu erhöhen, öffnet der Moderator aber diese Tür noch nicht, sondern eine der beiden anderen, sagen wir die erste Tür von rechts: dahinter wartet eine Ziege. Und dann erlaubt er uns, die Wahl zu ändern – statt der ersten Tür von links die noch geschlossene dritte Tür, in diesem Fall also die mittlere, zu nehmen. Soll man nun wechseln oder nicht?

Viele meinen nein, denn ganz gleich, was man als erstes selber wählt – der Moderator kann immer eine Tür mit einer Ziege öffnen. Deshalb erfährt man dadurch auch nichts Neues, das hat man vorher schon gewußt. Und deshalb bleiben auch die Wahrscheinlichkeiten dieselben; ob ich die Tür wechsle oder nicht, ich wähle mit Wahrscheinlichkeit ⅔ eine Ziege und mit Wahrscheinlichkeit 1/3 das Auto. Und deshalb kann ich auch genausogut bei meiner ersten Wahl verbleiben.

Dieses Argument ist aber nur zur Hälfte richtig: über unsere erste Tür erfahren wir so in der Tat nichts Neues. Ganz gleich, ob wir das Auto oder eine Ziege wählen – der Moderator kann immer eine Tür mit einer Ziege öffnen. Damit bleibt die Wahrscheinlichkeit, daß wir das Auto haben, die gleiche wie vorher, nämlich 1/3. Oder anders ausgedrückt, wenn wir dieses Spiel – hypothetisch – sehr oft spielen, und dabei unsere erste Wahl nie ändern, werden wir auf Dauer in einem Drittel aller Fälle das Auto gewinnen.

Darüber darf man aber nicht vergessen, daß sich die Auto-Wahrscheinlichkeiten für die beiden anderen Türen sehr wohl ändern. Für die vom Moderator geöffnete, die mit der Ziege dahinter, ist das sofort klar – die Wahrscheinlichkeit für »Auto« sinkt auf Null. Und da das Auto mit Wahrscheinlichkeit 1 hinter einer der Türen wartet, hinter einer, nämlich der zuerst gewählten, mit Wahrscheinlichkeit 1/3, hinter einer anderen, nämlich der vom Moderator geöffneten, mit Wahrscheinlichkeit 0, verbleibt für die letzte Tür nur noch die Wahrscheinlichkeit 2/3.

Das sieht man noch besser an einem extremen Beispiel mit 100 Türen, 99 Ziegen und einem Auto. Hier ist die Wahrscheinlichkeit 1/100, daß man gleich zu Anfang auf das Auto tippt. Jetzt öffnet der Moderator 98 der verbleibenden 99 Türen, hinter jeder eine Ziege – spätestens jetzt würde wohl jeder gerne wechseln. Die Wahrscheinlichkeit für »Auto hinter der zuerst gewählten Tür« bleibt zwar die gleiche wie zuvor, nämlich 1/100 oder 1%, aber mit einer überwältigend größeren, nämlich 99%-igen Wahrscheinlichkeit steht das Auto hinter der zweiten noch verschlossenen Tür.

Dieses Problem kursiert in verschiedenen Verkleidungen schon seit Hunderten von Jahren, lange bevor es Autos und Fernseh-Quizshows gab. Am bekanntesten sind die drei Todeskandidaten: zwei von drei Verbrechern müssen sterben, mehr ist nicht bekannt. Jetzt fragt Kandidat 1 den Gefängniswärter. »Hör mal, kannst Du mir verraten, wer von Nr. 2 und 3 dran glauben muß? Einer ist auf jeden Fall an der Reihe, also verrätst Du kein Geheimnis.« Der Wärter überlegt und sagt: »Irgendwie hast Du recht. Also, Nr. 2 ist fällig.« Jetzt ist Nr. 1 erleichtert, denn der denkt: »Bleiben zwei übrig, einer davon überlebt, also ist meine eigene Überlebenswahrscheinlichkeit von 1/3 auf 1/2 gestiegen.«

Das ist aber ein Trugschluß, wie wir oben gesehen haben, denn wenn der Wärter auf jeden Fall antwortet (entspricht dem Moderator, der immer eine Tür öffnet), und auf jeden Fall einen Todeskandidaten nennt (entspricht dem Moderator, der immer eine Ziegentür öffnet), erfährt der Kandidat Nr. 1 über sich selbst nichts Neues: die Wahrscheinlichkeit zu überleben ist vorher die gleiche wie nachher, nämlich 1/3. Grund zur Freude hat allein Kandidat Nr.3, denn seine Überlebenswahrscheinlichkeit hat sich durch die Indiskretion des Wärters von 1/3 auf 2/3 verdoppelt.

Lit.: Gero von Randow: Das Ziegenproblem, Reinbek 1992; Leonard Gillmann: »The car and the goat«, American Mathematical Monthly 1992, S. 3-7; Ed Barbeau: »The problem of the car and the goats«, College Mathematics Journal 1993, S. 149-154; Walter Krämer: Denkste! Trugschlüsse aus der Welt des Zufalls und der Zahlen, Frankfurt 1995.

Ziffern
Die Ziffern 1 bis 9 kommen mit der gleichen Häufigkeit zuerst in Zufallszahlen vor

Was würden Sie zu der folgenden Wette sagen: Wir nehmen eine Zeitung – es kann auch ein Buch oder die Bibel sein – und unser Wettgegner läßt uns darin zufällig eine Zahl bestimmen, etwa die dritte von unten auf Seite 5. Keiner hat die Zahl gesehen. Und jetzt wettet er: »Die erste Ziffer dieser Zahl ist kleiner als 4!« Und damit alles mit rechten Dingen zugeht, schließt er noch Telefonnummern und Jahreszahlen aus (weil darin kleine Anfangsziffern öfter als große vorkommen).

Die meisten Menschen halten bei dieser Wette gern dagegen, sie denken: »Insgesamt können 9 Ziffern als erste auftreten, nämlich 1 bis 9. Es gibt keinen Grund, warum eine häufiger auftreten sollte als eine andere, also hat jede die Wahrscheinlichkeit 1/9. Die Wahrscheinlichkeit, daß eine Anfangsziffer 4 oder größer auftritt, beträgt demnach 6/9 = 2/3; die Wahrscheinlichkeit, daß eine 1, 2 oder 3 als erste Ziffer auftritt, beträgt dagegen nur 3/9 = 1/3. Damit ist die Wahrscheinlichkeit für eine Anfangsziffer 4 bis 9 doppelt so groß wie die Wahrscheinlichkeit für eine Anfangsziffer 1 bis 3, man kann bei dieser Wette auf lange Sicht nur gewinnen.«

Dieser Schluß ist aber falsch. Hier sind die wahren Wahrscheinlichkeiten für die Ziffern 1 – 9:

Erste Ziffer	Wahrscheinlichkeit
1	30,1%
2	17,6%
3	12,5%
4	9,7%
5	7,9%
6	6,7%
7	5,8%
8	5,1%
9	4,6%

Diese Wahrscheinlichkeiten sind unter der Annahme berechnet, daß die erste Nachkommastelle des Logarithmus' der ausgewählten Zahl eine auf dem Intervall (0,1) gleichverteilte Zufallsvariable ist; das erfordert einen kleinen Abstecher in die Wahrscheinlichkeitsrechnung, den wir unseren Lesern hier ersparen (siehe aber Krämer, 1995). Der Punkt ist nur, daß diese Annahme sehr gut mit der Empirie zusammenpaßt, und daß wir selber mit dieser Wette schon viel Geld gewonnen haben.

Lit.: S. Newcomb: »Note on the frequency of the use the different digits in natural numbers«, American Journal of Mathematics 4, 1881, 39-40; F. Benford: »The law of anomalous numbers«, Proceedings of the Philosophical Society 78, 1938, 551-572; Walter Krämer: Denkste! Trugschlüsse aus der Welt des Zufall und der Zahlen, Frankfurt 1995.

Zigarren
Zigarren muß man vor dem Anzünden erwärmen

»Dieser Brauch, die Zigarre übermäßig zu erwärmen, den man leider in vielen besseren Restaurants beobachten kann, ist ein Anachronismus«, schreibt Zino Davidoff. »Früher ... war das Deckblatt gewisser spanischer Zigarren, die in Sevilla hergestellt wurden, mit Tragantgummi angeklebt, der mit Zichorie gefärbt war, und damals war es ratsam, den Geschmack des Tragants zu vertreiben, indem man die Zigarre leicht über einer Flamme erhitzte.«

Heute werden die Deckblätter geruchlos angeklebt, deshalb ist auch kein Geruch mehr zu vertreiben.

Lit.: Zino Davidoff: Zigarren-Brevier, oder was raucht der Connaisseur, Wien 1991.

Zufall
Manche Zufälle kann man nicht natürlich erklären
(s.a. »Todesträume«)

Bei C. G. Jung lesen wir von einem Monsieur Deschamps, der einmal als Knabe von einem Monsieur de Fontgibu einen Plumpudding erhielt. 10 Jahre später sieht besagter Deschamps einen Plumpudding in einem Pariser Restaurant; er will ein Stück davon bestellen, aber der Plumpudding ist bereits bestellt, und zwar von Monsieur de Fontgibu. Viele Jahre später wird Deschamps zu einem Plumpudding geladen, wobei er bemerkt, jetzt fehle nur noch Fontgibu. Darauf öffnet sich die Tür, und ein uralter, desorientierter Greis tritt ein: Monsieur de Fontgibu. Er hatte sich in der Adresse geirrt und war rein zufällig in dieses Haus geraten.

Oder eine Mutter aus dem Schwarzwald läßt ihren vierjährigen Sohn fotografieren. Den Film bringt sie nach Straßburg zum Entwickeln, dann bricht der Erste Weltkrieg aus – sie holt den Film nicht ab. Zwei Jahre später kauft sie in Frankfurt einen neuen Film, um ihre inzwischen geborene Tochter aufzunehmen. Jedoch erweist sich der Film als doppelt belichtet, und auf der ersten Aufnahme ist niemand anderer zu sehen als ihr zwei Jahre vorher fotografierter Sohn. (Offenbar war der alte, in Straßburg vergessene und nicht entwickelte Film auf irgendeine Weise wieder in den Handel geraten).

Oder ein gewisser Clinton W. Blume aus New Jersey, USA, findet am Strand von Brooklyn eine Waschbürste – seine eigene, die mehrere Jahre zuvor mit einem Truppentransporter, der Blume zum Ersten Weltkrieg nach

Frankreich bringen sollte, vor der französischen Küste untergegangen war. Oder der große Karl Zuckmayer sieht eine handgemalte, im Gasthof von Karl Mayr bei Salzburg zum ersten Mal von ihm bewunderte Wandtapete nach langen Jahren in einer amerikanischen Intellektuellenvilla wieder: »Viele Jahre nach meiner Flucht aus dem besetzten Österreich«, schreibt er in *Als wär's ein Stück von mir*, »wurde ich drüben in Amerika einmal von Freunden aus meiner Vermonter Farm- und Waldeinsamkeit weggeholt, um einen amerikanischen Schriftsteller kennenzulernen, der sich einige kleine Autostunden weit in einer Ortschaft des alten, kolonialen Neu-England angesiedelt hatte.« Nach einer ausgiebigen Hausbesichtigung und nach langem Drängen Zuckmayers schließt der Gastgeber ein unbeheiztes und deshalb nicht bewohntes letztes Gartenzimmer auf, worin fein säuberlich an der Wand verklebt die Originaltapete aus Salzburg hängt, »als hätte Carl Mayr soeben den letzten Farbtupfen aufgesetzt«.

»War die schon immer hier?« fragt Zuckmayer, und erfährt, daß es von diesem Stück weltweit nur drei Exemplare gibt. »Dieses da war nach Europa verkauft worden und wurde durch einen Kunsthändler vor ein paar Jahren nach Amerika zurückverkauft. Zuletzt kam sie aus Österreich.«

Solche Zufälle verblüffen uns immer wieder. Trotzdem sind sie alles andere als unerwartet. Denn wir sehen nur die Wahrscheinlichkeit, daß ein solches Ereignis einer bestimmten Person zustößt, und die ist in der Tat sehr klein. Aber die Wahrscheinlichkeit, daß es irgend jemand widerfährt, ist oft sehr groß.

Mit einer Wahrscheinlichkeit von weniger als 1:13 Millionen tippt ein bestimmter Lottospieler die Gewinnzahlen des nächsten Samstags richtig. Aber wie wir alle wissen: die Wahrscheinlichkeit, daß irgendein Lottospieler die Gewinnzahlen errät, ist ungefähr gleich eins.

Dieses Prinzip läßt sich auf die meisten sogenannten »Zufälle« des Alltags übertragen. Nehmen wir das seltsame Erlebnis eines George D. Bryson, Hotelgast in Louisville, Kentucky, der gerade angekommen ist. Die Dame am Empfang gibt ihm die Schlüssel für Zimmer 307. Darin angekommen findet Bryson einen Brief, adressiert an George D. Bryson, Zimmer 307. Reichlich verstört fragt Bryson nach, wie das geschehen könne – niemand wisse, wo er sich befinde, und erst recht hätte doch niemand vorher seine Zimmernummer kennen können – wobei sich herausstellt, daß der eigentliche Adressat des Briefes, ein George D. Bryson aus Montreal in Kanada, soeben abgefahren war.

So etwas passiert wohl niemandem in seinem oder ihrem Leben (niemandem bestimmten, meinen wir). Aber daß es *irgendwem* passiert, ist fast schon zu erwarten: wenn wir einmal grob gerechnet unterstellen, daß jeder Amerikaner im Durchschnitt zehn Landsleute mit dem gleichen Namen, Vornamen und gegebenenfalls auch Mittelnamen hat, und daß pro Jahr alle Hotelbetten der USA zusammen rund 100 Millionen Mal den Besitzer wechseln, so haben bei einem konkreten Wechsel der Vorgänger und der Nachfolger nur mit einer Wahrscheinlichkeit von 1 : 20 Millionen den gleichen Namen. Das ist weniger als die Wahrscheinlichkeit für einen Hauptgewinn im Lotto. Aber da pro Jahr nicht eins, sondern 100 Millionen dieser Experimente stattfinden, steigt, wie man mit etwas Wahrscheinlichkeitsrechnung bestimmen kann, die Wahrscheinlichkeit für *irgendein* Zusammenfallen beider Namen auf mehr als ein halb, und wenn wir das ganze über mehrere Jahre betrachten, nähert sich die Wahrscheinlichkeit für einen solchen »Zufall« immer mehr der eins.

Lit.: P. G. Crean (Hrsg.): Believe it or not, Toronto 1982; Rudy Rucker: »The powers of coincidence«, Science, Febr. 1985, 54-57; Martin Gardner: Bacons Geheimnis: Die Wurzel des Zufalls und andere numerische Merkwürdigkeiten, Frankfurt 1986; Walter Krämer: Denkste! Trugschlüsse aus der Welt des Zufalls und der Zahlen, Frankfurt 1995.

Zugewinngemeinschaft
Zugewinngemeinschaft heißt gemeinsamer Besitz des Vermögens (s.a. »Schulden«)

Neun von zehn deutschen Ehepaaren leben in einer sogenannten »Zugewinngemeinschaft«. Aber den meisten sind die Konsequenzen dieser Konstruktion nicht ganz klar. Weder müssen nämlich dann die Ehepartner für die Schulden des anderen haften, noch müssen sie das in der Ehe erworbene Vermögen miteinander teilen: Wer sein selbst gekauftes Segelboot oder den mit eigenem Geld erworbenen Siebdruck von Matisse verkaufen will, braucht dazu den Ehepartner nicht zu fragen. Und genausowenig kann der Ehepartner einen hindern, wenn man mit dem Erlös die Welt bereisen oder einen Buddha-Tempel stiften will.

Der eigentliche Zweck einer Zugewinngemeinschaft entpuppt sich erst bei der Auflösung einer Ehe. Denn jetzt wird wirklich jeder Zugewinn geteilt.

Anders als bei Gütertrennung kann ein Ehegatte allerdings nicht ohne Einwilligung des anderen über sein Vermögen *im ganzen* verfügen. Wer also im wesentlichen nur ein Haus besitzt, kann dieses nicht ohne Zustimmung des anderen verkaufen. Und auch über gemeinsam genutzte Hausratsgegenstände darf er oder sie nicht frei verfügen, ganz gleich wem sie gehören.

Lit.: Michael Scheele und Reinhard Wetter: Ratgeber Recht, 2. Auflage, München 1988.

Zweiter Weltkrieg
Deutschland hat England und Frankreich den Krieg erklärt

Als Hitler am 1. September 1939 Polen überfiel, hoffte er bis zuletzt, daß dieser Raubzug wie schon die Eingliederung des Rheinlands 1936, die »Heimführung« Österreichs zwei Jahre später oder der Überfall auf das Sudetenland vom Rest der Welt geduldet werden würde. Ein Krieg gegen England oder Frankreich war zwar einkalkuliert, aber noch lieber hätten die Machthaber in Berlin auch diese Unternehmung auf die gewohnte Weise, also unter lautem Protestgemurmel, aber ohne wirkliche Gegenwehr des übrigen Europas abgeschlossen.

Wir wissen alle, daß es diesmal anders kam: Als die Deutschen trotz eines britisch-französischen Ultimatums bis zum 3. September 11 Uhr die Kämpfe nicht einstellen, erklären England und Frankreich noch am gleichen Tag dem Deutschen Reich den Krieg (nicht umgekehrt, wie vor allem viele Engländer und Franzosen glauben). Am 5. September folgen Australien und Marokko, am 6. September der Irak, am 8. September die Südafrikanische Union, und am 10. September Kanada.

Lit.: Chronik des 20. Jahrhunderts, Dortmund 1988.

Zwinger
Der Dresdner Zwinger hat seinen Namen von einem Zoogehege

Die meisten Sachsen wissen es, aber viele Nichtsachsen nicht: Der berühmte Dresdner Zwinger hat mit einem Zoogehege nichts zu tun. Ein »Zwinger« ist nämlich auch der Platz zwischen der äußeren und der inneren Mauer einer Festung; in diese Baulücke hinein bauten die sächsischen Könige einen schönen galerieumzäunten Festspielplatz, und deshalb heißt der Dresdner Zwinger heute Zwinger.

Lit.: Das Deutsche Wörterbuch, München 1986.